Iroquoisie
1652-1665

Nous remercions le Conseil des Arts du Canada et la SODEC pour le soutien accordé à notre programme d'édition, de même que le gouvernement du Canada pour l'aide financière reçue par l'entremise du Programme d'aide au développement de l'industrie de l'édition.

Illustrations de la couverture :

Dessin anonyme tiré de Alvin M. Josephy, jr, *500 Nations. An illustrated history of North American Indians*, Alfred A. Knopf, 1994, coll. Bibliothèque du Congrès. Sur l'épine, un détail d'un tableau conservé au Musée des Augustines de l'Hôtel-Dieu de Québec, *Martyre des missionnaires jésuites*, anonyme. Sur la 4e de couverture, un détail de la carte de Bressani (1657) et un autre représentant un personnage montagnais, tiré de la *Carte Géographique De la Nouvelle France* (1612) de Samuel de Champlain.

Chargés de projet :	Marcelle Cinq-Mars, Denis Vaugeois
Mise en pages :	Daniel Huot
Page couverture :	Ose Design
Équipe éditoriale :	Marcelle Cinq-Mars, France Galarneau, Andrée Laprise, Jean-Marie Lebel, Denis Vaugeois

Si vous désirez être tenu au courant des publications
des ÉDITIONS DU SEPTENTRION
vous pouvez nous écrire au
1300, av. Maguire, Sillery (Québec) G1T 1Z3
ou par télécopieur (418) 527-4978

Données de catalogage avant publication (Canada)

Desrosiers, Léo-Paul, 1896-1967

Iroquoisie

L'ouvrage complet comprendra 4 v.
Comprend des réf. bibliogr. et des index.
Sommaire : t.. 1. 1534-1652 - t. 2. 1652-1665.

ISBN 2-89448-081-4 (v. 1)
ISBN 2-89448-106-3 (v. 2)

1. Canada - Histoire - Jusqu'à 1763 (Nouvelle-France). 2. Iroquois (Indiens) - Guerres. 3. Fourrures - Commerce - Canada - Histoire. 4. États-Unis - Histoire - ca 1600-1775 (Période coloniale). 5. Indiens d'Amérique - Maladies. 6. Épidémies - Canada - Histoire. I. Titre.

FC305.D47 1998	971.01	C98-941014-5
F1030.D47 1998		

Dépôt légal : 3e trimestre 1998
Bibliothèque nationale du Québec

ISBN 2-89448-106-3

Léo-Paul Desrosiers

Iroquoisie
1652-1665

SEPTENTRION

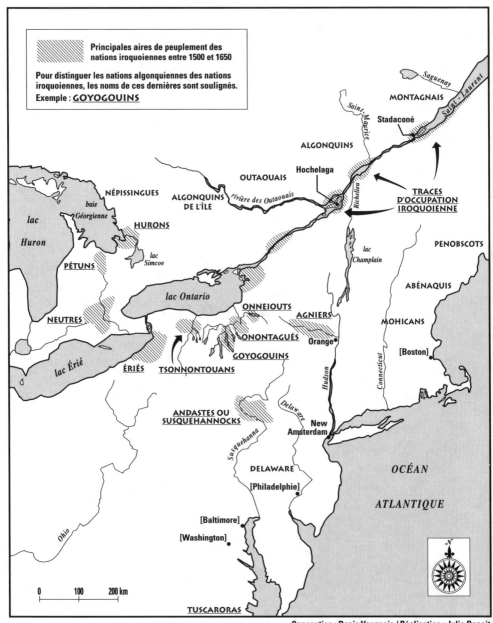

Principales aires de peuplement des nations iroquoiennes entre 1500 et 1650

Pour distinguer les nations algonquiennes des nations iroquoiennes, les noms de ces dernières sont soulignés.
Exemple : <u>GOYOGOUINS</u>

Saguenay

MONTAGNAIS

Saint-Laurent

Saint-Maurice

Stadaconé

ALGONQUINS

OUTAOUAIS

Hochelaga

NÉPISSINGUES

ALGONQUINS DE L'ÎLE

rivière des Outaouais

Richelieu

TRACES D'OCCUPATION IROQUOIENNE

baie Géorgienne

lac Huron

HURONS

lac Simcoe

PÉTUNS

lac Champlain

PENOBSCOTS

ABÉNAQUIS

lac Ontario

NEUTRES

ONNEIOUTS

AGNIERS

MOHICANS

ONONTAGUÉS

Orange

[Boston]

Connecticut

GOYOGOUINS

lac Érié

ÉRIÉS

TSONNONTOUANS

Hudson

ANDASTES OU SUSQUEHANNOCKS

Delaware

New Amsterdam

Susquehanna

OCÉAN

DELAWARE

ATLANTIQUE

[Philadelphie]

[Baltimore]

[Washington]

Ohio

N

0   100   200 km

TUSCARORAS

Conception : Denis Vaugeois / Réalisation : Julie Benoit

Chapitre 44

1652

La « petite guerre » a été très active en 1651 mais, grâce à la prudence de la population, elle n'a pas fait trop de victimes. Cette prudence semble se relâcher ou bien les Iroquois deviennent plus expérimentés, car alors commence avec 1652 une nouvelle période de désastres. Chaque année diminue aussi le nombre des Indiens dévoués à la France et l'on sait que les ennemis étaient « vaincus pour l'ordinaire par nos sauvages ».

Nos sauvages = les Indiens alliés

Le 15 février, un Algonquin quitte Montréal avec trois Hurons, en route vers les bourgades des Agniers. Huit Agniers chassent au même moment dans les alentours de Montréal. Découvrant les pistes de leurs ennemis, ils les suivent et les attaquent alors que les deux groupes ne sont plus qu'à une journée de marche de la première bourgade. Les quatre Indiens du Canada sont capturés ; l'Algonquin s'échappera plus tard, il arrivera à Montréal le 10 mars pour raconter ses aventures.

Le 2 mars, douze Hurons, six Algonquins et dix Algonquines quittent les Trois-Rivières pour Montréal. Ils sont à peu près sûrs de rencontrer l'ennemi. Ils se mettent à l'affût à la rivière La Magdelaine, à six lieues environ au-dessus des Trois-Rivières. Le 6 mars d'après les *Relations*, le 3 d'après le *Journal des Jésuites*, une cinquantaine d'Iroquois les attaquent, soit à l'endroit où ils ont campé, soit au lac Saint-Pierre. Trois femmes, cinq Algonquins et deux Hurons seulement réussissent à s'enfuir ; les autres sont tués, brûlés ou faits prisonniers.

au-dessus = en amont des Trois-Rivières

C'est le temps de la chasse à l'orignal. Les Algonquins de Sillery n'osent pas quitter leur réduit fortifié et ils souffrent de la famine. « ...Cette appréhension les a jetés dans une extrême disette. » Des personnes charitables de Québec les nourrissent en attendant des jours meilleurs.

Le 4 avril, le père Jacques Buteux part des Trois-Rivières pour le pays des Attikamègues où il doit remplir son ministère apostolique. Fontarabie, un

Le soldat Pierre Fontarabie
Le compagnon huron : Thomas Tsondoutannen

Français, l'accompagne, de même qu'un Huron. Tous les trois cheminent dans l'épaisse neige fondante du printemps canadien. Le missionnaire pense-t-il à une phrase contenue dans la dernière lettre écrite à son supérieur : « Le cœur me dit que le temps de mon bonheur approche » ? Des Attikamègues remontent aussi dans leur pays ; leur bande se met en marche. La faim se fait sentir, des jours passent sans nourriture. Bientôt le groupe doit se diviser. Le père, Fontarabie et le jeune Huron chrétien forment l'arrière-garde. Ils marchent déjà depuis près d'un mois. La neige a disparu, la rivière a débâclé, les bourgeons sortent. Dans la journée du 10 mai, les voyageurs franchissent deux portages puis ils arrivent à un troisième, à côté d'une chute, sur l'emplacement actuel de la ville de Shawinigan. Chacun porte un lourd fardeau. Le Huron marche en tête. Il est si rapidement saisi par des Iroquois à l'affût qu'il n'a pas le temps de faire un pas en arrière. Le père Jacques Buteux, lui, tombe frappé de deux balles ; bientôt percé de coups d'épée, assommé à coups de hache, il est jeté à la rivière après avoir été dépouillé. Fontarabie subit exactement le même sort. Le parti qui les a attaqués se composait de quatorze guerriers.

L'assassinat du père Jacques Buteux, le 10 mai

Le 13 mai, des Algonquins, qui n'ont pas appris cette brutale attaque et qui s'en vont à la traite chez les Attikamègues, arrivent au même endroit. Une escarmouche a lieu. Un jeune Algonquin tue un Iroquois. Le bras cassé par une balle, il sera capturé un peu plus tard et brûlé vif. Ses compagnons peuvent fuir.

Deux partis partent alors des Trois-Rivières en même temps : l'un se rend à Shawinigan pour chercher le cadavre du père Buteux, mais il ne retrouvera que celui de Fontarabie, à demi rongé déjà par les bêtes et les corbeaux. Le second veut, semble-t-il, intercepter la bande iroquoise à son retour ou encore venger la mort de leur compatriote brûlé quelques jours plus tôt. Le *Journal des Jésuites* dit simplement que ces Indiens « étaient à la chasse dans les îles du lac Saint-Pierre... » Une vingtaine d'Iroquois les attaquent par surprise le 16 mai, au « point du jour », et leur infligent une défaite.

Camp volant, c'est-à-dire cette patrouille chargée de la sécurité sur le fleuve.

Sokokis ou Socoquis, apparentés aux Abénaquis, sans doute originaires de la rivière Soco (Maine).

Le camp volant est maintenant supprimé. Il n'avait pas rendu les services que l'on en attendait. Les ennemis peuvent se promener plus librement encore sur le fleuve. Les Agniers, dit-on dans les milieux indiens, seraient aussi en guerre avec les Sokokis et les Andastes. Il y aurait eu des massacres.

Le 16 mai, un des Hurons capturés au cours du combat de la rivière La Magdelaine revient à Montréal. Il raconte que le capitaine de son groupe a été brûlé, mais que ses compagnons ont eu la vie sauve et qu'ils ont été assimilés dans la nation. Cet évadé est favorisé par la Providence : le jour même de son arrivée à Montréal, les Iroquois tournent autour de la place. La veille, le 15, deux Huronnes, la mère et la fille, qui s'étaient éloignées du fort pour rapporter la chair d'un orignal tué par quatre Français ou qui, d'après une seconde version, travaillaient dans leur champ de maïs, ont été faites prisonnières par

Les Andastes habitent la vallée de la Susquehannah et la baie de Chesapeake.

une cinquantaine d'Iroquois. Les *Relations* disent au sujet de ces derniers que « ces misérables se cachent dans les bois, derrière des souches, dans des trous qu'ils font en terre, où ils passent les deux et trois jours quelquefois sans manger, pour attendre et pour surprendre leur proie ».

Six jours plus tard, à peine, le 21 mai, Pierre Couc, dit La Fleur de Cognac, accompagné d'un jeune Algonquin, traverse le fleuve pour lever des lignes en face même du fort des Trois-Rivières. Sept à huit coups d'arquebuse partent de la rive pendant que les deux hommes sont au travail. Tous deux sont frappés : l'Indien mourra de ses blessures deux jours plus tard mais le soldat français guérira. Vigoureusement poursuivi « de quantité de canots et de chaloupes », l'ennemi réussit à s'échapper.

Cinq jours passent. Le parti iroquois de cinquante guerriers, qui est toujours dans l'île de Montréal, tue le gardien du troupeau de vaches, Antoine Roos, sur la Commune, située près du coteau Saint-Louis.

Des fugitives reviennent d'Iroquoisie. Le 2 juin, il en arrive deux. Leur voyage a duré vingt-cinq jours. L'une porte dans ses bras un bébé âgé de dix jours à peine. Le gouverneur, qui est présent, sert de parrain à l'enfant et mademoiselle Mance est la marraine. Le 3, M. de Lauson et le père Paul Ragueneau quittent la place dans leur barque, *L'Espérance*. À trois lieues au-dessous de la ville, ils recueillent à bord un Algonquin chrétien fait prisonnier par les Iroquois le 16 mai au lac Saint-Pierre. Deux heures plus tard, la barque armée prend en chasse sept canots iroquois qu'elle poursuit vainement. Le 4, elle recueille encore, dans les îles du lac Saint-Pierre, deux Algonquines capturées deux ans plus tôt et qui viennent de s'évader d'une bourgade des Agniers.

Jean de Lauson a été nommé gouverneur de la Nouvelle-France le 17 janvier 1651.

Fugitifs et fugitives apportent des nouvelles dont les Français feront le bilan aux Trois-Rivières le 5 juin. Vers la fin de l'hiver, un autre parti iroquois est allé au pays des Attikamègues où il a fait un troisième massacre. Cette nouvelle sera officiellement confirmée le 19 juin, quand trois canots descendront le Saint-Maurice « portant nouvelle que les Iroquois étaient entrés bien avant dans le pays des Attikamègues, et qu'ils les avaient défaits pour la troisième fois ». Il devient dangereux d'être l'ami de la Nouvelle-France et de lui apporter des pelleteries.

Les Iroquois s'avancent loin chez les Attikamègues.

Les évadés disent encore qu'une autre bande iroquoise « était montée aux Paysans, et avait fait prise de 25 Algonquins ». Qui étaient ces Paysans ? Des Hurons réfugiés à l'île Manitoulin où ils cultivaient le tournesol et qui ont subi une défaite vers la fin de l'été de 1651. La haine des Iroquois les poursuit de plus en plus loin dans l'Ouest et ne les lâchera pas. À la fin de l'hiver, une « grosse armée » iroquoise a attaqué les Andastes mais elle a subi des revers. Cette nouvelle semble exacte, car elle est rapportée par plusieurs fugitifs. Des trois peuples qui ont formé une ligue contre la Confédération — Hurons, Neutres, Andastes — seuls ces derniers, placés comme les Iroquois à proximité d'une colonie européenne, tiennent le coup.

Le 8 juin, à l'aube, deux Hurons tendent une ligne dans le Saint-Maurice, près des îles de l'embouchure, à peu de distance des habitations. Des Iroquois qui sont à l'affût en tuent un et capturent l'autre. Français, Algonquins et Hurons arrivent à la rescousse et ils poursuivent si vivement les maraudeurs que ceux-ci tuent le second Huron et qu'ils doivent abandonner leur bagage. Deux d'entre eux perdent la vie dans cette escarmouche.

Après un court répit de trois semaines, le 2 juillet à cinq heures du matin, des Hurons embarqués sur deux canots mettent pied sur la rive droite du fleuve, en face des Trois-Rivières, après avoir examiné des lignes tendues. Huit Iroquois sortent de la forêt et les attaquent. Les Hurons abandonnent leurs canots et montent dans la chaloupe armée des Français qui les escortait et se tenait un peu au large. Alors, toute la bande iroquoise, qui compte plus de quatre-vingts guerriers, apparaît et tire de quarante à cinquante coups d'arquebuse. Seul un Huron est légèrement blessé au bras. Les Français ripostent et il s'ensuit une fusillade bien nourrie. L'embarcation prend le large, lève la voile, un bon vent du nord-est la pousse. Poursuivie par treize grands canots iroquois, elle traverse le fleuve et arrive à la Briqueterie, aux portes du fort.

La flottille ennemie croise devant le poste. Des Français, des Algonquins et des Hurons rembarquent, qui dans la chaloupe, qui dans des canots, et ils la prennent en chasse. L'ennemi manœuvre puis, bientôt serré de près, il se dirige vers le rivage nord. Là, se sentant en sécurité, les Iroquois attendent en se dissimulant dans les joncs et les hautes herbes ; adossés à la forêt où ils peuvent au besoin s'enfuir, ils ne craignent rien.

Un de leurs canots monté par deux hommes se détache de la rive pour qu'on puisse parlementer. Un Algonquin et un Huron s'approchent dans un canot. La discussion dure une demi-heure entre les interlocuteurs qui sont à portée de pistolet. Les Iroquois disent que leur chef est Aontarisati et qu'ils veulent entamer des négociations avec les Français et leurs alliés indiens. D'après le *Journal des Jésuites*, ce sont surtout les Hurons qui désirent commencer ces pourparlers. On leur répond de choisir des ambassadeurs et de les envoyer en face du fort. Après l'attaque conduite le matin même contre les Hurons et les Français, leur attitude ne semble pas loyale. Aussi le *Journal* ajoute-t-il que, ces négociations « ne plaisant pas aux Français et aux Algonquins, pour les empêcher les Français se retirèrent aux Trois-Rivières, et ensuite tous les Hurons et Algonquins ».

Le temps passe. Les Iroquois envoient un canot avec trois des leurs à bord, qui circulent devant le fort, au milieu de la rivière, attendant les Français. Deux Hurons et un Algonquin prennent un canot, les rejoignent et les discussions reprennent.

Astuces des Iroquois et des Hurons

Pendant ces entretiens, trois autres canots iroquois déposent à la Briqueterie un Huron qui est immédiatement conduit au fort où il est soumis à un interrogatoire. Cet homme prétend qu'il n'a d'autre projet que de voir ses parents qui vivent parmi les Français. Ses compagnons parlent à d'autres Indiens sur la rive. Ils affirment qu'Aontarisati est venu en Nouvelle-France pour engager des négociations de paix et ils demandent aux capitaines des Français, des Algonquins et des Hurons de passer la rivière pour venir négocier. La demande semble pour le moins étrange bien qu'on affirme que des députés iroquois attendent sur la rive sud.

On découvre bientôt que le jeune Huron a été débarqué pour inciter ses parents à quitter le parti français. On constate que des canots approchent « pour débaucher nos Hurons » ; on voit bien que tous ces pourparlers ne sont que leurre et on décide de se servir du même stratagème.

Trois Iroquois dans un canot abordent le rivage. Ils descendent même et on les accueille avec bienveillance. Il est midi. Au fort, le boulanger défourne le pain, les Indiens alliés y courent pêle-mêle. Des enfants reviennent chargés de miches odorantes. Un Huron d'une grande adresse, Annahotaha s'avance, en tend une à l'un des Iroquois qui approche la main. Le Huron la saisit et fait cet ennemi prisonnier. On accourt et capture enfin les trois occupants du canot qui sont conduits au fort. Sans le savoir, Annahotaha s'est emparé du chef même du parti ennemi, un Iroquois célèbre, Aontarisati. Cet individu et l'un de ses compagnons étaient « capitaines fort signalés pour leurs meurtres, en toutes les habitations françaises ». Le parti iroquois ne connaîtra cette capture que bien plus tard, lorsqu'on constatera que les chefs ne reviennent pas.

Annahotaha, baptisé Étienne, mort au Long-Sault en 1660.

La capture du chef iroquois Aontarisati aux Trois-Rivières

Les deux chefs sont brûlés le 4 juillet après avoir été baptisés la veille. Cette exécution rapide des deux Agniers n'est pas de nature à ramener la paix. Jean de Lauson a sans doute tenté de les garder prisonniers pour mener des négociations de paix par leur entremise. C'étaient de précieux otages. D'autre part, les *Relations* indiquent bien que les pourparlers étaient dangereux à ce moment-là. Les Iroquois voulaient « débaucher nos Hurons, et les tirer à leur parti... » Pour la première fois est mentionnée une affaire qui, une ou deux années plus tard, prendra une énorme importance dans les relations entre l'Iroquoisie et la Nouvelle-France. Il ne reste de toute la nation huronne qu'un groupe homogène dans l'Ouest, que les Iroquois viennent de rejeter de l'île Manitoulin à la baie Verte, et le groupe de l'île d'Orléans, qui est déjà fort considérable et qui pense à se multiplier dans la paix. Celui-ci fournit déjà nombre de guerriers à la Nouvelle-France ; à maintes reprises, les partis iroquois se sont heurtés à eux sur le Saint-Laurent. Comme ils contiennent eux aussi des Hurons que l'on appelle iroquisés, c'est-à-dire qui ont embrassé la nation et les intérêts de leurs vainqueurs, des pourparlers s'engagent facilement entre compatriotes de camps opposés. Comptant sur cette aide, les Iroquois songent tout de suite à les attirer pour augmenter leur population et affaiblir la Nouvelle-France. Au fond, ils ne veulent voir renaître une Huronie ni dans l'Ouest ni dans l'Est, jugeant sans doute le peuple huron dangereux pour eux.

Au cours de ces négociations, les Français apprennent d'autres nouvelles de l'Iroquoisie. Celle-ci aurait lancé une armée de mille guerriers contre les Andastes ; elle aurait remporté de nombreux succès, tué et capturé beaucoup d'ennemis, réussi même à s'emparer d'une bourgade. La victoire semble établie. Mais bien appuyés sur une colonie européenne, les Andastes se maintiendront malgré ce revers passager et ils feront plus d'une fois encore trembler leurs rivaux.

Le 29 juillet se produit à Montréal un incident qui restera célèbre dans la colonie, grâce à la verve gasconne de l'historien sulpicien, Dollier de Casson. Une Française, madame Antoine Primot, Martine Messier de son nom de jeune fille, travaille dans les champs, à deux portées d'arquebuse du fort. Des Iroquois se glissent jusqu'à elle en rampant. Une cinquantaine sont à l'affût et l'entourent postés à trois endroits différents. Trois d'entre eux entreprennent de la capturer. Mais étant d'un tempérament violent, « elle se mit à se défendre comme une lionne, encore qu'elle n'eut que ses pieds et ses mains ». Au troisième ou au quatrième coup de hache, elle tombe et semble morte. L'un des ennemis se penche sur elle pour la scalper. Mais la femme reprend ses sens et, aux grands maux les grands remèdes, elle « saisit ce cruel avec tant de violence par un endroit que la pudeur nous défend de nommer » que cet Iroquois ne songe plus qu'à s'échapper ; elle tient bon jusqu'à ce qu'elle s'évanouisse de nouveau sous d'autres coups de hache. L'Iroquois fuit alors car, en plus, les Français accourent et sont bientôt sur les lieux. Comme Martine a reçu six coups de hache, dont aucun n'était heureusement mortel, l'un des Français l'embrasse par compassion ou admiration ; elle lui administre un soufflet. Lorsque cet homme lui explique son geste, elle s'écrie : « Parmenda, je croyais qu'il voulait me baiser. » Ces femmes au franc-parler, mais aussi au vert langage, défendent énergiquement la Nouvelle-France.

François Dollier de Casson, supérieur des Sulpiciens en Nouvelle-France, de 1671 à 1674 et de 1678 à 1701

À Montréal, Martine Messier affronte les Iroquois.

Le 25 juillet, un détachement de plus d'une centaine de Montagnais, Hurons et Algonquins d'après les *Relations*, de plus de quatre-vingts d'après le *Journal des Jésuites,* part en canot sur le fleuve pour rencontrer, si possible, l'une des nombreuses bandes qui circulent en Nouvelle-France. Tous sont chrétiens.

Les embarcations atteignent Montréal sans rencontrer l'ennemi mais au retour, le 7 août, ils se trouvent soudain en face d'une centaine d'Iroquois répartis dans onze canots. La bataille s'engage tout de suite. Bientôt l'ennemi doit se retirer ; il « eut du pire » comme dit le *Journal des Jésuites*. Trois de ses guerriers sont tués, plusieurs sont blessés. De leur côté, les Indiens alliés ont perdu un Huron et un Algonquin, et plusieurs d'entre eux ont été aussi blessés. Malgré la fuite des Iroquois, le combat n'a pas été décisif. Ce même parti ou bien d'autres bandes continuent à se promener en Nouvelle-France pour surprendre des Français ou des Indiens alliés. On calcule qu'une centaine d'entre eux se déplacent continuellement entre les Trois-Rivières et

Montréal, coupant les communications, vivant sur le pays giboyeux en attendant une occasion favorable.

Un peu plus tard, le 18 août, quatre Français montés dans une embarcation se trouvent entre les Trois-Rivières et le Cap-de-la-Madeleine. Soudain, ils sont attaqués par des Iroquois occupant huit canots. Deux Français, Maturin Guillet et La Bouionnier, sont tués sur place ; les deux autres, le chirurgien Plassez et un dénommé Rochereau, sont faits prisonniers.

La paroisse de Sainte-Marie-Madeleine est fondée en 1651.

En tout temps, les Iroquois sont là, dans la forêt, sur le fleuve, autour des forts, apparaissant, disparaissant, insaisissables et rapides. Les Français ont l'impression d'être pris dans un filet aux mailles invisibles. Leur impatience grandit, leur malaise s'accroît, ils attendent résolument l'heure où ils pourront enfin tenir une bande ennemie à leur merci. La capture de deux d'entre eux le 18 suivie du meurtre de deux autres, portent l'impatience à son comble. Le gouverneur, M. Du Plessis-Kerbodot, qui n'a pas l'expérience des guerres canadiennes, se laisse gagner par les sentiments de la population et le lendemain, 19 août, forme une équipe composée de quarante à cinquante Français et d'une douzaine d'Indiens. Il l'embarque dans deux chaloupes dans le but d'attaquer le parti ennemi, de le chasser, de libérer les captifs et de recouvrer un troupeau d'une trentaine de têtes qui a été dispersé.

Guillaume Guillemot, appelé aussi Du Plessis-Kerbodot, gouverneur des Trois-Rivières.

Les embarcations remontent le fleuve sur une distance de deux lieues en amont du poste. Et là, comme d'habitude, les Français distinguent des Iroquois postés sur le rivage : dissimulés dans les herbes ou derrière les arbres, ils peuvent se défendre énergiquement contre tout ennemi qui viendra par le fleuve ; adossés à la forêt, ils ont la possibilité de s'enfuir si le combat devient trop dangereux. Il y a cent vingt Onneyouts, dit le *Journal des Jésuites* ; mais il y a aussi des Agniers parmi eux. Marie de l'Incarnation parlera également de deux cents Iroquois divisés en deux bandes.

Onneyouts, aussi écrit Onneiouts.

Il est onze heures du matin. Du Plessis-Kerbodot se laisse emporter par son impatience et sa fougue. Il commande de débarquer et d'attaquer. Des personnes expérimentées des Trois-Rivières ont beau lui représenter le danger mortel de cette manœuvre, il s'obstine, ne voulant rien entendre : « Il met pied à terre, dans un lieu plein de vase... » Les Iroquois tirent à loisir sur ces hommes complètement à découvert et qui approchent, la marche embarrassée par la boue du fond, les herbes et l'eau. Comme il était à prévoir, c'est bientôt la panique et la fuite, puis la retraite. Quand les Français peuvent se compter, quinze d'entre eux manquent à l'appel. Pendant ce combat, les Iroquois ont en plus trouvé le moyen d'assommer un Huron et sa femme qui travaillaient dans un champ tout près des maisons.

Le 19 août, l'inexpérience de Du Plessis-Kerbodot face aux Iroquois lui coûte la vie.

La panique se communique du détachement en retraite à la population des Trois-Rivières. Si l'ennemi se précipite à la suite des fugitifs, il emportera la place, mais sa victoire le surprend tellement qu'il rentre dans son pays pour la célébrer.

Thomas Godefroy de Normanville, interprète

Ce n'est que trois jours plus tard, le 22 août, que la garnison visite le lieu du combat. Fait prisonnier, Normanville avait écrit les noms des captifs sur un bouclier iroquois que l'on retrouve maintenant : Marin Terrier, sieur de Francheville et de Repentigny, Jean Poisson, Jean Turcot, Thomas Godefroy de Normanville, Lapalme, Saint-Germain, Chaillon, soit sept personnes. Les Français suivants avaient été tués : Du Plessis-Kerbodot, le gouverneur des Trois-Rivières, Jean Veron de Grandmesnil, Guillaume Isabel, Dupuis, Marie Belhomme, Langoumois, Jean Potvin, dit La Grave, Deslauriers. D'après les indications de Normanville, le parti était composé d'Onneyouts et d'Agniers : « je n'ai encore perdu qu'un ongle », avait-il ajouté. Les jours passent lourds d'inquiétude. De ces prisonniers, on n'entendra plus jamais parler : ils disparaissent dans l'enfer des supplices iroquois. On peut constater que les hommes de qualité du poste, les membres des familles les plus en vue, les hommes acclimatés au pays avaient donné l'exemple de l'obéissance à un ordre maladroit du gouverneur et ils n'avaient pas voulu reculer.

Marie de l'Incarnation décrit l'attitude des Iroquois.

Marie de l'Incarnation présente le commentaire suivant : « Cette défaite est de conséquence, non seulement en elle-même, mais encore dans ses suites. Car outre qu'il y a encore plusieurs Français de marque pris et emmenés captifs, et que plusieurs femmes sont demeurées veuves, c'est que jusqu'ici les Iroquois ne croyaient pas avoir rien fait, parce qu'ils n'avaient eu aucun avantage sur les personnes d'épée ; mais aujourd'hui qu'ils ont tué le gouverneur des Trois-Rivières, ils s'imaginent être les maîtres de toute la Nouvelle-France ; car ces gens-là... deviennent insolents au dernier point. On ne les craint point dans les habitations, mais dans les lieux écartés et dans les maisons qui sont proches des bois. L'expérience qu'on a qu'il n'y a rien à gagner à les poursuivre fait qu'on se tient seulement sur la défensive et c'est bien le meilleur... les Iroquois craignent extrêmement les canons, ce qui fait qu'ils n'osent s'approcher des forts. Les habitants... ont des redoutes en leurs maisons pour se défendre avec de petites pièces... Mais après tout, si Dieu ouvrait les yeux à cet ennemi, qui est assez fort pour tout perdre, tout le pays serait en grand hasard... On a pris deux de leurs plus grands capitaines, que l'on a fait brûler tout vifs. C'est ce qui les a irrités et fait venir au nombre de deux cents, divisés en deux bandes, pour attaquer et brûler les Trois-Rivières. Ils ont fait leur coup à la hâte et se sont aussitôt retirés, détruisant en même temps un troupeau de cinquante bêtes appartenant aux habitants. »

La fondatrice, Mme de Chauvigny de La Peltrie

Marie de l'Incarnation écrit à son fils. Elle lui explique que la fondatrice du couvent a pris soin de donner aux Ursulines le capital dont les rentes leur permettront de subsister, même si elles repassent en France. Mais les Ursulines n'osent pas et elles ne veulent quitter le pays car, si la communauté partait, « cela serait capable de décourager la plus grande partie des Français, qui n'ont soutenu qu'en considération des maisons religieuses et par leur moyen » ; et aussi « le pays n'étant pas si désespéré qu'on se puisse défier d'un rétablissement, nôtre retraite n'eut pas été légitime ». Puis elle ajoute les fortes paroles suivantes : « Lorsqu'on entend dire que quelque malheur est arrivé de la part des Iroquois, comme il en est survenu un bien grand depuis un mois, chacun s'en veut aller en France ; et au même temps on se marie, on bâtit, le pays se multiplie, les terres se défrichent, et tout le monde pense à s'établir. » L'opiniâtreté persévère dans ses entreprises.

Malgré la menace iroquoise, les Ursulines ne veulent pas quitter Québec.

Le désastre trifluvien provoque de vives inquiétudes à Québec. Le père Le Mercier et Le Sénéchal en partent le 21 août pour encourager les habitants et organiser une résistance. Des Iroquois rôdent toujours autour de la place ; peu de temps après le retour de ces deux personnages, ils se saisissent encore d'un Huron. La résistance aux agressions ne semble pas aussi ferme, aussi adroite qu'à Montréal et cette faiblesse, bien relative pourtant, provoque l'ennemi.

François-Joseph Le Mercier, Jésuite, supérieur général des missions de la Nouvelle-France à compter du 6 août 1653. Le Sénéchal ? Sans doute le sénéchal, Jean de Lauson.

Une très brève accalmie se produit au début de septembre. Le 16, André David, dit Mirgré, tombe sous les coups des Iroquois à Montréal, près de la maison de feu Grand Jean Boudard. Le calme se rétablit ensuite et dure près d'un mois.

Le 14 octobre, à Montréal encore, se produit un furieux combat. Pendant la ronde, les chiens aboient : des Iroquois sont à l'affût autour de la place. Le vaillant Lambert Closse s'en aperçoit et, comprenant vers quelle direction les aboiements sont dirigés, il rassemble aussitôt vingt-quatre hommes qui partent avec lui pour attaquer l'ennemi. Il envoie en tête, comme éclaireurs, le sieur La Lochetière, Baston et un troisième individu dont on ne connaît pas le nom, trois soldats hardis. Mais ils ne doivent pas dépasser un endroit qu'il a indiqué. À son arrivée, La Lochetière se trouve devant un arbre tombé qui cache une dépression du sol. Il se prépare à regarder par-dessus l'obstacle lorsqu'il aperçoit un Iroquois. Les deux hommes tirent en même temps, se tuant l'un l'autre. Les deux autres éclaireurs se dégagent, sans être atteints. Le major place alors ses hommes pendant que l'ennemi pousse ses clameurs de guerre. L'escarmouche s'amorce et dure. M. Prudhomme, qui habite tout près dans une maisonnette, surveille le combat. Il crie soudain à Lambert Closse de se retirer : les Iroquois sont en train d'encercler la petite troupe de Français. Closse examine le champ de bataille. Il constate que son groupe et la maison de Prudhomme sont déjà entourés par l'ennemi. L'engagement peut se terminer en désastre. Ne perdant pas son sang-froid, il donne l'ordre de se réfugier dans la maison. Le commandement est rapidement exécuté. En un tournemain, les murs sont percés de meurtrières et la bataille se poursuit, chacun y prenant une part active, excepté un lâche qui s'étend par terre et ne veut plus bouger. Le danger est grand, et les balles transpercent les planches de la maisonnette. Un brave soldat du nom de Laviolette est blessé. Mais des assiégeants tombent aussi sous les coups de feu des assiégés.

Lambert Closse tente une sortie contre les Iroquois.

La Lochetière tué en même temps qu'un Iroquois. Parmi les compagnons de Dollard, il y a un Tavernier dit La Lochetière.

Le combat se prolonge. Les Français sont sur le point de manquer de poudre et de balles et les Iroquois n'abandonnent pas la partie. Que faire ? Le sieur Baston est rapide à la course. Le major lui glisse un mot à l'oreille. Baston se faufile dehors pendant que ses compagnons distraient l'ennemi et, détalant comme un cerf, il arrive indemne au Château. Les secours sont vite organisés. Baston revient sur les lieux avec d'abondantes munitions et une dizaine d'hommes de renfort qui traînent péniblement deux petites pièces de campagne chargées à cartouche. Ils progressent le long d'un épaulement de terrain qui les dérobe à la vue des Iroquois ; ils les hissent enfin sur l'épaulement et commencent à faire feu. Au même moment, profitant de la confusion chez l'ennemi, Closse effectue une vigoureuse sortie pour favoriser l'entrée des renforts. La bataille fait rage de nouveau. Les Iroquois n'ont aucun espoir d'emporter cette maisonnette si vaillamment défendue. Ils doivent battre en retraite dans des conditions difficiles et sous le feu d'un adversaire habile et résolu. Dollier de Casson affirme qu'ils emportent trente-sept blessés, et plusieurs morts. M. de Belmont, de son côté, dit que le parti iroquois compte deux cents guerriers et qu'il se retire avec vingt hommes tués et plus de cinquante blessés. Les Iroquois diront eux-mêmes que trente-sept des leurs ont été blessés.

Château = tantôt la résidence du gouverneur, tantôt une enceinte fortifiée.

Lambert Closse défait les Iroquois.

Vachon de Belmont, Sulpicien, auteur d'une Histoire du Canada *(1645-1732). D'abord curé de Ville-Marie, puis supérieur du séminaire.*

Par ce valeureux combat, la garnison de Montréal rétablit l'honneur de l'armée française. Tenue en haleine, continuellement exercée, dirigée par des chefs d'une valeur exceptionnelle, elle accomplit des exploits. Maintenant elle connaît bien le terrain et les méthodes de l'adversaire, elle s'est familiarisée avec le danger, sait se tirer des plus mauvais pas avec sang-froid, ruse et audace. Il n'est pas bon de s'y frotter.

Le même parti, ou peut-être un autre, rôde un peu plus tard autour des Trois-Rivières. Le 25 octobre, il massacre une Huronne. Le lendemain 26, il tue aussi au Cap-de-la-Madeleine deux Français du nom de St-Denis et de Gaillarbois ; il blesse un individu nommé La Valon et probablement aussi son compagnon dont on ne connaît pas l'identité. Un Algonquin raconte la capture, en face de Sainte-Croix, d'un de ses compatriotes et de deux Algonquines. Enfin, pour terminer le bilan de cette année bien chargée, deux Hurons sont capturés le 17 décembre, à une lieue des Trois-Rivières. Les Algonquins de Sillery vivent dans l'angoisse : les Iroquois sont partout. Ceux qui s'aventurent au-dehors des enceintes palissadées sont en danger de mort.

CHAPITRE 45

1652

Ainsi se termine la deuxième année de la « petite guerre » dirigée par l'Iroquoisie contre la Nouvelle-France. Elle a été plus désastreuse que la première : la défaite des Trois-Rivières a coûté cher à la colonie. Le fourmillement des bandes ennemies, en toutes saisons et dans tous les quartiers, donne l'impression qu'un siège permanent est maintenu contre les trois postes.

L'année se clôt sur de sombres pronostics. Par l'entremise des fugitifs, des espions, par mille moyens inconnus, les Français obtiennent d'assez bons renseignements sur les entreprises qui s'organisent en Iroquoisie. Elles sont dangereuses. Ainsi, on prévient les Français « que les Iroquois veulent rassembler toutes leurs forces pour nous venir perdre l'hiver prochain, c'est le rapport qu'en ont fait les fugitifs ». Il y a erreur quant à la saison, mais le rapport est exact quant au fond.

Ces évadés donnent une explication des récents événements. Ils disent que les Iroquois d'en bas « nommés Agniers, demandèrent l'an passé du secours aux Iroquois des pays plus hauts, nommés Tsonnontouans, pour venir combattre les Français ; mais que les Tsonnontouans répondirent qu'ils avaient des ennemis voisins sur les bras, et que s'ils [les Agniers] les voulaient venir aider à les détruire, qu'ils [les Tsonnontouans] se joindraient à eux par après pour perdre les Français. Les Iroquois Agniers ont accepté la condition, ils ont envoyé leurs troupes avec celles des Tsonnontouans, qui, avec ce secours ont détruit la Nation Neutre, qui leur était voisine. Si bien qu'ils [les Tsonnontouans] sont obligés de se joindre avec les Iroquois, nommés Agniers, pour venir combattre les Français. Voilà ce que portent les mémoires qui ont servi de matériaux pour bâtir ce chapitre. » La Nouvelle-France s'attend donc à une attaque conjointe des Agniers et des Tsonnontouans pendant l'année 1653. Cette coalition a déjà détruit les Hurons et les Neutres. En 1650, 1651 et 1652, seuls les Agniers ont, semble-t-il, envoyé des partis en Nouvelle-France ; les Onneyouts sont parfois venus, surtout pour le combat des Trois-Rivières, car ils tournent dans l'orbite des Agniers et des Hollandais, mais les Onnontagués, les Goyogouins et les Tsonnontouans ne semblent pas avoir encore pris la route du Saint-Laurent.

Les appréhensions sont donc grandes. Noël Tekouerimat écrit ce qui suit au père Paul Le Jeune, en France : « Hâte-toi de venir et de nous amener quantité de porteurs d'épées, pour éloigner de nos têtes les Iroquois... Parle au grand Capitaine de la France, et dis-lui que les Hollandais de ces côtes nous font

Les Tsonnontouans, aidés des Agniers, détruisent la Nation Neutre.

Onnontagués, aussi écrit Onontagués.

Noël Negabamat, aussi connu sous le nom de Tekouerimat.

mourir, fournissant des armes à feu, et en abondance et à bon prix, aux Iroquois nos ennemis. »

Heureusement, malgré toutes les difficultés, la traite se maintient. Marie de l'Incarnation en donne des nouvelles : « Quant au trafic, les traites du côté du sud sont presque toutes anéanties ; mais celles du Nord sont plus abondantes que jamais. Si l'on était exact à apporter de bonne heure les marchandises de France, en sorte que par ce retardement les castors ne fussent point divertis ailleurs, les marchands seraient riches. » Où vont les pelleteries lorsque les marchandises n'arrivent pas assez tôt de France ? En Nouvelle-Angleterre par les Abénaquis ? En Nouvelle-Hollande par les Iroquois ? Marie de l'Incarnation voit le mal profond et incurable qui règne pendant cette période, celui qui est à la racine de tous les autres : « Mais au fond, tandis que les habitants s'amusent à cette traite, ils n'avancent pas tant leurs affaires que s'ils travaillaient à défricher la terre, et s'attachaient au trafic de la pêche et des huiles de loups-marins et de marsouins, et autres semblables denrées, dont on commence d'introduire le commerce. » La Nouvelle-France et la Nouvelle-Hollande souffrent du même mal terrible qui affecte leur croissance : la traite des fourrures absorbe une trop grande partie des forces vives de ces colonies. La *Relation* de 1652 tente de redresser cette mauvaise direction de développement en faisant un appel à des colons : « ...On ne demande plus pour le soutien de ces grandes contrées que le paiement du passage de deux ou trois cents hommes de travail, chaque année... La France, qui se décharge incessamment dans les pays étrangers, ne manque pas d'hommes pour dresser des Colonies... » Si la France avait suivi ces sages directives, les guerres iroquoises se seraient rapidement terminées et la Nouvelle-France n'aurait pas été cette faible colonie en possession des plus riches territoires du continent pourvoyeur de fourrures : l'empire français aurait pu s'étendre à l'infini.

Chapitre 46

1652

Maisonneuve a dit qu'il ne reviendrait pas en Nouvelle-France s'il ne pouvait avoir un nouveau contingent de colons. Il n'est pas revenu en 1652. Il a cependant écrit et les nouvelles qu'il a données sont relativement bonnes et elles apportent le réconfort dont les habitants ont besoin. Car l'hiver et le froid ne s'accompagnent pas du répit habituel. Les Agniers n'ont pas pardonné le supplice de leur grand chef Aontarisati aux Trois-Rivières ; le massacre d'une quinzaine d'habitants ne les a pas apaisés. Leur rage est telle qu'ils décident de brûler tous les Hurons qui tomberont entre leurs mains, parce que c'est un Huron qui a capturé le vaillant sachem. Ils jurent « de tirer une sanglante et une cruelle vengeance de cette mort ». Il leur fallait « enlever la bourgade des Trois-Rivières, et mettre à feu et à sang tous les Français et tous les Sauvages qu'ils y rencontreraient ».

Les Iroquois veulent venger la mort du chef Aontarisati.

Des rumeurs circulent, qui semblent exactes au premier abord, car un parti agnier « vint prendre son quartier d'hiver à trois lieues, ou environ, de nôtre bourgade, dans le fond des bois, croyant nous surprendre lorsque les grandes neiges et les grands froids nous feraient plutôt penser au repos qu'à la guerre... » À partir de ce fortin, les Iroquois rayonnent autour du poste. Des Français découvrent leurs pistes à une lieue du fort qui est désormais sur ses gardes. On poste des sentinelles et on améliore ses ouvrages de défense. Bientôt le gibier fait défaut aux alentours et les Agniers doivent s'éloigner.

Après leur départ, la Nouvelle-France ne souffle pas longtemps. Le 29 mars, un Huron prend le risque de transporter des lettres des Trois-Rivières à Québec ; il est capturé par vingt Iroquois en aval du Cap-de-la-Madeleine. Dans les premiers jours d'avril, deux Hurons sont faits prisonniers pendant un voyage semblable entre Québec et les Trois-Rivières. Un troisième tombe entre leurs mains en allant à la chasse : « ...Sitôt que la rivière fut libre, on ne vit de tous côtés, que de petites bandes de coureurs, qui tâchaient de surprendre quelque chasseur ou quelque laboureur... » Divers combats mal connus ont lieu, car Algonquins et Hurons font face et ils remportent quelques succès.

La situation semble si désespérée, le sort des victimes de cette guérilla est si atroce, que la panique domine dans les places françaises. Seize personnes quittent les Trois-Rivières vers la mi-avril : trois soldats, Barré, Empesade, La Montagne, des domestiques, La Rose, serviteur de M. de La Poterie, Baudet, serviteur de M. de Grandmesnil, Tête Pelée, serviteur de M. de

Jacques Leneuf de La Poterie, alors gouverneur suppléant de Trois-Rivières

Craignant les Iroquois, des Français quittent la Nouvelle-France.

Francheville, et des habitants, probablement des colons, Lespine, Des Noyers, La Fond, La Montagne, Du Plessis, La Verdure, Savary, La Franchise, Coquelin, Des Lauriers, Langlois. Le 27 avril, à Québec, deux serviteurs de M. d'Auteuil les imitent. Le 12 mai, Junier s'échappe de Sillery. Ces hommes ont décidé de se rendre à Percé, ou dans les environs, pour s'embarquer sur les morutiers qui y viennent nombreux chaque année, et retourner en France. C'est un très long voyage pour celui qui ne connaît pas bien le fleuve et la forêt. On apprendra plus tard que certains d'entre eux ont atteint leur objectif, mais que le cannibalisme a régné dans le groupe. L'épouvante ébranle les caractères les mieux trempés. « ...Nous ignorons ce que le pays deviendra », écrit Marie de l'Incarnation. « Il y en a qui regardent ce pays comme perdu, mais je n'y vois pas tant de sujet d'appréhender pour nous. » Un peu plus tard, elle dira : « On a cru quelque temps qu'il fallait repasser en France. » Mais elle écrira aussi la phrase suivante : « Il [Dieu] les aveugle pour ne pas voir leur force et notre faiblesse, car s'ils voyaient les choses comme elles sont, ils nous auraient

Faut-il abandonner la colonie ?

bientôt égorgés, mais cette bonté infinie les retient par Sa main toute puissante, afin qu'ils ne nous nuisent point. » Ainsi la question de l'abandon de la colonie est plus que jamais discutée et étudiée. C'est un sujet de conversation habituel ; il faudra peut-être s'y décider d'un moment à l'autre.

Au mois de mai, la bataille s'engage plus gravement encore. Le 9, trois Algonquins en canot découvrent des Iroquois à l'affût dans les îles des Trois-Rivières ; ils fuient, se rendent au Cap-de-la-Madeleine où des Français sont retranchés pour mettre en terre une Algonquine qui les accompagnait. Ils retournent immédiatement au combat et se retrouvent bientôt en face de six grands canots iroquois remplis de guerriers. Mais ceux-ci s'enfuient : se voyant découverts, ils craignent d'être poursuivis.

Le 15 mai, M. de Lauson est aux Trois-Rivières en compagnie du supérieur des Jésuites, le père Le Mercier. La barque ne va pas à Montréal pour diverses raisons, notamment : « ...Parce que le péril du voyage à Montréal étant très grand, on ne jugea pas à propos de l'entreprendre sans nécessité. » Alors que ces personnages sont aux Trois-Rivières, que le canon tonne pour les saluer, quatre ou cinq colons labourent la terre tout près du poste ; soudain, un groupe d'Iroquois les entoure et tue l'un d'entre eux. Des Indiens amis se mettent en route, mais trop tard pour poursuivre efficacement les malfaiteurs : « Ils trouvèrent seulement le bagage de ces voleurs, qu'ils [les Iroquois] avaient abandonné pour courir plus légèrement, et pour se mettre plus tôt hors des dangers d'être attrapés. »

Le gouverneur, Jean de Lauson

Benjamin Sulte dit que le gouverneur serait venu aux Trois-Rivières pour améliorer les fortifications de l'endroit et que les habitants ne mettent pas à ces ouvrages tout le zèle nécessaire. Le père Le Mercier est profondément inquiet. Il « travailla puissamment à fortifier cette habitation des Trois-Rivières, contre le sentiment même des habitants du lieu » tout absorbés par leurs affaires.

Le missionnaire insiste tellement que « les fortifications furent achevées et tous les habitants mis à couvert des surprises de l'ennemi ».

Le 28 mai, quelques jours après le départ du gouverneur, les Agniers tuent aux Trois-Rivières, « quasi à la portée du fusil de nos habitations », François Crevier, fils de Christophe, âgé de treize ans. Un canonnier du nom de Guillaumet se trouvant seul et incapable de poursuivre l'ennemi veut tirer un coup de canon pour donner le signal habituel, mais celui-ci éclate et Guillaumet est si gravement blessé qu'il mourra quelques jours plus tard. Le même jour, vingt Iroquois massacrent François La Meslée presque au même endroit, dans la Commune. À la même date, un Népissingue, capturé par des Iroquois, s'échappe ; il apprend aux Français qu'une vingtaine d'ennemis l'ont capturé avec trente de ses compatriotes, au-dessus du Sault à l'Esturgeon. Le 20 mai, une dizaine d'Iroquois font prisonnier un Huron du nom d'Onatioé « dans les *Le Huron Onatioé* champs de M. de la Poterie, aux environs des Trois-Rivières, où il avait été placé comme sentinelle pendant que les serviteurs travaillaient ». Les ennemis l'interrogent si longtemps, à une demi-lieue de là, qu'un groupe d'Algonquins a le temps d'arriver, de le délivrer, de capturer trois d'entre eux et de les chasser après avoir tué un Tsonnontouan ; ils voulaient « apprendre l'état de nos affaires ».

Le 2 juin, un colon du nom d'Emery Cailleteau est massacré par les Iroquois au Cap-de-la-Madeleine. Le 9 juin, des Algonquins et des Hurons poursuivent vingt à trente Iroquois et les mettent en fuite.

Ces combats ne sont pas les seuls qui se livrent sur le sol de la Nouvelle-France. Tous n'ont pas été enregistrés : « Je serais trop long si je voulais rapporter toutes les attaques, les poursuites et les prises qui se sont faites de part et d'autre des environs de cette bourgade », lit-on dans les *Relations* au sujet des Trois-Rivières.

Le 10 juin, des partis ennemis se sont rapprochés de Québec. Des guerriers tuent au Cap Rouge un colon du nom de François Roulé ; la victime reçoit trois balles, l'une à l'estomac, l'autre à l'aine, la troisième dans la cuisse, et elle est ensuite à demi scalpée. Les guerriers capturent ensuite Pierre Garman, dit Le Picard, son fils Charles âgé de huit ans, et un jeune homme de vingt-trois ans, Hugues Le Couturier. Cette bande, formée de cinquante hommes, traverse le fleuve après avoir exécuté ses méfaits.

Le 15 juin, la frégate part pour Montréal. L'entrée dans les *Relations* se termine par la note suivante : « Maître Charles Boivin et Charles Panie vont au secours des Trois-Rivières. »

CHAPITRE 47

1653

Pendant les premiers mois de l'année 1653, les Agniers s'acharnent visiblement sur les Trois-Rivières. Ont-ils noté des signes de faiblesse, comme la défaite du gouverneur Du Plessis-Kerbodot, la fuite des seize Français au printemps ou la lenteur des travaux de fortification ? Québec doit leur sembler hors d'atteinte sur son puissant rocher. Quant à Montréal, une garnison admirablement commandée par Lambert Closse l'entoure d'une défense difficile à forcer. Les Montréalistes forment aussi le groupe le plus homogène, le plus compact de la Nouvelle-France ; aguerris, résolus, mais aussi adroits et rusés, ils offrent peu de prise à l'ennemi.

Des Onnontagués se rendent à Montréal pour négocier la paix. Ce sont eux pourtant qui, le 26 juin, ont la stupéfaction de voir devant la place un parti de soixante Onnontagués qui avancent comme en pays ami, sans se dissimuler. Quelques-uns demandent des sauf-conduits ; d'autres se réclament de la qualité d'ambassadeurs et désirent savoir « si les Français auraient le cœur disposé à la paix ». Autant demander à un condamné à mort s'il désire un sursis.

Les députés des Onnontagués entrent dans l'enceinte palissadée. Les Français connaissent assez peu la tribu à laquelle ils appartiennent. Ils sont plus familiers avec les Agniers et leurs voisins occidentaux, les Onneyouts, qui forment presque toujours les partis errants en Nouvelle-France. Savent-ils par exemple que c'est dans le pays de ces Iroquois, qui se présentent si amicalement, que se trouve Onnontaé, la capitale de l'Iroquoisie, La Montagne comme diront bientôt les Français, lesquels donneront à la tribu qui l'habite le nom de Montagnards ? Ont-ils appris l'importance du rôle politique que ces Iroquois jouent dans la Confédération ? Se rappellent-ils que pour se rendre chez eux, ils doivent remonter le fleuve jusqu'au lac Ontario, suivre le rivage sud, remonter ensuite la rivière Oswego jusqu'à sa source ? La région qu'ils occupent est en plein centre du pays ennemi ; Agniers et Onneyouts sont placés à l'orient, Goyogouins et Tsonnontouans à l'occident, sur une longue ligne presque parfaitement droite.

Ayant à leur merci à l'intérieur du fort les députés des Onnontagués, les Montréalistes sont tentés de les capturer et de les enfermer. « ...Mais quand ils les virent avancer sans armes, et sans défense, cette franchise amollit leur cœur... » Lorsque ces étrangers « eurent exposé les pensées et les désirs de leur Nation, on ne parla plus que de confiance, de paix et de bienveillance ; vous eussiez dit que jamais on ne s'était fait la guerre, et qu'on n'était pas en disposition de jamais la recommencer. » Complètement désarmés, les Onnontagués sont en effet face à des Français armés de pied en cap. On se laisse donc convaincre, « on les traita avec amour, on reçut leurs présents et on leur en fit de réciproques ». Le chef des Montréalistes conserve sa prudence habituelle ; il leur dit que « leurs déloyautés passées rendaient leurs propositions fort suspectes, et que s'ils avaient quelque amour pour notre alliance, il fallait le témoigner à Monsieur de Lauson, gouverneur de tout le pays, qui était à Québec ». Le chef de l'ambassade affirme qu'il faut distinguer les tribus les unes des autres, que les Onnontagués ne manquent pas à leur parole comme les Agniers « qui recuisent leur fiel et l'amertume, de leur cœur au milieu de leur poitrine, quand leur langue profère quelques bonnes paroles... » ; il parle sincèrement comme ses compagnons et ils viendront voir Onontio en temps et lieu pour lui offrir les présents nécessaires.

Onontio = surnom du gouverneur de la Nouvelle-France

Les Onnontagués engagent donc de véritables négociations de paix. Des réjouissances publiques ont lieu à Montréal. Puis « ils s'en retournèrent en leur pays, ravis de joie, d'avoir trouvé des esprits et des cœurs amateurs de la paix ». Avant de partir, ils promettent de donner bientôt de leurs nouvelles. Faisant un détour, ils passent par la bourgade des Onneyouts, où ils exhibent les présents reçus à Montréal. Ils leur disent que les Montréalistes sont de véritables démons en temps de guerre mais de bons princes en temps de paix, et ils déclarent qu'ils vont faire une alliance avec eux.

Les Onneyouts se laissent tenter à leur tour et ils organisent, eux aussi, une ambassade qui se présente à Montréal environ un mois et demi plus tard, soit le 31 juillet. Celle-ci apporte « un grand collier de porcelaine, qui témoignait que toute leur nation voulait entrer dans le traité de paix que les Onnontagués avaient commencé avec les Français ». Mais elle n'est constituée que de deux personnes, dont une seule est onneyout, l'autre étant un Huron d'Onnontaé.

Puis, c'est au tour des Onneyouts à venir parler de paix à Montréal.

Chacune de ces tribus parle en son propre nom et n'engage pas toute l'Iroquoisie. Sont-elles sincères ? Indubitablement. Tout comme les Agniers, pendant la paix de 1634, révélaient les plans des autres tribus, de même en 1653, les Onneyouts, par exemple, communiquent aux Français les plans des Agniers et leur indiquent l'existence de certains partis de guerre. La politique étrangère de l'Iroquoisie n'est pas encore unifiée, les Français n'imaginent pas non plus qu'ils n'ont plus rien à redouter des Agniers parce qu'une ambassade onneyout a entamé des négociations de paix.

Après cette première visite inattendue, l'été se poursuit difficilement. Le 2 juillet 1653, le camp volant composé d'une cinquantaine d'hommes sous le commandement d'Eustache Lambert part de Québec. Le 15 juillet, on apprend que Charles Le Moyne a servi d'interprète dans l'engagement des pourparlers de paix de Montréal, avec les Onnontagués. Une accalmie s'installe, les attaques se font plus rares. Le 20 juillet, dix à onze chaloupes montées par des Indiens de Gaspé, des Etchemins et des Montagnais, arrivent à Québec.

Eustache Lambert, né vers 1618 et décédé en 1673.

Ces guerriers ont l'intention de combattre les Iroquois. Qui a organisé cette expédition ? On ne sait trop. Ils partiront le 29 juillet « pour aller en guerre du côté des Trois-Rivières ». Le 20, un Français du nom de Michel Noela est tué par des Iroquois à Montréal.

Les méfiances du père Ragueneau

Un homme se méfie terriblement de ces semblants de trêve : c'est le père Paul Ragueneau, supérieur des missions huronnes au moment de leur dispersion. Il suit les nouvelles de Montréal et celles qui viennent des colonies anglaises annonçant que celles-ci se lanceront dans une guerre contre « la Nouvelle-Hollande et contre les Iroquois ». Ni ces rumeurs, ni ce calme, ni ces nouvelles ne le rassurent. Bien au contraire. Il croit, comme on l'a déjà dit, qu'une armée iroquoise sera dirigée contre les Trois-Rivières en 1653. C'est une intuition. « Le commun s'étant ainsi laissé aveugler aux apparences, ne se défiait de rien. Mais le révérend Père Supérieur des missions, homme très zélé pour le bien public, estimant qu'il fallait toujours se tenir en défiance, travailla puissamment à faire fortifier cette habitation des Trois-Rivières, contre le sentiment même des habitants du lieu, qui attachés à leurs affaires particulières, n'avaient point d'envie de les quitter pour travailler à la forteresse. Cependant quelques contradictions que le père trouvât à son entreprise, les fortifications furent achevées et tous les habitants mis à couvert des surprises de l'ennemi. »

Le 9 août, on apprend à Québec que les Onneyouts sont venus demander la paix à Montréal dans les derniers jours du mois précédent. Après avoir offert des présents, ils ont révélé aux Montréalistes « que six cents Iroquois Agniers étaient partis de leur pays à dessein d'enlever le Bourg des Français, bâti aux Trois-Rivières... » Cette fois, le renseignement est clair, précis, de première main et toute la colonie en prend connaissance.

Les Agniers veulent enlever Trois-Rivières aux Français.

La stratégie des Agniers se déploie soudain. Cette tribu détache d'abord deux groupes de guerriers, l'un vers Montréal, l'autre vers Québec, probablement pour occuper la garnison de ces deux postes et empêcher l'envoi des secours, pendant que se déroule la principale attaque dirigée contre les Trois-Rivières.

Le premier détachement arrive sur les lieux vraisemblablement entre le 10 et le 15 août. Il est formé de dix-sept Agniers qui se mettent en embuscade derrière l'île Sainte-Hélène pour surprendre des Français fauchant dans une prairie. À Montréal, un groupe de Hurons vivent au fort et guerroient avec la garnison. Trente d'entre eux découvrent les pistes de ces ennemis. Le 15 août, ils les attaquent avec succès, les chassent, en tuent un, en capturent cinq. Quatre de ces prisonniers sont des Agniers et tous sont des notables de leur tribu, l'un est même un chef de grande réputation ; c'était « cet autre fameux Capitaine Iroquois, qui fut cause que les Agniers demandèrent une alliance, comme nous verrons bientôt » ; le cinquième prisonnier est un Huron iroquisé. Enfin, deux Hurons sont tués pendant le combat et deux autres blessés. L'interrogatoire des prisonniers fournit quelques révélations. Ces gens affirment que Onnontagués et Onneyouts désirent sincèrement la paix. Ils déclarent aussi que l'Iroquoisie a fait une ligue offensive et défensive avec la Nouvelle-Hollande contre les Anglais qui leur ont déclaré la guerre. En fait, Stuyvesant, le gouverneur de la colonie hollandaise, a cherché depuis plusieurs mois à se rapprocher des colonies anglaises pour éviter la guerre en Amérique pendant que l'Angleterre et la Hollande se battent en Europe ; son objectif est atteint.

Les prisonniers disent encore que les Andastes ont ouvert les hostilités contre les Agniers et les Tsonnontouans et, tout comme les Onneyouts trois semaines plus tôt, ils révèlent que « 600, la plupart Agniers, étaient partis depuis 30 jours pour aller en guerre contre les Trois-Rivières ».

Les Montréalistes transmettent immédiatement ces nouvelles à Québec où elles arrivent le 21 août. Les messagers qui voyagent en canot les ont probablement fait parvenir aussi aux Trois-Rivières, le 20, en passant.

Le 21 août, les autorités de Québec viennent juste d'apprendre ce qui s'est passé à Montréal, lorsque le père de Quen arrive avec la calotte du père Poncet. Ce missionnaire a été capturé la veille, un peu en amont de Sillery, par des Iroquois brusquement sortis du bois ; il tentait alors d'obtenir de quelques colons de l'aide pour une pauvre femme dont les travaux agricoles étaient en attente. Un second Français, du nom de Mathurin Franchetot, a aussi été fait prisonnier pendant qu'il coupait du blé entre quatre et cinq heures de l'après-midi. Le père Poncet venait juste de lui parler. Après cette double capture, les habitants de Québec ne restent pas inactifs. Le père Poncet jouit en effet de l'estime et de l'affection de tous. Un parti se forme aussitôt pour le secourir. Constitué de trente-deux personnes, parmi lesquelles se trouvent plusieurs notables de Québec, il s'embarque sur six canots, se lance sur les traces des guerriers agniers avec l'intention de les intercepter au lac Saint-Pierre où les ennemis s'attardent presque toujours ; quelques Indiens se joignent aux Français. Mais ils ont déjà un jour de retard et ils rament avec force. À l'île Saint-Éloi, ils découvrent le dessin de deux visages crayonnés sur un tronc d'arbre dont on a enlevé l'écorce ; au-dessous les noms de Poncet et de Franchetot. Puis ils trouvent le bréviaire du missionnaire ; en l'ouvrant, ils aperçoivent un message disant que six Hurons renégats et quatre Agniers ont capturé les deux hommes et qu'ils les conduisent en Iroquoisie. Les poursuivants se hâtent, ils sont sur les talons des Iroquois. Ils arrivent au Cap-de-la-Madeleine pendant la nuit du 22 août et envoient immédiatement un canot aux Trois-Rivières. Ceux qui le montent apprennent en arrivant le grand événement de la journée : le poste des Trois-Rivières est assiégé depuis le matin.

Comme on ne possède pas le récit officiel de ce siège, il est très difficile d'en suivre le déroulement. Il faut se résigner à l'inconnu et à l'imprécision.

Le 16 août, un groupe de huit Agniers, peut-être le même groupe qui a capturé le père Poncet, fait prisonniers deux jeunes Hurons dans une île des Trois-Rivières.

Jean de Quen, Jésuite (1603-1659)

Joseph-Antoine Poncet de La Rivière (1610-1675)

Des habitants de Québec se lancent à la poursuite des Iroquois.

Le 19, ou peut-être seulement le 20, le corps principal des Agniers a atteint la place. Personne ne l'a vu, personne ne l'a signalé. Il s'est aussitôt dissimulé dans l'Anse du moulin à vent.

Les Agniers se préparent à capturer Trois-Rivières.

Les Agniers prennent des dispositions de combat pendant la nuit. Les cinq ou six cents guerriers se partagent en trois partis distincts. Un canot monté par une dizaine d'Iroquois aborde dans l'une des petites îles de l'embouchure, à côté de celle qui porte le fort des Trois-Rivières. Onze canots traversent le fleuve et leurs occupants se postent sur la rive droite, en face de la place. Enfin, le gros de la troupe ennemie se tapit dans la forêt, en arrière et autour des Trois-Rivières.

La stratégie est indienne dans son essence même.

La stratégie est indienne dans son essence même. Les Agniers ne veulent pas assiéger la place, mais s'en emparer par surprise. L'armée, comme on l'a vu, est arrivée sans qu'on le sache. Son plan est le suivant : lorsque des Français iront travailler dans leurs champs de maïs qui sont sur les petites îles, c'est l'époque où les propriétaires ne négligeront pas leurs récoltes, les Agniers à l'affût aux alentours trouveront le moyen d'en capturer un. Ils l'obligeront à monter dans leur canot, passeront avec lui devant le fort, donnant à la garnison et aux Français l'occasion et le temps de monter dans leurs chaloupes et de les poursuivre. Cette poursuite une fois amorcée, les guerriers postés sur la rive droite monteront dans leurs onze canots et viendront au secours de leurs compagnons. Les Français, croyant alors être en présence de toutes les troupes iroquoises des alentours, engageront leurs forces principales sur le fleuve. Algonquins et Hurons accourront au combat, une bonne partie de la population viendra même sur le rivage pour suivre l'évolution de la bataille navale. Lorsque celle-ci, que les Iroquois ne redoutent nullement, sera chaude, excitante et que l'attention de tous les Français sera fixée sur elle, le dernier et gros détachement agnier, dissimulé dans la forêt autour de la factorerie, se lancera à l'assaut en courant, s'introduira à l'intérieur des palissades, renversant avec rapidité sur son passage les derniers gardes ou les quelques personnes demeurées dans l'enceinte fortifiée. Il sera dans la place, les Français et les Alliés seront dehors.

Ce plan, que les Indiens ont appliqué plus d'une fois, a bien failli réussir. Le 20 août au matin, les Agniers ont pris place aux différents endroits qu'ils devaient occuper. Mais les champs de blé d'Inde des îles appartiennent aux Hurons et aux Algonquins qui, ce jour-là, ne s'y rendent pas.

Le 21, les Français constatent la disparition de quelques têtes de bétail et, croyant qu'une partie de leur troupeau s'est échappé, ils envoient des Indiens à la recherche des bêtes disparues, dans la forêt ou sur le rivage. Ils partent mais sont bientôt de retour en « disant qu'ils avaient vu les pistes d'un grand nombre de personnes, et que l'ennemi n'était pas loin ». C'est l'époque de la moisson ; les habitants se rendent dans les champs, la faucille à la main. Eux aussi, reviennent tout de suite, « assurant qu'ils avaient vu de nombreux visages, des gens vêtus de façon extraordinaire, qui se tenaient à couvert dans les bois ». Les autorités envoient alors des éclaireurs et comme ceux-ci ne trouvent rien, elles pensent que les rapports précédents ont été inspirés par des craintes non fondées ou par des terreurs sans cause.

Le 23 août, les moissonneurs retournent au travail. Ils postent des senti- *Les Iroquois* nelles à la lisière de la forêt ; les Iroquois essaient d'en capturer une. L'homme *passent à l'attaque.* les voit venir, court pour leur échapper, mais il est capturé après avoir reçu deux ou trois coups de casse-tête qui le blessent gravement. Les récits ensuite ne sont pas très clairs. Les Agniers semblent exécuter en gros, avec quelques modifications, leur plan initial. Ils blessent un Huron au coteau Saint-Louis. Mais un bien petit nombre d'entre eux paraît. Vers huit heures du matin, le canot posté dans les îles quitte son abri ; il avance à découvert, commence à traverser le fleuve du nord au sud, à une lieue environ en amont du poste. Un canot part des Trois-Rivières pour aller à la recherche du canot iroquois, mais il ne peut le rattraper. Une chaloupe française le suit. Bellepoire la commande. On doit exécuter des roulements de tambour si on découvre l'ennemi. Les soldats ont l'ordre de surveiller le fleuve en amont.

La chaloupe progresse le long de la rive. À peine s'est-elle éloignée d'une demi-lieue que les soldats aperçoivent, en arrière d'une pointe qui les dissi- mulaient, au fond de l'anse où l'ennemi avait abordé, les canots iroquois du corps principal. Les Français ouvrent le feu sur ceux qui gardent les canots. Des guerriers arrivent et ripostent. À ce moment précis entrent en action les canots de la rive sud. La chaloupe commandée par Bellepoire est rapidement placée entre les deux flottilles ennemies. Se protégeant par un tir bien nourri, elle réussit à virer bout pour bout ; deux Iroquois sont tués dans cette action. Le tambour maintenant résonne.

Comme les Iroquois l'avaient imaginé fort justement, le combat mari- time occupe les Trifluviens qui se précipitent sur la rive et en suivent les péri- *Les mesures de* péties. En entendant le tambour, Pierre Boucher, qui sait maintenant que l'en- *Pierre Boucher* nemi est en grand nombre autour de la place, retourne au fort pour prendre ses *sauvent le poste* dispositions. À ce moment-là, le corps principal de l'ennemi est sur le point *des Trois-Rivières.* de réussir, car il avance à pas redoublés vers les palissades. En approchant, Boucher aperçoit soudain « un grand nombre d'Iroquois, courant à bride abat- tue, comme on dit, à travers les champs, faisant mine de venir attaquer la bourgade ». C'est l'attaque principale ; encore quelques secondes et c'en est fait du poste. Boucher crie : « Aux armes », fait fermer les portes et fait rouler au bon endroit deux canons qu'il avait placés tout près. Les pierriers tonnent *pierriers =* aussitôt, tirent une vingtaine de coups en un quart d'heure ; les boulets empê- *bouches à feu qui* chent l'ennemi d'avancer, chacun court à son poste, le fort est sauvé. *lançaient des* *pierres.*

Il s'en était fallu de peu. Le poste est sauvé pour la bonne raison que, pas plus les Iroquois que les autres Indiens, ne savent soutenir un siège contre une bourgade même peu fortifiée. Ils ne connaissent aucune des méthodes qui

Les faiblesses et les forces des stratégies militaires des Iroquois

conduisent à la prise d'une place. Ils manquent de patience, n'ont aucun système de ravitaillement et ne savent pas approvisionner une armée très longtemps, dans un même lieu. Lorsque certains d'entre eux sont blessés, ils s'affolent, car ils ne savent pas comment les transporter avec leurs moyens de locomotion rudimentaires. Ils ne peuvent s'emparer d'un hameau fortifié que par surprise, à l'aube, quand les ennemis sont endormis, comme ils l'ont fait en Huronie ; ou en attirant hors des palissades, par quelque stratagème, les habitants, comme ils viennent de le faire aux Trois-Rivières. C'est une manœuvre dans laquelle ils sont passés maîtres. À cette époque encore, les Indiens craignent les canons ; ils n'ont pas de pièce d'artillerie à leur disposition et la moindre détonation de ces grosses pièces les effraie et les confond. En face de palissades froidement défendues par des soldats vigilants et fermes, les Agniers et les Iroquois sont totalement impuissants et c'est cela qui, au fond, a sauvé la Nouvelle-France pendant cette longue période dangereuse. Ils se heurtent aux écueils insurmontables que représentent Montréal, les Trois-Rivières et Québec, bien qu'ils comptent vingt fois plus de guerriers que les Français comptent de soldats. Maîtresses de la campagne, les hordes iroquoises tournent vainement autour des fortins de troncs d'arbres sans jamais pouvoir y pénétrer. Leurs victoires s'arrêtent au pied de ces modestes remparts.

Les Agniers vengent leur défaite.

Au moment où les portes du fort des Trois-Rivières se referment, où le canon tonne, les Agniers savent que leur coup est manqué. De rage, ils se jettent sur le troupeau dans les pacages qui entourent le poste ; ils le conduisent dans la forêt où ils le massacrent. Ils se rendent de plus au rivage, tirent sur les occupants de la barque dont Bellepoire est le capitaine et qui se défend difficilement. Du côté du fleuve, les canots iroquois la harcèlent aussi pour la rabattre sur les guerriers qui occupent la rive. Pierre Boucher pointe le canon sur ces derniers, ce qui lui ouvre un passage et lui permet la retraite.

La barque hors d'atteinte, les Agniers passent leur rage sur le blé d'Inde et le froment des champs. Ils coupent, entassent et brûlent, livrant au feu les charrues, les charrettes, les maisons éloignées. Boucher fait rouler un pierrier sur le plateau et les boulets tombent sur les ennemis qui s'avancent et tirent. Un Algonquin reçoit une balle dans le genou ; des Agniers sont blessés et peut-être tués. Des tirailleurs français progressent, refoulant un peu l'adversaire.

Celui-ci se retire enfin, mais Boucher pense qu'il reviendra de nuit. À plusieurs endroits, la palissade touche la forêt et un ennemi hardi peut s'y glisser pour y mettre le feu. Alors le commandant garde la garnison sur le qui-vive. Il poste des sentinelles. La trompette sonne souvent et le tambour résonne. De la redoute partent sans raison des coups de feu, de sorte, paraît-il, que si des Agniers approchent, ils constateront que la garnison est sur ses gardes et ils s'éloigneront.

Marie de l'Incarnation raconte ensuite les faits suivants. Trois des Français qui sont à la recherche du père Poncet arrivent aussi au Cap-de-la-Madeleine, parviennent à entrer dans le poste, la nuit, par eau, de même qu'un canot algonquin. Ils apportent la nouvelle de la capture du missionnaire. Cette nouvelle incitera Pierre Boucher à parlementer avec l'ennemi pour sauver le père. Des pourparlers qui ont pour objet l'échange des prisonniers s'engagent le lendemain même. « Ils acquiescèrent à cette proposition », affirme Marie de l'Incarnation. Toutefois, pendant ce temps, les Agniers achèvent la dévastation des campagnes. Le canon résonne de temps à autre pour les empêcher d'approcher. Le même jour aussi, les Hurons vivant parmi les Français et les Hurons qui font partie de l'armée assiégeante réussissent à entrer en contact. Ils se reconnaissent, s'informent des parents et amis « si bien qu'en peu de temps, ce ne furent plus que conférences et qu'entretiens d'Iroquois avec les Hurons ». Les Français restent à leur poste, sous les armes, maintenant une bonne garde. D'après Dollier de Casson, un Huron de Montréal aurait alors appris aux assiégeants la capture des chefs agniers à Montréal. Marie de l'Incarnation affirme encore que, pendant ce temps, les Iroquois gagnent un Indien des Trois-Rivières « qui leur promit de leur donner entrée et les faire maîtres de la place ». Les négociations traînent en longueur. Le siège se poursuit mais de façon moins soutenu. La trahison de l'Indien des Trois-Rivières est découverte. Tout le détachement français qui a quitté Québec pour sauver le père Poncet est maintenant rentré au fort et augmente la garnison. Des Hurons de l'armée iroquoise viennent dans les lignes françaises ; l'un d'eux retourne avec l'une de ses filles qu'il a retrouvée. Enfin, « on eût dit que jamais on ne s'était battu ». L'occasion est même belle de tendre quelque piège à l'armée iroquoise et de la détruire en bonne partie. Cette proposition est faite aux dirigeants de la place qui n'osent pas. Enfin, graduellement, l'ennemi commence à s'approcher du poste sans armes.

Pierre Boucher veut négocier avec les Agniers la libération du père Poncet.

Le siège s'affaiblit et un accord est en vue. Voici de quelle façon se déroulent les derniers événements. Une dizaine d'Agniers s'embarquent dans des canots, le drapeau blanc flottant à la proue. Ils crient qu'ils veulent parlementer. L'interprète français, un jeune homme, leur reproche leur fourberie mais, devant leur insistance, il transmet leur message au gouverneur. « ... On s'assembla en la maison de ville », disent les *Relations*. Après des expériences du même genre, les Français pensent qu'il s'agit encore d'une ruse de guerre. L'interprète apporte la réponse suivante : si les Agniers pensent vraiment à la paix, ils doivent rendre le père Poncet et Franchetot. Les négociateurs iroquois sont surpris : ils ne sont pas au courant de cette capture, disent-ils ; ils vont envoyer immédiatement deux canots dans leur pays pour empêcher que l'on ne fasse le moindre mal aux prisonniers.

Des Agniers cherchent la paix.

Le temps a vite passé. Nous sommes déjà au 30 août. Les Français des Trois-Rivières imaginent que les Iroquois parlent de paix dans l'intention de sauver leurs prisonniers de Montréal. Cependant, juste à ce moment-là, le capitaine huron qui les a capturés descend le fleuve avec eux pour les conduire à Québec. Il ne sait pas encore qu'une armée est présente aux Trois-Rivières. Dans l'embarcation, il devise paisiblement avec le grand chef iroquois sur des questions de paix et de guerre. Dans ce paysage d'Arcadie, au milieu du fleuve immense, entre les rives basses, ces hommes rudes et cruels se détendent un peu. Soudain, le chef huron aperçoit des ennemis et constate en une seconde qu'il s'est imprudemment dirigé vers un parti d'Agniers. Les canots qui accompagnent le sien fuient rapidement, abordent au rivage et leurs occupants se dispersent dans la forêt. Le grand chef agnier dit alors à son conducteur de ne rien craindre et qu'il le protégera des siens.

Arcadie = lieu idyllique

D'autre part, ce Huron ne conduit pas seulement des prisonniers à Québec, il transporte encore quatre ambassadeurs onnontagués qui se rendent auprès d'Onontio, pour y engager des négociations de paix. Les Montréalistes leur ont dit qu'ils ne pouvaient régler définitivement ces questions.

Alors tout le monde, Hurons, prisonniers agniers, députés onnontagués, tombent aux mains des Agniers qui viennent de rater le siège des Trois-Rivières et qui ont commencé eux-mêmes à négocier avec les Français. Les Hurons craignent pour leur vie ; rien, semble-t-il, ne peut les rassurer. L'armée assiégeante envoie dix-huit canots au-devant d'eux. Mais des intentions de paix l'animent à nouveau. Après avoir conféré avec le chef agnier prisonnier, ses compatriotes dépêchent des hommes pour chercher les Hurons qui ont fui et se sont éparpillés dans la forêt. Même après ces épreuves, le chef huron croit sa dernière heure arrivée : debout dans le canot, il chante ses anciennes prouesses, comme un condamné à mort. « Tu n'es ni captif, ni en danger de mort, lui répondent les Iroquois ; tu es au milieu de tes frères, et tu sauras que le Français, le Huron et l'Iroquois n'ont plus de guerre ensemble ; quitte la chanson de guerre, entonne une chanson de paix, qui commence aujourd'hui pour ne finir jamais. » Le Huron ne peut en croire ses oreilles, mais on le libère avec les Onnontagués et il arrive bientôt aux Trois-Rivières.

Les Agniers parlent de paix.

Les Français des Trois-Rivières sont aussi étonnés que ce Huron. Les Agniers ont recouvré leurs prisonniers et parlent encore de paix. Sont-ils sincères ? Les Français sont confondus. Pourtant ils renouent les négociations. Teharihogen, leur grand chef, se voit offrir des présents afin que le père Poncet ait la vie sauve ; il s'embarque aussitôt, trois canots partent pour l'Iroquoisie afin de ramener le missionnaire.

Le chef agnier Teharihogen, dont le nom s'écrit aussi Tekarihoken, Tegarihogen, Tegarioguen, Teharihoguen et Thearihogen.

Peu à peu et en désordre, les Agniers rentrent dans leur pays. Six ou sept d'entre eux seulement demeurent aux Trois-Rivières ; ils descendront à Québec avec les députés onnontagués. Quatre ou cinq dormiront même au fort avant leur départ. Ce n'est pas encore la paix, mais une trêve qui durera quarante jours et qui précède le traité. Six ou sept Iroquois restent dans la bourgade comme otages. Les Français ont même posé comme condition à la reprise des négociations que le père Poncet soit libéré. Les *Relations* disent : « ...Ils nous firent même des présents à diverses fois, protestant qu'ils n'avaient plus d'amertume ni de venin dedans le cœur. » Les Français répondent par d'autres présents.

Le siège a duré huit jours environ. Mais, dès le début, c'est un échec définitif pour les Agniers. Une fois le premier élément de surprise passé, ils ne peuvent plus avoir le moindre espoir de succès. Ils font des dégâts aux alentours, mais cela ne les mène à rien de sérieux. Alors, comment sortir de cette défaite de la plus belle façon possible, si ce n'est en se rangeant au sentiment des autres tribus qui les ont trahis et qui veulent la paix avec les Français ? Ils sont pour ainsi dire acculés à une décision qui, au fond, ne les satisfait guère.

Les Agniers n'ont plus le choix !

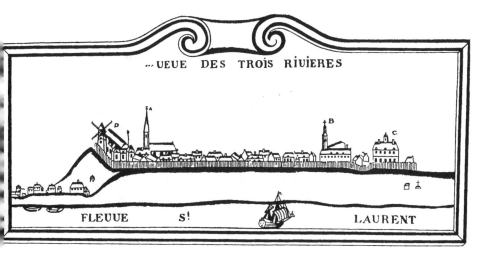

Chapitre 48

1653

Un mois avant le siège des Trois-Rivières s'est produit un fait qui aura des répercussions importantes en Nouvelle-France. Les Trifluviens voient en effet arriver, vers les derniers jours du mois de juillet, par le Saint-Maurice, trois canots qui viennent du « pays des Hurons ». Non pas de l'ancienne Huronie à tout jamais abandonnée, mais du refuge, sur les rives occidentales du lac Michigan, que le reste de plusieurs tribus, Nation du Pétun, Outaouais, Hurons, a adopté.

Les survivants des tribus décimées par les Iroquois veulent renouer les liens de traite avec les Français.

Parmi cette délégation qui vient de loin, il y a des Hurons, des Népissingues, des Outaouais, sept personnes en tout. Ils donnent tout d'abord des nouvelles des pays d'En-Haut, d'où les Français sont exclus depuis 1650. « ...Toutes les nations algonquines, disent ces visiteurs, s'assemblent avec ce qui reste de la nation du Pétun, et de la nation Neutre, à Aotonatendie », c'est-à-dire à trois journées au sud du Sault-Sainte-Marie, dans la baie Verte, ou baie des Puants de l'époque. Elles forment maintenant un rassemblement de mille individus environ. Un chef bien connu conduit cette affaire. D'autres groupes importants viendront fusionner avec celui-là.

Un certain nombre de ces peuples connaissent bien les marchandises françaises car ils en ont pris l'habitude. Or, aucun article de traite n'a dépassé Montréal depuis 1648 et ils manquent de tout. Plus de chaudières de cuivre, d'alênes, de haches en fer, etc. ; pas d'armes à feu, de munitions ; plus de tissus non plus. La civilisation doit revenir aux arts primitifs. Ces commerçants nés que sont les Outaouais, les Népissingues, veulent ravitailler en marchandises françaises, non seulement le rassemblement de la baie Verte, mais aussi les tribus nombreuses du Centre et de l'Ouest, que la traite a peu atteintes dans le passé. En parlant des Hurons, La Potherie dira ce qui suit : « Leur

Le Roy dit Bacqueville de La Potherie (1663-1736) – ne pas confondre avec Leneuf de la Poterie – est l'auteur d'une Histoire de l'Amérique septentrionale.

défaite ne faisait qu'augmenter le souvenir de se voir frustrés du commerce des Français. Ils firent cependant des tentatives pour trouver encore des voies propres à continuer la première alliance. En effet, trois Outaouais des plus hardis s'embarquèrent dans un canot... Après avoir passé de rivières en rivières, de portages en portages, ils tombèrent dans celle des Trois-Rivières... » Marie de l'Incarnation parle aussi de l'arrivée de ces députés et de leur séjour : « ...Deux mille sauvages qui se sont assemblés en un lieu hors de l'incursion des Iroquois, et qui veulent venir ici pour lier le commerce avec les Français. Ils auront de la peine à passer, parce que les Iroquois, qui les haïssent à mort, comme les restes de leur carnage, occupent les passages. S'ils peuvent venir jusqu'ici, on aura le moyen de les instruire, et la porte sera ouverte à de plus grandes nations. » Elle considère que cette affaire est d'une telle importance qu'elle la recommande aux prières de sa correspondante.

Cette visite de l'Ouest est l'amorce des grandes traites outaouaises qui succéderont aux traites huronnes. La source des pelleteries franchit d'un seul coup une immense distance vers l'ouest et vient pour ainsi dire se poser au Sault-Sainte-Marie. C'est de là que partiront les prochaines flottilles.

Plaque tournante du commerce des fourrures : Sault-Sainte-Marie

Les marchands français débattent donc de cette affaire avec les délégués. Les visiteurs, arrivés par l'intérieur des terres, repartent ensuite avec des Algonquins, par la route de l'Outaouais, « ne marchant que la nuit de crainte de tomber entre les mains de leurs ennemis ». Ils finissent par revenir à leur point de départ. Ce voyage aura duré toute une année.

Il faut dire qu'au moment où les Iroquois ont détruit la traite huronne, celle de l'Outaouais et en bonne partie celle du Saint-Maurice, d'autres traites, plus considérables encore, sont organisées à une très grande distance, pour remplacer les premières. Sont-ils au courant de cette entreprise ? Ils surveillent étroitement les groupes de réfugiés. Leurs partis explorent les parages septentrionaux du lac Huron. Ils rôdent sur de grandes distances, vont à la poursuite de leurs anciens ennemis pour les empêcher de se regrouper ou de s'installer. La chronologie des événements est mal établie, mais il semble bien qu'en 1653, les Tsonnontouans, probablement, envoient un parti de 800 hommes dans le nord-ouest et que des éclaireurs hurons le repèrent. Ces derniers « se pressèrent d'en apporter la nouvelle à leurs gens, en cette île, qui la quittèrent au plus tôt pour se retirer au Michigan, où ils construisirent un fort, dans la résolution d'y attendre leurs ennemis, qui ne purent rien entreprendre pendant les deux premières années ».

Pour savoir jusqu'à quel point les Français sont satisfaits de cette ambassade, il faut lire les lignes suivantes des *Relations* : « Jamais il n'y eut plus de castors dans nos lacs et dans nos rivières ; mais jamais il ne s'en est moins vu dans les magasins du pays. Avant la désolation des Hurons, les cent canots venaient en traite tous chargés de castors. Les Algonquins en apportaient de tous côtés, et chaque année on en avait pour deux cent ou pour trois cent mille livres. C'était là un bon revenu, de quoi contenter tout le monde et de quoi supporter les grandes charges du pays. La guerre des Iroquois a fait tarir toutes ces sources, les castors demeurant en paix dans le lieu de leur repos ; les flottes des Hurons ne descendent plus à la traite ; les Algonquins sont dépeuplés, et les Nations plus éloignées se retirent encore plus loin, craignant le feu des Iroquois. Le magasin de Montréal n'a pas acheté des sauvages un seul castor depuis un an. Aux Trois-Rivières, le peu qui s'y est vu a été employé pour fortifier la place, on attend l'ennemi. Dans le magasin de Québec, ce n'est que pauvreté ; et ainsi tout le monde a sujet d'être mécontent, n'y ayant pas de quoi fournir au paiement de ceux à qui il est dû, et même n'y ayant pas de quoi supporter une partie des charges du pays les plus indispensables... Ce sont les Iroquois, dont il se faut plaindre : car ce sont eux qui ont arraché les eaux dedans leurs sources... Je veux dire que ce sont eux qui empêchent tout le commerce des castors... » On ne peut peindre de façon plus précise la façon dont les guerres iroquoises étouffent économiquement la Nouvelle-France. Marie de l'Incarnation parlait de ce sujet avec autant de clarté en 1652. Elle disait : « la difficulté qu'il y a à avoir les nécessités de la vie et du vêtement fera plutôt quitter, si l'on quitte, que les Iroquois, quoiqu'à dire la vérité, ils en seront toujours la cause foncière, puisque leurs courses et la terreur qu'ils jettent partout arrêtent le commerce de beaucoup de particuliers ». En descendant du navire à Québec, Marguerite Bourgeoys est frappée par la pauvreté du lieu : « Il n'y avait à Québec que cinq ou six maisons, et dans la basse ville le magasin des Pères Jésuites et celui de Montréal. » Elle affirme que si les Iroquois avaient continué à brûler les moissons, « nous eussions été réduits à une famine mortelle ». Elle sent parfois la situation de la Nouvelle-France si désespérée, qu'elle éprouve, dit-elle, le mouvement « de m'offrir en holocauste à la divine Majesté pour être consumée en la façon qu'il le voudrait ordonner pour tout ce désolé pays... » La guerre tenait les « Français si étroitement assiégés, qu'on n'osait tant soit peu s'écarter ».

Marguerite Bourgeoys, fondatrice de la congrégation de Notre-Dame de Montréal, arrive à Québec le 22 septembre 1653.

Les guerres iroquoises ont jeté la Nouvelle-France dans la pauvreté et la désolation.

À la fin de l'été 1653, la Nouvelle-France est complètement aux abois. Cette colonie dont la vie économique et financière repose sur les pelleteries, s'étiole et meurt à cause de l'absence de ces mêmes pelleteries. Aussi la nouvelle d'une prochaine traite suscite-t-elle de grands espoirs. Au printemps de 1654, les Indiens des régions éloignées doivent « apporter grand nombre de castors pour faire leur trafic ordinaire, et pour se fournir de poudre et de plomb, et d'armes à feu ». Ces tribus accumulent des peaux de castor depuis trois ans dans l'espoir de pouvoir venir chercher des marchandises françaises ; leur jeunesse se rendra même dans les régions plus occidentales pour en trouver d'autres.

Voilà dans quelles conditions s'ouvrent avec le Sault-Sainte-Marie, les territoires du Michigan et du Wisconsin, les relations avec les Hollandais et, plus tard, avec les Anglais et la Nouvelle-France.

CHAPITRE 49

1653

Une fois le siège des Trois-Rivières levé, les quatre ambassadeurs Onnontagués poursuivent leur route vers Québec. Ils sont, eux, dûment accrédités par leur tribu. Les Agniers ont dérobé une partie des présents qu'ils apportaient, mais il leur en reste encore. Des Agniers se joignent à cette ambassade, dont le plus célèbre se nomme Andioura. Mais ceux-ci, qui ont quitté leur patrie pour venir en guerre, n'ont pas encore de mandat pour parler de paix.

Le conseil a lieu le 4 septembre à l'île d'Orléans dans la bourgade des Hurons. Les Onnontagués offrent des bandes de grains de nacre et des ballots de fourrure de castors. Le gouverneur M. de Lauson, M. d'Ailleboust et des notables de Québec sont présents. Voici les propositions des Onnontagués : ils essuient les larmes que les Français versent pour les soldats tombés dans les combats, dissipent leur rancune pour les meurtres passés, couvrent les cadavres pour que soit oubliée toute idée de vengeance, les enterrent, empaquettent les armes pour qu'elles ne servent plus, nettoient le fleuve du sang qui le souillait, et, enfin, exhortent les Hurons à suivre les directives françaises.

À l'île d'Orléans : propositions des Onnontagués aux Français

Louis d'Ailleboust de Coulonge et d'Argentenay, le prédécesseur de M. de Lauson

Le gouverneur répond à ces propositions trois jours plus tard, soit le 7 septembre. Il demande aux Onnontagués de laisser tomber le casse-tête, de briser la chaudière de guerre, de quitter les couteaux du supplice, de mettre de côté arcs, flèches et autres armes, d'effacer la peinture de guerre de leurs visages, de cacher les canots et autres embarcations dans lesquels ils viennent en Nouvelle-France.

Les Français transforment leurs manières habituelles pour négocier avec les Onnontagués. Adoptant leurs cérémonies, leurs coutumes et leur phraséologie, ils donnent aussi des présents symbolisant chacun une proposition particulière.

Les *Relations* ajoutent : « ces contrats passés, tout le monde s'en réjouit. Ces ambassadeurs, ou ces déléguées pour la paix, emportèrent leurs capots, leurs couvertures, leurs chaudières, et autres semblables denrées, en quoi, à mon avis, consistaient leurs présents. Ils promirent que dans quelque temps ils rapporteraient des nouvelles de la joie universelle de toute leur nation. »

C'est l'époque du jubilé à Québec. Le jour suivant, 8 septembre, a lieu la procession où paraissent « plus de 400 fusiliers en bel ordre ». La présence de ce corps de troupes produit une grande impression sur les députés. « On fit marcher quatre cents mousquetaires bien armés, qui faisant leurs décharges

400 fusiliers participent à une procession à Québec et impressionnent les Iroquois.

En l'honneur de qui a lieu ce jubilé ? De Louis XIV né en 1638 et devenu roi en 1643 ?

de temps en temps bien à propos, donnèrent de l'épouvante aux Iroquois, qui étaient descendus pour parler de la paix ; ce qui les fit juger que cette paix leur était d'autant plus nécessaire, qu'ils remarquaient l'adresse en nos Français à manier les armes, dont ils venaient d'expérimenter quelques effets aux Trois-Rivières. »

Bien que le fait n'apparaisse pas dans les récits officiels, les Onnontagués invitent les Jésuites à s'établir dans leur pays. Les *Relations* mentionnent « l'ouverture que Dieu nous donne pour aller faire une résidence an milieu du pays ennemi, sur le grand lac des Iroquois, proches des Onnontagués ». Ceux-ci, disent les missionnaires, leur ont offert des présents pour les attirer ; « ...Ils nous ont désigné la place et nous en ont fait un récit, comme d'un lieu le plus heureux qui soit en toutes ces contrées. » Le chemin qui y conduit est plus facile que celui de l'Outaouais, il peut mener jusqu'aux peuples les plus éloignés de l'Ouest : « ...Il serait facile de faire quelque petit réduit pour avoir le commerce libre, et pour se rendre maître de ce grand lac... » Voici l'origine la plus lointaine qu'on puisse trouver du futur fort Frontenac.

Le fort Frontenac sera érigé en 1673 à l'embouchure de la rivière Cataraqui dans le lac Ontario, sur l'emplacement actuel de Kingston.

D'après ce récit, il apparaît que cet autre événement de grande importance a été l'objet de délibérations dans des conseils qui ont eu lieu soit à l'île d'Orléans, soit dans la résidence des Jésuites à Québec. Mis au courant de ces pourparlers, les Agniers ont fait les mêmes invitations, et demandé, eux aussi, que des missionnaires aient une habitation dans leur pays. La jalousie intertribale s'est à nouveau manifestée. L'offre des Onnontagués semble celle qui plaît le plus.

Des missionnaires retourneraient en territoire iroquois.

Les espérances religieuses renaissent. Au sujet de cette affaire, Marie de l'Incarnation écrira ceci : « On parle de faire venir des ouvriers de l'Évangile, pour faire une grande mission à Ontario, qui est à dix journées au-dessus de Montréal. L'on fait état d'y mener encore des soldats, et d'y bâtir un fort, afin de s'assurer du lieu, parce que ce poste étant au milieu de plusieurs grandes nations, ce sera une retraite pour ceux qui iront annoncer l'Évangile. » Cette grande mystique canadienne brûle d'aller là, elle se consume dans cette attente ardente ; elle dira : « me voilà prête, mon intime Mère ». « Mais je ne suis pas digne de ce bonheur. » Quant aux Jésuites, ils contiennent difficilement leur joie. Ils demandent que de nouveaux missionnaires soient envoyés de France ; ils n'ont aucune hésitation : « Nous demandons pour ce sujet des ouvriers, que nous attendons par le premier embarquement... » Les tortures, la perfidie et les cruautés sont immédiatement oubliées. Ils ne pensent plus qu'à s'aventurer dans la mystérieuse Iroquoisie. « Si la paix se fait, la foi s'y introduira infailliblement », écrit Marie de l'Incarnation.

CHAPITRE 50

1653

On est sûr qu'une ambassade composée de chefs agniers s'organise à la fin du siège des Trois-Rivières. Mais elle est déléguée par l'armée qui comprend une bonne partie, il est vrai, des hommes valides de la tribu et non par le conseil des sachems, selon les formes habituelles. Quels pouvoirs possède-t-elle ? On ne le sait pas exactement. La *Relation* de 1653 dit que les Français des Trois-Rivières se sentirent rassurés « quand ils eurent avis qu'un capitaine Iroquois agnier, nommé Andioura, voulait descendre à Québec, pour porter des présents à Onontio, et l'assurer des volontés qu'ils avaient tous de faire une vraie paix. Cet homme partit des Trois-Rivières, au commencement du mois de septembre, et aussitôt qu'il fût arrivé à Québec, ayant rendu ses premières visites, il exposa ses présents, dont voici la signification... » Le 6 novembre, d'après le *Journal des Jésuites,* il y a une seconde ambassade des Agniers et de nouveaux présents. Il ne faut pas les confondre.

Le capitaine agnier Andioura

Des ambassadeurs agniers à Québec

La première a lieu probablement à Québec, en même temps que celle des Onnontagués. Andioura est l'ambassadeur. Il offre des présents pour ranimer l'éclat du soleil obscurci par la guerre, ouvrir les oreilles des Français, les disposer à écouter les paroles de paix. Le quatrième présent est une invitation directe à « dresser une habitation française dedans leurs terres, et pour y former, avec le temps, une belle colonie ». Le cinquième est une exhortation aux personnes participant à ce traité de ne former plus qu'un cœur et qu'un esprit ; le sixième convie Onontio à visiter le pays des Agniers ; le septième demande pour les Agniers la permission de visiter la Nouvelle-France ; le huitième pose la même condition que dans le traité de 1645, « que la chasse fut commune entre toutes les nations confédérées, et qu'on ne fit plus la guerre qu'aux Élans, aux Castors, aux Ours et aux Cerfs... » M. de Lauson répond par les présents habituels dans ce genre de circonstances. Le premier doit inspirer aux Agniers des idées droites ; le deuxième est pour leur révéler que les alliés de la Nouvelle-France ont tous le même sentiment ; le troisième aplanit les chemins d'un pays à l'autre ; le quatrième spécifie que c'est aux Trois-Rivières que « se tiendraient les conseils et les assemblées de toutes les nations » ; le sixième demande avec insistance la libération du père Poncet, le septième le met debout dans le lien où il est garrotté, le huitième ouvre la porte de la cabane où il est enfermé et le neuvième adoucit les fatigues dont il souffrirait en chemin. Enfin, les ambassadeurs reçoivent un cadeau « composé de six capots, ou espèce de casaques, de six tapabors et deux grands colliers de porcelaine... »

tapabor = bonnet dont on peut rabattre les bords.

La harangue du
chef algonquin

Des harangues diverses accompagnent ces cérémonies. Le chef des Algonquins de Sillery est violent. Les *Relations* disent qu'il « invectiva puissamment contre la perfidie des Iroquois, leur reprochant qu'ils avaient tué par cinq ou six fois de leurs Ancêtres, à l'heure même qu'ils ramenaient des prisonniers iroquois en leur pays, pour rechercher la paix... » Si les Agniers sont sincères, qu'ils renvoient les prisonniers qu'ils retiennent. Un capitaine huron est d'avis qu'il faut rendre dent pour dent. Des paroles assez vives sont échangées.

Le gouverneur tente d'abord de ramener l'harmonie : « ...Il avait toujours désiré d'être un médiateur de la paix publique. » Il s'égare ensuite dans des rodomontades qui ne doivent pas autrement impressionner les Agniers : il n'a pas pris vraiment encore les armes contre les Iroquois, s'il avait donné à ses soldats l'ordre d'attaquer, les bourgades iroquoises seraient rasées, ils avaient bien fait de rechercher son alliance, et s'ils n'étaient pas sincères, « les perfides éprouveraient la colère des Français ». Enfin, ce sont des absurdités, car ses paroles ne cadrent pas du tout avec la réalité. Il ajoute, ce qui est plus exact, que Maisonneuve arrive avec une forte recrue « pour ranger nos ennemis à leur devoir ». Un Huron invite les Agniers à libérer le père Poncet.

Les harangues terminées, les présents échangés, les réjouissances passées, « les ambassadeurs Onnontagués et Agniers s'en retournèrent en leur pays ».

Chapitre 51

1653

Pendant toutes ces cérémonies, le père Poncet traîne ses jours sous une lourde croix de souffrances en Iroquoisie. Il passe par les tortures préliminaires bien connues et il attend le supplice du feu. En fin de compte, il est confié à une famille qui l'adopte. Franchetot, quant à lui, est brûlé dans une autre bourgade.

Le sort réservé au père Poncet

Le missionnaire commence à peine à s'habituer à une vie ordinaire que des messagers arrivent des Trois-Rivières apportant la nouvelle de la levée du siège et la demande de libération du père Poncet. Ils assurent que de sa vie dépend la vie des otages détenus en Nouvelle-France. Alors « on commença, sur le rapport de ce Capitaine à faire des assemblées et à tenir des conseils pour arrêter la paix avec les Français... » Pendant ce temps, le missionnaire est conduit à Fort Orange où il arrive le 20 septembre. Il y rencontre probablement Radisson qui, capturé aux Trois-Rivières, vient de s'enfuir et qui a momentanément échoué là. « Un jeune homme, pris aux Trois-Rivières par les Iroquois, et racheté par les Hollandais, auxquels il servait d'interprète, me vint trouver, et après quelque entretien, me dit qu'il se viendrait confesser le lendemain, qui était le dimanche » ; il reçoit de bons traitements d'une vieille Hollandaise toujours charitable envers les Français prisonniers « et qui avait fait tout son pouvoir pour racheter le petit-fils de Monsieur Petit, qui est mort depuis parmi les Iroquois... »

Fort Orange, aujourd'hui Albany, dans l'État de New York

Le coureur de bois Pierre-Esprit Radisson

Après avoir trouvé des vêtements, le missionnaire revient dans la bourgade. « Je remarquai qu'on amassait partout des présents pour me reconduire à Québec... Enfin, le jour de S.Michel, il fût arrêté qu'on irait demander et conclure la paix avec les Français et avec leurs alliés. Cette conclusion fut prise en la bourgade où... le bon René Goupil... avait été tué par les Iroquois... » Enfin, le père Poncet revient au pays, non pas par la voie habituelle du Richelieu et du lac Champlain, mais par une rivière qui le conduit au Saint-Laurent, non loin du lac Ontario. Il est parti le 3 octobre, en compagnie d'un conducteur et d'Agniers qui vont chasser le castor près de ce dernier lac, il arrive à Montréal le 24 octobre puis, le 5 novembre, il est à Québec avec les délégués chargés de présents. Ceux-ci ont à coup sûr un mandat de leur nation pour traiter de paix ; cette fois, les sachems s'étaient assemblés et avaient officiellement décidé de mettre fin à la guerre.

Le retour du père Poncet

Pierre Boucher et le père Richard se joignent aux ambassadeurs et au père Poncet quand ceux-ci passent aux Trois-Rivières. Le groupe est salué de trois coups de canon lorsqu'il arrive devant le fort de Québec. Deux jours plus

Le Jésuite André Richard

La seconde ambassade des Agniers : ils viennent à Québec donner des présents.

tard, le 6 novembre, les Agniers offrent leurs seize présents. Le 9 novembre, les Français répondent avec vingt-trois présents. Ce jour-là, à midi, les Hospitalières convient toute la compagnie à un grand festin ; le soir, c'est au tour des Jésuites. Le 11 novembre, les Iroquois dorment à Sillery ; puis ils retournent dans leur pays.

Il n'existe pas d'autre rapport de ces négociations. Le *Journal des Jésuites* donne les notations précédentes ; dans les *Relations* on ne trouve que certaines phrases à caractère général ; elles racontent que les Agniers ont donné « de grands présents, pour témoigner de la sincérité de leur cœur » ; qu'ils en ont reçu des Français ; elles ajoutent aussi : « pour nous lier plus étroitement par ensemble, les Iroquois demandèrent que quelques-uns de nos Français allassent en leur pays, et qu'ils nous laisseraient réciproquement des otages, pour affermir, nous disaient-ils, ce nœud sacré d'une amitié inviolable, qu'ils souhaitaient conserver avec nous, aussi longtemps que nos grands fleuves couleraient dans la mer ». Deux jeunes soldats de bonne volonté se présentent, ils partent pour le pays des Agniers et quatre Agniers demeurent à Québec.

Le 10 novembre, un navire part pour la France avec ces nouvelles.

Entre la première et la seconde ambassade des Agniers, Maisonneuve était arrivé à Québec avec les renforts importants que l'on avait espérés tout l'été. Marguerite Bourgeoys arrive en même temps. Les Français saluent ces arrivants avec joie : c'est « une bonne escouade d'ouvriers..., maniant la truelle d'une main et l'épée de l'autre, une centaine de braves artisans, tous savants dans les métiers qu'ils professent, et tous gens de cœur pour la guerre ». L'avenir de Montréal et de la Nouvelle-France semble maintenant mieux assuré.

Le destin de la petite Thérèse

Toutes ces nouvelles touchent beaucoup Marie de l'Incarnation. Elle a reçu par les ambassades iroquoises des nouvelles de la petite Thérèse, la Huronne capturée en 1642 en même temps que le père Jogues. Plus de dix années se sont écoulées. La délicieuse fillette d'autrefois a maintenant 23 ou 24 ans. Elle est mariée en Iroquoisie. « ... Elle était la maîtresse dans sa cabane, composée de plusieurs familles ; ...elle priait Dieu tous les jours et elle le faisait prier par d'autres ; ce qui paraît d'autant plus étonnant elle n'avait que treize ou quatorze ans, quand elle fut enlevée par ces Barbares. Nous avons sa sœur à notre maison, qui est une jeune veuve, d'une modestie ravissante, fort adonnée à l'oraison. » Ces phrases sont dans les *Relations*, mais on sait que c'est la « bonne Mère Ursuline » qui les a écrites avec émotion.

CHAPITRE 52

1653

Les Français du Canada attribuent d'abord la paix de l'année 1653 à la Provi-dence. Les *Relations* des Jésuites et les lettres de Marie de l'Incarnation con-tiennent de nombreux passages qui le montrent. Humainement, disent-ils, la Nouvelle-France était perdue. Mais « on fit des jeûnes, des aumônes, on insti-tua les oraisons de quarante heures, on offrit plusieurs communions..., on fit un vœu solennel de célébrer publiquement la fête de sa Présentation, deman-dant à Dieu... ou qu'Il arrêtât la fureur de ces ennemis, ou qu'Il les extermi-nât... » La paix une fois établie, les Français notent des coïncidences extraor-dinaires : lorsque les Montréalistes font le vœu de célébrer la Présentation, les Onnontagués se présentent avec leurs offres de paix ; le jour de l'Assomption, les Hurons capturent dans l'île de Montréal des Agniers parmi lesquels se trouvent un grand capitaine et des chefs un peu moins considérables ; le père Poncet a la vie sauve au moment où l'Église honore la Nativité de la sainte Vierge ; le jour de la saint Michel, le grand conseil des sachems agniers décide de ramener ce même missionnaire et de conclure la paix.

La Providence a sauvé la Nouvelle-France !

Les Français de l'époque ne voient aucune intervention humaine suffi-samment importante qui aurait incité les Iroquois à desserrer l'étreinte qui étouffait la Nouvelle-France. L'état de la colonie était désespéré : « ...J'ai vu, dit Marie de l'Incarnation, les affaires de ce pays dans un état si déplorable qu'on les croyait à leur dernière période. L'on projetait déjà de tout quitter, et de faire venir des vaisseaux de France pour sauver ceux qui ne seraient pas tombés en la puissance de nos ennemis. » Pourtant, les colons avaient appris dès le printemps et « de bonne part que les Tsonnontouans, qui font la plus grande nation iroquoise et la plus peuplée, pensaient à la paix... avec dessein d'y faire joindre les Goyogouins, leurs plus proches voisins ». Ils n'avaient pas cru ces rapports, ou bien ils n'avaient pas imaginé que les autres tribus suivraient. Aussi, à l'automne, ils ne peuvent cacher leur surprise.

Les Français avaient demandé instamment aux Iroquois et humblement sollicité la paix de 1645. En 1653, au contraire, ce sont les Iroquois qui sup-plient les Français de leur accorder la paix, alors même que, malgré l'échec des Trois-Rivières, ils sont victorieux sur toute la ligne. « ...Si pouvons-nous dire avec vérité que ce sont présentement les Iroquois qui ont fait la paix. Ou plutôt, disons que c'est Dieu : car ce coup est si soudain, ce changement si imprévu, ces dispositions dans des esprit si barbares si surprenantes, qu'il faut confesser qu'un génie plus relevé que l'humain a conduit cet ouvrage. Le soir,

Les offres de paix sont venues des Iroquois.

il n'y avait rien de si hideux, pour ainsi dire, et de si défait, que le visage de ce pauvre pays : et le lendemain il n'y a rien de si gai et de si joyeux que la face de tous les Habitants. On se tue, on se massacre, on saccage, on brûle un mercredi par exemple, et le jeudi on se fait des présents et on se visite les uns les autres, comme font des amis. Si les Iroquois ont quelque dessein, Dieu a aussi les Siens. » Car cette paix demandée par l'Iroquoisie semble, tout comme celle de 1645, contraire à ses intérêts. Encore une année ou deux de cette « petite guerre » terriblement efficace et la Nouvelle-France était à bout.

Les Français restent méfiants.

Toutefois, les Français n'ont pas une grande confiance dans les traités qui viennent de se conclure. Leurs appréhensions atténuent leur joie : « ...Nous craignons sans craindre, et que nous espérons contre tout espérance ...Si nos ennemis sont déloyaux, Dieu est très fidèle ; s'ils sont très méchants et très cruels, Dieu est très bon et très doux ; s'ils ont la pensée de nous perdre, Dieu a la volonté de nous sauver... » En fait, si les espoirs des cultivateurs, des négociants, des religieux et religieuses, jaillissent soudain comme l'eau d'un geyser, les Français font aussi un retour sur le passé et pensent que les accords peuvent bien ne durer qu'une heure ou un moment. Ils sont à la fois réticents et prudents.

D'autant plus que les mœurs indiennes exigent pour ces événements des cérémonies et des formalités innombrables. Les ambassades, les conseils, les signatures de traité, les ratifications n'ont jamais de fin. Ainsi les Onnontagués doivent revenir sous peu ; et les *Relations* précisent bien que les huit présents que les Agniers ont apportés « sont les prémices de ceux que leurs Anciens doivent apporter au printemps, pour établir la paix générale qui semble conclue. Le Père Poncet assure sur sa vie de la sincérité des intentions des ennemis. »

De nombreux incidents peuvent cependant se produire parmi ces peuplades impulsives et indisciplinées. C'est ce qui arrive en novembre, exactement comme en 1645, provoquant un moment d'anxiété. Les ambassadeurs agniers quittent Québec et arrivent aux Trois-Rivières le 15 novembre. Là, tout à fait par hasard, ils aperçoivent et reconnaissent les défroques de deux individus de la tribu des Loups, ou Mohicans, qui sont leurs alliés. Outre les pièces de vêtements, il y a des peaux de castor tachées de sang.

Trois Hurons compromettent la paix.

Trois jeunes Hurons ont découvert ces Indiens en forêt dans la région de Montréal. Ils les ont surpris et assommés pendant la nuit pour s'emparer de leurs fourrures et de leur petit bagage, puis ils sont ensuite venus aux Trois-Rivières.

Les ambassadeurs agniers montrent rapidement leur animosité. Pour la modérer, le gouverneur des Trois-Rivières met aux fers les trois Hurons coupables, prouvant ainsi que les Français ne sont pour rien dans ces meurtres. Il demande à la justice de suivre son cours. Les Agniers ressentent une telle satisfaction devant ces mesures promptes et efficaces, qu'ils offrent immédiatement des présents « pour la délivrance de ces trois criminels, disant que la paix était faite, ils étaient frères des Hurons ; qu'ils n'étaient plus qu'une famille, et ils prenaient sur eux le soin d'arrêter dans leur source les conséquences de ce meurtre, puisque cette Nation des Loups leur était alliée ».

La nouvelle de cet incident parvient à Québec le 17 novembre. Dès le lendemain, les trois prisonniers arrivent dans la barque, les fers aux pieds, avec les présents des Agniers pour leur libération. Pendant un conseil tenu à Québec, le gouverneur général offre un présent aux Agniers « pour témoigner qu'il désavoue les meurtres faits par les Hurons ». Imprudemment, il en donne un second « pour témoigner que quoi que fassent les Hurons et les Algonquins, nous demeurerons toujours en paix avec eux ». C'est séparer la cause des Français de celle des Algonquins et des Hurons, c'est une façon d'abandonner un peu les alliés, de donner aussi des indications trop précieuses aux Iroquois.

Les sieurs Des Mares et Lafleur partent avec les ambassadeurs agniers, « pour nous lier plus étroitement par ensemble » et « pour affirmir, nous disaient-ils, ce nœud sacré d'une amitié inviolable, qu'ils souhaitaient conserver avec nous, aussi longtemps que nos grands fleuves couleraient dans la mer ».

Des Mares et Lafleur se rendent chez les Agniers.

Le 16 novembre, Hurons et Algonquins font des présents à ces ambassadeurs aux Trois-Rivières. Trois jours plus tard, Teharihogen, leur chef, se met en marche avec le petit groupe.

CHAPITRE 53

1653

Les autorités civiles ne comprennent pas toute l'importance et l'utilité pour la Nouvelle-France de la migration huronne qui vient de se produire. Seuls les Jésuites et les communautés religieuses s'occupent activement des Hurons.

Les Hurons qui s'établissent près de Québec. Ils leur trouvent des terres à proximité de Québec, les assistent dans la construction d'une bourgade, les aident avec sympathie à s'établir de façon permanente. Le gouverneur et la Compagnie des Habitants les regardent faire sans fournir la moindre chose.

Ils savent bien pourtant qu'il est à peu près impossible, dans l'état présent des affaires, de tirer de France les secours militaires indispensables. D'autre part, ils savent aussi que la colonie n'a pas une population assez nombreuse ni suffisamment acclimatée au pays, pour se défendre avec quelque succès et que les Algonquins sont maintenant trop peu nombreux pour fournir un appoint appréciable. Alors dans ces circonstances, l'arrivée puis l'établissement dans l'île d'Orléans de deux groupes importants de Hurons étaient une aubaine. Ils pouvaient justement apporter à la Nouvelle-France des partis militaires mobiles capables de livrer en campagne la guerre aux partis iroquois, de les repérer, de les dépister avant leur arrivée autour des postes. Ils pouvaient aussi se hasarder au loin et prendre l'offensive, sachant voyager sans vivres en canot ou en forêt si nécessaire. Enfin, ils pouvaient offrir à la colonie des troupes

Rideau protecteur mobiles qui auraient constitué un nouveau rideau protecteur. Appuyés sur les forts français, bien ravitaillés en munitions, ils peuvent rendre de grands services et à bon compte. À Montréal, ils viennent de capturer les chefs agniers ; aux Trois-Rivières, ils ont participé à la défense ; ils ont déjà fait un bon nombre de victimes qui sont tombées dans leur rôle d'éclaireurs. Ce ne sont pas des voisins faciles à vivre, ni des militaires très disciplinés. Mais avait-on le choix ? Pouvait-on se montrer difficile ? En plus, il suffisait de leur donner simplement de temps à autre des petits présents, des vivres, des munitions et des vêtements. Plus tard, dans bien d'autres circonstances, un autre gouverneur, Frontenac, montrera tout ce que l'on pouvait tirer de leurs forces.

Perspicacité des Iroquois Assez curieusement, les Iroquois se montrent sur ce point bien plus intelligents que les autorités de la colonie. De 1650 à 1653, ils se heurtent plus d'une fois, et de façon parfois désastreuse, à des groupes de guerriers hurons de l'île d'Orléans. Leurs échecs les incitent à la réflexion. Leur jalousie intertribale se manifeste encore. Les Tsonnontouans ont intégré à leur tribu deux villages hurons complets, augmentant ainsi leur nombre et leur importance. Les Agniers et Onnontagués, voyant leur puissance dans la Confédération diminuée, sont mécontents.

Les réflexions des Agniers portent bientôt leurs fruits. Ils agissent les premiers et avec rapidité. Le 18 novembre, les ambassadeurs agniers sont encore aux Trois-Rivières et ils se préparent à partir le lendemain. À Québec, les sachems hurons de l'île d'Orléans se rendent chez les Jésuites. Ils leur montrent tout d'abord « trois grands colliers de porcelaine d'une rare beauté ». Ces présents leur « sont venus du profond des enfers, disent-ils, d'un démon qui nous a parlé dans l'horreur d'une nuit obscure ; mais un démon qui nous fait peur, puisqu'il n'aime que les ténèbres et qu'il redoute la lumière ».

Ils s'expliquent clairement ensuite. Le 9 novembre, après avoir conclu la paix à Québec, Teharihogen, le chef des ambassadeurs, s'est rendu à l'île d'Orléans « sur la minuit ». Réveillant les chefs de la colonie huronne, il leur a demandé de tenir conseil avec lui. Ceux-ci y ont consenti et il a prononcé sa harangue. Au nom de toute sa tribu, il a demandé aux Hurons de l'île d'Orléans de quitter leur refuge, d'abandonner en groupe la Nouvelle-France, de venir s'établir en Iroquoisie. Voici le récit même des *Relations* : « Il leur avait dit nettement, que le dessein de son voyage était pour les détacher d'avec nous, et transporter leur Colonie Huronne dans son pays, où étaient déjà leurs parents emmenés autrefois captifs, qui ne supportaient leur absence qu'avec des regrets et des tristesses inconsolables, qu'ils les attendaient avec amour et qu'ils les accueilleraient avec joie ; que tout le procédé qu'ils avaient tenu dans la délivrance du Père Poncet, et dans leurs pourparlers de paix, n'était que pour couvrir leur jeu, et pour avoir plus de moyen de parler sans soupçon avec nous et conduire toute cette affaire avec douceur et efficace. » Des présents sont donnés aux Hurons « sous terres », comme disent les Indiens, c'est-à-dire en secret, ils doivent rester cachés.

Les Agniers désirent que les Hurons quittent l'île d'Orléans pour l'Iroquoisie.

Les Hurons sont embarrassés. D'après les coutumes diplomatiques indiennes, accepter les présents, c'est accepter la proposition qu'ils symbolisent. Mais comment les refuser ? « Ils se rendent compte que les Agniers accordent une grande importance à l'affaire et que les laisser là, c'est rompre avec eux et refuser la Paix... » Les Hurons les acceptent, puis ils viennent l'avouer aux Jésuites : « Aussi, disent-ils, ne les avons-nous reçus qu'avec crainte, sachant trop bien que ce ne sont que des perfides, et qu'une feinte amitié avec eux est mille fois plus dangereuse que ne serait une inimitié toute ouverte. »

Mais maintenant, que faire ? Les Hurons demandent conseil. Ils se rendent compte qu'abandonner la protection de la France, s'établir en Iroquoisie, c'est se livrer à d'anciens ennemis rusés, cruels, qui les poursuivent depuis toujours avec une terrible opiniâtreté. Leurs promesses ne leur semblent pas assez sincères. Mais refuser est aussi dangereux. Malheureux restes d'une grande nation, les Hurons de l'île d'Orléans ne sont pas en mesure de résister longtemps à une guerre activement menée contre eux ; surtout si les Français ne les soutiennent pas. Mais même avec l'appui de ces derniers, la lutte ne pourrait être que désastreuse. Quel que soit leur choix, le résultat est inquiétant.

Le gouverneur assiste à cette réunion. Il remercie les Hurons de leur confiance. Mais si tout avait été révélé la nuit même du conseil, les Français auraient pu se mêler aux négociations, questionner les Agniers et découvrir leurs projets. Toutefois, l'intention des Hurons était droite et l'occasion se présenterait sans doute de se sortir de cette affaire délicate.

Un conseil se tient à Québec sur le sort des Hurons.

Le lendemain, 19 novembre, le jour même où Teharihogen s'embarque aux Trois-Rivières pour retourner dans son pays, un nouveau conseil sur cette affaire a lieu à Québec, chez les Jésuites. Après de longues délibérations, le gouverneur fait part des décisions suivantes : quand l'occasion se présentera, il offrira trois présents aux Agniers aux Trois-Rivières ; le premier pour spécifier que les Français désavouent le meurtre commis par des Hurons sur des Loups ; le deuxième pour révéler aux Agniers que les autorités sont maintenant au courant des présents faits en secret aux Hurons de l'île d'Orléans ; et le troisième, « pour témoigner que quoi que fassent les Hurons et les Algonquins, nous demeurerons toujours en paix avec eux ».

Une minorité de Hurons veut s'installer en Iroquoisie.

Mais comme c'était à prévoir, le groupe huron, comme toute démocratie, est divisé sur cette question. Presque tous sont « résolus de vivre et de mourir avec nous », cela ne fait aucun doute. Cependant, une minorité favorise le projet des Agniers. D'importants groupes hurons vivent maintenant parmi les Iroquois, accompagnant les partis de guerre iroquois quand ils viennent en Nouvelle-France et entre Hurons iroquisés et Hurons francisés, les conversations qui s'engagent amortissent souvent l'ardeur à la bataille et rendent méfiants, aussi bien les Français que les Iroquois. La pauvre nation est morcelée, ses restes n'aiment pas s'entredétruire et, aussi, on profite de l'occasion pour s'informer d'une sœur, d'un frère, d'un père ou d'une mère.

Un peu plus tard, à la fin du mois de janvier, les Jésuites recevront des lettres des Trois-Rivières. Elles indiquent que, pendant l'automne de 1653, les Hurons de la place ont aussi reçu des présents des Agniers pour les inciter à émigrer chez eux et qu'un de leurs chefs, « dès ce temps-là leur en avait rendu trois de leur part aux Trois-Rivières pour leur témoigner qu'ils agréaient la proposition d'aller à Anniégé ; ces trois présents furent dès lors portés à Anniégé. » Un peu plus loin, le sujet est développé, et il est question du fait « que les Hurons avaient d'eux-mêmes fait deux présents aux Onnontagués dès l'automne ». Tous ces rapports indiquent un flottement dans les idées de la colonie huronne.

Anniégé (parfois Anniéjé ou Aniégué), le pays des Agniers

Maisonneuve tente de retenir les Onnontagués à Montréal.

Les Agniers ont entamé les négociations en novembre. En décembre, soit environ un mois plus tard, les Onnontagués entreprennent eux aussi des pourparlers. Sept de leurs ambassadeurs se présentent à Montréal. Ils font part de leur intention de pousser jusqu'à Québec. Maisonneuve veut les retenir pour on ne sait quelle raison. Il leur montre qu'Onontio « était par tout », leur offre deux grandes chaudières pour arrêter leur course. Comme le dit encore le *Journal des Jésuites*, « Maisonneuve avait fait son possible de les arrêter. » Les délégués persistent dans leur décision. Maisonneuve leur demande de renvoyer deux d'entre eux dans leur pays, il leur offre deux couvertures de la part des Jésuites pour assurer leurs compatriotes de l'amitié des Montréalistes, « quel qu'accident qu'il put arriver à ceux qui descendraient plus bas. Cela a été exécuté. » Ces quelques mots montrent que Maisonneuve ne croyait pas le pays assez sûr pour des ambassadeurs. Rien n'indique qu'à ce moment-là il était au courant des intentions des Onnontagués quant aux Hurons et que cette connaissance aurait guidé ses actes.

Les Onnontagués arrivent à Québec le 30 janvier 1654 « avec lettres de Montréal et des Trois-Rivières... ». Celles de Montréal racontent les événements précédents ; celles des Trois-Rivières indiquent que les députés « ont des présents à faire en cachette aux Hurons de l'île ». Elles spécifient encore que les Hurons des Trois-Rivières ont donné trois présents aux Agniers pour qu'ils acceptent leur projet de migration.

Comme les Agniers, les Onnontagués veulent que les Hurons viennent s'établir chez eux.

Sous prétexte de ratification du traité de paix avec les Français, les Onnontagués arrivent donc, comme ils l'ont promis, mais ils marchent rapidement sur les brisées des Agniers. Le lendemain de leur arrivée, ils se rendent à l'île d'Orléans : « Je les rencontre sur les glaces, dit le Supérieur des Jésuites, ils me saluent d'une harangue... » Celui-ci donne une brasse de pétun au chef, les autres poursuivent leur route : « La nuit ils tiennent conseil secret avec quelques capitaines et anciens. » Ils vont vite en besogne. Un Huron chrétien assiste aux délibérations et il les révèle aux Français. Il dévoile aux Français ce qu'ils ignoraient encore, « que les Hurons avaient eux-mêmes fait deux présents aux Onnontagués dès l'automne ». On ne sait plus qui des Agniers, des Onnontagués ou des Hurons ont abordé en premier cette question importante.

pétun = tabac

Le Huron indique encore que l'orateur des Onnontagués doit présenter quatre cadeaux au cours d'un second conseil qui aura lieu également à l'île d'Orléans mais qu'il « leur avait donné parole que 400 hommes et 100 femmes venaient quérir la bourgade de l'île... ; qu'au printemps ils descendraient jusques à la rivière Saint François et enverraient avertir les Hurons de s'embarquer ». Les Onnontagués veulent attirer dans leur pays des familles entières, hommes, femmes et enfants. Ces phrases semblent bien indiquer qu'il y a eu des négociations avant l'automne et que depuis, des plans précis ont été élaborés.

Les Onnontagués, comme les Agniers, ont l'impression que les Français, comprenant la précieuse assistance que les Hurons leur donnent, s'opposent résolument à leur départ et qu'ils ont fait des plans en conséquence. Le printemps leur semble une époque idéale pour une migration. Les Hurons quitteront l'île d'Orléans sous prétexte de s'établir dans l'île de Montréal ; une fois parvenus au bout de l'île, ils suivront la rivière des Prairies ; au-dessus de l'île, ils devraient rencontrer une armée onnontaguée de cinq cents guerriers qui aurait construit un fortin, accumulé des provisions de voyage et construit des canots. Il ne fallait rien ébruiter : « ...Au reste ce dessein devait être caché même aux Hurons, à la réserve de trois ou quatre qui conduiraient prudemment cette affaire, sans donner autre idée à leurs femmes et à leurs enfants, sinon de ce transport de leur demeure à Montréal. » Les ambassadeurs ajoutaient aussi que les guerriers pourraient venir à la rencontre des Hurons jusqu'à un lieu situé entre les Trois-Rivières et Montréal ; que là, les Hurons au courant du projet secret pourraient « publier tout leur dessein ». Le peuple ne pourrait guère s'opposer à son exécution, « puisqu'ils seraient contraints de prendre la loi du plus fort ». Les opposants se calmeraient vite, ils iraient habiter avec les Iroquois, vainqueurs partout, et s'en iraient « en un pays victorieux et un pays de Paix, qui va porter la guerre au loin, n'en recevant aucun dommage ». Les Agniers et les Onnontagués préfèrent donc négocier avec quelques chefs quitte à exercer une coercition sur le peuple.

Les capitaines hurons refusent l'offre des Onnontagués.

Placés devant un projet concret au cours du premier conseil secret, les capitaines hurons font marche arrière. Ils déclarent aux Onnontagués que ces plans ne cadrent pas avec leur premier projet. Quand ils ont offert des présents à l'automne, disent-ils, ils n'avaient d'autre intention que « de mettre une natte dans Onnontagué pour leurs neveux pris en guerre, afin qu'on leur donne la vie dans le cas où la guerre recommencerait ».

Les Français tiennent donc les fils de l'intrigue secrète. Ils se concertent eux aussi sur l'attitude à prendre. Le 3 février, le gouverneur suit l'usage démocratique, mais non constitutionnel, de convoquer les habitants au fort « pour leur donner connaissance de toutes ces affaires, et aviser aux moyens de détourner quelque dessein de trahison ». Toutefois, de cette assemblée on ne connaîtra rien d'autre, que cette brève mention.

Le lendemain, 4 février, doit avoir lieu le grand conseil sur la paix entre Français et Onnontagués. Ces derniers ne se présentent pas « à cause du mauvais temps » ; leur chef, du moins, est encore à l'île d'Orléans. Le soir venu, les Jésuites tiennent, à leur tour, une assemblée secrète dans leur résidence. Quelques chefs hurons sont présents ; le gouverneur est mis au courant. M. d'Ailleboust, les pères Ragueneau, Chaumonot et de Quen viennent aussi. On a décidé de révéler à tous les Hurons que l'on connaît leurs tractations avec les Agniers et les Onnontagués : « Ainsi nous avions de la peine à faire paraître que nous sussions leur procédé ; d'ailleurs de témoigner n'en rien savoir, c'était les engager à le continuer, et en différant le remède, en rendre le mal incurable, qui tendait à la ruine, ou des Français ou des Hurons et plus probablement autant des uns que des autres. » Comme on le voit, seulement un très petit nombre de Hurons a fait des révélations aux Français.

Les Jésuites disent alors aux chefs présents à la réunion « que Mons. le gouverneur avait connaissance de l'affaire qu'ils traitaient secrètement avec l'Onnontagué ». Ils mettent ainsi cartes sur table pour que l'on s'entende sur ce point avec la colonie de l'île d'Orléans et pour présenter un front commun devant les Iroquois. Ils négocieront de façon à ne pas compromettre la paix tout en faisant échec à la diplomatie iroquoise. Encore faut-il que les Hurons collaborent sincèrement. Les Français ont besoin de connaître leur opinion et de savoir si oui ou non ils veulent émigrer.

Agissant avec habileté, les Jésuites évitent de s'opposer ouvertement au projet. Le gouverneur, disent-ils, « ne trouvait point à redire à la substance de ce dessein..., il ne prétendait pas tenir en captivité ses neveux les Hurons ». mais il les blâmait « de lui avoir voulu cacher cette affaire ». Les Hurons et les Français sont trop unis pour avoir entre eux des secrets de ce genre ; en tant qu'alliés, ils doivent faire part de leurs négociations importantes. Il est également préférable que les Hurons disent aux Onnontagués que l'affaire a cessé d'être secrète et que le gouverneur la connaît. De cette façon les négociations seront franchement du domaine public. Ils pourront également indiquer aux ambassadeurs que les Français ne sont pas absolument opposés à leur projet, qu'ils n'éprouvent ni méfiance ni jalousie. Les Hurons devraient même demander aux Onnontagués d'offrir un présent au gouverneur « pour le prier de desserrer un peu ses bras, et de donner la liberté aux Hurons qu'il tenait sous sa protection ». En donnant ces conseils, les Français pensaient pouvoir rester maîtres des négociations et découvrir « les moyens de différer cette entreprise à quelque année suivante, espérant, ...que Dieu donnerait jour à nos ténèbres, et que le temps irait disposant les esprits à une Paix sincère ».

Les Hurons sont confus. « ...Ils avouèrent tout... » Ils acceptent les conseils des Français. Ils concertent leurs mouvements avec eux. Ils étudient avec eux la réponse que le gouverneur devra donner, lorsque les Onnontagués, conseillés par les Hurons, demanderont aux Français « d'ouvrir leurs bras ». Ils pensent que M. de Lauson devra répondre « que la chose sera possible dans deux ans ». Les Français craignent un engagement aussi déterminé et précis, même sans intention de le tenir. Ils espèrent que les événements futurs aideront à desserrer l'étau placé par les nécessités actuelles et ils suggèrent aux Hurons une formule vague, qui donnera plus de jeu de manœuvre : le gouverneur répondra qu'il laissera aller les Hurons « lorsque la paix sera bien affermie », expression imprécise qui permettra de multiplier les délais et les sursis. Les Hurons et les Français sont affaiblis, sans forces militaires, ils n'osent pas contrecarrer directement les projets des Iroquois, ils doivent donc louvoyer par crainte de retomber dans la guerre. Ils se voient contraints à utiliser des méthodes qui permettent de gagner du temps. Cependant, il ne semble pas que les Français estiment à sa juste valeur l'appoint militaire apporté par la colonie huronne. On voudrait qu'ils se conduisent avec l'idée bien arrêtée de ne laisser partir les Hurons à aucune condition. Ils ne semblent pas considérer cette affaire aussi clairement que les Iroquois.

Français et Hurons ajustent leur stratégie face aux Iroquois : reporter la migration des Hurons.

Le lendemain 5 février, vers quatre heures de l'après-midi, le chef des députés onnontagués arrive de l'île d'Orléans pour participer au conseil. Le gouverneur et une trentaine de Français sont présents. Les Onnontagués offrent six présents : ils sont sincères, un mai de la paix doit s'ériger à Québec, les soupçons réciproques et les chaudières de guerre doivent être précipités dans l'abîme. Le cinquième doit dissiper les nuages qui obscurcissent encore un peu le soleil de la paix et qui sont « les discours de défiance des Algonquins et des Montagnais... S'ils étaient moins crédules à mille faussetés, leur esprit serait un soleil qui donnerait du jour par tout. » Le *Journal des Jésuites* renferme encore cette dernière indication : « Et dès le soir nuit close, [le chef] s'en retourne tout seul à l'Île. » Sur cette note, il s'interrompt sur une période de deux ans, lui qui fournissait tant de précisions et de dates, qui relatait les événements dans un ordre chronologique certain.

mai = mât

Après ce premier conseil, les Hurons se mettent au travail selon l'entente conclue avec les Français. Ils disent au chef de l'ambassade « que leur dessein réussissait au delà de leurs espérances... » ; que les Français ne s'opposent pas à leur émigration, loin de là, et que ces derniers ont déjà proposé eux-mêmes aux Hurons de faire « une nouvelle habitation sur le grand lac des Iroquois ». Ne serait-il pas opportun de leur communiquer le projet de migration « jusqu'alors caché, sans paraître qu'on eut voulu leur rien celer » ? Les Français montrent plus nettement ici, semble-t-il, la conclusion à laquelle ils sont arrivés : comme ils ont reçu l'invitation de construire une habitation au lac Ontario, probablement sur le territoire des Onnontagués, ils y rattachent le projet de migration des Hurons. Pourquoi ceux-ci ne les accompagneraient-ils pas pour s'établir autour ou non loin de cette résidence ? De cette façon, les missionnaires veilleront toujours sur leur intérêt spirituel et pourront surveiller leur bien matériel. Quoi qu'il en soit, les autorités vont travailler sur ces éléments qui sont en premier lieu, l'établissement d'une habitation française en Iroquoisie et, en second lieu, la migration huronne qui consisterait au transport de toute la colonie de l'île d'Orléans au même endroit.

Conseil entre Français, Hurons et Onnontagués

Un deuxième conseil a lieu entre Français, Hurons et Onnontagués. Ces derniers suivent les conseils des Hurons. Ils offrent les quatre bandes de grains de nacre « par lesquels on invitait la colonie Huronne de se faire un nouveau pays, dans des terres autrefois ennemies, qu'on leur promet devoir leur être une terre de promission ». Les Hurons répondent en donnant deux présents en réponse. Le premier demande de différer l'exécution du projet « au moins pour une année » ; le second, « pour exhorter les Iroquois à bâtir première-ment une demeure aux robes noires », c'est-à-dire « à nos Pères qui les enseignent, assurant qu'en quelque lieu que nos Pères voulussent aller, la colonie les suivrait ». Faut-il pousser le raisonnement plus loin ? Faut-il comprendre que les Français, profitant du désir des Onnontagués d'obtenir les Hurons, posent comme condition à l'exécution de ce projet, l'établissement d'une mission dans la capitale iroquoise ou au lac Ontario ? Il semble bien, et l'avenir le prouvera, qu'il faut répondre par l'affirmative. Mais cette condition n'est pas trop contraignante pour les Onnontagués qui, comme on l'a vu, avaient déjà demandé une mission l'année précédente.

Le gouverneur fait un pas de plus. Après avoir accepté les propositions officielles des Hurons, il offre deux présents : « par le premier, il exhortait les Iroquois onnontagués à faire bon accueil aux Hurons, lorsqu'ils seraient en leur pays » ; par le second, reconnaissant que les Hurons ne sont pas tous du même avis, il prie les Onnontagués de ne pas exercer de pression sur les familles qui ne seraient pas disposées à émigrer ; ceux-ci devront se contenter des individus désirant se rendre en Iroquoisie, laissant les autres dans leur résidence actuelle ; bien plus, ils devront laisser à tous « une liberté tout entière » d'aller n'importe où, « soit que d'aucuns fussent portés d'inclination pour le pays des Iroquois Agniers, d'autres pour les Tsonnontouans, soit que d'autres respirassent vers leur ancien pays, ou que d'aucuns voulussent continuer leur demeure avec les Français ». Ajoutant à la première faute qu'ils avaient commise de se donner, les Hurons avaient promis de se donner aux Agniers et aux Onnontagués en même temps ; le gouverneur tente de les sortir de cette situation difficile. Il se montre plus démocratique que les Iroquois, en respectant la volonté de chaque individu. Il ne manque pas d'habileté en opposant les tribus iroquoises les unes aux autres, puisque dans cette affaire elles le sont vraiment. Mais en morcelant la colonie huronne de cette façon, il risque de les mécontenter toutes parce que chacune n'en recevra qu'une trop petite partie.

Le gouverneur remet des présents.

Par un quatrième présent, le gouverneur de Québec souhaite transporter à Montréal le lieu du conseil et donner à Maisonneuve le pouvoir de négocier avec les députés onnontagués. Il veut, dit-il, éviter aux Iroquois la fatigue du voyage. Ce qui n'est qu'un prétexte. Il aimerait évidemment éviter à l'avenir des colloques particuliers, des intrigues entre Iroquois et Hurons de l'île d'Orléans et tenir à distance leurs ambassadeurs. Par le cinquième, il déplace à Montréal, « une place frontière », le mai de paix de Québec. Enfin, par le sixième, il désire que toutes les tribus iroquoises soient unies dans la paix et dans l'harmonie.

Les Français, très satisfaits de leur contre-manœuvre diplomatique, pensent avoir contenté tout le monde, « aucun ne pouvant se plaindre de nous... » ; ils avaient surtout laissé « chacune des nations iroquoises dans l'espérance d'attirer à eux les Hurons, qu'ils désiraient avec tant d'ardeur ».

Les Onnontagués ne répondent pas immédiatement et ils retournent dans leur pays en « donnant assurance d'une paix inviolable ».

Les Onnontagués retournent en leur pays ; les Hurons sont divisés.

Les Hurons semblent profondément divisés sur cette question. Si certains sont assez prêts à partir, d'autres redoutent l'esprit de vengeance des Indiens et particulièrement celui des Iroquois. Se souvenant du grand chef agnier qu'ils ont capturé et brûlé aux Trois-Rivières deux ans auparavant, des chefs capturés sur l'île de Montréal, des trente-quatre Onnontagués massacrés à la suite d'une ruse de guerre sur l'île des Chrétiens, de l'inimitié profonde qui divise depuis si longtemps les deux peuples, ils craignent de se retrouver sans défense aux mains de leurs ennemis. Ils tentent de se rassurer en pensant aux villages hurons réfugiés chez les Tsonnontouans, mais restent profondément indécis.

Que faire ? La Nouvelle-France est faible, qui le sait mieux qu'eux ? La colonie huronne n'est pas bien solide et il faut éviter la guerre à tout prix, sans s'opposer directement à la politique du plus fort.

CHAPITRE 54

1654

La région de Montréal est particulièrement giboyeuse. C'est la paix et au printemps, les chasseurs poursuivent le castor dans les ruisseaux, le long de toutes les étendues d'eau ; ils s'aventurent hors des fortifications sans aucune crainte.

Un Huron iroquisé accompagne une douzaine de chasseurs onneyouts qui ont amené deux femmes avec eux et l'ont chargé de les garder et de veiller sur leur butin. Trouvant l'occasion bonne, il s'échappe et se présente au fort. Il supplie les Français de se tenir sur leurs gardes : l'Iroquois serait en campagne et ne penserait qu'à la guerre. Le canon tonne au fort et les Français répandus dans la forêt reviennent en toute hâte. Seul un jeune chirurgien manque à l'appel. Maisonneuve présume que l'absent a été tué ou capturé. Des messagers partent immédiatement pour prévenir les Trois-Rivières et Québec : « Nous voilà derechef dans les terreurs d'une nouvelle guerre et dans l'attente d'une armée ennemie, le Huron échappé nous assurant qu'elle était proche, et que tout n'était que trahison. »

Les Montréalistes craignent les Onneyouts.

Un jeune chirurgien capturé.

D'angoisse en inquiétudes les jours passent. Les Onneyouts ont demandé la paix au début de l'année 1653, après les Onnontagués, mais ils n'ont pas reparu.

Au mois de mai, quelques canots iroquois se présentent devant Montréal. Ils transportent de nouveaux députés onnontagués. Leur chef est Sagochiendagehté « qui porte le nom le plus considérable de toute sa Nation » ; c'est évidemment l'un des cinquante grands sachems de l'Iroquoisie. Maisonneuve les laisse pénétrer dans l'enceinte, leur accorde de bons traitements. Puis il leur raconte la disparition du jeune chirurgien et l'acte de perfidie des Onneyouts. Les Onnontagués « sont surpris à ces nouvelles, ils tremblent et ils pâlissent, croyant qu'on s'en voulut venger sur eux » ; ils craignent pour leur existence. Mais le gouverneur les rassure aussitôt : les Français ne punissent pas les innocents. Indigné par l'acte commis par la petite nation des Onneyouts, Sagochiendagehté réagit avec vigueur : « Je veux moi-même demeurer votre captif et votre otage, dit-il, jusqu'à ce qu'on ait délivré le Français emmené captif. Ma vie répondra pour la sienne et si ceux de ma Nation ont du respect et de l'amour pour moi, le Français vivra, et sa vie sauvera la mienne. » Des messagers portent immédiatement cette nouvelle à Onnontaé. La tribu prend la chose à cœur ; elle réunit des présents, choisit les députés qui se rendront chez les Onneyouts pour sauver le prisonnier. Lorsque ceux-ci voient arriver cette ambassade provenant d'une nation sœur puissante et

Il s'agit peut-être de Garakonthié.

Le chef Sagochiendagehté veut sauver la vie du jeune chirurgien.

La libération du
jeune chirurgien

habituée à commander, ils cèdent immédiatement et ils libèrent le jeune chirurgien qui est bientôt de retour à Montréal. À partir de ce moment-là, ils observent la paix. Les Montréalistes défrichent, élargissent la clairière autour du poste et se sentent rassurés.

Les nouvelles sont contradictoires. Les Iroquois viennent aux Trois-Rivières, à Montréal, ils n'ont que des paroles de paix à la bouche. Cependant, les lettres des sieurs Des Mares et Lafleur, qui se trouvent chez les Onnontagués,

Le Bâtard
Flamand, fils
d'une mère agnier
et d'un père
hollandais

sont moins rassurantes. Soudain, le Bâtard Flamand, personnage déjà connu, arrive en Nouvelle-France. Il apporte des lettres du commandant du poste de Fort Orange et des marchands hollandais de la ville. Ces documents disent que les Iroquois, leurs alliés, sont véritablement disposés à la paix. Ils ont conclu le traité avec les Français dans un esprit de sincérité. Ces assurances font disparaître en bonne partie la défiance qui régnait chez les Français.

Un jour du mois de juin, pendant que Sagochiendagehté attend à Montréal le retour du jeune chirurgien, une importante flottille apparaît, descendant rapidement les rapides de Lachine. Elle aborde en face du poste. Les Montréalistes, tout d'abord effrayés, imaginent que des guerriers ennemis se

Un important
convoi de
fourrures conduit
par les Indiens
alliés arrive à
Montréal.

trouvent dans les canots. En fait, ceux-ci sont remplis de fourrures. Les Indiens qui les montent sont des Hurons de la nation du Pétun et des Outaouais qui font leur premier grand voyage de traite en Nouvelle-France. Ils ont tenu parole. Cette arrivée est un grand événement dans l'histoire économique et dans l'histoire militaire de la Nouvelle-France. De nouveaux négociants indiens ont pris l'initiative de ramener des immenses territoires à l'ouest du lac Huron, leurs provisions annuelles de pelleteries, de les transporter dans la colonie, d'où ils peuvent rapporter au retour des marchandises françaises. Cette année, ils ont rempli cent vingt canots ; ils ont organisé leur flottille dans les environs du Sault-Sainte-Marie.

Toujours bien informés, les Iroquois ont envoyé pour l'intercepter un détachement composé de Tsonnontouans et de Loups. Plus prudents que les Hurons, les Outaouais et les Gens du Pétun forment un groupe compact, les embarcations voyageant toujours ensemble et avec précaution. Ils remportent une victoire facile sur leurs ennemis et font même treize prisonniers. En personnes habiles, absorbées par leur tâche, ils se contentent de ce succès. Ils ne leur infligent aucun mauvais traitement et les laissent même voyager avec eux en toute liberté sans leur lier les bras ou les jambes. Ils savent sans doute quel danger terrible représentent les Iroquois pour le convoi qu'ils conduisent. Leurs hauts faits sont bien connus et ils ne veulent pas les provoquer.

Les Onnontagués assistent à cet arrivage de fourrures à Montréal. Le commerce français, qu'ils ont désorganisé et détruit, renaît pour ainsi dire sous leurs yeux. Le courant commercial, élaboré par Champlain et qu'ils ont endigué, reprend son cours après une interruption de six années. Ce fait constitue un danger pour la paix, un risque de rupture et aussi, pour l'Iroquoisie, une nouvelle tentation de pillages, de massacres, d'un retour aux anciennes déprédations.

Un événement imprévu retient soudain toute l'attention de l'Iroquoisie dans un autre secteur : la guerre, une guerre fort dangereuse. À Montréal, les Outaouais remettent leurs captifs Tsonnontouans au sachem Sagochiendagehté. Puis le jeune chirurgien rentre de son voyage forcé chez les Onneyouts. Il rapporte « les nouvelles de sa délivrance, et l'assurance de la Paix pour toutes les Nations Iroquoises ».

Un grand conseil a lieu peu après. Les ambassadeurs onnontagués offrent non moins de vingt colliers ou bandes de grains de nacre. Ils affermissent le mai de la paix que le gouverneur général a planté à Montréal, dissipent l'indignation de Maisonneuve pour la capture du chirurgien et brisent les liens de celui-ci ainsi que l'échafaud où il a été exposé. Ils réunissent « dans les mêmes pensées de paix, l'esprit de nos Français, des Hurons et des Algonquins » ; ils enlèvent les écueils des rivières pour que les voyages soient plus faciles d'un pays à l'autre. Par le treizième présent, les Onnontagués disent ce qui suit : « Je souhaite avant toutes choses, de voir en mon pays une des robes noires qui ont enseigné aux Hurons à honorer un Dieu. » Puis ils ajoutent : « Nous aurons du respect pour lui [le missionnaire], et tous les jours nous nettoierons la natte sur laquelle il sera couché ». Ils vont plus loin encore : « Nous recevrons avec amour ses instructions, et nous voulons adorer celui qui est le maître de nos vies. » Par trois présents symboliques successifs, les Onnontagués invitent de nouveau, et très nettement, les Jésuites à établir une mission dans leur pays. Ils remplissent ainsi la condition à la migration chez eux des Hurons de l'île d'Orléans.

Un grand conseil est réuni à Montréal : les offres de paix des Onnontagués.

Enfin, le seizième présent révèle que l'Iroquoisie doit faire face à une nouvelle guerre : « Notre jeunesse n'aura plus de guerre avec les Français ; ... nous allons porter nos armes contre les Ériés [c'est la nation du Chat] ; dès cet été nous y conduirons une armée. La terre tremble de ce côté-là, et tout est calme ici. »

La guerre des Iroquois contre les Ériés les force à vouloir la paix avec les Français.

Après cette information, les Onnontagués n'ont plus que des protestations de paix pour les Français : ils viendront dissiper tous les soupçons, ils auront des ailes pour visiter leurs amis, etc. Le procédé est même un peu grossier et cousu de fil blanc. Les Iroquois ont assez d'une seule guerre, ils ne veulent pas combattre à la fois les Ériés et les Français assistés des Indiens du Canada. Ils ne veulent pas partager leurs forces entre deux fronts.

Les *Relations* font les commentaires suivants : la guerre, y lit-on, a plongé l'Iroquoisie « dans la crainte ». Non seulement les Ériés s'arment contre elle, mais ils ont déjà remporté des victoires. Ils ont pris d'assaut un village des Tsonnontouans et l'ont détruit. Poursuivant un détachement iroquois qui revenait du nord-ouest, ils l'ont attaqué, ont été victorieux et ont pratiquement détruit son arrière-garde, une « compagnie entière de quatre-vingts hommes

*Annenraes, mort
en 1654*

d'élite ». Un parti érié a pénétré jusqu'aux portes d'une bourgade où il a pris vivant un grand capitaine tsonnontouan, Annenraes. On ajoute : « En un mot... tout est en feu dans les quatre Nations des Iroquois supérieurs, qui se liguent et qui arment pour repousser cet ennemi, et que tout cela les oblige à vouloir tout de bon la Paix avec nous, quand même ils n'en auraient pas eu les pensées jusqu'alors. » Et aussi : « Dieu nous secourait du côté que nous ne l'attendions pas, faisant une diversion des armes et des forces de nos ennemis. »

Les documents tendent donc à prouver que si la guerre des Ériés consolide la paix de 1653, elle n'en est pas pour autant la cause. Toutefois, il faut noter que les événements racontés par les Onnontagués en mai et en juin 1654 ont pu se dérouler en 1653. Les conflits armés éclatant rarement de façon soudaine et imprévue, ils sont souvent précédés d'une période de malaise pendant laquelle on est aux aguets. Il est possible de supposer qu'en venant demander la paix en 1653, les Onnontagués avaient déjà engagé ou prévu la grande bataille qui allait se livrer.

La Nation du Chat

*Étienne Brûlé,
probablement le
premier Blanc à
avoir pénétré en
Huronie, est mort
vers juin 1633.*

L'histoire manque de renseignements sur les ennemis des Iroquois. C'était un autre peuple iroquois, tout comme les Hurons, les Neutres, les Andastes. « Cette Nation du Chat est grandement peuplée, disent les *Relations*... On fait état de deux mille hommes bien aguerris, quoiqu'ils n'aient pas d'armes à feu. » Les Iroquois ne peuvent aligner un nombre de guerriers aussi considérable. Aucun Français ne les a jamais visités. Étienne Brûlé a frôlé leur frontière en 1615 ; les pères Daillon, de Brébeuf et Chaumonot sont venus dans la péninsule de Niagara, mais n'ont pas traversé la rivière. Leur habitat s'étend au sud et surtout à l'extrémité sud-est du lac Érié. Toutes ces tribus sont réparties sur une ligne à peu près droite d'Albany jusqu'à Buffalo, au sud du lac Ontario. On y trouve d'abord les Agniers, puis ensuite les Onneyouts, les Onnontagués, les Goyogouins, les Tsonnontouans et enfin les Ériés. Ceux-ci forment donc, tout comme les Neutres, une peuplade de l'intérieur du continent et qui ne peut avoir de relations commerciales avec les Blancs de la côte que par l'intermédiaire de la Confédération iroquoise. Ils sont donc tout aussi mal armés que les Neutres. Les Ériés, disent les *Relations*, combattent à la française, « essuyant courageusement la première décharge des Iroquois, qui sont armés de nos fusils, et fondant ensuite sur eux, avec une grêle de flèches qui sont empoisonnées, et qu'ils tirent huit et dix fois avant qu'on puisse recharger un fusil ». Malgré ces nouvelles que les Français échangent pour se rassurer, il semble évident que l'armement des Ériés ne peut se comparer à celui des Iroquois, surtout en armes européennes comme les mousquets, les épées, les sabres, etc. et que ce désavantage, comme ce fut le cas pour les Neutres, leur sera fatal.

*François Gendron,
chirurgien, a vécu en
Huronie de 1643
jusqu'à sa
destruction.*

Dans son bref mémoire, le sieur Gendron dit que les Ériés étaient connus sous le nom de Nation du Chat à cause du nombre de chats sauvages que l'on trouvait dans leur pays. Ils ont, dit-il, « quantité de bourgades arrêtées, où ils cultivent la terre... » Ils habitent la rive sud-est du lac Érié et se trouvent ainsi un peu au sud-ouest des Tsonnontouans. Ils sont agressifs, car les Iroquois ne sont pas les voisins les plus commodes.

Il n'est pas facile de donner une cause précise à cette guerre. Les *Relations* proposent la suivante : « ...Quelques Hurons qui se sont répandus partout lorsque leur pays fut ruiné, se sont joints avec eux, et ont suscité cette guerre qui donne de la terreur aux Iroquois. » Plus tard, elles donnent davantage de détails. Les Ériés, disent-elles, ont envoyé une trentaine d'ambassadeurs chez les Tsonnontouans pour confirmer le traité de paix existant. Les cérémonies habituelles suivent leur cours mais soudain, pour on ne sait quelle raison, un Érié tue un Tsonnontouan ; les compatriotes de ce dernier sont tellement indignés qu'ils massacrent presque tous les députés, à l'exception de cinq qui réussissent à s'échapper. Alors la guerre éclate avec sa kyrielle habituelle de surprises, de supplices, de captures. Les Ériés capturent deux Onnontagués : l'un s'échappe ; l'autre est un chef important de sa tribu. Conduit dans une bourgade, il harangue si bien ses ennemis que ceux-ci le donnent à la sœur alors absente de l'un des ambassadeurs exécutés sommairement ; ils sont sûrs que cette femme le gardera en vie et ils lui donnent aussitôt des vêtements dignes de son rang. Des festins ont lieu et tous lui assurent qu'il reverra son pays. La femme revient et ses compatriotes lui annoncent que les chefs ont remplacé son frère défunt, qu'elle doit se préparer à accueillir l'Onnontagué, à lui offrir un bon repas, à lui donner ensuite son congé, comme le veut la coutume. Mais la virago refuse cet arrangement. Comme le prisonnier lui appartient maintenant, elle demande vengeance. Elle insiste pour que le chef tsonnontouan soit mis à mort, malgré les supplications des sachems qui lui expliquent « que c'est pour attirer sur leurs bras une nouvelle guerre ». Mais c'est une idée fixe, on ne peut pas lui en faire changer. L'Onnontagué est alors conduit chez elle ; les Ériés lui enlèvent ses beaux vêtements. Il devine le sort qui lui est réservé : « Il s'écria devant que de mourir, qu'on allait brûler tout un peuple en sa personne, et qu'on vengerait cruellement sa mort. Ce qui fut vrai : car les nouvelles n'en furent pas plutôt portées à Onnontagué, que douze cents hommes bien déterminés se mettent promptement en chemin pour aller prendre raison de cet affront. » Cet événement vient juste de se produire, après de premières hostilités, lorsque les ambassadeurs onnontagués arrivent à Montréal en mai 1654. Un peu plus tard, un Français verra, pendant l'été, s'organiser sous ses yeux cette expédition de mille deux cents guerriers iroquois.

Cette version est probablement la meilleure, car les Français peuvent observer le conflit de près et ils ont la possibilité d'interroger facilement les Iroquois des différentes tribus. Inutile de dire que d'autres versions ont vu le jour, qu'on a créé des légendes. Les historiens de Buffalo, en particulier, en rapportent quelques-unes. Au cours de quelques jeux de force, d'endurance et

Source peu connue : François Gendron, Quelques particularitez du pays des Hurons *[...],* Troyes et Paris, 1660 ; *réimprimé à Albany en 1868.*

L'origine de la guerre entre Ériés et Iroquois

donner son congé = libérer, laisser partir

Le chef onnontagué est mis à mort malgré le désir des Ériés.

d'habileté, les Tsonnontouans auraient triomphé et les Ériés leur en auraient tenu rigueur. D'autres récits de combats, amplifiés par la légende, ont pour objectif le prestige des Iroquois, comme tant de récits américains.

Les documents ne donnent pas d'autres explications. On sait que le pays des Ériés était un vrai paradis terrestre : nulle région, semble-t-il, n'était plus giboyeuse ; des descriptions ultérieures énuméreront les richesses pelletières *La convoitise* et autres. La convoitise se serait-elle mêlée à d'autres motifs, chez les *serait-elle à* Tsonnontouans, pour les engager vers cette attaque contre une nation-sœur ? *l'origine du conflit* Auraient-ils désiré, en plus de l'Ontario, trop éloignée, des territoires de chasse *entre Ériés et* à leur portée ? Un peu plus tard, les Français les verront s'y rendre en grand *Tsonnontouans ?* nombre. Les Ériés sont aussi placés sur la route qui conduit à l'ouest, ou plus exactement au nord-ouest, où se forme un centre huron-outaouais pour l'exportation en Nouvelle-France des fourrures du Canada central. Ils commandent la rivière Niagara et le lac Érié. On a vu, par le récit des *Relations*, que les Ériés avaient attaqué un parti tsonnontouan qui revenait du nord-ouest, et aussi probablement d'une expédition contre les Hurons réfugiés à la baie Verte. Sont-ils opposés aux incursions des Iroquois, veulent-ils les empêcher d'arriver jusqu'aux tribus de l'ouest des Grands Lacs ? Sont-ils intéressés dans le commerce des fourrures et dans la traite qui s'organisent aux alentours du Sault-Sainte-Marie ? Sont-ils ainsi des rivaux des Iroquois ? Questions auxquelles les documents ne donnent pas de réponse, mais qui se posent d'elles-mêmes, car toutes les causes de cette guerre, telles qu'on les retrouve dans les archives, semblent enfantines, peu sérieuses, et les explications qu'on en donne sont peu satisfaisantes.

Après les conseils de Montréal, les ambassadeurs onnontagués se rendent probablement à Québec. Une phrase de Marie de l'Incarnation le dit de manière suffisamment claire : « Au mois de juillet dernier, ils sont venus trouver M. le gouverneur de la Nouvelle-France et les révérends Pères ; et après plusieurs conseils et présents, auxquels on a répondu de part et d'autre, on leur a accordé qu'un Père irait les visiter, et qu'il ferait le tour de leurs cinq nations pour connaître s'ils conspiraient tous dans le désir de la paix. Le révérend Père Le Moyne, qu'ils appellent en leur langue Ondessonk, fut nommé pour cela... » Quelques Onnontagués, ou peut-être tous, sont probablement allés à Québec, pour attendre que l'affaire de l'envoi d'un missionnaire soit réglée et pour le conduire ensuite dans leur pays. Lorsqu'on connaît les Jésuites du Canada, on sait qu'ils prendront tous les risques pour accepter les invitations qui étaient faites depuis déjà plusieurs mois.

Chapitre 55

1654

Le père Simon Le Moyne vient de quitter la Nouvelle-France en compagnie *Le père Simon*
des Onnontagués lorsqu'arrive, dans le cours du mois de juillet, une ambas- *Le Moyne, Jésuite*
sade d'Agniers conduite par le Bâtard Flamand ; elle ramène deux Français *(1604-1665)*
qui ont passé l'hiver en Iroquoisie, Des Mares et Lafleur. Dès leur arrivée, les *Le retour de Des*
Français comprennent qu'il y a de la poudre dans l'air. Les Agniers connais- *Mares et Lafleur*
sent maintenant les projets des Onnontagués sur les Hurons, les Onnontagués
ceux des Agniers. Chaque tribu veut que le représentant de la France, le père
Le Moyne, aille chez elle en premier ; celle des Onnontagués le demande
parce que c'est elle qui s'est présentée la première pour négocier la paix et elle
semble avoir en cela l'appui des autres tribus ; celle des Agniers exige la préférence parce que son territoire jouxte celui des Français. La jalousie se développe rapidement.

Quand le Bâtard Flamand apprend qu'il arrive trop tard, que le père Le
Moyne est parti, il tient un discours sarcastique : « N'est-ce pas, dit-il, par la
porte qu'il faut entrer en la maison, non par la cheminée, par le toit de la
cabane ? ...Nous ne faisons qu'une cabane, nous autres cinq Nations Iroquoises ;
nous ne faisons qu'un feu, nous avons de tout temps habité sous un mesme
toit. En effet de tout temps, ces cinq Nations Iroquoises s'appellent dans le
nom de leur langue, qui est huronne, Hotinnonchiendi, c'est-à-dire la Cabane
inachevée, comme s'ils n'étaient qu'une famille. Quoi donc, dit-il, vous n'en-
trez pas dans la cabane par la porte, qui est au bas estage de la maison ? C'est
par nous autres Agniers qu'il fallait commencer. Vous voulez entrer par le toit,
par la cheminée, commençant par l'Onnontaehronnon. N'avez-vous point de *Onnontaehronnon =*
crainte que la fumée ne vous aveugle, nostre feu n'estant pas esteint ? Ne *Onnontagué*
craignez-vous point de tomber du haut en bas, n'ayant rien de solide où poser *Les Iroquois*
vos demarches ? » Ces phrases sont teintées de menaces précises. *négocient aussi avec*

Le gouverneur tente d'apaiser les ambassadeurs en leur faisant des pré- *la Nouvelle-*
sents particuliers et en leur assurant que le père Le Moyne se rendra aussi dans *Hollande.*
leur pays. Mais celui-ci voyage si rapidement que les messagers ne peuvent le
rejoindre, il ne passera pas immédiatement par le pays des Agniers. Une division entre tribus iroquoises peut être très utile à la Nouvelle-France. Un gouverneur s'inspirant des idées de Machiavel l'aurait nourrie avec application.

Pendant que les Iroquois négocient avec la Nouvelle-France, ils négocient aussi avec la Nouvelle-Hollande. Au printemps, le Bâtard Flamand a fait
un premier voyage pour apporter des lettres des Hollandais qui garantissent la

bonne foi de l'Iroquoisie. Les Hollandais sont favorables à la paix, car elle fait progresser le commerce. De plus, leur pays étant en guerre avec l'Angleterre, les navires n'arrivent pas et les articles de traite sont de plus en plus rares, les commerçants exigent plus de fourrures pour un même produit. Les Iroquois sont si mécontents que le 15 juillet, le Tribunal de Fort Orange, qui s'occupe des relations avec les Indiens, se réunit pour étudier la situation. Les marchands présents décident de se cotiser pour offrir des présents importants composés de chaudières et de haches que des députés iront porter pour expliquer la raison de l'augmentation des prix et promettre que les anciens prix seront à nouveau en vigueur dès l'arrivée des bateaux, pour renouveler le traité de paix et, enfin, pour supplier les Iroquois de ne plus massacrer le bétail des colons.

Cette ambassade adoucit sans doute la rancœur des Agniers, car leurs députés, comme ceux des Senèkes, sont présents devant le même tribunal le 11 août 1654 : « selon l'ancienne coutume, ils font un présent à ce tribunal », qui leur accorde gratuitement vingt-cinq livres de poudre.

Il faut bien dire aussi qu'un bon nombre de ces marchands pensent aux riches et précieuses pelleteries des régions du Nord et que leur convoitise n'est pas moins grande que celle de Van Rensselaer. Nous n'avons pas besoin d'autres témoignages qu'une lettre du 6 juin 1653 que les directeurs de la West India Company ont écrite à Stuyvesant, le gouverneur de la Nouvelle-Hollande : « Nous avons appris ici de bonne source, que de grandes quantités de pelleteries pourraient être obtenues des Indiens du Canada, si ces tribus pouvaient venir sans danger et sans être obligées de se rendre, par un long détour, à Fort Orange et à Rensselaerswyck. Mais ils sont continuellement molestés par leurs voisins, les Agniers, avec qui ils sont en guerre d'une façon presque incessante ; et l'on dit que c'est la raison pour laquelle les Indiens du Canada, craignant le danger et les troubles d'un voyage au sud, vendent leurs fourrures aux Français et à d'autres nations qui traitent là ; de façon que la Compagnie et ses gens sont frustrés de tout ce commerce. Nous voulons en conséquence vous demander si ce ne serait pas un avantage pour la Compagnie, et lui rendre service, que d'établir un poste à 18 ou 20 lieues au-dessus de Fort Orange et d'en faire le lieu de traite des fourrures : ce serait, nous le croyons, une affaire intéressante pour la Compagnie et nous attendons votre avis à la première occasion. »

Les Hollandais n'ont pas encore réussi, par la force ou par habileté, comme le voulait Rensselaer, à persuader les Agniers de ne pas s'opposer au passage dans leur pays des Indiens du dehors qui voudraient vendre leurs pelleteries à Fort Orange. Leur projet de construction d'un poste plus haut sur l'Hudson aurait peut-être remporté quelque succès. Mais ils passent par des moments difficiles. La guerre entre la Hollande et l'Angleterre menace de jeter sur la Nouvelle-Hollande les troupes des colonies anglaises qui l'entourent. Stuyvesant négocie avec elles, il remporte un véritable succès, mais il vit dans

une continuelle appréhension. Cette guerre se termine en avril 1654. La nouvelle à peine arrivée en Amérique, les Indiens de l'Hudson se soulèveront de
nouveau à l'automne de 1654 et recommenceront leurs massacres et leurs
pillages.

Chapitre 56

1655

Les Agniers repartent en guerre contre les Français, les Algonquins et les Hurons.

Malgré les déclarations du Bâtard Flamand, la guerre des Agniers débute à l'automne de 1654. Elle est dirigée contre les Français mais aussi contre les Algonquins et les Hurons. Cette guerre est restée mystérieuse et floue, car il n'y a presque aucun document la concernant. La partie du *Journal des Jésuites* qui couvre cette année-là est perdue. La *Relation* de l'année 1655 a été dérobée en France au messager qui la transportait de La Rochelle à Paris. Deux simples lettres la remplacent.

Après l'attentat contre la flottille onnontaguée, les Français, d'après l'opinion qu'ils se font de la perfidie iroquoise, craignent le pire et ils se préparent en conséquence. Le 12 septembre, le gouverneur général ordonne d'abattre les arbres qui peuvent servir de couvert aux Iroquois sur les îles des Trois-Rivières ; cette tâche doit être terminée avant l'hiver. Deux jours plus tard, il enjoint tous les Français de se tenir sur leur garde et d'être toujours « armés d'armes à feu », soit en allant travailler ou ailleurs, de toujours se déplacer avec un mousquet, de la poudre et du plomb.

Puis les hostilités commencent. Il est à peu près impossible de classer les événements par ordre chronologique, ou d'en faire le récit précis, car bien des maillons manquent. On peut supposer que la guerre a débuté dans la région des Trois-Rivières. Le 23 novembre, un combat assez important s'est probablement déroulé à cet endroit. Le registre paroissial indique qu'eurent lieu ce jour-là, les funérailles de Jean Languteau, âgé de trente-quatre ans, qui vient d'être tué par les Iroquois ; le 30, Louis Lebêcheur meurt à 26 ans, il a été blessé le 23 ; le 26, le soldat Larouche, blessé, a fait son testament. Le 9 décembre meurt Mathieu Lebat, à l'âge de cinquante ans. Un individu du nom de La Perle est capturé pendant cette période et il ne sera libéré que l'année suivante.

Le combat des Trois-Rivières

À Québec, on voit aussi apparaître l'ennemi. Le 28 novembre 1654, Pierre Delaunnay, de Fresnoy-Le-Boame, dans le Maine, est tué par les Iroquois.

Les registres révèlent qu'à Montréal, le 12 octobre 1654, les missionnaires ont inhumé un individu du nom d'Yves Batar, transpercé d'une balle iroquoise.

Maisonneuve crée aussi en 1654 une milice pour la protection des travailleurs.

Dollier de Casson fournit d'abondants détails, mais sans les dater. Il parle toujours des Iroquois au lieu de parler des seuls Agniers, ce qui rend confus les principaux événements. « Cet automne, dit-il, entre plusieurs combats qui se rendirent ici il y en a un qui fait connaître que les Iroquois sont bien adroits à surprendre et qu'il faut bien être sur ses gardes pour n'en être point attrapé... » Et il raconte l'aventure suivante : un parti d'Agniers atteint les défrichés, se dissimule derrière des souches pour surprendre les colons. Ceux-ci arrivent en effet et placent une sentinelle là où ils craignent de voir surgir l'ennemi. L'homme grimpe sur une souche et il tourne sur lui-même pour surveiller tous les points de l'horizon. Un Agnier était à quelques pas de lui ; chaque fois que la sentinelle regardait ailleurs, il se rapprochait un peu plus : « ...Enfin le renard vint si près du mal perché que, tout d'un coup sautant sur lui, il le prit par les jambes... soudain il le chargea sur ses épaules et s'enfuit avec ce fardeau tout de même qu'un voleur emporterait un mouton ; il est vrai que ce prisonnier criait plus haut et se débattait d'une autre manière. » Toute résistance étant inutile, il se laisse emporter, sans regimber davantage, en pays ennemi « où il fut bientôt payé de son peu de précaution à découvrir ». Bien surpris en voyant les Iroquois se sauver avec leur sentinelle, les colons se précipitent à son secours, mais se heurtent bientôt au parti agnier qui semble nombreux et leur barre la route ; ils sont rapidement encerclés et le major Closse doit les dégager.

Les Agniers s'en prennent aux Montréalistes.

Le sieur La Barrique, comme l'appelle Dollier de Casson, commande le parti agnier, et c'est ici le début de ses aventures. En arrivant sur les lieux du combat, Closse aperçoit cet Agnier d'une corpulence insolite, monté sur une souche et encourageant ses guerriers. Il commande alors « à un fort bon tireur qu'il avait auprès de lui de percer au plus tôt ce tonneau d'un coup de fusil, afin qu'en ayant tiré le jus les ennemis ne s'en pussent davantage prévaloir et fortifier ». Le Français se glisse habilement vers ce capitaine jusqu'à « la portée raisonnable de son fusil » et, après avoir visé, il tire « si droit et si rudement, que La Barrique en tomba par terre et commença à ruisseler de toutes parts, à cause que le fusil était chargé de gros plomb et qu'il le reçut quasi tout dans son corps. Les ennemis furent si découragés par la chute de cet homme qu'ils croyaient mort, qu'ils s'enfuirent aussitôt et nous laissèrent les maîtres du champ... » Le sieur La Barrique est gravement blessé ; transporté à l'hôpital, il est soigné avec tant de dévouement que « sa cruauté se changea totalement par la douceur qu'on lui fit paraître en le guérissant autant qu'il se pouvait ». Il restera estropié, sans que la faute puisse en être attribuée à ceux qui le soignèrent. « C'est aussi pourquoi il a été réellement gagné par cette humanité que depuis il a pris toujours nos intérêts fort à cœur... »

Le sieur La Barrique, chef agnier

La Barrique devient l'ami des Français.

La Barrique est un grand personnage. Ses amis, le croyant mort, organisent un parti pour le venger et son propre frère se met à la tête de l'expédition. Le poste de Montréal est rapidement atteint. Les attaques pleuvent. Un jour, les Montréalistes doivent même en repousser quatre. Ils s'avisent alors de transporter La Barrique sur les lieux et, comme dans les combats homériques, un dialogue s'engage à tue-tête entre celui-ci et son frère : « Est-ce toi, mon frère ? Es-tu encore en vie ? » Et La Barrique de répondre : « Oui, et tu veux tuer mes meilleurs amis. » À ces mots, le frère vint à lui doux comme un agneau et promit de ne nous jamais faire la guerre ; il dit qu'il allait promptement chercher tous les prisonniers français qu'il y avait dans leur pays, qu'il allait travailler à la paix pour revenir dans un certain temps : « Tout ce qu'il promit il le garda... »

Les deux frères sont donc acquis à la France. Celui qui commande le parti retourne dans son pays pour inciter ses compatriotes à embrasser la paix et à rendre les prisonniers français. Mais il n'est pas assez rapide et ne peut empêcher d'autres incidents comme la catastrophe de l'île aux Oies.

Charles Huault de Montmagny, gouverneur de la Nouvelle-France de 1636 à 1648

Celle-ci se produit au printemps de 1655. Montmagny avait été autrefois propriétaire de cette île, située en aval de l'île d'Orléans. Il y avait fait exécuter des travaux et s'y rendait parfois. Plus tard, Jean-Baptiste Moyen, sieur Des Granges, en était devenu propriétaire et s'y était établi avec sa famille. Et c'est là que se rend un parti agnier : « Ils ont pénétré, dit Marie de l'Incarnation, jusque dans les lieux où on ne les attendait pas... ; mais ils y ont été conduits par des renégats qui en savaient le secret. » M. Moyen était un honnête bourgeois de Paris ; alors que leurs gens étaient à l'écart, sa femme et lui-même sont massacrés. Un peu plus loin, quatre serviteurs de M. Denis, bourgeois de Tours, sont aussi tués. Un individu du nom de Macar sera également massacré. Deux demoiselles Moyen, âgées de six et quatorze ans, sont capturées.

Le massacre de l'île aux Oies

CHAPITRE 57

1655

Dollier de Casson raconte qu'une partie de ces guerriers agniers retournent en leur pays avec les prisonnières et que les autres viennent à Montréal « où ils firent plusieurs attaques et entrèrent en plusieurs pourparlers avec le sieur de la Barrique que l'on portait toujours sur les lieux afin de leur parler... ». Mais ce dernier ne peut faire entendre raison à « ces animaux féroces ». Ils tentent d'exécuter des attaques-surprises, dressent des embuscades ; le 31 mai, ils réussissent à tuer Julien Dubignon. Les gens de Montréal et des Trois-Rivières se défendent si bien que les Agniers disent d'eux : « Ce sont des démons. »

Dobignon (Dubignon) était de la dernière recrue, indique le père Dollier. Il fut tué le 31 mai 1655.

Algonquins et Hurons portent aussi le faix de la guerre. Les Agniers, par exemple, capturent une famille algonquine. Toutefois, ils n'attachent solidement que le mari qui excite le courage de sa femme. Épiant une occasion favorable, celle-ci se saisit d'une hache, assomme le capitaine du groupe, décapite un autre guerrier et oblige les autres à fuir. « Les Algonquins, dit Marie de l'Incarnation, ont fait plusieurs bons coups semblables, étant envenimés au dernier point contre les Iroquois, et avec raison... » ; et « dans les courses qu'ils ont faites, ils ont pris plusieurs barbares de considération. Ils en ont brûlé ici quatre tout vifs avec des tourments horribles... Ces quatre patients dont je viens de parler se sont convertis à la foi et ont été baptisés avant leur mort. » La *Relation* de 1657 parlera de cinq Agniers brûlés après avoir été capturés par des Algonquins et des Hurons ; ils connaissaient les mystères de la foi pour avoir entendu les Hurons prisonniers en parler.

Les Hurons ne montrent pas moins de violence : l'attaque brusque des Agniers, nonobstant le traité de paix, les a indignés ; ils les « ont aussi attaqués, et se sont furieusement battus ». Marie de l'Incarnation parle aussi du « grand nombre de gens qu'ils ont perdus dans tous ces démêlés ». Mais elle procède par grandes fresques, elle ne fournit ni le détail ni le fil conducteur de ces événements et de ces combats. Elle indique rapidement les conséquences économiques : « On a eu toutes les peines imaginables à faire les semences... chacun si effrayé, surtout de ce qui est arrivé à M. Moyen, que l'on n'avait ni vigueur, ni courage. »

Au printemps, les Agniers tournent autour de Sillery. Le 29 mai 1655, sept ou huit d'entre eux sont aux aguets. Ils aperçoivent soudain dans les champs le frère Liégeois qui « s'occupait utilement et courageusement au service des missionnaires et de leurs Neophytes, dans des temps fort dangereux ». Ils l'entourent furtivement, puis « lui percèrent le cœur d'un coup de fusil, et

Néophytes = païens qui avaient embrassé depuis peu le christianisme.

*Jean Liégeois
(1600-1655)
exerçait divers
métiers de la
construction pour
les Jésuites.*

l'étendirent mort à leurs pieds : l'un d'eux lui enleva la chevelure et l'autre lui coupa la tête, qu'il laissa sur la place ». D'après une autre version, le frère entend des bruits, soupçonne qu'il y a des ennemis dans la forêt, s'y rend et est tué. Les Algonquins ne trouvent son corps que le lendemain ; ils l'apportent à Sillery. Les funérailles ont lieu à Québec. Ce frère était au Canada depuis plusieurs années, il avait travaillé à la construction de la résidence des Jésuites à Québec et à celle de la résidence et de la chapelle des Jésuites aux Trois-Rivières. À Sillery, il dirigeait les Algonquins dans « la construction d'un nouveau fort, qu'ils faisaient dans les champs. C'est où il trouva la récompense de ses travaux », c'est-à-dire une mort précieuse, tandis qu'il « travaillait à garantir nos néophytes des insultes de l'Iroquois ».

*Louis le Boesme =
personnage
inconnu*

Pendant un temps, on croit que le frère Louis le Boesme a lui aussi été victime des Agniers. La *Relation* de 1656 mettra les choses au point. Le frère voyageait probablement avec des Algonquins ou des Hurons : « L'Iroquois Agnier... s'était caché à l'abri d'une pointe, pour les surprendre au passage ; mais il fut trompé pour ce coup : car nos gens redoublant leur courage, firent jouer si fortement et si adroitement leurs avirons, qu'ils passèrent promptement à la faveur de la nuit, sans être aperçus, et arrivèrent sains et saufs au bourg des Trois-Rivières. »

C'est à Montréal que la guerre des Agniers trouve son épilogue.

*Charles Le Moyne
de Longueuil et de
Châteauguay
(1626-1685)*

Après avoir massacré Dubignon, les Agniers traversent le fleuve. Plus tard, ils envoient des parlementaires mais qui se font passer pour des Iroquois des tribus supérieures. Charles Le Moyne perce leur stratagème : « Voilà des gens, dit-il à Maisonneuve, qui ont fait un tel coup à l'île aux Oies qui ont tué Daubigeonx [Dubignon ?] et qui veulent encore nous trahir, il faut les prendre, car ce sont des fourbes et des menteurs... ». Maisonneuve leur fait dire de revenir le lendemain. Les Agniers disparaissent ; le lendemain, deux d'entre eux paraissent dans un canot « avec un petit anglais au milieu ». Ils se tiennent hors de la portée des mousquets. Charles Le Moyne persuade Maisonneuve de l'envoyer, lui tout seul « dans un petit canot de bois, avec deux pistolets cachés au fond ». Sans se défier de cet homme seul, les Agniers le laissent aborder sur la batture où ils se tiennent. Et bientôt ils se trouvent en face de pistolets auxquels ils n'avaient pas pensé ; des soldats se sont en même temps glissés le long du rivage, jusqu'à eux, de sorte qu'ils sont vite maîtrisés et ligotés.

*Le sieur
de La Plume*

C'est alors que paraît un autre Agnier fameux, le sieur de La Plume ; il a la menace à la bouche : « ...Il se vengerait si on ne lui rendait pas ses gens... » Les Français lui répondent d'un ton goguenard : « ...On lui dit que ses gens étaient bien et qu'il les pouvait venir voir... » C'est alors que La Plume enrage vraiment : il viendrait d'une autre manière et les Français se repentiraient. Puis il retourne sur la rive sud. Les Français s'avisent d'attaquer La Plume dans son repaire : ils obtiennent la permission de Maisonneuve. Pendant leurs préparatifs, un Iroquois les prie de renoncer à leur attaque : il ira parler à ses compatriotes le lendemain. Les Montréalistes ont confiance en cet Agnier ; le lendemain, celui-ci traverse le fleuve pour « tout pacifier et avoir tous les esclaves français » comme le souhaitaient les Montréalistes. La Plume est intraitable et l'Agnier revient bredouille. Peu après, les guerriers s'en viennent sur la rive gauche en plein midi, « à notre barbe », dit Dollier de Casson, afin d'escarmoucher un peu. Maisonneuve commande à Lambert Closse de les attaquer à leur arrivée au rivage même. L'opération s'effectue avec tant de célérité, d'alacrité, de ruse et de secret, que les soldats « leur mirent le fusil dans le ventre auparavant qu'ils [les ennemis] les eussent aperçus... ». Et alors, comble d'ironie, voilà le sieur La Plume prisonnier de Charles Le Moyne sans avoir pu tirer un coup. Et son parti se disperse. « Ces barbares voyant qu'on leur avait ôté la meilleure plume de leur aile », dit avec ironie Dollier de Casson, perdent bien vite leur arrogance et viennent humblement demander la paix. L'Agnier, qui s'est déjà vainement entremis auprès de ses compatriotes, parle maintenant au nom de sa nation. On s'entend vite.

Lambert Closse protège Montréal.

La capture de La Plume

Un troisième capitaine non moins célèbre, La Grand'Armée, arrive alors à Montréal avec un parti de choix, composé des hommes les plus lestes et les plus habiles de son pays. L'Agnier conciliant s'offre à se rendre au-devant de ce foudre de guerre ; lorsque, dit-il, ce chef connaîtra les noms des capitaines prisonniers à Montréal, il renoncera à ses projets. Parti aussitôt, il l'atteint vite. « Vous allez en guerre, lui dit-il, et vous ne savez pas que tels et tels de nos capitaines sont captifs au Montréal et que faisant quelque coup vous allez les faire tuer par les Français. » La Grand'Armée réfléchit rapidement et, changeant d'idée, se résout à demander la paix : « ...Cet avis lui fit faire un beau et grand pavillon blanc qu'il fit mettre au derrière de son canot... » Et tout fier, il passe en plein jour devant le poste et débarque un peu au-dessus de la place. Il demande à voir les prisonniers : on lui en montre six. Il propose de négocier à condition qu'on les libère, ce qui est accordé tout de suite, mais à condition que les Agniers libèrent leurs prisonniers français, soit les deux fillettes Moyen capturées à l'île aux Oies, M. de Saint-Michel et Trottier, puis le dénommé La Perle des Trois-Rivières et d'autres aussi. Accordé également. La Grand'Armée convient de revenir de son pays dans un délai fixé. Il tient sa promesse. Le jour dit, on voit tous ces gens arriver à Montréal ; les Agniers « mirent nos prisonniers en liberté sur la grève, sans demander les leurs, afin de témoigner par cette confiance que c'était avec sincérité qu'ils recherchaient l'alliance des Français. On leur rendit néanmoins tous leurs gens, afin de les gagner encore davantage. »

Le capitaine La Grand'Armée ou La Grande Armée

Un échange de prisonniers à Montréal

Sous la plume de Dollier de Casson, la guerre des Agniers se termine en conte drôlatique. Mais la remise des prisonniers, ou plutôt l'échange des prisonniers, donne lieu à de sérieuses négociations. Les Français font des concessions importantes. Avant de les indiquer, il est bon de se souvenir de certains faits. Jusqu'à la date présente, ce sont les Agniers presque exclusivement qui ont conduit la guerre contre la Nouvelle-France ; les Onneyouts ont paru dans le combat contre le gouverneur des Trois-Rivières, Du Plessis-Kerbodot, et peut-être en une ou deux autres occasions ; les quatre tribus supérieures se sont abstenues presque complètement. Aussi la guerre des Agniers qui vient de durer une dizaine de mois ne diffère pas substantiellement des autres guerres, sauf par le fait que les autres tribus sont officiellement en paix avec la Nouvelle-France. Le nombre des Agniers en état de porter les armes en 1655 égale probablement encore à lui seul le chiffre total des habitants de la colonie ; c'est dire que cette seule tribu constitue un danger redoutable. Enfin, depuis quelques mois, les Français ont des projets qui peuvent modifier totalement la situation en rattachant les Senèkes à la France.

Les Agniers veulent la paix avec les Français, et non avec les Algonquins et les Hurons.

C'est ce qui explique sans doute les concessions que les Agniers obtiennent pour déposer les armes. Dès le début, ils « déclarent donc qu'ils veulent la paix, mais avec cette restriction qu'ils ne la veulent qu'avec les Français, et non avec les Hurons et les Algonquins ». L'ancienne politique iroquoise n'a pas changé : elle exige toujours que la Nouvelle-France lui abandonne ses alliés indiens. Ils « n'ont jamais voulu de paix avec nos Alliés » si ce n'est quand ils y sont forcés. Et le gouverneur général, M. de Lauson, cède comme l'a fait M. de Montmagny en 1645. Mais au lieu de sacrifier les Algonquins non chrétiens, comme le premier, il sacrifie les Algonquins et les Hurons, de quelque religion qu'ils soient, qui s'aventureront au-dessus des Trois-Rivières. Voici dans quels termes s'exprime cet arrangement : les Agniers ont promis « qu'ils n'attaqueraient jamais plus les Français, mais qu'ils continueraient la guerre contre les Algonquins et les Hurons, et qu'ils en massacreraient autant qu'ils en pourraient rencontrer au-dessus de la Bourgade Française, nommée des Trois-Rivières ; mais aussi qu'ils ne paraîtraient jamais en armes au-dessous ». Marie de l'Incarnation confirme cet accord : « ...Ils garderaient la paix avec eux jusqu'à de certaines limites, hors lesquelles il leur serait libre d'exercer leurs hostilités comme auparavant. » Quelques semaines plus tard, elle dit encore en parlant du même traité : « Cela a été accordé et s'observe. » Naturellement, cette convention ouvre la porte à des difficultés, à une guerre nouvelle, tout comme celle de 1645. Marie de l'Incarnation exprime franchement son avis : cette paix ne lui donne aucune certitude ; elle redoute l'avenir. Les Indiens sacrifiés par le traité sont presque tous devenus catholiques. Les Français se croiront obligés de les défendre, quoi qu'il arrive, et un jour ils seront impliqués dans de nouvelles hostilités.

Le gouverneur sacrifie les Algonquins et les Hurons qui s'aventurent au-dessus des Trois-Rivières.

Le désaccord de Marie de l'Incarnation

Mission de Simon Le Moyne (1604-1665) (le nouvel Ondessonk) en Iroquoisie

Naturellement, les Agniers ont fait quelques concessions : leurs partis de guerre ne remonteront pas au-dessus des Trois-Rivières. Ondessonk se rendra sans délai dans leur pays avec l'idée d'établir des relations plus stables, et par lui, les Jésuites espèrent établir là, maintenant, une mission. Les Agniers apportent de nouveau des lettres des Hollandais « qui témoignaient que c'était sans feintise qu'ils nous recherchaient de paix. Et enfin un Français natif des Trois-Rivières, mais qui s'était établi parmi eux, les accompagnait et assurait qu'ils parlaient avec sincérité. » Et Marie de l'Incarnation écrira : « ...Ces sauvages néanmoins ont persisté à demander un missionnaire. »

Voilà pour les aspects officiels de l'affaire. Quant au fond des choses, il semble tout à fait autre. La paix de 1653 et celle de 1655 avec les Agniers, semble manquer de sincérité et de cordialité. Ces Iroquois paraissent s'y résigner de mauvais cœur, les deux fois, parce qu'ils sont isolés, que les quatre autres tribus se séparent d'eux. Ils s'engagent là-dedans à leur corps défendant. Ils s'aperçoivent qu'ils doivent carguer de la voile pendant une certaine période. Les Onnontagués, plus souples, ne leur reprochent-ils pas de ne pas consentir à une paix universelle ? « ...Et après leur avoir reproché leur perfidie, ils ont protesté hautement qu'ils ne voulaient plus de guerre, ni avec les Français, ni avec les Algonquins, ni avec les Hurons. » Il est vrai que plusieurs prétendent que les Iroquois supérieurs, et surtout les rusés Onnontagués, étant en guerre contre les Ériés, « ne veulent pas avoir tout à la fois tant d'ennemis sur les bras ». Mais au fond, ces tribus aussi « sont rebutées de l'insolence des Iroquois Agniers », et « la facilité du commerce avec les Français leur est plus douce que les chemins fâcheux qu'ils ont pris jusques à maintenant, passant par le pays des Agniers pour aller trouver les Hollandais... ». Enfin, est-ce un mot trop fort que de dire que les Agniers sont contraints à cette paix par les circonstances et qu'en conséquence elle sera d'une extrême fragilité ?

Les Agniers contraints à la paix ?

En même temps, la guerre des Agniers a marqué très nettement leur isolement et le peu de cohésion des tribus iroquoises a retardé les projets en cours. En 1654-1655, Ondessonk a hiverné à Montréal plutôt qu'à Onnontaé. Jésuites et Français ne sont pas partis au printemps de 1655, comme ils l'avaient projeté, les uns pour fonder leurs missions, les autres, pour fonder un poste. Cette guerre rend chacun songeur. En voyant avec quelle rapidité une tribu iroquoise vient de rompre un traité de paix, les uns et les autres se demandent si à l'occasion les quatre autres n'en feront pas autant. La prudence remplace l'enthousiasme. On parle de nouveau de « perfidie iroquoise », tout comme si les autres tribus indiennes de ce coin de l'Amérique n'avaient pas agi, et n'agissaient pas de la même façon. En réalité, on ne pénétrait pas jusqu'au fond commun de l'être humain, soit cette immense liberté laissée aux individus et qui leur permet de briser impunément tout accord international. On ne descendait pas plus profond encore, jusqu'à cette nature humaine peu stable, peu consistante et peu loyale, qui, dans les nations même modernes, bien policées, à des époques soi-disant éclairées, n'aura jamais que bien peu de respect pour les accords internationaux, les brisera brutalement par des attaques brusquées et soudaines, les déchirera en lambeaux à la moindre provocation. Dans l'histoire, l'homme à quelque période qu'il existe, dans quelque partie du monde qu'il habite, est en vérité un être bien curieux.

CHAPITRE 58

1655

Une fois la paix conclue, les missionnaires se mettent tout de suite en route pour l'Iroquoisie. Qui choisira-t-on pour se rendre chez les Agniers, si ce n'est Ondessonk, toujours prêt pour les besognes dangereuses ? Les Jésuites le désignent. Il a l'expérience des affaires iroquoises, il se tirera bien d'affaire. Il quitte Montréal le 17 août 1655. Douze Agniers et deux Français l'accompagnent. Le récit de son voyage ne sera pas vivant, animé, coloré, plein de feu, de chaleur et d'espérance comme celui de son aventure à Onnontaé ; il demeurera morne, terne et gris.

Quel chemin suit-il ? Le Richelieu, le lac Champlain, c'est-à-dire la route habituelle, ou le Saint-Laurent et une rivière qui vient s'y jeter au-dessus de Montréal ? On ne sait. Le voyage prend exactement un mois. Le groupe arrive le 17 septembre dans la bourgade où se tiennent d'ordinaire les grands conseils. Ondessonk reçoit aussitôt les présents habituels qui chasseront la crainte de son cœur, laveront ses pieds fatigués par le long voyage et réconforteront son courage.

Échange de présents

Le lendemain 18 septembre, la population se rassemble sur la place publique. Ondessonk montre les présents qu'il apporte de la part du gouverneur du Canada. Il harangue à l'indienne en prenant d'abord Dieu à témoin de la sincérité de ses sentiments. Chaque présent est accompagné d'un discours. Un capitaine agnier lui répond en offrant lui aussi de très riches présents de grains de nacre. Le premier prend la forme d'un soleil. Nous ne possédons aucun détail sur les propositions qui accompagnent chaque collier. Les *Relations* ajoutent immédiatement les phrases suivantes après le bref récit : « Ces nations ne sont composées que de fourbes, et toutefois il faut se confier à leur inconstance et s'abandonner à leur cruauté. Le père Isaac Jogues fut assommé de ces perfidies, lorsqu'ils lui témoignaient plus d'amour. Mais... nous ne devons pas craindre d'abandonner nos vies en semblables rencontres... »

Le père Le Moyne rencontre les Hollandais.

Cependant la rencontre des 17 et 18 septembre se serait passée « dans des agréments réciproques... ». Le père Simon Le Moyne se rend ensuite à Fort Orange. Les Hollandais le reçoivent avec bienveillance. Ils vivent dans l'inquiétude de leur propre guerre avec les Indiens habitant sur leurs territoires. En son voyage de retour, Ondessonk court un danger grave : un Agnier furieux s'en prend à lui ; ses compatriotes réussissent à le calmer : « Il faut parmi ces peuples être toujours en crainte... » tout en s'abandonnant à la providence.

Ondessonk est encore témoin d'un acte sanglant qui donne à réfléchir : « Un chrétien huron, captif des Iroquois depuis un an, n'en fut pas quitte de la seule peur. On lui fendit la tête, sans autre forme de procès, sous un simple soupçon qu'il avait déclaré au Père quelques desseins qu'ils voulaient lui tenir cachés. »

Ondessonk se met en route pour le retour avec les deux Français qui l'accompagnent et trois Agniers. L'automne est avancé. Le voyage est pénible. Il semble que les voyageurs suivent une route forestière qui conduit directement à Montréal. Ils rencontrent un parti d'Agniers auquel les Algonquins du Canada auraient capturé trois personnes. Les trois Agniers de l'escorte du missionnaire redoutent, eux aussi, les Algonquins qui ont poursuivi ce parti. Ils obligent les Français à abandonner leurs canots et presque tout leur bagage. Ils s'enfoncent avec eux dans une sapinière épaisse et enchevêtrée, parsemée de mares d'eau glacée. Les voyageurs s'égarent. Le 9 novembre, ils doivent passer la nuit autour d'un arbre, juchés sur les racines, au milieu d'un marécage. Puis viennent des terres mouvantes dans lesquelles on enfonce jusqu'aux genoux. Les voyageurs improvisent un radeau pour traverser une rivière qui a débordé. Ils n'ont plus de vivres. Les Agniers grimpent de temps à autre dans les arbres les plus hauts, ils se reconnaissent bientôt. Le petit groupe est dans les alentours de Montréal, sur la rive sud, où il vient de patauger quatre jours. Ils se rendent sur la rive du fleuve, qui est la frontière entre leur pays et la Nouvelle-France, ils allument un feu vif, ils tirent des coups de feu. Des Français du poste viennent les conduire « en canot au lieu d'où ils étaient partis depuis près de trois mois ».

Pénible voyage de retour du père Le Moyne

Chapitre 59

1656

En partant de Montréal le 17 août 1655 pour son voyage au pays des Agniers, Ondessonk avait rencontré dix-huit Onnontagués, formant une ambassade qui venait en Nouvelle-France. Les Agniers qui l'accompagnaient avaient raconté aux Onnontagués qu'ils venaient de faire la paix et mentionné à quelles conditions. Ces derniers avaient répliqué que, pour leur part, ils désiraient une paix complète, générale, sans la restriction posée par leurs compatriotes.

Les Onnontagués viennent à Québec pour faire la paix.

Cette délégation arrive à Québec entre le 20 et le 25 août. Un grand conseil a lieu le dimanche 12 septembre, vers midi. « Le tout s'est passé à Québec avec beaucoup de magnificence en présence de cinq à six cents Français et de tous les Sauvages de ces contrées... », écrit Marie de l'Incarnation. Le gouverneur est présent. Les Onnontagués n'offrent pas moins de vingt-quatre présents ou « colliers de porcelaine, qui, aux yeux des Sauvages, sont les perles et les diamants de ce pays ».

La politique des Onnontagués envers les Hurons et les Algonquins présente, à cette époque, un contraste marqué avec celle des Agniers. Et, pour le souligner sans doute, ils offrent leurs huit premiers cadeaux à ces deux nations dont les chefs sont présents, ils effacent les larmes qu'a fait couler la guerre des Agniers, ils lavent le sang qui a coulé par les rivières, par les montagnes et qui crie vengeance. Ils désirent « couper le mal jusques à sa racine », en extirpant les pensées de guerre et en favorisant le triomphe de la raison. Ils expulsent l'amertume du cœur, ouvrent « les oreilles aux paroles de la vérité et aux promesses d'une vraie paix, sachant bien que la passion rend sourds et aveugles, ceux qui s'y laissent emporter... ». Ils assurent que « les quatre nations iroquoises d'en haut étaient dans les sentiments de la paix... ». Il importe ici de citer les paroles qui accompagnent le huitième présent : « il n'y a que l'Iroquois d'en bas, Agnier, qui ne peut arrêter son naturel guerrier. Son esprit est toujours en fougue, et ses mains se nourrissent de sang. Nous lui ôterons la hache d'armes de la main ; nous réprimerons sa fureur, car il faut que la Paix règne partout en ce pays. » Ces phrases apportent une preuve de plus à l'effet que l'unité iroquoise, à ce moment précis, est dissoute.

Quant aux présents offerts aux Français eux-mêmes, ils visent en substance à rétablir tous les projets suspendus par la guerre des Agniers. Après avoir adouci les deuils causés par la dernière guerre, les Onnontagués invitent le gouverneur « à envoyer une escouade de Français en leur pays » afin, disent-ils, de « ne faire qu'un peuple avec nous, et affermir une alliance semblable à celle que nous contractâmes autrefois avec la Nation des Hurons, nous y étant habitués ». Le quatorzième présent était destiné aux Jésuites : les Onnontagués demandaient « des Pères de nôtre Compagnie qui enseigneraient leurs enfants, et en feraient un peuple tout chrétien ». Enfin, comme la guerre contre les Ériés n'a pas pris fin, les Onnontagués sont si effrayés par les Nations supérieures qu'ils désirent « des soldats Français, qui défendraient leurs bourgades contre l'irruption de la Nation du Chat, avec lesquels ils sont en grande guerre ». Ils ont besoin de munitions et d'armes pour combattre ces ennemis et ils espèrent les obtenir en Nouvelle-France.

Les Onnontagués veulent l'appui des Français contre la Nation du Chat (ou les Ériés), établie à l'ouest des Tsonnontouans et à l'est du lac Érié (de la famille huronne-iroquoise).

Enfin, les Onnontagués offrent dans leur pays un emplacement pour construire une résidence semblable à celle qui était autrefois en Huronie, c'est-à-dire une Sainte-Marie nouvelle. En face de cette résidence, ils érigeront le mai au pied duquel se négocieront les traités, se discuteront les questions de paix et de guerre. Ils prient le gouverneur d'étendre sur eux sa protection, l'assurant « que les quatre nations iroquoises d'en haut n'étaient qu'un cœur, et n'avaient plus qu'une pensée dans un désir sincère de la Paix ».

Ainsi parlent les diplomates onnontagués dont la grande souplesse fait contraste avec la raideur des Agniers. Comme dans les délibérations précédentes se marque nettement l'appréhension d'une défaite aux mains de la Nation du Chat. À les écouter attentivement, on devine bien que le conflit n'est pas terminé, qu'il bat même son plein et qu'il recèle des dangers d'autant plus grands que les Senèkes, en mauvais termes avec les Agniers, ne peuvent se procurer des armes à Fort Orange. Les ambassadeurs ne parlent pas de la colonie huronne de l'île d'Orléans, cependant leurs desseins se marquent peut-être dans l'exagération même de leurs sentiments d'amitié pour la foi catholique. Ils se montrent presque convertis pour qu'un jour l'affaire des Hurons se dénoue toute seule. À distance, il semble que toutes leurs paroles en cette matière ont dépassé leur pensée ; ils ne pouvaient être disposés à ce point à embrasser la foi catholique. Toutefois, les contemporains ont accepté leurs affirmations. Voici, par exemple, le témoignage de Marie de l'Incarnation : « L'une des principales circonstances de cette paix, est que ces peuples ont déclaré qu'ils voulaient se faire chrétiens, et que les Français allassent s'établir en leur pays ; c'est-à-dire qu'on y fit des missions et que l'on y bâtit une maison fixe pour les révérends Pères, comme on leur en avait fait faire une aux Hurons, et enfin qu'on leur donnât dès à présent cinquante Français pour jeter les fondements d'une bonne alliance. »

Alors, l'ancien débat recommence. Acceptera-t-on ou n'acceptera-t-on pas ces offres ? L'ancienne défiance se réveille : le but de ces négociations n'est-il pas d'endormir les Français dans un sentiment de sécurité jusqu'au jour où les Iroquois réunis lanceront une attaque brusque ? En attirant des Français dans leur pays, les Onnontagués n'ont-ils pas le projet de se procurer des otages pour empêcher ensuite la Nouvelle-France d'exécuter les Iroquois qui tomberont entre leurs mains ? À cette époque, la Nouvelle-France connaît

Les négociations ne seraient-elles qu'une ruse ?

Jean de Lamberville, missionnaire jésuite (1633-1714)

Joseph-Antoine Le Febvre de La Barre, gouverneur général de la Nouvelle-France de 1682 à 1685

Jacques-René de Brisay de Denonville, gouverneur général de la Nouvelle-France de 1685 à 1689

très mal ces ennemis lointains. Elle ignore la plupart du temps les motifs de leurs décisions, pourquoi ils déclarent la guerre et pourquoi ils font la paix. Les deux peuples ne sont pratiquement venus en contact que dans les combats militaires. L'éloignement, la différence de langue, des mentalités qui n'ont rien en commun, l'ignorance des événements quotidiens qui inspirent les décisions, laissent l'esprit dans le vague, dans le vide. Personne ne connaît encore les intrigues qui se jouent en Iroquoisie, les grands mouvements de passion, les facteurs fondamentaux, économiques ou politiques. Plus tard, le père de Lamberville, l'aîné, par exemple, saura renseigner exactement Frontenac, La Barre, Denonville.

Mais en 1655 personne n'a de données précises, personne ne peut se prononcer sûrement sur le degré de sincérité des tribus, sur la crainte que les tribus supérieures semblent éprouver à l'endroit des Ériés. Et cette pauvreté de renseignements laisse pour ainsi dire un vide qui se remplit de craintes exagérées, de méfiance. Les décisions qui se prendront ne peuvent l'être qu'au petit bonheur. La politique envers l'Iroquoisie devient comme un jeu de hasard. Elle pourra difficilement avoir la justesse qu'il faudrait. Elle ne sera pas fondée sur des renseignements précis, détaillés, sûrs.

Cette ignorance est malheureuse en 1655, alors qu'une belle occasion, la plus belle occasion depuis 1603, se présente de nouer des relations amicales avec l'Iroquoisie, et peut-être d'en attirer les trois quarts à la Nouvelle-France.

Les Français ne peuvent qu'accepter les plans des Onnontagués.

L'attitude qui domine alors est la suivante : opposer un refus aux Onnontagués, c'est compromettre la paix. La paix, tous les Français y tiennent parce que la guerre, c'est l'extinction prochaine ou probable de la Nouvelle-France. Il faut se prêter alors aux plans des Senèkes. « ...Le sentiment de Monsieur Nôtre gouverneur fut qu'il fallait tout hasarder pour tout gagner, étant à craindre que si nous perdions cette occasion, ce ne fut une rupture de la Paix, témoignant trop nos défiances. » Et vraiment, comment refuser d'explorer cette voie d'amitié, de consolation, d'apostolat ? Il ne restait que cette solution : mettre tout son art à pratiquer une politique de paix, de rapprochement. Il n'est pas sûr que durant tout le premier siècle de notre histoire, il y eut jamais une autre politique possible envers l'Iroquoisie.

Enfin, le gouverneur accepte les plans. Des missionnaires partiront tout de suite à l'automne de 1655, puis cinquante Français les suivront au printemps de l'année 1656. Missionnaires et laïques, c'est-à-dire notables, s'entendent dans cette décision.

La capitainesse Teotanharason ?

Premiers baptêmes d'Onnontagués

Pendant ces délibérations de 1655, les Français s'attachent à gagner les Onnontagués. Ceux-ci, « comme aussi une capitainesse avec sa compagnie », visitent le monastère des Ursulines. Les fillettes indiennes chantent, haranguent, récitent, demandent des petites sœurs iroquoises. Trois Onnontagués se prêtent même à l'enseignement religieux qui leur est offert et ils reçoivent le baptême : « Ce sont les premiers du christianisme des Tsonnontouans et des

Onnontagués. » Marie de l'Incarnation enverra une robe à la fille de la capitainesse. Dans son ardeur, elle s'écrie : « Ah, qu'il nous tarde que nous voyions une troupe Iroquoise en nôtre séminaire. » Elle désire aussi ces fillettes pour que leur présence à Québec protège les missionnaires en Iroquoisie : « Il est important que nous en ayons pour servir d'otages, à cause des révérends Pères qui sont à leur pays. » Ces ambassadeurs sont venus avec un groupe de visiteurs et de visiteuses ; quelques-uns ne quitteront pas Québec tout de suite car ils veulent s'instruire des dogmes catholiques. C'est de l'excellent travail et qui peut porter de bons fruits plus tard. La capitainesse décide même d'envoyer sa sœur, qui est assez jeune, chez les Ursulines, et non pas sa fille. Elle s'est tout de suite prise d'affection pour une Indienne que l'on appelle Marie la Huronne : « ...Elle la voulut voir sans barrière et sans grille entre eux... elle la prit, l'embrassa, l'appela sa fille, et l'autre sa mère, elle la fit manger avec elle dans un même plat. » Cette enfant donne un beau couteau au grand capitaine des Iroquois et « un bel étui doré avec un beau ruban de soie ». Devant la capitainesse, elle lit en latin, en français et en huron ; elle chante aussi dans les trois langues. Ces petites performances émerveillent les visiteurs qui songent pour leurs enfants à une instruction dispensée avec amour.

Mais le temps du départ est venu. Ondessonk est maintenant en pays agnier ; les pères Joseph Chaumonot et Claude Dablon se présentent pour le voyage à Onnontaé. Les deux hommes sont des vétérans des missions canadiennes. Ils quittent Québec le 19 septembre 1655 en compagnie d'une trentaine de personnes. Ils feront un long séjour à Montréal, d'où ils ne partiront que le 7 octobre. Les Jésuites continuent en route le travail de conversion commencé à Québec. Le père Chaumonot en donne des nouvelles à Marie de l'Incarnation le 4 octobre. La « capitainesse », dit-il, six Iroquois et six Iroquoises, deux Tsonnontouans, deux Hurons, dix-huit personnes en tout se prêtent à ses leçons.

Le 9 octobre, l'expédition atteint le lac Saint-Louis après avoir portagé le long des rapides de Lachine. Le 10, ils célèbrent une messe dans une chapelle improvisée faite de branches et de feuillages, en plein milieu de la nature canadienne : « Nous fîmes du vin des raisins du pays, que les Lambruches portent en assez grande abondance. » Un peu plus loin, ils rencontrent des chasseurs tsonnontouans. Puis ils remontent des rapides, piquent du fond et tirent à la cordelle le 12 octobre. La nuit, ils font le guet : des Agniers ont paru au loin et ils sont de « grands ennemis des Hurons, dont notre bande était en partie composée ».

Le voyage est lent. Les uns chassent, les autres pêchent pour trouver les vivres. Quand ils ne rapportent rien, on se tire d'affaire comme on peut : « Cette pauvre bête s'était noyée, et sa chair sentait bien mal ; mais l'appétit est un brave cuisinier ; ...il nous le fit trouver de haut goût ». L'abondance succède à la disette : le 15, les chasseurs abattent huit ours que les affamés dépècent en

Joseph Chaumonot, Jésuite (1611-1693). Il vécut en Nouvelle-France de 1639 à sa mort. Spécialiste de la langue huronne

Claude Dablon (1619-1697), missionnaire jésuite, géographe, a vécu en Nouvelle-France de 1655 à sa mort et y fut supérieur général des missions des Jésuites.

Lambruches = ceps de vignes sauvages

un tour de main ; les quartiers de viande bouillent bientôt dans quatre marmites à la fois : « ...On ne voyait que chair, que graisse, que peaux tout à l'entour de nous... Il est vrai que la chair d'ours est fort bonne en ces rencontres. » Le lendemain, c'est encore mieux : les pourvoyeurs rapportent non moins de trente ours de leurs battues ; l'un d'eux en tue dix à lui tout seul. « L'une des céré- monies du festin qui suivit ce grand carnage, fut de boire de la graisse de ces ours, après le repas, comme on boit de l'hypocras en France ; et ensuite ils se frottèrent tous, depuis les pieds jusques à la tête, avec cette huile... ». Après des incidents amusants, la flottille se présente le 20 à l'entrée du lac Ontario. Cinq chevreuils composent un festin délicieux. « Nous considérons à loisir la beauté de ce lac... Il faut passer un rapide furieux, qui fait comme l'embou- chure du lac ; ensuite on entre dans une belle plaine d'eau, semée de diverses îles, distantes, l'une de l'autre, d'un petit quart de lieue. C'est chose agréable de voir les troupeaux de vaches [orignaux] ou de cerfs nager d'îles en îles. » Enfin, c'est l'entrée dans le lac même : « Ce ne sont qu'îles, que gros rochers grands comme des villes, tout couverts de cèdres et de sapins. » Le soir du 27 octobre, le convoi rencontre de nouveau des chasseurs tsonnontouans : on fait un festin avec du maïs et des fèves cuites dans l'eau claire. Ce n'est que le 29 octobre qu'ils atteignent le village des pêcheurs hurons où Ondessonk a éprouvé en 1654 de si fortes émotions. Il se situe à l'embouchure d'une rivière. Les Hurons sont toujours là : ils pêchent pour leurs maîtres des dorés et des carpes ; à la fin de mai, quand les fraises mûrissent, « on y tue l'esturgeon à coups de hache ». Et « tout le reste de l'année jusques en hiver, le saumon fournit de quoi vivre au bourg d'Onnontaé ».

Le Huron Otohenta

Une vingtaine de Hurons accueillent les missionnaires. Les scènes de l'an 1654 se reproduisent. Parmi ces exilés, le personnage principal est Otohenha qui fut l'hôte des pères Garnier et Garreau dans l'un des villages de la nation du Pétun et que les Iroquois ont capturé alors qu'il se rendait à Qué- bec pour négocier l'établissement des siens dans la Nouvelle-France. Toute sa famille est dispersée aux quatre vents. L'année précédente, en 1654, il a dû prendre part à une expédition de guerre contre les Ériés, en compagnie d'un parti onnontagué. Ce dernier pénétra dans une bourgade et la mit à sac. Otohenha trouve un huron chrétien parmi les morts, et sa fille parmi les pri- sonnières ; les Iroquois brûlent celle-ci toute vive pendant le trajet du retour. Deux de ses enfants se sont échappés, mais n'ont encore donné aucune nou- velle. « C'est une pitié d'entendre ces pauvres gens touchant leur servitude : plusieurs d'entre eux ont été tués par ceux même qui leur avaient donné la vie. »

Les Onneyouts en guerre contre les Nez-Percés

Enfin, le 30 octobre, les voyageurs prennent la piste qui conduit à Onnontaé. Au cours de l'après-midi, ils rencontrent soixante Onneyouts qui s'en vont en guerre contre les Nez-Percés, c'est-à-dire peut-être les Amikoués, ou les Outaouais, car les *Relations* leur donnent parfois ce nom, qui vivent au

Glose marginale :

hypocras = vin sucré

Sans doute pour se protéger des mouches.

nord du lac Huron. S'en vont-ils si loin dans l'espoir de piller d'autres pelleteries, pour détruire des tribus qui apportent des fourrures aux Français ou pour satisfaire une vieille haine ? Les deux groupes tiennent le lendemain un véritable conseil. Le père Chaumonot prend la parole. Il présente ses compliments à Atondatochan, le chef qui est venu à Montréal à la tête d'une ambassade, a fait montre de beaucoup d'éloquence et dont la prestance est remarquable. Il expose le but de son voyage : exécuter l'engagement pris lors du traité de paix, « pour ne parler plus qu'un même langage, n'avoir plus qu'un même soleil et un même cœur, être frères désormais ». La compagnie pousse des acclamations. L'orateur présente un cadeau aux Onneyouts pour les inciter à bien traiter les deux Français qui vivent maintenant parmi les Amikoués. S'agitil de missionnaires, de traitants, d'interprètes ? On ne sait pas. Le missionnaire a songé un moment à offrir un présent pour arrêter l'expédition dirigée contre des Indiens alliés de la Nouvelle-France, qui ont été évangélisés et parmi lesquels ses collègues retourneront sûrement un jour ; mais il a appris que ce présent ne serait pas accepté. En effet, les Onneyouts veulent se venger de cette tribu qui a tué quelques-uns de leurs hommes. Le père Chaumonot ajoute qu'il veut conclure « une bonne paix universelle » qui comprendrait les Algonquins et les Hurons.

Atondatochan, un chef des Onneyouts

Après cette harangue, les Onneyouts commencent à chanter. Ils improvisent des chansons pour toutes les propositions qu'ils soumettent aux Français. La première est un remerciement pour les présents, la deuxième contient des félicitations pour leur arrivée au pays, la troisième allume pour ainsi dire le feu des missionnaires, la quatrième fait de tous les assistants des frères des uns et des autres, la cinquième enterre la hache de guerre, établit la paix et enfin, la sixième donne aux Français la maîtrise de la rivière : « C'est ici où ce Capitaine invita les saumons, les barbus, et les autres poissons à se jeter dans nos rets, et à ne remplir cette rivière que pour notre service. Il leur disait qu'ils seraient bien heureux de finir si honorablement leur vie ». Une septième chanson exprime, disent-ils, les sentiments de leur cœur, les Français pourront y lire leur satisfaction. Les Onneyouts donnent encore deux mille grains de nacre en cadeau.

Propositions des Onneyouts

Le père Chaumonot dit quelques mots de remerciement et ce conseil chanté se termine par un festin.

Les voyageurs se remettent en marche. Une Huronne se présente après un voyage de cinq lieues pour voir les Jésuites au passage. On campe sur le rivage d'un ruisseau. Les étapes sont de cinq à sept lieues. Une deuxième Huronne, sœur de la première, se trouve sur la route : « J'avais, disait-elle, deux enfants dans ma captivité, mais hélas, ils ont été massacrés par ceux à qui ils avaient été donnés. Et je suis tous les jours dans l'appréhension d'un semblable malheur. J'ai à toute heure la mort devant les yeux. » À l'entrée de la rivière qui conduit chez les Onneyouts, des pêcheurs viennent saluer les

Rencontre avec des Huronnes

voyageurs. Enfin, le 4 novembre, ceux-ci passent la nuit dans « une campagne » à quatre lieues d'Onnontaé. Le 5, ils poursuivent leur route et, à une lieue de la capitale, un capitaine se présente pour les saluer d'une harangue : « Il nous fait faire halte, nous complimente agréablement sur notre arrivée, se met à la tête de notre escouade et nous mène gravement... ». Les sachems, eux, attendent à un quart de lieue : « Ayant pris place auprès d'eux, ils nous présentèrent les meilleurs mets qu'ils eussent, surtout des citrouilles cuites sous la braise » ; et pendant le repas, l'un d'eux impose le silence et parle pendant un quart d'heure : « ...Nous étions les très bien venus, fort souhaités et attendus depuis longtemps : que puisque la jeunesse, qui ne respire que la guerre, avait elle-même demandé et procuré la paix, c'était à eux, qui étaient les anciens... à la ratifier et à l'embrasser de tout leur cœur, comme ils faisaient ; qu'il n'y avait que l'Agnier, qui voulait obscurcir le soleil... ; mais que tous les efforts de cet envieux tomberaient par terre, et qu'enfin ils nous posséderaient... » C'est le père Chaumonot qui répond : « ces breuvages, dit-il, sont un breuvage bien agréable, qui nous ôtait toute la fatigue du chemin... ». L'Onnontagué se lève, donne le signal et conduit la petite troupe « au travers d'un grand peuple, dont les uns étaient rangés en haie pour nous voir passer au milieu d'eux, les autres couraient après nous, les autres nous présentaient des fruits, jusqu'à ce que nous arrivassions au bourg, dont les rues étaient bien nettoyées, et les toits des cabanes chargés d'enfants ». Après cette entrée triomphale, les missionnaires se rendent à la cabane qui leur est destinée et la foule y entre avec eux.

Les missionnaires arrivent à Onnontaé.

Quelques instants de repos suivent l'arrivée. Le soir, les cérémonies, les conseils et les discours recommencent. Les Anciens s'assemblent. L'un d'entre eux offre deux présents pour essuyer, d'une façon symbolique, les yeux « qui étaient trempés de larmes répandues pour les meurtres arrivés chez nous cette année » et pour mettre en bon état la gorge des Jésuites. Le père Chaumonot doit remercier de nouveau : il voudrait que tous les Français constatent les bons traitements qu'il reçoit lui-même ainsi que ses compagnons, qu'ils examinent les belles nattes de la cabane et surtout l'accueil chaleureux qui paraissait sur tous les visages.

Arrivés le 5 dans Onnontaé, les visiteurs doivent, dès le matin du 6, se rendre à des festins, assister des malades. Le 7, un conseil fort important a lieu. Quinze sachems le commencent seuls, puis y appellent ensuite le père Joseph Chaumonot. Ils lui font plusieurs communications importantes. Tout d'abord, disent-ils, rien ne pourra plus rompre le lien qui attache étroitement les Onnontagués et les Français ; leurs jeunes gens iront chercher les ambassadeurs hurons qui viennent parler de la paix avec eux ; tout meurtre commis sur des Français ne devra pas rompre le traité de paix, pas plus d'ailleurs que tout meurtre commis sur des Onnontagués ; les Anciens redoutent les Agniers en cette affaire, et ils semblent appréhender des coups de force sournois ; enfin,

Conseil des sachems

ils sont décidés à combler tout de suite l'un des vœux d'Onontio, c'est-à-dire à construire une chapelle pour les « croyants ». Le missionnaire remercie immédiatement les sachems avec chaleur.

Le soir venu, en réponse à une demande qui lui est faite, le missionnaire parle longuement de la France et de la religion catholique. De façon familière, sur le ton de la conversation, il défend ses croyances contre les calomnies et les accusations dont elle est l'objet dans le pays et qui sont arrivées avec les prisonniers hurons réfractaires à la conversion.

Explications du père Chaumonot

Toutefois, malgré toutes les assurances, c'est la paix entre les Iroquois, d'une part, les Algonquins et les Hurons d'autre part, qui présente les plus grandes difficultés. Les Senèkes ne s'y engagent pas de bien meilleur cœur que les Agniers. Les sachems, semble-t-il, ne se lancent dans ces négociations qu'avec l'approbation éloignée et incertaine de la jeunesse, c'est-à-dire du parti guerrier. Et les Français insistent sur cette affaire : ils veulent inclure leurs alliés dans les traités.

Le père Joseph Chaumonot convoque à son tour une assemblée des Anciens. Il leur annonce « que les Algonquins viendraient en Ambassade le Printemps prochain, s'ils voyaient les esprits disposés à la paix ». Cette simple phrase indique assez que les assurances antérieures n'offrent point une garantie absolue. Les Algonquins se défient de tous les Iroquois, quels qu'ils soient.

Le Jésuite dit ensuite que si la colonie huronne de l'île d'Orléans immigre en Iroquoisie, si elle forme une bourgade à peu de distance de l'Habitation que les Français veulent construire, les Algonquins de la Nouvelle-France lui rendront visite de temps à autre. Ils demandent d'y venir librement. Ils veulent que leurs compatriotes prisonniers en Iroquoisie soient libérés ; n'ont-ils pas, eux, libéré de bon cœur leurs prisonniers iroquois à la demande du gouverneur de Montréal ? Ils les ont même renvoyés avec des présents. Ces présents appellent une réponse diplomatique qui n'est pas encore venue. Enfin, les Iroquois supérieurs « devaient cesser de lever la hache contre la nation des Nez-Percés, s'ils voulaient que la paix fut universelle ». Les missionnaires tentent évidemment de protéger cette autre tribu canadienne.

Les sachems répondent qu'ils prendront ces articles en considération. Un temps d'arrêt suit ces premières négociations.

Le père Chaumonot exploite bien toute la curiosité que suscitent sa venue de même que la religion catholique qu'il représente. Les Onnontagués montrent une avidité de savoir. Le mystère de la foi, la vie de saint Paul leur sont exposés par un orateur maître de son art et qui remporte quelque succès.

Des messagers sont partis à l'est et à l'ouest, sur la grande route de l'Iroquoisie, aussitôt après l'arrivée des Français, pour convoquer les députés des autres tribus. Ceux des Onneyouts arrivent les premiers. Le soir, ils se rassemblent dans la cabane des pères et ils leur offrent un présent. Ceux-ci les adoptent officiellement comme des enfants d'Onontio.

Arrivée des députés des autres tribus

Aussitôt que les Jésuites ont un moment de répit, ils s'occupent des Hurons prisonniers ; ils travaillent, comme ils le disent, à « relever les anciens fondements de l'Église Huronne... ». Le 11 novembre, ils se rendent à quatre lieues de la capitale, au lac Gannentaa. Ils veulent y voir une saline. Et soudain, les *Relations* nous apprennent un fait très important : c'est, disent-elles, le « lieu choisi pour l'Habitation Française, parce qu'il est le centre des quatre nations Iroquoises, que l'on peut de là visiter en canot sur des Rivières et sur des lacs qui en font le commerce libre et fort facile. La pêche et la chasse rendent cet endroit considérable : car outre le poisson, qui s'y prend en divers temps de l'année, l'anguille y est si abondante l'été, que tel en prend au harpon jusques à mille en une nuit ; et pour le gibier qui n'y manque pas l'hiver, les tourtres de tout le pays s'y ramassent sur le printemps en si grand nombre, qu'on les prend avec des rets. La fontaine dont on fait de très bon sel, coupe une belle prairie, environnée de bois de haute futaie. À 80 ou 100 pas de cette source salée, il s'en voit une autre d'eau douce ; et ces deux contraires prennent naissance du sein d'une même colline. » À quel moment, par quel individu exactement est choisi l'emplacement de la future habitation française et des quartiers généraux des missions catholiques en Iroquoisie ? On ne le sait pas. Les lieux mentionnés jusqu'à la minute présente étaient situés sur le lac Ontario ou le fleuve Saint-Laurent. L'endroit finalement choisi n'est pas dans Onnontaé, mais bien à douze milles au nord ; il est stratégique : le lac Gannentaa est la source de la rivière Oswego, et dans celle-ci qui débouche dans le lac Ontario, viennent se jeter la rivière des Onneyouts et celle des Goyogouins et des Tsonnontouans. C'est la tête de tout un système fluvial qui rend faciles les communications par eau entre les quatre tribus de l'ouest, entre ces tribus et les Français. La distance entre le lac et l'endroit choisi semble exagérée ; les Français s'y rendront et en reviendront facilement dans la même journée.

Le site choisi pour un poste français en Iroquoisie : le lac Gannentaa (ou Gannentaha).

Le lendemain, les missionnaires sont témoins d'une scène de cruauté terrible. Des guerriers reviennent avec un jeune garçon érié de neuf à dix ans. Décision est prise de le supplicier et de le brûler. L'un des Jésuites le baptise en secret, car les Onnontagués, tout païens qu'ils sont encore, « ne veulent pas même que leurs ennemis soient heureux en l'autre monde... », et s'opposent à l'administration de ce sacrement à leurs victimes. Enfin, cet enfant « ne fut que deux heures dans les tourments, parce qu'il était jeune ; mais il fit paraître une telle constance, qu'il ne jeta ni larmes, ni cris, se voyant au milieu des flammes ». D'ordinaire, les Iroquois ne brûlent pas ainsi les enfants en bas âge : ils les adoptent pour grossir leurs rangs constamment diminués par la guerre. Mais la guerre avec les Ériés prend une tournure âpre, et la rage de ces peuples est telle qu'ils « ne se donnent plus de quartier l'un à l'autre... ».

Supplice d'un jeune Érié

Le dimanche venu, les pères doivent célébrer la messe. Un oratoire s'élève bientôt dans la cabane de la capitainesse Teotanharason, « une des femmes qui étaient descendues à Kébec avec les ambassadeurs ». Elle jouit d'un grand prestige dans sa tribu : « Elle est ici considérée pour sa noblesse et pour ses biens, mais notamment parce qu'elle s'est hautement déclarée pour la Foi, en faisant profession publique, instruisant tous ceux qui lui appartiennent, ayant déjà pressé et souvent demandé le Baptême pour soi, pour sa mère et pour sa fille, après leur avoir expliqué elle-même les mystères de nôtre Religion et appris les Prières. »

Le grand conseil en la place publique devait avoir lieu le dimanche 14 novembre. Les préparatifs étaient terminés. Le père Chaumonot avait récité les prières dans le silence et commençait sa harangue lorsque se présentent les ambassadeurs des Goyogouins. La cérémonie est interrompue, remise au lendemain. La foule doit se contenter pour ce jour de la présentation habituelle des cadeaux entre ceux qui arrivent et ceux qui les reçoivent.

Les ambassadeurs des Goyogouins

L'assemblée avec les Onnontagués et des délégués goyogouins et onneyouts a donc lieu le lundi 15 novembre 1655. Le père Chaumonot parle le premier. Il adopte d'abord les Goyogouins, il en fait des enfants des Français, tout comme les Onneyouts. Il annonce ensuite qu'il parle non seulement au nom d'Onontio, mais encore au nom des Français, des Hurons et des Algonquins ; ou plutôt, ce sont eux qui parlent par sa bouche.

La harangue du père Chaumonot

Ce missionnaire est, semble-t-il, un excellent orateur populaire. Il « prêcha proprement à l'italienne, dit l'analyste : il avait un espace raisonnable pour se promener et pour publier avec pompe la parole de Dieu ». C'est dire que rompu à l'art iroquois, il gesticule, il mime, il se promène de long en large, il a des éclats de voix, il accentue le tragique, le ridicule, l'ironie ; en un mot, avec « ses belles façons d'agir », il fait l'admiration de tous.

Il serait fastidieux d'énumérer les présents qu'il donne, ceux qui effacent la douleur des deuils, qui remettent la raison en sa place dominante, ceux qui effacent le sang et ceux qui sèment la joie. Aucun conseil n'a lieu sans ces préambules traditionnels. Il faut pourtant signaler ceux dont la signification est plus importante. Ainsi le missionnaire n'oublie pas la foi : « ...C'était proprement ce qui l'amenait en leur pays ; et qu'ils avaient bien fait paraître qu'ils avaient de l'esprit, en le venant chercher et demander jusqu'à Québec. » Il réfute les calomnies et les mensonges qui courent contre elle, « mais avec tant de zèle et d'ardeur, accompagné d'un torrent de paroles si puissantes, que tous paraissaient être bien vivement touchés ». Il présente le cadeau des Ursulines de Québec « qui s'offraient de grand cœur à recevoir chez elles les petites filles du pays, pour les élever dans la piété et dans la crainte de Dieu... » ; il donne celui des Hospitalières qui s'offrent à soigner les malades iroquois. Par le dix-septième, il demande la construction immédiate d'une chapelle catholique et, par le dix-huitième, les vivres nécessaires aux missionnaires durant l'hiver. Et « les quatre suivants étaient pour les assurer qu'au printemps prochain la jeunesse française viendrait ; qu'alors il faudra mettre de bonne heure le canot à l'eau pour les aller prendre ; qu'étant arrivés, ils feraient une palissade pour la défense publique. Et qu'il était bon dès maintenant, de faire parer

Présents des Français

la natte pour recevoir les Algonquins et les Hurons qui suivront les Français. À cette nouvelle se fit un cri extraordinairement haut, par lequel ils déclaraient leurs sentiments. »

Le présent suivant exhorte les Onnontagués à inviter les Agniers et les Tsonnontouans à « mieux participer à l'avantage du voisinage des Français », ce qui indiquerait que les Tsonnontouans sont tièdes et se tiennent un peu à l'écart des négociations. Un autre présent demande d'« arrêter la hache de l'Agnier », de le persuader de suivre la même politique que les autres tribus.

Parlant au nom des Algonquins, le père Chaumonot renouvelle les propositions qu'il a déjà soumises aux sachems : cette tribu enverra une ambassade au printemps ; elle pourrait bien s'établir en Iroquoisie quand Français et Hurons le seront déjà. Il faudrait libérer les Algonquins prisonniers, les Outaouais ont remis à Montréal, eux, leurs prisonniers tsonnontouans et loups. Il faudrait libérer Charles Garmant, un français captif chez les Onneyouts depuis déjà quelques années ; ils feraient grand plaisir à « Onontio et à tous les Français de leur rendre leur frère ». Enfin, le père Chaumonot aplanit deux grandes routes : la piste qui traverse toute l'Iroquoisie afin que les Français puissent circuler librement d'un bout à l'autre du pays, et le chemin fluvial qui, de la capitale iroquoise, conduit à la Nouvelle-France.

Selon les *Relations*, le discours et les présents des Français remportent un franc succès. Ces derniers n'ont pas lésiné pour conquérir l'affection des Onnontagués et des Iroquois supérieurs ; leurs présents de grains de nacre prenaient des formes imprévues : c'est un petit arbre avec ses branches, c'est une couronne, c'est une chaudière, etc. Le père Chaumonot y est allé de toute son éloquence, comme un tribun. Il a fait un grand effort pour conquérir ces vieux ennemis et les enrôler dans les rangs de l'amitié. Les assistants semblent impressionnés, comme nous dirions aujourd'hui. Le soir même, treize femmes demandent aux missionnaires de les instruire et parmi elles se trouve « la sœur du premier de tous les Capitaines ».

Succès du père Chaumonot

D'autres entretiens familiers ont lieu le soir. Bon nombre d'hommes confessent « à la vérité qu'ils croyaient dans le cœur, mais qu'ils n'osaient pas encore se déclarer ». Sur ce point, ils racontent une anecdote d'un grand intérêt : au dernier combat qu'ils ont livré aux Ériés, ils n'étaient que « douze cents contre trois à quatre mille hommes ». Mais ils ont remporté la victoire et, « ayant promis devant le combat, d'embrasser la foi s'ils retournaient victorieux, ils ne pouvaient à présent s'en dédire, après avoir si heureusement triomphé ». On se rappelle que le capitaine de cette expédition s'était fait baptiser par Ondessonk avant son départ. Et cette anecdote est une preuve convaincante de l'influence que les Hurons catholiques prisonniers ont exercée et exercent encore en Iroquoisie.

Influence des Hurons catholiques

Les tribus répondent le lendemain, 16 novembre. Dans la matinée, les missionnaires célèbrent trois baptêmes. L'une des personnes qui reçoivent ce sacrement est la propre fille de Teotanharason, la capitainesse, qui a visité

Trois baptêmes

Québec. Vers midi, les notables du bourg se présentent dans la maison où les missionnaires habitent ; à eux se joignent les ambassadeurs onneyouts et goyogouins, puis ensuite la foule.

La cérémonie commence par six chansons. Les *Relations* en ont traduit quelques extraits qui expriment la joie et un cordial sentiment de bienvenue : « O la belle terre! la belle terre! qui doit être habitée par les Français » ; « Mon frère, je te salue ; mon frère, sois le bienvenu » ; ou encore : « Adieu la guerre, adieu la hache ; jusqu'à présent, nous avons été fous, mais désormais nous serons frères : oui, nous serons véritablement frères ». Ils chantent encore : « C'est aujourd'hui que la grande paix se fait. Adieu la guerre, adieu les armes... ». Les chanteurs observent la mesure et l'accentuent en frappant des pieds, des mains et de leurs pétunoirs sur la natte, « mais avec un si bon accord, que ce bruit si bien réglé, mêlé avec leurs voix, rendait une harmonie douce à entendre... ». Il semble que ces chansons, comme celles qui ont été chantées lors de la rencontre avec les Onneyouts, sont improvisées par des espèces de troubadours, comme la coutume s'en retrouve en plusieurs pays.

pétunoirs = sans doute des calumets

Par leurs trois premiers présents, les Onnontagués adoptent pour frères les Algonquins et les Hurons, se rendant ainsi aux remontrances des représentants de la France. Le troisième cadeau est très riche : il se compose de pas moins de sept mille grains de nacre : « C'est un présent de la Foi, dit l'Orateur, c'est pour te dire que tout de bon je suis croyant : c'est pour t'exhorter à ne te point lasser de nous instruire : continue de courir par les cabanes, prends patience, voyant notre peu d'esprit pour apprendre la Prière ; en un mot, mets-nous-la bien avant dans la tête et dans le cœur. »

Les Onnontagués font la paix avec les Algonquins et les Hurons.

Non content de ces paroles, l'orateur saisit le père Chaumonot par la main, il le fait lever, il le conduit au milieu de l'assistance, il l'embrasse, il lui fait une ceinture de la bande de grains de nacre, « protestant à la face du ciel et de la terre, qu'il voulait embrasser la Foi comme il embrassait le Père, prenant tous les spectateurs à témoins, que cette ceinture... était la marque de l'union étroite qu'il aurait désormais avec les Croyants. Il ajoute protestations sur protestations, et serments sur serments, de la vérité de sa parole... N'était-ce pas là un spectacle capable de tirer les larmes aux plus endurcis, de voir la premier d'une Nation infidèle faire profession publique de la Foi, et tout son peuple lui applaudir dans cette action ? »

Malgré les succès obtenus, la guerre contre les Ériés n'a encore conduit à aucun succès final. L'orateur onnontagué dit en effet que « la chaudière de guerre contre la Nation du Chat était sur le feu, qu'on irait à cette expédition vers le Printemps... »

Les Onnontagués annoncent ensuite qu'ils congédieront le lendemain les députés hurons.

Un Goyogouin parle ensuite longuement. L'adoption de sa tribu par les Français le comble de joie ; il croit que la foi est le don le plus précieux que la

Nouvelle-France puisse faire à l'Iroquoisie. Les Agniers se rallieront à une politique d'amitié envers les Français ; quant aux Onneyouts et aux Goyogouins, ils embrasseront un jour le catholicisme ; il accepte pour frères, lui aussi, les Hurons et les Algonquins. En un mot, Onneyouts, Onnontagués, Goyogouins « se joindraient ensemble pour aller quérir les Français et les Sauvages qui voudront venir en leur pays au printemps prochain ».

Une réconciliation entre tribus iroquoises supérieures, Hurons et Algonquins

Enfin ce conseil, qui marque une réconciliation officielle entre tribus iroquoises supérieures et Hurons aussi bien qu'Algonquins, se termine par deux présents des Jésuites : l'un qui est destiné à réparer la cabane endommagée par l'affluence de la foule, et le second à nettoyer la natte sur laquelle se tiendront les conseils des Iroquois et des Français.

Le soir, les missionnaires instruisent une vingtaine de personnes. Le lendemain, 17, ils font le plan d'une chapelle qui est construite le 18 à la façon des autres maisons du bourg, c'est-à-dire en écorce d'orme ; trois enfants y sont immédiatement baptisés. Puis les Jésuites s'enfoncent dans la routine de leur carrière pénible dans l'Iroquoisie centrale avec quartiers généraux à Onnontagué.

La guerre des tribus iroquoises contre les Ériés (la Nation du Chat)

Il est à peu près impossible de dresser un récit exact de la guerre des tribus iroquoises contre les Ériés. Quand Ondessonk quitte la capitale en août 1654, on le sait, il baptise un chef qui doit partir incessamment à la tête d'un détachement de mille huit cents guerriers. Quand les pères Chaumonot et Dablon reviennent à l'automne de 1655, la première nouvelle qu'ils apprennent d'un Huron prisonnier, c'est que les Iroquois ont mis à sac une bourgade des Ériés. En 1656, les *Relations* contiendront une description assez longue de la prise d'un bourg qui a eu lieu l'année précédente, soit en 1655, ce qui indiquerait deux sièges différents, et deux batailles. Mais à les analyser, il semble bien qu'il s'agit de la même chose, et que cet assaut célèbre dans les guerres indiennes a bien eu lieu en 1655.

Les Onnontagués et leurs alliés s'étaient introduits en secret dans le pays de leurs ennemis les Ériés ; cette surprise « jeta partout une si grande alarme, qu'on abandonne et Bourgs et maisons à la merci du Conquérant, qui, après avoir tout brûlé, se met à poursuivre les fuyards ». Ces derniers sont au nombre de deux à trois mille combattants, sans compter les femmes et les enfants ; après avoir fui pendant cinq jours, l'armée ennemie sur les talons, ils se construisent un fort de bois, s'y enferment pour attendre leurs ennemis qui

Peut-être s'agit-il du chef Jean-Baptiste Ochionagueras.

« n'étaient que douze cents ». Les deux capitaines principaux des Iroquois se montrent à la vue des assiégés avec des costumes français : « Un d'eux, baptisé par le père Le Moine » demande aux Ériés de capituler : « Le maître de la vie combat pour nous, disait-il, vous êtes perdus si vous lui résistez. Quel est le maître de nos vies, répondent superbement les assiégés ? Nous n'en reconnaissons point d'autres que nos bras et nos haches. Là-dessus l'assaut se donne, on attaque de tous côtés la palissade, qui est aussi bien défendue qu'attaquée ;

le combat dure longtemps, et avec grand courage de part et d'autre. » Les Iroquois qui s'approchent trop sont décimés. À la fin, ils s'avisent de se servir de leurs canots comme boucliers ; ils les portent devant eux, les dressent contre les palissades sans subir trop de pertes ; ils grimpent ensuite dedans, ils parviennent au faîte des retranchements ennemis : « Cette hardiesse étonna si fort les Assiégés, qu'étant déjà au bout de leurs munitions de guerre, dont ils n'étaient pas bien pourvus, notamment de poudre, ils songèrent à la fuite, ce qui causa leur ruine... » La panique s'empare d'eux ; les premiers qui tentent de fuir tombent sous les coups bien dirigés ; puis les Iroquois entrent dans la place et massacrent à droite et à gauche : « ...On avait du sang jusqu'aux genoux en certains endroits », ce qui paraît bien une exagération. Parmi les personnes qui s'enfuient, trois cents guerriers s'assemblent, se concertent, reviennent sur leurs pas pour surprendre le détachement ennemi au retour. Mais à la première clameur poussée par les Onnontagués, bon nombre d'entre eux fuient immédiatement et les autres sont pour la seconde fois complètement battus. Toutefois les Onnontagués ont subi de lourdes pertes, ils traînent de l'aile : « Le vainqueur ne laissa pas de perdre un bon nombre de ses gens : en sorte qu'il fut obligé de s'arrêter deux mois dans le pays des ennemis, pour ensevelir ses morts et panser ses blessés. »

La version la plus probable est donc que l'expédition qui se prépare au moment du départ d'Ondessonk, en août 1654, n'aura lieu qu'en 1655, l'année suivante, entre les mois de janvier et de septembre. Mais les circonstances qui l'entourent expliquent dans une certaine mesure pourquoi les Onnontagués sont si favorables au christianisme. Ondessonk aura raconté au capitaine qu'il baptise la victoire de Constantin ; il demande à l'ennemi de se rendre au nom de Dieu ; celui-ci refusant, les Onnontagués promettent de se convertir s'ils remportent la victoire. Et maintenant, l'engagement est pris. Cet épisode peut rappeler aussi le baptême de Clovis.

La *Relation* de 1660 parlera soit du même siège, ce qui est probable, soit d'un autre siège, ce qui est possible. Après avoir indiqué que les Agniers se sont particulièrement signalés dans la guerre de surprise, elle ajoute qu'en certaines occasions, ils ont aussi fait preuve d'un grand courage : « ...Ils ont forcé, dit-elle, deux mille hommes de la Nation du Chat dans leurs propres retranchements ; et quoiqu'ils ne fussent que sept cents, ils ont pourtant franchi la palissade ennemie, y appliquant une contre palissade, de laquelle ils se servaient comme de boucliers et d'échelles, pour escalader le fort, essuyant la grêle des fusils, qui tombait sur eux de tous côtés ; et quoiqu'on dise, que, comme il n'y a point de soldats plus furieux qu'eux quand ils sont en armée, aussi ne s'en trouve-t-il point de plus poltrons quand ils ne sont qu'en petites bandes... » Cependant, il doit y avoir confusion, car à ce moment-là les Agniers sont en mauvais termes avec les Iroquois supérieurs et n'ont probablement pris aucune part à la guerre de ces derniers avec les Ériés. C'est probablement des Onnontagués qu'il s'agit.

La Relation *de 1660 confondrait Agniers et Onnontagués.*

Quoi qu'il en soit, la guerre est loin d'être terminée à la fin de l'automne de 1655. La chaudière de la guerre est toujours suspendue. Alliés et amis y déposent de quoi la nourrir. Les Français y mettront de la poudre. Guerriers tsonnontouans et goyogouins s'assemblent dans la capitale au mois de février *Rituels de guerre* 1656 pour le festin de guerre qui dure plusieurs nuits. Ils jurent qu'ils ne reculeront pas dans le combat, mais affronteront plutôt mille tourments ; ils se lancent mutuellement des charbons, des cendres chaudes, des tisons, ils se frappent et ils se brûlent les uns les autres ; ils dansent et ils chantent. Les missionnaires observent pour la première fois ces cérémonies fort anciennes.

En un mot, durant les premiers mois de l'année 1656, la guerre contre les Ériés absorbe les tribus iroquoises supérieures ; et l'on voit mal qu'elles aient pu, dans le cours de la même année, conduire une grosse expédition de guerre *Nicolas Perrot* contre les Hurons et les Outaouais de la baie Verte, comme le raconte Perrot.

(v. 1644-1717),
interprète, L'absence des Tsonnontouans aux conseils qui ont eu lieu dans Onnontaé,
explorateur lors de l'arrivée des pères Chaumonot et Dablon, est un peu étrange. Toute-
et auteur fois, elle peut s'expliquer de la façon suivante : ces Iroquois ont envoyé une ambassade particulière en Nouvelle-France. Vers la mi-octobre 1655, la nuit
Mission de paix déjà venue, un grand canot aborde à Québec. Des Iroquois de cette tribu en
des Tsonnontouans descendent ; ils ont rencontré sur le fleuve en amont de Montréal les pères
à Québec Chaumonot et Dablon en compagnie des Onnontagués. Ils viennent en mission de paix. Ils ne songent plus à une guerre contre les Français ; ils ne leur livreront plus aucun combat. Ils ont voulu manifester par une ambassade spéciale leur volonté bien arrêtée.

CHAPITRE 60

1656

Le séjour dans Onnontaé des pères Chaumonot et Dablon n'est pas sans porter fruits. « ...La sœur d'un des principaux capitaines d'ici... » demande le baptême pour elle et sa famille. La grand-mère de la capitainesse Teotanharason qui est âgée, paraît-il, de plus de cent ans, qui dépasse tous les autres en années, se laissera baptiser dans quelques jours. Les missionnaires commencent le premier catéchisme public au début de décembre ; leur chapelle est vite trop petite et ils doivent en emprunter une autre plus grande. L'assistance augmente très vite, le nombre des personnes baptisées se multiplie. Des festins offerts aux notables de la capitale fournissent l'occasion d'expliquer les mystères. Vieillards, malades, femmes, se convertissent facilement. Les hommes, et surtout les chefs de la tribu, sont plus réticents malgré leur vœu. Ils font montre de beaucoup de sympathie, mais ils se tiennent à l'écart : « ...La plupart des Anciens font la sourde oreille à la parole de Dieu. Ils invitent bien le Père de continuer à instruire la jeunesse ; mais le respect humain et la prudence de la chair les tient encore au maillot tout âgés qu'ils sont », de même sans doute que les passions. Ils ont un grand attachement pour leurs coutumes, leurs cérémonies, leurs superstitions ; tout un système religieux se construit sur leurs rêves. Ils croient « que dès lors que les Hurons ont reçu la foi, et qu'ils ont quitté leurs songes, ils ont commencé à se perdre, et tout leur pays a toujours depuis été en décadence jusqu'à sa ruine totale ». Les Hurons captifs, d'autres qui sont renégats, répandent diverses calomnies. Malgré ces difficultés, l'assistance est grande aux prières du matin.

Les pères Chaumonot et Dablon à Onnontaé. Premiers succès d'évangélisation en Iroquoisie

Naturellement, la sévérité morale de la religion catholique se manifeste peu à peu. Le mariage est indissoluble, la fidélité conjugale doit être respectée. Une réaction, un heurt inévitable se produira.

Mais pendant qu'ils sèment ces premiers grains, les Jésuites observent attentivement ce peuple. La cruauté qu'il manifeste les surprend. Ainsi une femme de la tribu des Ériés est battue et assommée sur l'ordre de sa maîtresse ; le drame dure longtemps, à la vue du public : « Ce meurtre n'étonna point les enfants qui se récréaient là auprès, et ne les divertit point de leur jeu : tant ils sont déjà accoutumés à voir le sang des pauvres captifs. »

Ils sont témoins des grandes fêtes iroquoises. Ils décrivent en ethnologues les plus curieuses et les plus pittoresques. Celle des fous, quand chacun simule la folie et que la bourgade est remplie de tumulte et de clameurs, leur paraît mériter de nombreuses pages.

Les Jésuites se font ethnologues.

En un mot, ces premiers mois d'évangélisation produisent d'excellents fruits. Il se forme un noyau de prosélytes et de convertis qui comprend quelques femmes de la noblesse d'Onnontaé, quelques hommes influents, des gens du peuple, des femmes, des vieillards, des malades et des enfants, enfin les nombreux Hurons captifs. Des groupes considérables assistent aux offices. Les autorités ne mettent aucun obstacle à la propagande religieuse et française ; tout au contraire, elles la favorisent ouvertement. Les missionnaires se rappellent les nombreuses difficultés qu'ils ont rencontrées autrefois en Huronie, et ils préfèrent cette large sympathie qui les accueille à l'imprévu dans l'Iroquoisie.

Des Iroquois découvrent la civilisation française et le catholicisme.

Ce sont deux peuples qui, enfin, prennent contact l'un avec l'autre. Et ces premières relations ne seront pas stériles. Il se forme pendant ces mois dans la capitale iroquoise, à un moindre degré chez les Onneyouts et les Goyogouins, ce que l'on peut appeler un parti français, qui se compose de chefs et de gens ordinaires. Quelques-uns des membres qui le constituent déjà ont de grands moyens d'action et leur influence se fera sentir dans les actes les plus importants de la nation. Tel est ce Garakonthié qui, autant que l'on puisse s'en assurer, est alors l'hôte des missionnaires. Il a naturellement le goût de la civilisation française et du catholicisme. Une politique française lui paraît nécessaire sinon pour toute l'Iroquoisie, du moins pour les tribus iroquoises supérieures. Habile, tenace, il deviendra bientôt l'un des amis les plus actifs et les plus précieux de la France. Mais à lui seul, il n'aurait rien pu accomplir. Autour de lui gravitent des chefs et des partisans dont le nombre augmentera ou diminuera selon les événements, qui enfin, dans diverses circonstances, rallieront la majorité de la tribu dans des conjonctures critiques.

Garakonthié ou Garakontié, chef des Onnontagués, principal négociateur de sa tribu avec les Français de 1654 jusqu'à sa mort durant l'hiver de 1677-1678. Il fut baptisé sous le nom de Daniel.

De plus, se bien connaître entraîne certains résultats nécessaires. Ainsi les Français peuvent apprendre que les Iroquois sont des gens comme les autres ; qu'ils peuvent être sous l'influence de tels ou tels facteurs. Ils sont à l'école. Et quand on se comprend bien, il arrive souvent que l'on s'entend.

Chapitre 61

1656

Le 6 février 1656, quand les guerriers tsonnontouans et goyogouins arrivent à Onnontaé, de grands conseils ont lieu. Le père Chaumonot offre deux présents aux arrivants : il leur souhaite ainsi la bienvenue « dans le pays des Onnontagués, mais aussi dans le Pays des Français », puisque ce n'est plus qu'un peuple » ; Onontio serait heureux de regarder les beaux enfants qu'il a en Iroquoisie. Il met aussi de la poudre dans la chaudière de la guerre, au grand contentement de l'assistance. Les visiteurs ont aussi des offrandes pour le missionnaire.

Des guerriers tsonnontouans et goyogouins sont accueillis à Onnontaé par le père Chaumonot.

Le lendemain, 7 février, les sachems locaux présentent des cadeaux aux Goyogouins et aux Tsonnontouans pour les prier de respecter les Jésuites et leurs « façons de faire » ; ils ne devraient pas « trouver à redire à nos prières, et de se comporter envers tous, comme sont obligés de bons enfants envers leurs Pères ». Des Hurons sont aussi venus avec ces guerriers : les pères écoutent leurs tragiques doléances ; de vieilles femmes ont continué à pratiquer intégralement la religion catholique, de jeunes femmes racontent leurs odyssées de douleur, de misères et de deuils.

Le 11 février, un député onneyout se présente dans la capitale pour traiter de divers problèmes d'État. « ...Il dit au Père, entr'autres choses, que la paix entre les Français et les Agniers était stable et si bien cimentée, qu'il n'y avait rien à craindre de part ni d'autre ». Les Jésuites n'osent ajouter foi à ces assurances. Ce député demande et obtient la tenue d'un conseil auxquels les Français sont invités. Le père Chaumonot exhorte les Onneyouts à l'union « et à ne point prêter l'oreille aux médisances des envieux ». L'Onneyout garde la parole longtemps. Il essuie le sang français versé par les Agniers, il remercie Onontio d'avoir adopté les Onneyouts comme alliés, il encourage les Jésuites dans leur œuvre de conversion. Secondé par ses compagnons, il régale l'assistance de plusieurs chansons. Puis il raconte les prouesses de sa tribu : « Jamais Farceur ne fit mieux son personnage que cet homme, surtout quand il se mit à entretenir la compagnie pendant plus de deux heures, sur les prouesses de ceux de sa Nation, représentant par gestes et par paroles les combats, les attaques, les faits, les victoires, les déroutes, les morts, les vivants, plus agréablement et plus naïvement qu'on ne peut s'imaginer. » Ce barde aurait certainement fourni des éléments précieux à une histoire de l'Iroquoisie.

Le père Chaumonot exhorte les Onneyouts à l'union.

Le soir même, un parti de guerre revient avec trois scalps et deux prisonniers ériés. Pour une raison inconnue, ces derniers ne s'attendent pas aux tortures. En fait, on les donne tout de suite à deux des familles les plus influentes d'Onnontaé pour remplacer deux de leurs membres tués à la guerre.

Aharihon, meilleur capitaine des Onnontagués

Le plus jeune, le mieux constitué, échoit à Aharihon, le meilleur capitaine du pays. Celui-ci lui remet quatre chiens pour le festin d'adoption qu'il doit donner. Cependant, il est d'une infinie cruauté. L'un de ses frères est tombé sous le coup des Ériés ; « il lui avait déjà sacrifié quarante hommes, qu'il avait fait passer par le feu... ». Au milieu du banquet, parmi la joie, il annonce que cette fois encore, il faut que le prisonnier meure. Celui-ci tente de s'enfuir, et deux hommes l'arrêtent. Le 14 février, « ils commencèrent le soir par les pieds, qu'on devait rôtir à petit feu jusqu'à la ceinture pendant la plupart de la nuit... » ; après minuit, on devait lui accorder un instant de répit avant de le brûler ensuite à mort. Le supplicié « faisait retentir ses cris et ses gémissements par tout le Bourg : c'était une chose épouvantable, de l'entendre hurler pendant l'horreur de la nuit ; il jetait de grosses larmes, contre la coutume des autres, qui font gloire de se voir brûler membre après membre, et sans parler que pour chanter ». Un Iroquois compatissant tente de le tuer d'un coup de couteau, mais il ne fait que le blesser et le supplice se continue jusqu'au terme.

À mesure que les jours s'écoulent dans Onnontaé, les deux missionnaires sont de plus en plus satisfaits. Ils voudraient communiquer la bonne nouvelle à Québec « et combien passionnément ces peuples désirent que nôtre établissement se fasse au plus tôt ». Goyogouins, Tsonnontouans, Onneyouts, paraissent aussi bien disposés que les Onnontagués eux-mêmes. D'autre part, tous veulent qu'une habitation française soit construite dans le pays le plus tôt

Les Iroquois réclament la construction d'un poste français en Iroquoisie.

possible. Le 29 février, ils convoquent même un autre conseil à cet effet. Les Jésuites n'en ont pas laissé un récit détaillé, mais leur sommaire des délibérations indique que les Français reçoivent cette fois-là les invitations les plus pressantes qui leur aient encore été faites. Impossible de les exprimer sous une forme plus concise et plus vivante que celle que le père Dablon a lui-même employée : « ...Ils dirent au Père qu'il fallait jouer de son reste à ce coup ; qu'il y avait plus de trois ans qu'ils étaient sur l'attente de la venue des Français ; qu'on les remettait toujours d'année en année ; qu'ils se lassaient enfin de tant de remises, et que si la chose ne se faisait à présent, il n'y fallait plus songer ; qu'on voulait rompre tout à fait, puisqu'on usait de tant de délai. Ils ajoutèrent de plus, qu'ils savaient bien que ce n'était pas le commerce qui nous faisait venir chez eux, mais seulement la foi, que nous leur voulions publier. Que ne venez-vous donc au plus tôt, disaient-ils, puisque vous voyez tout nôtre bourg l'embrasser ? On n'a point cessé tout cet hiver d'aller en foule dans la Chapelle, pour prier et pour se faire instruire. Vous avez été très bien accueillis dans toutes les cabanes, quand vous y avez été pour enseigner ; vous ne pouvez douter de nos volontés, puisque nous vous avons fait un présent si solennel, avec des protestations si publiques que nous sommes Croyants. Ils ajoutèrent quantité d'autres choses, pour déclarer leurs sentiments sur ce sujet... »

Il fallait citer tout ce texte pour ne pas l'affaiblir. Les missionnaires y relatent une espèce de miracle, mais qui résulterait, il faut bien le préciser, non d'une unanimité d'opinions, d'une volonté unique, mais comme d'une espèce de malentendu, d'un jeu des avis contraires. La *Relation* ajoute en effet les phrases suivantes : « Ils pressent notre établissement en leur pays, et se plaignent les uns des autres de ce qu'ils nous font venir. Les Anciens disent qu'ils ne peuvent pas s'opposer à la jeunesse qui demande des Français ; la jeunesse dit que les Anciens veulent à cette fois ruiner tout leur pays en nous y appelant ; et avec tout cela, et ceux-ci et ceux-là, ne cessent de faire instance sur instance, et de nous menacer d'être nos ennemis, si nous ne sommes au plus tôt leurs Compatriotes. » Cette confusion apparente des forces divergentes qui travaillent momentanément à un même résultat, s'explique sans doute par l'action, en arrière des scènes, de ceux que nous appellerions aujourd'hui des politiciens. Ils manient le peuple et les réactions populaires. Dans le moment, ces habiles gens travaillent à un rapprochement avec la France ; et, fins diplomates, habiles comme le peuvent être des Onnontagués, ils constituent, dans leur système démocratique, une majorité favorable à la solution qu'ils désirent.

Toutefois, l'appel est trop net, il s'appuie sur la sincérité de trop de personnes, pour que les missionnaires puissent le négliger. Ils cherchent les moyens d'en saisir les autorités de la Nouvelle-France ; ils veulent « hâter la venue des Français, de peur de perdre une si belle occasion ». Le mieux serait que l'un des deux missionnaires se rende immédiatement en Nouvelle-France. Mais c'est le printemps, c'est l'époque de la chasse ; chacun part de son côté, chacun ne pense qu'aux chairs fumées, qu'aux castors. Les Jésuites désespèrent, ils entreprennent une neuvaine. Soudain, le premier Onnontagué baptisé en pleine santé s'offre pour le voyage avec une escorte de ses compatriotes et de Tsonnontouans. Dans le groupe, il y a deux fils de très bonne famille. Le père Chaumonot décide alors de demeurer dans la capitale des Onnontagués, afin de poursuivre le travail d'évangélisation, et le père Dablon part pour Québec.

Le père Dablon, des Onnontagués et des Tsonnontouans se rendent en mission à Québec.

C'est le 2 mars 1656, jour « d'un temps de printemps plutôt que d'hiver ». Mais la saison est mauvaise. Il pleut, il pleut jour après jour ; les voyageurs marchent sous la pluie et ils dorment dans la pluie. Ils traversent des étendues de neige fondante, des lacs et des rivières où l'eau s'est accumulée sur la glace. Le lac Ontario est libre au large mais des champs de glaçons bordent le rivage. Les Onnontagués s'y aventurent parfois pour traverser une baie, ou bien ils suivent une grève sablonneuse. Ils rencontrent des myriades d'outardes qui hivernent à l'arrière dans les marécages. L'embouchure des rivières exige de longs et pénibles détours. Des inondations atteignent les bivouacs et l'on n'a qu'à choisir entre l'eau qui repose sur le sol et celle qui tombe du ciel. On revient au lac après l'avoir quitté : la glace se pourrit de plus en plus ; les voyageurs s'y aventurent quand même à la file indienne, les

L'expédition est semée d'embûches.

uns loin des autres. Le père Dablon s'enfonce soudain, mais il réussit à se hisser sur la surface solide et il continue son chemin. Un Onnontagué est moins heureux : il se débat longtemps, mais finalement il succombe et disparaît. On doit revenir au rivage accidenté, aux rochers hauts comme des tours qu'il faut escalader. On construit un canot pour gagner l'autre rive. Mais tous ne peuvent passer à la fois. Les premiers s'embarquent ; en approchant de l'autre rive, la pince du canot s'écrase sur un glaçon ; tous gagnent la terre ferme. De temps à autre, ils doivent dégrader ; ils chassent. Le gibier manque aussi parfois et alors c'est la faim, ce sont les racines que l'on cherche dans la terre ; à moins que les racines elles-mêmes ne manquent : « ...Si fallut-il nous coucher sans souper et sur des cailloux, à l'enseigne des Étoiles, abrités d'un vent de bise, qui nous glaçait... ». Les voyageurs s'avancent pendant un certain temps dans un arbre creusé qu'ils ont trouvé ; plus tard ils trouvent un canot d'écorce en bon état. L'embarcation légère voyage à la vitesse du courant grossi par les pluies et la fonte des neiges ; elle franchit jusqu'à quarante lieues dans un jour. Enfin le 30 mars, vingt-huit jours après le départ, les Onnontagués arrivent à Montréal avec leur important message.

dégrader = être entraîné par le courant

Chapitre 62

1656

En arrivant en Nouvelle-France, le père Dablon apprend que la jalousie des Agniers s'est portée à de nouvelles extrémités. Peu de temps après son départ l'automne précédent, trois Tsonnontouans influents, venus en ambassade à Québec, avaient avisé les Français du fait que leur tribu était disposée à la paix, « et que l'hiver prochain ils devaient venir en bon nombre, contracter avec nous et avec les Hurons et les Algonquins une alliance inviolable ». Des conseils avaient eu lieu, des présents avaient été offerts. L'un des Tsonnontouans avait décidé de passer l'hiver à Québec « comme voulant servir d'otage de leur fidélité ». Les deux autres étaient partis au début du mois de novembre pour retourner en leur pays. Ils désiraient y « porter plus promptement... les heureuses nouvelles de l'accueil qu'on leur avait fait ». Mais aucun des deux n'avait atteint l'Iroquoisie. Le cadavre de l'un avait été retrouvé à trois ou quatre lieues en amont de Montréal « tout couvert de plaies et de sang ». Le soupçon s'était tout de suite porté sur les Agniers « qui, jaloux de l'amitié dont les autres nations iroquoises nous recherchent, la veulent empêcher par toutes sortes de moyens ».

Les Agniers, jaloux des nations iroquoises en lien avec les Français, tuent des ambassadeurs tsonnontouans.

Les Tsonnontouans avaient persévéré dans leurs intentions malgré l'hostilité des Agniers. Voyageant en plein hiver, sur la neige et sur la glace, une ambassade de dix personnes était arrivée au commencement du mois de janvier. « ...Le chef était un des premiers capitaines de tout le pays..., homme sage et adroit dans les affaires, éloquent au-delà de ce qu'on en peut croire, dont le cœur était tout français, et déjà gagné à la foi. Il avait offert vingt-et-un présents ; le plus beau exprimait le désir de sa tribu d'apprendre la religion catholique » et « demandait pour cet effet des Pères de notre Compagnie... » Les siens désiraient connaître les mystères dont les Hurons leur avaient parlé.

Ces Tsonnontouans ne retourneront pas en leur pays durant l'hiver. Ils sont demeurés à Québec un temps, se sont rendus aux Trois-Rivières ; ils étaient allés à la chasse. Le chef de l'ambassade, le grand capitaine mentionné plus haut, s'était séparé un jour de ses compagnons. Un peu plus tard, on avait trouvé son cadavre le cœur percé d'une balle. Dans les alentours, on avait découvert des pistes d'Agniers et supposé que ces derniers avaient peut-être tué le Tsonnontouan sans le reconnaître. Survenant après le meurtre de deux ambassadeurs quelques mois plus tôt, ce nouvel assassinat fit sensation : c'était un coup « capable de mettre la guerre entre ces deux Nations Iroquoises... ». Or les Tsonnontouans forment la tribu la plus considérable de l'Iroquoisie et ils ne craignent aucunement les Agniers. C'est aussi la seconde tribu que ces derniers offensent gravement : ils ont déjà tué un Onnontagué qui voyageait avec Ondessonk. Une grande lézarde apparaît en conséquence dans la Confédération iroquoise.

C'est dans ce contexte que le père Dablon arrive de la capitale de l'Iroquoisie avec une vingtaine de compagnons. Il communique aux autorités l'ultimatum amical mais ferme qu'il a reçu : construire tout de suite une habitation française, ou y renoncer pour de bon. Il présente probablement aussi le rapport des observations et constatations des missionnaires pendant leur séjour là-bas. À deux reprises déjà, les chefs civils et les chefs ecclésiastiques ont discuté ce grand problème qui les poursuit depuis 1653. Au début du mois d'avril 1656, le débat recommence de nouveau, avec les mêmes arguments. On reconnaît toutefois que la situation s'est légèrement modifiée. Exécuter l'entreprise, c'est porter au paroxysme la jalousie des Agniers ; il est vrai que ces derniers sont beaucoup plus faibles à eux seuls que les quatre autres tribus ; les Tsonnontouans peuvent aligner deux fois plus de guerriers qu'eux. Isolés, les Agniers sont peu dangereux. Aussi, diviser la Confédération iroquoise est une solution qui convient à la politique française ; elle s'arrangerait bien de l'amitié des Senèkes qui protégerait la Nouvelle-France avec le temps. Ce serait la solution du problème iroquois auquel on travaille depuis le début du siècle. Toutefois, on sait que les Agniers emploieront tous les moyens pour l'empêcher, car ils ont « un grand intérêt pour leur commerce, que les Onnontagués fussent toujours obligés de passer par leur pays » ; les Hollandais sont encore plus intéressés qu'eux. Et les Français redoutent dans ces régions une réaction dangereuse. Ils agitent le spectre de la perfidie iroquoise : « Nous savions bien que le mensonge, les fourbes, les déloyautés étaient presque aussi naturelles à ces peuples que la vie. Nous les connaissions très portés et très accoutumés au sang, au feu et au carnage. » Les Iroquois n'ont-ils pas quelque motif secret qu'ils n'avouent pas ?

*Les Français sont
divisés au sujet
d'implantations en
Iroquoisie. Le
gouverneur est
indécis.*

Le problème était difficile à résoudre, il le demeure malgré les siècles écoulés : « Si bien que lorsqu'il fallut, comme on dit, fondre la cloche, et conclure l'établissement d'une Mission et d'une demeure en leur pays, nous nous trouvâmes merveilleusement en peine... ». D'après Marie de l'Incarnation, le gouverneur hésite à « envoyer un plus grand nombre de Pères, afin de les distribuer dans les bourgs, et tout ensemble une peuplade de Français pour faire une habitation fixe ». Mais un homme n'éprouve aucune hésitation, lui : c'est le père François Le Mercier, supérieur des Jésuites en Nouvelle-France. Suivant Marie de l'Incarnation encore, il fait une vive campagne en faveur d'une mission iroquoise. « Alors, dit-elle, ce révérend Père, qui est un homme vraiment apostolique, fit de si puissants efforts pour cette glorieuse entreprise » qu'en peu de temps, il obtient une décision favorable. Et les prêtres qui dépendent de lui le secondent énergiquement : « Les Pères de nôtre Compagnie qui jusques à présent n'ont point blêmi à la vue de leur sang, qui n'ont point encore redouté les feux et la rage des Iroquois dans leurs plus horribles tourments, disaient qu'ils baptiseraient bien devant leur mort autant de moribonds qu'ils seraient de personnes, et qu'en ce cas, donnant leur corps pour des âmes, ils ne perdraient rien au change. »

Le gouverneur hésite toujours. Juste à l'époque des délibérations, arrive à Québec un prisonnier huron qui vient de s'échapper d'Onnontaé. Il assure qu'il connaît le fond de la pensée des Iroquois ; il a pratiqué ce peuple et il a appris ses desseins secrets. Attirer en Iroquoisie le plus de Français possible et les massacrer, voilà leur plan. Et cet homme parle avec tant d'éloquence que ses propres compatriotes qui l'écoutent, modifient leur décision première : ils n'accompagneront pas les Français ; ils reprendront la parole qu'ils ont donnée et ils conjurent ceux qui veulent partir de ne pas s'exposer au danger.

Les desseins des Iroquois : massacrer les Français en Iroquoisie ?

M. de Lauson est incapable, semble-t-il, de pénétrer la situation d'un coup d'œil aigu, comme le fera plus tard Frontenac. Des principes religieux très fermes, très nets, ne le guident pas comme les Jésuites. Il cède plutôt aux circonstances, il est ballotté par les événements. Il « voyait bien qu'il fallait [risquer de] périr pour ne pas périr, et qu'il fallait s'exposer à toutes sortes de dangers pour éviter tous les dangers. Nous avions nouvelles que si nous rebutions ces Barbares, leur refusant ce qu'ils demandaient avec tant d'ardeur, qu'ils avaient dessein de s'unir derechef avec les Agniers, et de venir fondre sur les Français pour leur faire une guerre immortelle, et pour les exterminer entièrement, s'il leur était possible. Nous n'étions pas en ce temps-là dans la posture de soutenir la révolte de toutes ces nations, sans encourir un danger plus grand que n'était celui d'exposer une escouade de Français, dont la résolution pourrait donner quelque retenue à ces peuples dans leur pays même. » Bref, ne valait-il pas mieux exposer quelques personnes au massacre que toute la population ? À tout prix, ne fallait-il pas obtenir un autre répit, car la Nouvelle-France est alors aussi faible qu'il y a trois ans, aussi rachitique, aussi impuissante. Aussi, à la fin, résolution est prise « d'accorder à ces peuples ce qu'ils demandaient si instamment, et de s'aller établir au cœur de leur pays, quoi qu'il en put arriver... Aussitôt dit, aussitôt fait. » Cette décision date de la mi-avril 1656.

M. Zacharie Dupuis, commandant de la garnison de Québec, est nommé chef de l'expédition. Quelques soldats, divers Français, des artisans se mettent sous ses ordres. Les concours volontaires ne manquent pas. Deux chaloupes, des canots se construisent, des vivres et des outils s'entassent. Au père Chaumonot demeuré dans Onnontaé, se joindront bientôt les pères René Ménard, Claude Dablon, Jacques Frémin, les frères Ambroise Brouet, Joseph Boursier. Ces religieux partiront sous la direction du père François Le Mercier, supérieur, qui a cru bon, tant il attache d'importance à cette initiative, de se rendre sur les lieux. Le 17 mai 1656, la flottille lève l'ancre à Québec.

Zacharie Dupuis ou Dupuy (né en 1608 ou 1610, décédé en 1676) fut commandant des forts de Québec et d'Onnontagué, ainsi que gouverneur intérimaire de Montréal.

CHAPITRE 63

1656

*Les enjeux et les
risques de
l'établissement
français en
Iroquoisie*

Les autorités civiles de la Nouvelle-France comprennent mal l'aventure dans laquelle elles s'engagent. Elles ne connaissent pas tous les éléments en cause et n'accordent pas à chacun toute son importance. Manquant de perspicacité, mal renseignées, elles ne peuvent prendre au fur et à mesure les dispositions qui s'imposent.

Tout d'abord, l'entreprise est plus dangereuse que ne le croient les autorités civiles. En élevant une habitation près d'Onnontaé, en nouant des relations avec les tribus supérieures, la Nouvelle-France menace de façon grave presque toute la traite des pelleteries de Fort Orange et de la Nouvelle-Hollande, de même que tous les avantages que les Agniers tirent de ce commerce. L'initiative de Lauson sera donc soumise à toutes les objections possibles de ces deux partenaires.

En outre, le gouverneur semble incapable de deviner dans quelle mesure les deux principaux rivaux — Agniers et Onnontagués — convoitent la colonie huronne de l'île d'Orléans, mais une colonie huronne intacte, complète, comprenant tous ses membres actuels, et non une portion ridicule ou faible qui n'augmenterait pas le nombre de leur population et n'ajouterait rien à leur force. Les uns et les autres ont sous les yeux l'exemple des Tsonnontouans qui ont absorbé deux bourgs hurons avec armes et bagages, et ils sont décidés à les imiter. Chacun est prêt à tout entreprendre pour empêcher l'autre de saisir cet avantage. Il ne s'agit pas de leur part de velléités, mais bien d'une volonté déterminée, froide et résolue. Ainsi la colonie huronne doit partir au printemps de 1656 pour le pays des Onnontagués, mais se basant sur un rapport plus que suspect d'un Huron qui s'est échappé, elle demeure à Québec. Les Français vont établir leur habitation en pays onnontagué, sans exécuter la condition prévue, soit la migration des Hurons de l'île d'Orléans. Ceux-ci, d'autre part, comprennent mal que s'ils émigrent tous ensemble, s'ils forment un village dans l'Iroquoisie, ils pourront vivre en paix, comme leurs compatriotes qui vivent chez les Tsonnontouans ; mais que s'ils émigrent par petits groupes, ils ne seront que des prisonniers, astreints à la condition dure des captifs en Iroquoisie, c'est-à-dire aux mauvais traitements, au meurtre et au supplice.

*Les Français ne
saisissent pas bien
les enjeux.*

M. de Lauson ne saisit pas ces divers éléments. Il ne devine pas que les tribus iroquoises supérieures sont à ce moment-là, dans une grande mesure, sincères avec lui, et qu'il n'a qu'une chose à faire : entrer dans leur jeu, leur donner satisfaction pour les attirer dans l'orbite de la France, les y maintenir et briser la Confédération iroquoise. L'occasion était belle. Ces tribus étaient venues s'offrir d'elles-mêmes. Elles avaient des avantages divers à retirer d'une pareille alliance, des griefs anciens et solides contre les Agniers et, par conséquent, contre les Hollandais. Elles appelaient de façon répétée les missionnaires et les Français, se soumettaient d'avance à la construction d'un poste, qui, comme Frontenac plus tard, les aurait tenus en respect. Il fallait jouer cette partie, s'engager à fond dans cette union avec les Iroquois supérieurs, et s'allier avec eux contre les Agniers, beaucoup moins nombreux, plus faibles, qui n'étaient pas de taille à soutenir une lutte. Jamais encore depuis 1600, une occasion semblable ne s'était présentée d'apporter une solution à un vieux conflit.

Pour mener à bien cette entreprise difficile, il fallait non seulement de la détermination, de la rapidité, mais aussi de la vigilance et de l'ingéniosité. Il était indispensable de prévoir les réactions violentes des Agniers et de pénétrer leurs ruses. Mais comment négliger des éléments du succès ? Jusqu'à ce jour, les Iroquois supérieurs n'ont en face d'eux que des missionnaires, c'est-à-dire l'austérité chrétienne et la rigidité des principes moraux catholiques. *Les Iroquois face à l'austérité des missionnaires* Pour ces premiers contacts avec une tribu païenne, pour ces premiers frottements entre deux civilisations si différentes, n'était-il pas nécessaire de joindre aux ambassadeurs religieux des députés laïques qui auraient préparé les tribus à des changements plus graduels ? Charles Le Moyne, dont le grand rôle ne commencera que plus tard, et quelques interprètes n'auraient-ils pas été les personnes tout indiquées pour ce voyage, pour cette mission de rapprochement ? Les Onnontagués, par exemple, ne connaîtront des Français que leurs côtés sévères, exigeants envers eux-mêmes, leur travail d'évangélisation et leurs attaques contre l'extrême licence. Ne demandait-on pas une modification trop brutale des mentalités onnontaguées ?

Mais le gouverneur est en partie inconscient de ces faits importants : il ne prévoit rien, ne comprend ni la sincérité des uns ni l'opposition tenace des autres. Et c'est pourquoi son entreprise de 1656 sera tout à fait comme un vaisseau lancé en pleine mer sans gouvernail, recevant tour à tour le choc lourd des diverses vagues et l'assaut des vents contraires, pour sombrer bientôt après s'être disloqué peu à peu.

Chapitre 64

1656

Les affaires étrangères des Indiens, et en particulier des Iroquois, n'ont rien de secret. Les ambassadeurs parlent en public. Les négociations ont lieu devant les conseils, chacun participe pour ainsi dire aux décisions. Pour cette raison, les Agniers sont au courant de tous les événements qui se passent chez leurs voisins. Ils ont tout le loisir de les étudier et de se préparer.

Des Agniers attaquent des Hurons.

C'est ainsi qu'ils savent, sans aucun doute, que les Français doivent construire une habitation en Iroquoisie et que la colonie huronne doit émigrer en même temps, si aucun incident imprévu ne se produit. Ils ne restent pas inactifs et, en avril, ils se mettent en mouvement. Le 25, deux Agniers, qui ont descendu le fleuve, se cachent et se placent en observation, plus bas que Québec, dans un lieu où abonde le gibier à plume. Plus tard, deux Hurons viennent y aborder. Soudain, des coups de feu éclatent : l'un des Hurons est tué instantanément, l'autre, gravement blessé, pousse son canot à l'eau et s'échappe. Par cette action, les Agniers commettent une infraction au traité de paix conclu avec les Français en 1655, par lequel ils s'étaient engagés à ne pas attaquer les Algonquins et les Hurons en aval des Trois-Rivières.

Le Huron blessé parvient à la bourgade. Son récit suscite l'indignation la plus violente. Sans perdre un instant, une vingtaine de Hurons se lancent à la poursuite des meurtriers. À vingt lieues au-dessus de Québec, ils découvrent des pistes sur la rive. Ils atteignent les deux Agniers mais ils n'en capturent qu'un seul, qu'ils conduisent aussitôt dans l'île d'Orléans. Mis au courant de cette capture, les Français interviennent tout de suite. Ils demandent que la vie du prisonnier soit épargnée. Mais les esprits sont enflammés. Le père et la mère du jeune Huron assassiné exigent que l'on applique la loi du talion. Deux années plus tôt, la victime elle-même n'avait-elle pas respecté la vie de cinq Agniers qu'elle avait capturés ? Ce jeune homme était l'un des plus doués de la tribu, c'était déjà un chef. Le goût de la vengeance s'insinue dans le cœur de tous. Aussi, le jour même, le jeune prisonnier agnier subit le supplice du feu ; les missionnaires avaient à peine eu le temps de le baptiser et de le convertir.

L'étonnante arrivée en Nouvelle-France de 300 guerriers agniers

Ce jour-là, un détachement agnier de trois cents guerriers atteint le fleuve, à l'embouchure du Richelieu. Quelques Français le rencontrent avant qu'il ne soit arrivé aux Trois-Rivières, à dix ou douze lieues de l'endroit. Quel est son objectif en Nouvelle-France ? Les Agniers ont des égards pour les Français ;

ils leur donnent du gibier. Toutefois, ils offrent un cadeau pour que leur présence sur le fleuve ne soit pas révélée à Québec.

Le lendemain, le détachement atteint les alentours du bourg des Trois-Rivières. Trois capitaines se présentent au poste. Pleins de déférence, ils demandent même en quel lieu ils pourront camper. La paix, disent-ils, règne toujours entre les Français et les Agniers. Alors, à qui en veulent-ils ? se demandent les autorités françaises qui se doutent bien que trois cents guerriers ne se sont pas mis en marche uniquement pour s'assurer que la paix règne toujours.

Le gouverneur de la place n'est pas rassuré. Il devine peut-être leur but à travers leurs réticences. Il offre trois présents pour les engager avec leur armée à rebrousser chemin. Ils ne doivent pas oublier que les Hurons sont les alliés des Français.

Les Agniers restent impassibles. Ils offrent à leur tour huit bandes de grains de nacre. La première est très longue et très large : « C'est ici, dit l'orateur, une chaîne de fer plus grosse que les arbres qui naissent en nos forêts, qui liera les Hollandais, les Français et les Agniers ensemble. Le tonnerre et la foudre du ciel ne rompront jamais cette chaîne. » Les Français sont étonnés ; voilà donc ce que propose, sous l'influence des Hollandais, l'Agnier isolé dans l'Iroquoisie : que les Français oublient les Iroquois supérieurs et qu'ils s'allient fermement aux Agniers et à leurs amis, les Hollandais. Ainsi, croit-on sans doute, le pays des Agniers et Fort Orange continueraient à bénéficier de la traite iroquoise, et les Agniers pourraient mettre la main sur toute la colonie huronne de l'île d'Orléans.

Les Agniers proposent aux Français de s'allier à eux et aux Hollandais.

L'Agnier, continue l'orateur, a pleine confiance dans le Français ; s'il trouve l'un des siens assassiné sur le fleuve, ce n'est pas lui qu'il soupçonnera. Et si le Français trouve, lui aussi, l'un des siens assassiné sur le fleuve, qu'il ne soupçonne pas l'Agnier ; car, ajoute-t-il, « notre cœur, qui ne respire que la paix », n'inspirerait jamais un tel acte. Si elles éprouvent des deuils, les deux nations mêleront leurs larmes. L'Agnier se fait encore docile : « J'obéis à Onontio, je m'en retourne en mon pays, et ma hache pour cette fois ne sera pas rougie dans les sang des Hurons. » Mais cette promesse semble conditionnelle. Le détachement retournera en Iroquoisie si le Français « ferme la porte de ses maisons et de ses forts à l'Onnontagué, qui veut être mon ennemi, et qui couve des pensées de guerre contre moi ». Est-ce un ultimatum ? L'orateur iroquois a-t-il bien dit que les Agniers respecteront les Hurons si les Français brisent toutes les relations avec les Onnontagués, n'établissent pas une résidence dans Onnontaé, n'amènent pas là-bas la colonie huronne ? Probablement, bien que les textes ne soient pas suffisamment clairs sur ce point.

Les Agniers veulent que les Français rompent les liens avec les Onnontagués.

Les présents sont maintenant offerts. Mais l'assemblée n'est pas dispersée, le conseil n'est pas terminé, que soudain les assistants aperçoivent trois canots qui descendent le fleuve et qui, un peu plus tard, abordent tout près

Jean-Baptiste Ochionagueras, grand capitaine onnontagué

d'eux. L'un d'eux porte Jean-Baptiste Ochionagueras, le grand capitaine onnontagué qui s'est converti ; celui-là même sans doute qui a dirigé ses compatriotes lors de la fameuse bataille à la Clovis contre les Ériés. Il a un « cœur tout français » ; il « procurera puissamment la paix que nous avons avec les Nations iroquoises d'en haut ».

Furtivement, les Agniers demandent aux Français de garder secret auprès des Onnontagués le dernier présent qu'ils viennent d'offrir. Puis ils se retirent. Ils ont deviné l'inutilité de leur demande, de leur supplication pourrait-on dire. Comment les Français pourraient-ils l'exaucer ? La flottille qui doit remonter le fleuve est déjà prête à Québec, les missionnaires et les soldats ont pris congé de leurs parents et amis. Une sympathie règne entre les Iroquois supérieurs et les Français ; elle ne règne pas entre les Agniers et les Français. Quant au renversement d'alliance qui vient d'être proposé, il aurait dû être étudié, être bien considéré.

L'isolement des Agniers

Les Agniers sont remplis de jalousie ; ils sont craintifs et sombres car ils ont contre eux les Iroquois supérieurs, les Français et les Hurons ; la colonie Huronne peut leur échapper. Ils sont tenaces et résolus. Ils n'abandonneront leur proie que s'ils y sont forcés. Ils postent des gardes partout sur le fleuve pour empêcher toute communication entre les Trois-Rivières et Québec ; ils veulent que leur présence sur le fleuve demeure encore un secret. Toutefois, le gouverneur des Trois-Rivières comprend le danger : il dépêche vite des canots et les rameurs déjouent les sentinelles et la surveillance. En un seul jour, ils couvrent trente lieues et ils se présentent à Québec.

Dans ce poste, l'inquiétude la plus grande règne aussitôt. Les autorités réfléchissent aux moyens à prendre pour empêcher l'effusion de sang. Au bout d'une heure, le père Simon Le Moyne, surnommé Ondessonk, saute dans un canot. Il remonte le fleuve en toute hâte ; au milieu de la nuit, son embarcation se heurte aux embarcations ennemies qui font la patrouille sur le Saint-Laurent. Les guerriers le conduisent au rivage ; et il entre dans l'habituel fortin de troncs d'arbres. Il ne craint rien. Il apporte dix présents pour inciter ce

Ondessonk parlemente avec les guerriers agniers.

détachement à retourner en Iroquoisie. Le conseil des chefs est bientôt assemblé et le père leur parle avec les métaphores appropriées. Les délibérations sont longues ; les Agniers écoutent, ils regardent de leurs yeux indéchiffrables. Enfin, ils répondent à Ondessonk « que sa voix est toute puissante sur eux », qu'ils accèdent à la requête des Français. Et pour que le missionnaire soit convaincu de la sincérité de leurs paroles, « ils font un cri dans le camp, qui congédie toutes les troupes : c'est-à-dire, que les petites bandes de dix ou douze hommes pour l'ordinaire, aient à se séparer. Les uns vont d'un côté, prenant parti pour la chasse à l'orignal ; les autres vont d'un autre côté à la chasse du castor ; quelques-uns, trois ou quatre, font mine d'aller à la petite guerre, pour faire quelque coup à l'écart ; la plupart retournent, disent-ils, en leur pays. »

Ondessonk revient à Québec après la dispersion de cette armée. Les Français sont rassurés. Les Hurons de l'île d'Orléans manifestent quelque joie ; mais une méfiance profonde subsiste.

Le 17 mai, missionnaires, soldats et Français de divers états s'entassent dans deux grandes chaloupes et des canots, avec les outils, les vivres et les bagages. Des Onnontagués, des Tsonnontouans, des Hurons les accompagnent. La population assiste à ce départ le cœur incertain et anxieux ; dispersée sur le rivage, elle acclame mais avec appréhension.

À Québec, le départ de l'expédition française qui s'établira en Iroquoisie.

Les embarcations commencent à remonter le fleuve. Le soir du deuxième jour, elles ont déjà franchi dix ou douze lieues et elles ont atteint la pointe Saint-Croix. Têtue et tenace, l'armée des Agniers n'a exécuté qu'un simulacre de dispersion ; elle est postée là, sur le rivage, dans la forêt silencieuse et secrète, elle observe le fleuve. Le Français n'a pas fermé sa porte à l'Onnontagué, il s'en va dans la capitale iroquoise construire son habitation. La colonie huronne de l'île d'Orléans le suit-elle ? Ces Hurons qui se sont promis à lui, optent-ils à la fin pour une autre tribu ? Les Agniers sont isolés. Oseront-ils attaquer, risquer la guerre avec les quatre tribus iroquoises supérieures et les Français ? Et briser du même coup à jamais la Confédération iroquoise ?

Les embarcations mouillent devant eux pour la nuit. Les pères ont l'intention de descendre sur le rivage au matin pour dire la messe ; leurs gens y assisteront aussi sans armes. Mais au matin, les matelots lèvent l'ancre. Ils ont oublié l'intention des missionnaires et la navigation recommence. Immédiatement les chaloupes prennent le devant et filent. Soudain, à l'arrière, éclatent des cris et des clameurs : les Agniers ont attaqué les canots. « Ils blessent, ils prennent, ils pillent, ils maltraitent ceux qui les conduisent. » Ils font même des prisonniers. Ils font chavirer l'une des embarcations, ils blessent légèrement un frère de deux coups d'arquebuse. Mais surtout, ils lient et garrottent les Hurons ; ils infligent de mauvais traitements aux Onnontagués, ils les injurient « ne pouvant supporter nôtre alliance avec eux » ; et même faisant « paraître une jalousie qui allait presque jusqu'à la rage, de ce que nous voulions habiter parmi ces peuples, ayant un grand intérêt pour leur commerce, que les Onnontagués fussent toujours obligés de passer par leur pays ». Quel est ce grand intérêt ? Est-ce que les Agniers tout comme les Algonquins de l'île des Allumettes, exigent des tribus supérieures des droits de passage quand elle se rendent à Fort Orange, ou bien achètent-ils leurs pelleteries pour les revendre eux-mêmes à bon profit ? On ne sait.

Les Agniers s'en prennent aux derniers canots de l'expédition française.

Les chaloupes qui portent les Français et les soldats ont rebroussé chemin. Elles arrivent bientôt sur la scène des cris. Après leur premier mouvement de rage, les Agniers ont réfléchi ; la colonie huronne, comme ils ont pu le constater, ne fait pas partie du convoi, elle ne quitte pas encore la Nouvelle-France. Opiniâtres, violents et rusés, ils pensent aux résultats de cette attaque dans les cantons supérieurs de l'Iroquoisie : « ...La crainte d'entrer en guerre avec ces peuples qui témoignent leur juste ressentiment, apaisa leur colère et les obligea de recourir aux excuses... » Ils se sont trompés, disent-ils ; ils croyaient que toute la flottille était montée par des Hurons « avec lesquels ils n'ont de paix ». Ils remettent en liberté tous leurs prisonniers. Ils s'humilient.

Marie de l'Incarnation raconte le même incident. Elle affirme que les Agniers ont « la pensée que cette alliance des Français, Hurons et Algonquins avec leurs voisins [les Iroquois supérieurs] serait leur ruine avec le temps. Afin donc d'en traverser l'exécution, ils se cachèrent dans un bois au nombre de quatre cents, afin de les surprendre au passage. Ils laissèrent néanmoins passer le révérend Père supérieur avec sa troupe, mais quand il fut éloigné, en sorte qu'ils ne pouvait plus être vus, ils se jetèrent sur un grand nombre de canots qui suivaient, conduits par le révèrent Père Ménard ; et un frère, et sans rien dire ni écouter, pillent et battent outrageusement tous ceux qui se trouvent sous leurs mains, feignant de ne pas les connaître. »

D'après Marie de l'Incarnation, tout comme d'après les *Relations*, l'objectif des Agniers est d'empêcher l'alliance des Français et des Iroquois supérieurs, de rompre le projet d'établir une habitation à Onnontaé, de mettre un obstacle à la migration des Hurons.

Il semblerait donc que le détachement agnier n'a pas achevé l'attaque de la flottille qui remontait le fleuve. Une fois son mouvement d'humeur et de dépit passé, il se ressaisit. Il consent à remettre tous les prisonniers qu'il a faits, même les Hurons, « mais à condition qu'ils poursuivraient tous leur route, sans que pas un fut obligé de descendre à Québec ».

Les chefs de la flottille ne semblent pas avoir compris l'importance de cette dernière exigence. Ils laissent en arrière d'eux cette armée dangereuse dont on ignore la présence à Québec et à l'île d'Orléans ; pour les Hurons et pour les Français de la capitale, elle est censée s'être dispersée comme l'a rapporté Ondessonk, et être retournée en son pays.

Que feront maintenant les Agniers ? Ils sont évidemment conduits par un chef, ou par un groupe de chefs habiles, capables d'étudier les événements à mesure qu'ils se produisent, de prendre des décisions et de les modifier selon les nécessités. Ils demeurent là avec leur détachement pendant que la flottille s'éloigne. La nuit du 19 au 20 mai est particulièrement obscure. Les guerriers rembarquent dans leurs canots, ils se laissent glisser par le courant. Celui-ci les emporte entre les hautes falaises. Voici le cap aux Diamants en haut duquel Québec est perchée. Personne ne les voit, personne ne les entend. Ils descendent dans l'île d'Orléans, au-dessous de la bourgade huronne. Ayant dissimulé leurs canots parmi les arbustes du rivage, ils vont se poster à l'affût autour des champs cultivés. Et là, ils attendent.

Le jour vient peu à peu. C'est le printemps, c'est l'époque des semailles ; il faut enfouir les grains de maïs dans les buttes de terre où avec le temps ils

produiront de beaux épis. La population de la bourgade assiste à la messe. *Les Agniers*
Puis les portes s'ouvrent. Hommes et femmes partent les uns après les autres *attaquent la*
pour les champs, ils se mettent au travail. Soudain, les Agniers sortent de leurs *bourgade huronne*
abris, poussent leurs clameurs de guerre et se lancent à l'attaque. Les Hurons *de l'île d'Orléans.*
qui tentent de résister sont massacrés. Les autres sont capturés et ligotés. Quelques-uns parviennent à se réfugier dans la maison des Jésuites « ceinte d'une
palissade de bonne défense, fortifiée pour de semblables occasions ». Mais
les Agniers ne poussent pas leur attaque. D'après Marie de l'Incarnation, ils
ont tué six personnes et capturé quatre-vingt-cinq prisonniers. Les *Relations*
ne parlent que de soixante et onze personnes. Presque toutes sont des jeunes
femmes « qui étaient la fleur de cette colonie ». Toutefois, les Agniers ont
attaqué trop tôt : trois ou quatre cents Hurons s'étaient rendus à Québec pour
la messe ; s'ils étaient revenus, un peu plus tard, ils auraient augmenté le nombre des victimes.

Des Français vivent aussi dans l'île. Les Agniers ne les attaquent pas. Ils
se contentent de piller quelques maisons abandonnées d'où les occupants ont
fui en toute hâte.

Il est maintenant midi. Les Agniers rembarquent dans leurs quarante
canots ; ils y entassent leurs captifs bien attachés. Ils commencent à remonter
le fleuve. Se faufilent-ils le long de l'autre rive, hors de portée des armes ?
Non. « Nous fûmes tout surpris de voir le fleuve couvert de canots qui venaient vers Québec... Ils passèrent devant le fort, où l'on crût qu'ils allaient
aborder, mais faisant signe qu'ils étaient des amis, ils passèrent outre et conti-
nuèrent leur chemin... ».

Pas un coup de feu, pas un coup de canon ne partent du fort. Aucune
embarcation ne quitte le rivage pour livrer bataille. C'est l'immobilité, c'est le
silence. Les Français abandonnent les captifs à leur sort. Pourtant les Agniers *Les Français*
ont brisé le traité, les Hurons ont toujours été de précieux alliés. Aucun docu- *n'interviennent*
ment ne signale les causes de cette inaction. Avec arrogance, ces Iroquois se *pas.*
promènent dans la Nouvelle-France. Et le gouverneur qui n'a pas eu assez de
lucidité pour deviner et prévoir cette attaque, manque maintenant de courage
pour la punir. Il semble qu'avant tout les Agniers, depuis leur arrivée, sont
préoccupés par la colonie de l'île d'Orléans, et que s'ils l'avaient trouvée sur
le fleuve, à la suite des Français s'en allant à Onnontaé, ils auraient livré une
grande bataille pour lui barrer la route, ou du moins, pour en capturer une
bonne partie. Ils veulent leur livre de chair huronne.

Les Hurons ressentiront profondément cette inaction. Perrot écrira qu'ils
« se souviendront éternellement aussi du peu de mouvement que les Français
se donnèrent pour s'opposer aux Iroquois, lorsqu'en temps de paix [mai 1656]
ils les enlevèrent dans l'île d'Orléans, et qu'ils les firent passer en canots
devant Québec et les Trois-Rivières, en chantant pour les mortifier davantage... ». « Cela fit murmurer ceux de la ville, et tout le monde s'étonna qu'on

ne réprimait pas leur insolence, en faisant tirer l'artillerie sur leurs canots qui marchaient côtés à côtés, en forme de bataillon ; mais on ne voulut en rien faire... » En arrivant dans leur pays, les Agniers « firent mourir une partie des prisonniers, et donnèrent la vie aux autres, qui se ressouviendront et leur postérité d'avoir été abandonnés par les Français à la merci de leurs ennemis ».

Le jour même où les Agniers passent devant Québec, le 20 mai 1656, la flottille française passe aux Trois-Rivières ; les deux corps se déplacent l'un derrière l'autre sur le fleuve.

Les Agniers se promènent librement en Nouvelle-France. Le détachement agnier ne se presse guerre. En amont de Québec, les habitants ont abandonné leurs maisons pour s'enfuir, et alors ces ennemis se livrent au pillage. Ils sont libres en Nouvelle-France de faire ce qu'ils veulent. Ils sont les maîtres. Ils éprouvent même si peu de crainte qu'ils demeurent campés pendant un certain temps à une demi-lieue des Trois-Rivières. Un missionnaire du poste rend trois visites successives à leurs prisonniers hurons. Moins de huit jours auparavant, il les avait quittés dans l'île après avoir exercé pendant un an son ministère parmi eux. Il confesse les captifs, il tente de les encourager. Parmi les hommes, six des catholiques les plus fervents subiront, au cours de ce voyage, le supplice du feu. Le plus éminent du groupe, Joachim, sera le héros d'une épouvantable aventure. Il passera quelques heures dans les tourments ; il aura le corps à moitié brûlé et les doigts coupés. Au milieu de la nuit, ses bourreaux lui accordent un court répit ; ils doivent le brûler à mort à l'aube. Ils sont une cinquantaine dans la cabane du supplice.

L'aventure du Huron Joachim L'heure est avancée, le sommeil les gagne les uns après les autres. Joachim est attaché à un poteau ; poussé par une implacable volonté, il dénoue ses liens ; il s'échappe, complètement nu, sans vivre, à demi brûlé. Et pendant quinze jours, il circule en Iroquoisie avec une telle prudence et avec une telle habileté que personne ne le découvrira. Il se nourrit de petits fruits sauvages et de racines. Il atteint à bout de force le rivage du lac Ontario ; cette fois, pense-t-il, c'est bien la mort. Mais non. Par un hasard extraordinaire, juste à ce moment-là, passe la flottille qui conduit les Français à Onnontaé. Vers neuf heures du soir,

M. Dupuis ? Soit François (env. 20 ans), soit Jean (env. 15 ans) les passagers entendent des gémissements. M. Dupuis fait battre le tambour. Joachim a encore assez de force pour s'approcher un peu. On l'accueille. Il n'a plus que la peau sur les os. Les Indiens lui donnent un breuvage qui lui permet de garder la nourriture qu'il prend tout de suite. C'est le 25 juin. Ils lui procureront un peu plus tard un canot, un compagnon et des vivres pour retourner à Québec.

Si le détachement agnier n'a pas osé empêcher la construction d'une résidence à Onnontaé, s'il n'a pas eu l'occasion d'arrêter la migration de la colonie huronne, il a certainement réussi dans son dessein secondaire : se saisir, avant son départ, d'une partie importante de cette colonie, prendre par la force ce qu'il ne paraissait pas devoir obtenir par des négociations.

CHAPITRE 65

1656

La flottille portant les Français et leur cortège ne voyage que très lentement. Elle est probablement trop chargée. Elle quitte les Trois-Rivières le 20 mai et arrive à Montréal le 31. Le lendemain, un canot rapide s'éloigne pour aviser la capitale iroquoise de la venue des Français. Ceux-ci doivent abandonner les lourdes chaloupes et trouver une vingtaine de canots pour la navigation sur le Saint-Laurent supérieur coupé par les rapides et les cataractes. Le départ n'a lieu que le 8 juin.

La flottille des Français, des Onnontagués et des Tsonnontouans en direction de l'Iroquoisie supérieure

La route est maintenant difficile. Les portages se succèdent. À deux lieues du poste de Montréal, des Agniers fuient devant cette nombreuse flottille, croyant montée par des Hurons et des Algonquins. Une enseigne flotte à un mât : c'est une bande de taffetas blanc portant le nom de Jésus. L'ayant reconnue, les Agniers se rapprochent mais ils reçoivent une bien mauvaise réception. Les Onnontagués les accablent d'injures, leur reprochent leurs attaques, leurs trahisons et leurs pillages, enfin, ils se rendent à leurs canots, s'emparent de leurs meilleures armes et de tout ce qui leur convient.

La flottille avance régulièrement. Un canot se brise, on en construit un autre ; on tue des orignaux ; on traîne les embarcations à la cordelle dans les eaux rapides, on portage à côté des cascades. Il pleut, il fait beau ; le 17 juin, on donne le nom du lac Saint-François à l'un des élargissements du fleuve ; un jour, on fait bonne pêche de barbues ; un autre jour, une femme accouche et l'on baptise le bébé, et le voyage continue sous la pluie ; quelques chasseurs indiens surpris s'enfuient : on prend leurs armes, leurs peaux de castor, tout leur attirail ; on capture l'un d'eux, c'est un Andaste aventuré loin de son pays ; plus tard, on rencontre des Agniers en trois canots qui reviennent de la guerre contre les Nez-Percés ; ils ont quatre scalps d'hommes, ils conduisent en captivité une femme et deux enfants.

Bientôt les rapides sont franchis ; la navigation est désormais facile. Toutefois, à partir du 3 juillet, la famine sévit dans l'expédition. Le village de pêcheur sur lequel on comptait se ravitailler, Otiatannehengue, est sans ressources. M. Dupuis dépêche immédiatement un messager à Onnontaé pour expliquer la situation difficile dans laquelle se trouve le groupe. En attendant, on tâche de ne pas mourir de faim. Mais les filets ne rapportent rien et le père supérieur tombe malade. Les voyageurs découvrent une prairie marécageuse où les atocas sont mûrs et ils s'en nourrissent pendant un temps. Sournoisement,

Le village d'Otiatannehengue

atocas = canneberges

les Indiens commencent à se défiler ; chaque jour, il en part quelques-uns, et la tactique n'est pas mauvaise, car il est difficile à une si grosse troupe de vivre sur le pays. Les Tsonnontouans enfin prennent congé, mais pas avant que les Français ne leur aient offert deux présents : l'un pour aplanir la route entre les deux pays, l'autre, pour effacer les fatigues : « Nous donnâmes en particulier deux capots et quelques autres petits présents aux principaux pour les gagner. »

Les Tsonnontouans quittent la flottille.

L'expédition poursuit sa route pénible et lente. À l'embouchure de la rivière Oswego, les vivres sont complètement épuisés. Les hommes affamés doivent ramer quand même. Bientôt se présentent de violents rapides qu'il faut remonter péniblement tout le jour. Des canotiers tombent malades, d'autres perdent courage, tous sont à bout.

Au pire de la misère paraît un canot chargé de vivres. Le conducteur de ce ravitaillement harangue les étrangers, il présente d'énormes saumons cuits et des sacs de maïs au nom des sachems et du père Chaumonot. Deux autres canots paraissent plus tard. La nuit suivante, un membre de l'expédition capture vingt beaux saumons et quelques barbues. À la famine succède l'abondance, et les voyageurs sont rassérénés et rassasiés. Le 10 juillet, ils peuvent entreprendre avec vigueur un deuxième rapide de cinq lieues : « Nos gens prirent en chemin faisant, trente-quatre autres saumons à coups d'épées et d'avirons : il y en avait si grande quantité qu'on les assommait sans peine. » Et le soir, au moment de camper, ils rencontrent l'un des premiers capitaines d'Onnontaé. Celui-ci prononce un discours pour exprimer la joie de tout le pays : les sachems sont dans l'impatience, dit-il, les quatre tribus supérieures sont comblées de joie.

L'arrivée au lac Gannentaa

Enfin, le 11 juillet 1656, vers trois heures de l'après-midi, les Français sont à l'entrée du lac Gannentaa, à côté de l'actuelle ville de Syracuse. Ils descendent à terre cinq pièces de canon ; pour la première fois, les échos de l'Iroquoisie répercutent les détonations de l'artillerie ; aux canonnades succèdent les arquebusades : « Ce bruit roulait sur les eaux, éclatait dedans l'air, et résonnait fort agréablement dans les forêts. » Les pierriers sont embarqués tout de suite, les canots se rangent en bel ordre, quatre par quatre, ils avancent sur la surface calme entre les rives boisées, une seconde salve d'arquebuse déchire les airs, et c'est l'arrivée en grand apparat à l'emplacement choisi, devant les sachems et la foule qui attendent sur le rivage.

Le lac Gannentaa a deux lieues de long et une demi-lieue de large. C'est sur le rivage méridional que coulent les salines et les sources d'eau douce ; on y trouve du sel à l'état pur. Les tourtes fréquentent les salines au printemps, on peut en tuer jusqu'à sept cents par matinée. Le lieu que les Jésuites ont choisi est tout près sur une petite butte qui domine le lac et les alentours.

Les sachems ont fait dresser deux plates-formes pour les cérémonies de l'accueil. Des harangues doivent y être prononcées. Une grosse pluie coupe court à ces préparatifs. Chacun doit se mettre à l'abri. Mais les Onnontagués montrent « dans leurs yeux et leurs gestes les sentiments de leur cœur tout rempli de tendresse » pour les Français. D'après leurs coutumes, ils devraient entretenir les étrangers avec des harangues, des chants, des danses pendant une partie de la première nuit : ils constatent cependant que les Français sont fatigués, ils se retirent à quelque distance, mais ils fredonnent toute la nuit leurs airs les plus doux pour chasser cette fatigue. Bref, l'accueil est bien-veillant, la réception amicale, émouvante et sincère.

Le lendemain, 12 juillet, le chant du *Te Deum* retentit dans la forêt. Les sachems peuvent ensuite offrir leurs présents aux Français pour les féliciter officiellement de leur heureuse arrivée et leur souhaiter un bon établissement. Le dimanche 16 juillet, communion de tous les Français et le lundi 17, début des travaux : il faut une palissade tout autour pour les protéger un peu ; le bois ne manque pas, la forêt est proche.

Toutes ces cérémonies se sont déroulées loin de la capitale onnontaguée ; celle-ci veut maintenant souhaiter elle-même la bienvenue aux étrangers. Dans l'après-midi, le père Le Mercier, supérieur, part avec une quinzaine de sol-dats. Le groupe se dirige vers Onnontaé. La foule accourt sur la route. À un quart de lieue du bourg, c'est la halte obligée pour entendre la harangue d'un grand capitaine qui leur souhaite la bienvenue. Précédant les Blancs, celui-ci les conduit ensuite dans la bourgade palissadée parmi la population qui s'est rangée des deux côtés ; un second capitaine ferme la marche. À la porte du bourg éclate une salve de mousqueterie. Les visiteurs entrent dans la cabane de l'un des principaux capitaines où les derniers préparatifs ont été faits. Les Onnontagués apportent une abondance de fruits ; dix jours se passent en fes-tins continuels. Les invitations pleuvent ; venaison et poisson forment les plats principaux de tous les festins. Plus tard se présente, tambour battant, une se-conde escouade de Français, et c'est alors que les réjouissances battent leur plein. La joie est si évidente qu'elle ne peut qu'être sincère. Si jamais les relations se rompent entre les deux pays, disent les missionnaires, ce sera le fruit de l'inconstance des sentiments et non de l'hypocrisie, car un peuple tout entier ne peut feindre des sentiments qu'il n'a pas. Les *Relations* emploient des expressions d'une grande force qu'il faut noter : « On ne vit jamais tant de visages épanouis... ; ...et je ne crois pas qu'on puisse concevoir, sans l'avoir vu, les témoignages d'amour et de cordialité qu'ils nous donnaient. Si, après tout cela, ils nous trahissent et nous massacrent, je les accuserai non pas de dissimulation, mais de légèreté et d'inconstance, qui peut changer en peu de temps l'amour et la confiance de ces Barbares en crainte, en haine et en perfi-die... »

Pour comprendre cette joie, il faut bien saisir que les Onnontagués vien-nent de gagner un point : ils croient avoir une bonne chance maintenant d'ob-tenir la colonie huronne de l'île d'Orléans, ou plutôt ce qu'il en reste si toute-fois ils sont au courant de l'attaque récente des Agniers ; ils échappent ou ils

Les Français chaleureusement accueillis à Onnontaé.

Les avantages que l'alliance avec les Français apporte aux Onnontagués.

peuvent échapper facilement à l'asservissement que les Agniers font peser sur eux lorsqu'ils passaient dans leur pays pour porter leurs fourrures à Fort Orange, et en rapporter des marchandises européennes ; ils se flattent sans doute d'obtenir maintenant directement des munitions et des armes pour leurs guerres ou de les faire réparer au besoin ; et ils comptent sur le fait que si la nécessité se présente, les Français feront cause commune avec eux, les aideront à fortifier leurs bourgades, à les défendre, et pourront empêcher les conséquences d'une défaite ; car même en ce moment, après la destruction des Hurons, des Neutres et d'une partie des Ériés, les tribus supérieures ne sont pas très sûres d'elles, elles éprouvent souvent de fortes et angoissantes inquiétudes. Les Onnontagués ont donc de sérieuses raisons de se réjouir.

Des ambassadeurs des autres tribus viennent saluer le père Le Mercier le soir même. Les Onnontagués lui témoignent une très grande marque d'amitié et de confiance : « ...Ils voulurent par un présent que sa natte fut le lieu des conseils et des assemblées, c'est-à-dire le palais où on devait traiter de toutes les affaires du pays. » C'est dire que les conseils auront lieu devant le père supérieur et qu'il occupera ainsi un poste stratégique qui lui permettra d'être au courant des affaires.

Le père Le Mercier est reçu dignement.

Les Onnontagués, comme les autres tribus, offrent leurs cadeaux. Même des députés des Agniers sont présents, ils imitent leurs compatriotes ; mais « étant piqués au jeu et ne pouvant supporter notre alliance avec ces peuples, ils firent une harangue pleine de risées et de railleries contre les Français... ». En fait, ils digèrent mal leur défaite. Mais leur orateur n'a pas longtemps l'assistance avec lui, car il commet un impair ; dans son désir d'excuser ses compatriotes d'avoir reçu à Québec des présents pour les autres tribus et de les avoir gardés, contre toute honnêteté, il se moque des Français qui, dit-il, ont été assez stupides pour donner des choses qui ne se partageaient pas. Malheureusement pour lui, le père Le Mercier a assisté à l'époque au conseil, lorsque le gouverneur de la Nouvelle-France les a offerts ; il peut les énumérer, bandes ou colliers de grains de nacre, arquebuses, capots, etc. ; il peut nommer les tribus et les personnages de marque auxquels ils étaient destinés, et demander à l'Agnier si vraiment ces objets ne pouvaient être transmis à leurs destinataires. Celui-ci ne pensait pas que les missionnaires fussent capables de parler assez bien pour se défendre en public et c'est pourquoi il avait proféré ces mensonges.

Les Français demeurent quelques jours à Onnontaé pour rendre visite aux députés ou aux membres des autres tribus qui séjournent dans la capitale ou « qui tous les jours y abordaient pour se trouver à la décision de deux grandes affaires, et au grand conseil de guerre qui se tient ordinairement en cette bourgade ». Ils n'oublient pas en particulier les représentants des Tsonnontouans et des Goyogouins. Les premiers « remplissaient l'air des chansons lugubres » pour la mort de leur grand capitaine, Ahiarantouan, assassiné

Ahiarantouan, grand capitaine des Tsonnontouans

par les Agniers près des Trois-Rivières. Les Français offrent un présent pour soulager la douleur de cette tribu qui ne pardonne pas facilement aux Agniers.

Puis un capitaine onnontagué meurt. Les coutumes iroquoises exigent une cérémonie expiatoire qui purifiera la bourgade. Les Français offrent encore deux présents à cette tribu : l'un qui essuiera ses larmes et lui rendra une voix nouvelle à la place de celle qu'elle a perdue ; l'autre, qui essuiera le sang qui peut être tombé sur la natte du conseil. Les Onnontagués répondent qu'ils vont couvrir le mort et qu'ensuite le conseil pourra s'ouvrir.

Les *Relations* fournissent malheureusement peu de détails sur le grand conseil qui a lieu à Onnontaé le 24 juillet 1656 et auquel assistent les Français et des représentants de toutes les tribus iroquoises. Par les quelques détails qu'elles donnent, on voit tout de suite qu'il a été très important.

Le grand conseil d'Onnontaé de 1656

Les Onnontagués avaient, en effet, « convoqué tous les États du pays, ou plutôt toutes les Nations [tribus] alliées, pour réconcilier les Agniers avec les Tsonnontouans, qui étaient sur le point d'entrer en guerre pour la mort du Capitaine dont nous venons de parler... ». Les Tsonnontouans paraissent moins patients que les Onnontagués, ils s'indignent plus vite des affronts. Les débats sur le sujet sont-ils longs et agressifs ? On n'en sait rien. À la fin, les parties remettent « entre les mains d'Achiendasé, [qui est notre Père Supérieur], le différend », entre la tribu la plus belliqueuse et la tribu la plus nombreuse ; et ce différend est « bientôt terminé ». Mais de quelle façon, nous ne le savons pas.

Le conseil était aussi convoqué « pour inviter tous ces peuples à mettre quelque chose dans la chaudière de guerre, c'est-à-dire pour aviser aux moyens d'attaquer et défaire leurs ennemis, et fournir à quelques frais communs ». S'agit-il de nouveau de la guerre contre les Ériés ? Il semble qu'en 1656 celle-ci soit terminée. Non pas que les *Relations* le disent en termes nets et précis ; elles ne fournissent, à ce moment-là, aucun détail nouveau. Toutefois, plus loin, se trouve le passage suivant : « Car nos Iroquois ont découvert au-delà de la Nation du Chat, d'autres nations nombreuses qui parlent la langue algonquine. Il y a plus de trente bourgs qui n'ont jamais eu connaissance des Européens, et qui ne se servent encore que de haches et de couteaux de pierre, et des autres choses dont usaient les Sauvages avant leur commerce avec les Français. Puisque les Iroquois leur vont porter le feu et la guerre, pourquoi n'irions-nous pas leur porter le feu et la paix que Jésus-Christ a apportés au monde ? » Ces phrases indiquent avec assez de précision que des détachements iroquois, tsonnontouans sans doute, ont pénétré à l'ouest par la trouée pratiquée par la destruction des Ériés, et ont atteint les tribus illinoises, beaucoup plus loin, et aussi, que les Iroquois ont entamé la lutte et se proposent de la continuer. Une autre phrase de la même *Relation* confirme cette interprétation : « Il n'y a que fort peu de temps qu'ils sont allés porter la guerre bien loin au-delà du pays des Chats à des peuples qui n'ont pas la connaissance des

Les Iroquois atteignent les tribus illinoises.

Européens, de même qu'ils leur sont inconnus. » Les Iroquois sont-ils à la
Les Iroquois recherche de fourrures ? Pourquoi vont-ils si loin ? Car d'immenses espaces
cherchent-ils séparent maintenant l'Iroquoisie et le pays où vivent ces Indiens inconnus. Ils
des fourrures savent à n'en pas douter que les Français reçoivent des pelleteries de ces ré-
dans ces contrées gions occidentales et désirent probablement s'approvisionner eux aussi dans
lointaines ? ces lointains territoires. L'annotateur des récits de Perrot dira aussi que les
guerres entre Iroquois et Illinois ont commencé durant la présente année, ou
vers cette époque, soit en 1656.

Mais pour porter le feu au loin, les Onnontagués n'en redoutent pas moins
des attaques chez eux. Un peu plus tard, le 30 juillet, les sachems onnontagués
se rendent au lac Gannentaa où la résidence des Français est en cours de construction. Ils prient leurs invités d'ériger de puissantes fortifications, « et de
rendre notre maison capable de les recevoir et de les mettre à l'abri de leurs
ennemis en cas de nécessité... ». Redoutent-ils en ce moment des attaques
sournoises de la part des Agniers, ou de celle des derniers groupes ériés ? Ils
savent déjà que les Agniers ont attaqué la flottille qui venait à Onnontaé, mais
ils ignorent probablement encore qu'ils ont enlevé des Hurons à l'île d'Orléans.

Enfin, il est question, pendant ce grand conseil du 24 juillet 1656, de
l'établissement des Français au cœur de l'Iroquoisie et surtout de l'établissement d'une mission. Mais les récits de la *Relation* sont toujours avares de
détails : ils parlent de façon générale des présents arrangés avec soin, disposés
avec beaucoup d'art et de goût, des bandes de grains de nacre, des arquebuses,
de la poudre, du plomb, des capots, des haches, des chaudières, etc. Les missionnaires et les Français se mettent à genoux ; ils entonnent à pleine voix le
La harangue du *Veni Creator*. Le père Joseph Chaumonot est leur orateur ; il parle très bien
père Chaumonot l'iroquois maintenant, il harangue avec habileté et avec feu la nombreuse assemblée.

Il parle aussi au nom des Hurons et des Algonquins. Il demande aux Iroquois de « ne faire qu'un cœur et un peuple avec toutes ces Nations ». Dans
Onnontaé qui est pour ainsi dire le lieu du parlement de tout le pays, Onontio
vient se joindre à l'Onnontagué, le plus influent des Iroquois, pour garder
l'Iroquoisie en bon ordre. Onontio remercie encore les Onnontagués pour les
deux enfants ériés qui lui ont été envoyés. Il offre aussi deux autres présents :
« l'un en reconnaissance de ce qu'ils nous avaient reçus en leur pays avec
autant de courtoisie, qu'ils nous y avaient invités avec instance ». Le missionnaire parle ensuite de son apostolat, et ici, il donne libre cours à son éloquence : « Ce n'est point pour le commerce que vous nous voyez paraître
dans vôtre pays, nos prétentions sont bien plus relevées ; vos pelleteries sont
trop peu de choses pour nous faire entreprendre un si long voyage... Gardez
vos castors si vous le trouvez bon pour les Hollandais... ; c'est pour la foi que
nous avons quitté notre pays... C'est pour la foi que je tiens en main ce riche

présent... » Il dit encore en parlant de Dieu : « Sa loi est douce ; elle défend de faire aucun tort ni aux biens, ni à la vie, ni à la femme, ni à la réputation de son prochain... » L'éloquence de l'orateur est telle que les Français sont émus, que les Iroquois paraissent touchés ; quant au missionnaire qui tient la plume, voici ce qu'il ajoute : « Pour moi, j'avoue que ce que j'ai vu et entendu en ce[tte] rencontre, passe tout ce qu'on peut en dire ou écrire. » Les paroles de l'auteur sont nobles et généreuses. Le père Chaumonot les a peut-être dites au seul nom des missionnaires ; car l'intérêt de la Nouvelle-France était probablement de ne pas négliger les relations commerciales. C'était au fond pour des problèmes et des difficultés commerciales que les Iroquois supérieurs s'étaient séparés des Agniers et avaient envoyé des députés à Québec ; ils pouvaient expédier leurs pelleteries plus facilement à Montréal qu'à Fort Orange et obtenir plus facilement des marchandises en échange ; ils n'auraient pas à passer sur le territoire des Agniers qui probablement les rançonnaient. Était-il sage d'opposer une fin de non-recevoir à leurs demandes, de se désintéresser de ce problème fondamental dans l'Iroquoisie supérieure ? S'en désintéresser, ne pas le résoudre dans la mesure où on le pouvait, n'était-ce pas refuser de les aider dans cette affaire importante, et de frustrer ces alliés imprévus des avantages qu'ils espéraient de l'alliance ? Le groupe de Français n'aurait-il pas dû compter des marchands avisés qui auraient examiné soigneusement les divers aspects de ce problème ?

Les relations commerciales plus que la foi guident les Français.

Le lendemain, 25 juillet, les Français reçoivent les députés des tribus. Ils leur présentent les « remerciements les plus aimables et les plus cordiaux qu'on puisse s'imaginer ». L'ambassadeur agnier est là parmi les autres ; il offre ses présents, lui aussi, louant le dessein des Jésuites, affirmant même qu'il veut se faire chrétien. Le 26 juillet, il vient prendre des lettres que les missionnaires veulent envoyer aux Hollandais, et les pères profitent de l'occasion pour adresser des blâmes aux guerriers qui ont pillé des maisons près de Québec ; cette habitude a entraîné la tribu dans des guerres avec les Andastes, elle pourra les entraîner dans des conflits non moins dangereux du côté de la Nouvelle-France.

Le 27 juillet 1656, les Français retournent au lac. Déjà les ouvriers travaillent ferme à la construction de la résidence. Elle portera le nom de Sainte-Marie de Gannentaa. En lui donnant ce nom, les Jésuites songent sans doute à la Sainte-Marie des rives de la baie Géorgienne, en Huronie, que plusieurs d'entre eux ont connue, qui a suscité tant d'espérance, qu'ils ont abandonnée avec tant de peine et où ils ont tant peiné et souffert. Ils espèrent sans doute recommencer : les Iroquois, tout comme les Hurons, forment une population stable, nombreuse et bien fixée dans de nombreuses bourgades ; ils représentent pour les missionnaires un immense champ à cultiver et à moissonner.

La mission de Sainte-Marie de Gannentaa

Trois jours plus tard, les sachems onnontagués viennent à Sainte-Marie. Ils offrent des présents « pour nous lier si étroitement avec eux, que nous ne fussions plus qu'un peuple ». L'amabilité des Agniers ne les a pas rassurés,

Les Onnontagués se méfient des Agniers.

leurs protestations ne les ont pas convaincus ; ils sont d'avis « qu'il ne fallait pas se fier à l'Agnier, que cette nation était fourbe et trompeuse... » ; ils supplient les Français d'ériger des fortifications puissantes, même des maisons, pour « les recevoir et... les mettre à l'abri de leurs ennemis en cas de nécessité... » ; les Onnontagués sont hantés par ce projet depuis 1653 ; ils se sentent menacés.

Le récit de ces événements est peu satisfaisant. Il est clair que toutes les tribus iroquoises sont maintenant au courant des derniers événements qui se sont déroulés sur le Saint-Laurent, c'est-à-dire de l'attaque des Agniers contre la flottille et ensuite contre la colonie huronne de l'île d'Orléans. Le conseil du mois de juillet marque une vaste tentative de réconciliation entre les tribus iroquoises, c'est-à-dire entre les Agniers et les Iroquois supérieurs. La situation devenait sérieuse ; il avait été question de guerre, il en était encore question. De graves incidents avaient eu lieu, il était logique d'en prévoir d'autres.

Nouvelle tentative de réconciliation entre les Iroquois

Or, sur ce point, les renseignements sont peu nombreux. Il semble qu'une réconciliation apparente eut lieu, mais qu'une profonde défiance demeurait au fond des esprits. Tout indignés que soient les Onnontagués et les Tsonnontouans, ils doivent cependant ménager les Agniers tant que leurs relations commerciales ne seront pas mieux établies avec la France. Sinon, les Agniers peuvent les empêcher de vendre leurs fourrures à Fort Orange, d'en rapporter des marchandises, des munitions et des armes, parce qu'ils sont les maîtres de la route qui y conduit. Ils doivent louvoyer. Si la France entreprenait énergiquement de subvenir à leurs besoins, de faire la traite avec eux, ils pourraient se sortir plus vite de leur dépendance, adopter une attitude plus énergique, plus agressive, ils pourraient se passer des Agniers et des Hollandais. Et puis, dans une affaire comme celle-là, il faut bien penser que d'autres liens ne sont pas brisés et maintiennent la Confédération : des liens sociaux, constitutionnels, traditionnels, religieux et linguistiques ; il faut mentionner aussi les guerres qu'on livre en commun, surtout celles qui viennent de débuter dans l'Ouest lointain.

Les débuts difficiles de Sainte-Marie de Gannentaa

cousins = maringouins

La malaria ou plutôt une forme de paludisme

faisolle = fève ?

Enfin, le mois d'août arrive. Les Français mènent une existence très pénible et très fatigante : « ...il fallait beaucoup travailler, peu dormir, coucher sur la terre à l'abri de méchantes écorces, ne manger pour l'ordinaire que la bouillie faite avec un peu de farine de blé d'Inde..., et être importunés jour et nuit de centaines de moucherons ou cousins qui assaillent là de tous côtés et à toute heure ». Une maladie, la malaria probablement, frappe le groupe français pendant ces journées de grande chaleur : « Nous tombâmes tous malades : c'était chose pitoyable d'en voir quelquefois jusques à vingt entassés presque les uns sur les autres, dans un temps et dans un pays où nous n'avions autre secours que du ciel. » Heureusement, poisson et gibier abondent au lac ; les Onnontagués apportent « avec grand amour de leurs blés et de leurs douceurs qui sont des faisolles et des citrouilles du pays, qui sont plus fermes et meilleures que celles de France » ; les malades se rétablissent vite, et après leur accès de fièvre, ils se rappellent « toutes les marques possibles de bonté » que leur « donnèrent les Sauvages » pendant leur maladie. Car les Onnontagués ont encore su apporter du poisson et ils ont indiqué de bons lieux de pêche.

Quant aux missionnaires, ils entreprennent avec ardeur leurs travaux apostoliques. Ils desservent une chapelle dans la capitale où se tiennent la plupart d'entre eux ; d'autres font la visite des cabanes. « On ne cessait presque depuis le matin jusques au soir de prêcher, de catéchiser, de baptiser, d'enseigner les prières, et de répondre aux demandes des uns et des autres, tant ces bonnes gens témoignent d'inclinaison pour la Foi. »

Un puissant sachem onnontagué vient habiter à Sainte-Marie pendant un certain temps ; son fils a reçu de bons traitements des mains des Français à Québec. Il déborde de reconnaissance envers le père Le Mercier. Un Tsonnontouan vient offrir une couverture en présent « pour conserver la chaleur de l'amitié qu'il venait contracter avec lui ». On dit même en Iroquoisie, que les Hollandais ont l'intention de conduire des chevaux à Sainte-Marie de Gannentaa. Cette nouvelle est certainement inventée. Les Hollandais suivent attentivement les événements qui se déroulent dans l'Ouest. Stuyvesant, gouverneur de la Nouvelle-Hollande, a communiqué aux directeurs de la Compagnie la nouvelle de l'établissement des Français à Onnontaé. Le 19 décembre, les directeurs répondent de la façon suivante : « Le rapport qui vous a été fait à l'effet que des Français en compagnie d'un Jésuite du Canada, sont venus dans le pays desdits Senèkes et qu'ils ont commencé là un établissement, n'a pas été une nouvelle agréable pour nous. Cet événement ne peut être qu'un désavantage pour la province et pour ses habitants. Toutefois, nous n'avons pas jugé opportun d'en arriver à une décision finale dans cette affaire avant d'être mieux informés ; cette décision serait prématurée et l'entreprise peut manquer d'importance. Nous désirons que vous fassiez une enquête attentive et que vous en dressiez un rapport. » Les directeurs invitent encore Stuyvesant à prendre les mesures qui s'imposent pour la sécurité de Fort Orange. Ces maigres indications laissent apparaître un conflit de juridiction : sous quelle autorité européenne se trouve l'Iroquoisie, à qui appartient-elle dans le moment présent ? La dérivation possible d'une partie du commerce des fourrures de la Nouvelle-Hollande est tout de suite à craindre.

L'établissement des Français en Iroquoisie déplaît aux Hollandais.

Les directeurs de la Compagnie n'ont pas tort. Le gouverneur de la Nouvelle-France a pris sur lui de concéder aux Jésuites, en bonne et due forme, une seigneurie aux portes de la capitale de l'Iroquoisie. En accordant ce domaine, il a fait un acte de possession. M. Dupuis, le chef de l'expédition, prend même officiellement possession du pays. Et tous les faits de cette époque, traités de paix, conseils, construction d'une résidence, concession d'une seigneurie, établissement d'une mission, etc., alimenteront et documenteront les mémoires des agents de la France, quand, en 1684, sous le gouvernement de La Barre, se posera de façon claire et nette la question de savoir si l'Iroquoisie fait partie du domaine des rois de France ou de celui des rois d'Angleterre.

CHAPITRE 66

1656

Les travaux de construction sont à peine commencés à Sainte-Marie de Gannentaa qu'un capitaine goyogouin, « homme intelligent et employé dans les affaires publiques » y arrive de la part de sa tribu. Sa mission le conduit auprès du père Le Mercier, supérieur des Jésuites. Il le prie d'accorder quelques missionnaires à son pays. Ses compatriotes dresseraient une chapelle et « le peuple demandait d'être instruit en notre créance ».

Le père Le Mercier charge le père René Ménard de cette mission ; deux Français l'accompagneront. De plus, le père Joseph Chaumonot, qui paraît dans le moment le grand ouvrier de cette vigne, accompagnera les précédents délégués chez les Goyogouins, mais lui, il poussera une pointe un peu plus loin vers l'ouest ; il se rendra chez les Tsonnontouans « pour jeter de loin les fondements d'une belle mission et d'une grande maison qu'on espère recueillir... ».

Le groupe part de Sainte-Marie à la fin du mois d'août 1656. Il parvient à destination deux jours plus tard. Le père Chaumonot ne fait qu'un court séjour chez les Goyogouins et il s'enfonce vers l'ouest. Le père Ménard reçoit une froide réception. Il obtient peu de succès avec les présents qu'il offre en l'honneur de la religion catholique. Les Hurons païens, toujours actifs, ont persuadé la tribu que les Jésuites portent avec eux « la maladie et le malheur du pays où nous entrions... ». Cependant, les sachems qui, « pour leur intérêt temporel, ne voulaient pas rompre avec nous », font construire une chapelle quatre jours après l'arrivée des missionnaires. Elle est terminée deux jours plus tard et le missionnaire y installe tout de suite diverses images qui attirent la foule. Celle-ci pose tout de suite des questions, le missionnaire répond, et bientôt, il ne donne chaque jour qu'une leçon de catéchisme mais qui dure du matin jusqu'au soir. Aux Hurons, aux prisonniers qui composaient tout d'abord l'auditoire, s'ajoutent bientôt les Goyogouins eux-mêmes. Trois frères apprennent vite au missionnaire le dialecte du pays ; celui-ci le parle bientôt avec assez d'aisance. Il baptise quelques personnes ; il affirmera peu après que la foi prend « de jour en jour plus de crédit parmi les peuples... ». Il est écouté avec attention et bientôt la chapelle se remplit de catéchumènes.

Le père Ménard demeure au travail chez les Goyogouins pendant les mois de septembre et octobre 1656 ; il doit ensuite revenir à Sainte-Marie de Gannentaa où l'on établit « le fondement et le Séminaire de toutes les autres

Misions des Iroquois ». Un peu plus tard, le sachem le plus important de la tribu goyogouine revient l'inviter de nouveau. Le Jésuite retourne vers ses ouailles avec cinq ou six Français. Il trouve sa chapelle intacte ; les prières y recommencent le jour même. Il croit assez vite que « cette Église n'est pas moindre dans sa naissance que celle d'Onnontagué ».

Quant au père Chaumonot, il est arrivé au bout d'un certain temps dans le pays des Tsonnontouans. Il a visité les grandes bourgades et les hameaux. Les Hurons de Saint-Michel constituent à eux seuls l'un d'entre eux. Les Tsonnontouans forment un peuple à part dans l'Iroquoisie ; à cette époque, ils ont pour ainsi dire leur vie et leur civilisation propres : « Ils y gardent leurs coutumes et façons particulières, et vivent séparés des Iroquois, se contentant d'être unis de cœur et d'amitié avec eux. » Les Jésuites, d'autre part, se servent encore de l'expression nations unies, en parlant des tribus iroquoises ; pour eux, l'Iroquoisie ne semble pas un pays unifié comme le Canada d'aujourd'hui ou la Suisse ; ils n'y voient pas la fédération privée et étroite que les historiens y découvriront plus tard.

Les Hurons de Saint-Michel

L'Iroquoisie : des nations unies

Le père Chaumonot assiste au principal conseil qui se tient à Gadagan, la capitale de cette région. Il offre les présents qu'il a apportés et il explique à cette occasion les principaux mystères de sa foi. Il harangue encore avec tant d'éloquence que les Tsonnontouans « après avoir bien délibéré..., firent réponse qu'ils croyaient volontiers, et embrassaient la foi qu'on avait la bonté de leur présenter, et prièrent avec insistance le père de s'habituer chez eux pour les mieux instruire de nos mystères ». Le personnage tsonnontouan le plus influent vient juste d'être frappé d'une maladie grave ; il se convertit et son exemple est d'un puissant secours. La guérison vient ensuite. Quant aux Hurons du bourg Saint-Michel, ils se rappellent de l'enseignement qu'ils ont reçu une décade plus tôt ; ils renouent avec l'habitude des pratiques religieuses.

Cet engagement apostolique a conduit le père Chaumonot dans les environs de ce qui est aujourd'hui Rochester, non loin du rivage sud-ouest du lac Ontario. Mais le missionnaire ne peut s'attarder dans ce district. Il revient à Sainte-Marie. C'est la période d'exploration avant la période d'organisation. Il faut prendre contact avant de s'établir définitivement.

L'offensive se déroule également dans l'Est. Les Jésuites décident de se rendre chez les Onneyouts. Au moment de partir de Sainte-Marie, ils reçoivent des nouvelles alarmantes. Un Onneyout aurait surpris quelques Hurons près des Trois-Rivières et les aurait tués. Ses compatriotes lui reprochent d'avoir massacré des alliés des Français. L'assassin répond avec humeur qu'il trouvera bien le moyen d'assommer aussi des Français. Les missionnaires consultent les sachems d'Onnontaé et ils entreprennent le voyage quand même. Accompagnés de deux Français, les pères Chaumonot et Ménard se mettent en route. Ils arrivent à la bourgade au moment d'un grand carnaval, peut-être la fête de la Folie. En leur honneur, les Onneyouts remettent leurs cérémonies à

Les Jésuites se rendent chez les Onneyouts.

plus tard. Le premier jour, les pères reçoivent les visites des Hurons prisonniers dans le pays et celles des personnages onneyouts les plus en vue. Le conseil solennel a lieu le second jour. L'un des missionnaires offre vingt présents ; trois d'entre eux ont trait à l'adoption des Onneyouts comme enfant d'Onontio. Deux autres, à la foi catholique. Il semble qu'ici aussi, c'est le père Chaumonot qui prononce un discours sur la religion chrétienne.

Mais aucune mission n'est établie à la suite de cette visite et de ces présents. Les sachems onnontagués qui accompagnent les missionnaires craignent « quelques surprises » et ils précipitent le départ. Le terrain serait moins favorable ici que chez les autres tribus iroquoises. Les Onneyouts sont les voisins des Agniers, ils copient la politique de ces derniers. Ici, on se rapproche sensiblement de Fort Orange et de la Nouvelle-Hollande.

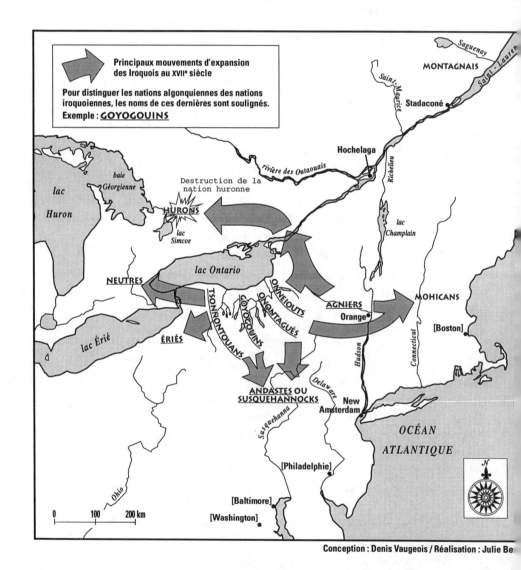

Conception : Denis Vaugeois / Réalisation : Julie Be

Chapitre 67

1656

À cette époque, la Nouvelle-France ne peut affaiblir, abattre et détruire la nation iroquoise. Face à cette dernière, il n'y a qu'une politique possible : la réconciliation, les compromis et la paix. Les Français l'ont bien compris et ils se lancent à fond dans cette aventure.

Toutefois, pour exécuter cette œuvre d'une grande importance politique et religieuse, le pouvoir civil n'emploie que des missionnaires. Il n'a pas sous la main, ou bien il ne songe pas à dépêcher à Onnontaé des ambassadeurs civils ou des laïques éminents. Plus tard, il se servira par exemple de Cavelier de La Salle, qui, pendant toute une période, aura beaucoup d'emprise sur les Iroquois, de Charles Le Moyne et surtout de ses fils. C'est peut-être une erreur. Les missionnaires qui, comme c'est naturel, sont surtout intéressés par la conversion de ces tribus, ne peuvent sacrifier sans malaise leur travail à des questions commerciales et d'échanges internationaux. L'honnêteté fondamentale du prêtre s'accorde mal avec la parfaite habileté de l'ambassadeur. Et encore une fois, l'Iroquoisie prend contact avec la civilisation française sous ses aspects les plus durs, les plus austères et les plus sévères : les éléments religieux. Le problème se pose de la façon suivante : il est excellent de vouloir convertir l'Iroquoisie, mais faute de la convertir, il faut établir des relations d'une autre nature et les maintenir.

René-Robert Cavelier de La Salle (1643-1687)

Les Jésuites travaillent toutefois à une entente durable. Ils savent bien qu'en convertissant les Iroquois, ils les rangent dans le camp de la France ; ou plutôt, qu'ils transforment des ennemis en amis sympathiques et dévoués. Ils se jettent à corps perdu dans cette besogne. Mais en même temps, ils trouvent le moyen d'observer l'Iroquoisie et ses habitants. Les pages qu'ils écrivent à ces sujets, trop peu étudiées jusqu'à aujourd'hui, sont d'un intérêt perpétuel. Les Hollandais ont surtout observé les Iroquois du dehors, à Fort Orange où ils viennent pour la traite et des conseils ; les missionnaires les étudient chez eux, dans leurs bourgades, au cours de mille occupations de la vie quotidiennes, des rites, des cérémonies, de l'éclat des fêtes.

Les Jésuites : anthropologues ?

Les Jésuites décrivent tout d'abord l'aspect physique de l'Iroquoisie, ce pays aux longues et profondes vagues de terre. Les arbres fruitiers y abondent ; les immenses futaies sont composées de chênes et de noyers. Les sources sont nombreuses. De l'une d'elles, dans le pays des Tsonnontouans, jaillit du pétrole : « On voit une eau dormante et épaisse qui s'enflamme comme l'eau-de-vie, et qui s'agite par bouillons de flamme aussitôt qu'on y a jeté du feu :

Description de l'Iroquoisie

aussi est-elle si huileuse, qu'elle fournit à tous nos Sauvages de quoi s'oindre et se graisser la tête et le reste du corps. » Une autre est si sulfureuse, qu'elle s'enflammerait aisément. D'autres sont salées, la plupart sont douces. De très beaux lacs ornent l'Iroquoisie du centre et de l'ouest ; creusés du nord au sud par des glaciers, étroits et longs, pittoresques. (Ils attirent aujourd'hui un grand nombre de touristes.) Les ruisseaux et les rivières regorgent de poisson.

Les Relations *décrivent les Iroquois, leurs mœurs et leurs coutumes.*

Les *Relations* étudient longuement la population qui vit dans les quatorze bourgades. L'Iroquois est belliqueux. « L'humeur de toutes ces Nations est guerrière et cruelle, et faute d'avoir des voisins à combattre, pour les avoir tous subjugués, elles vont chercher dans d'autres contrées de nouveaux ennemis. » Chez eux, la cruauté n'est pas un vice mais bien une vertu : « ...Ils ont fait école dès le berceau à leurs enfants, et les accoutument aux carnages les plus atroces et aux spectacles les plus barbares. Leurs premières courses ne sont que pour répandre du sang humain et se signaler par des meurtres, et leurs troupes enfantines armées de haches et de fusils, qu'elles ont de la peine à soutenir, ne laissent pas de porter partout l'épouvante et l'horreur. Ils vont à la guerre à deux et trois cents lieues loin de leur pays, par des rochers inaccessibles et des forêts immenses, n'étant munis que d'espérance, et ne laissant dans leurs Bourgs, pendant des années entières, que leurs femmes et leurs petits enfants. Mais quelques chevelures qu'ils remportent, ou quelques prisonniers de guerre destinés à la boucherie, sont les trophées dont ils croient leurs travaux heureusement récompensés. » Les Iroquois forment ainsi un peuple profondément combatif. Si la Ligue a été formée au début pour établir la paix dans le monde, elle ne s'en souvient plus. Malgré ses triomphes, elle n'élargit pas cependant les limites des régions qu'elle occupe : « Cependant ces victoires leur causent presque autant de pertes qu'à leurs ennemis, elles

Dans les bourgs iroquois, plus d'étrangers que de naturels de ce pays

ont tellement dépeuplé leurs bourgs, qu'on y compte plus d'étrangers que de naturels du pays. Onnontagué a sept nations différentes qui s'y sont venues établir, et il s'en trouve jusqu'à onze dans Sonnontouan ; en sorte que leur ruine, causée par leurs conquêtes, nous donne l'avantage de prêcher la foi à quantité de nations diverses que nous ne pourrions aller instruire chacune dans son pays. » Les historiens devraient tous relire ces pages ; ils se rendraient compte qu'à ce moment-là, les Iroquois qui ont acquis de si grands territoires de chasse par la destruction des Hurons, des Neutres et des Ériés, par la migration de tant de tribus mineures, n'ont plus vraiment besoin de continuer leurs

Pour un aperçu des conquêtes iroquoises, voir la carte à la page 110.

guerres offensives pour se procurer des pelleteries ; il y avait dans leur caractère, soit de façon innée, soit développé par de longues luttes pour survivre, un élément belliqueux qui s'exerçait pour ainsi dire sans besoin. Les Iroquois auraient aussi rapidement perdu sous l'influence des apports d'autres races, toute espèce d'identité, d'unité et de cohésion, si leur civilisation n'avait pas été assez forte pour les assimiler rapidement. Celle-ci avait un charme pénétrant que Radisson a senti ; elle a une influence insinuante que sentiront même les prisonniers français.

Les pages que les Jésuites consacrent aux mœurs iroquoises sont parmi les meilleures que l'histoire possède. Ces Français observent leurs hôtes avec curiosité : le mari et la femme, par exemple, qui vivent pendant le jour dans leurs familles respectives, et cela durant des années ; cette fête curieuse que l'on appelle celle de la Folie ; les superstitions relatives aux maladies, aux songes, etc. Ainsi, les coutumes relatives à la mort sont décrites avec une vivacité extraordinaire : « Aussitôt que quelqu'un a expiré dans une cabane, on y entend des cris et des lamentations de la parenté assemblée, de tout âge et de tout sexe, si effroyable qu'on prendrait ce tintamarre lugubre qui dure les mois et les années entières, pour les hurlements de l'Enfer. » Les enfants sont élevés dans la plus absolue liberté : « ...Ils vivent à leur fantaisie dans la maison de leurs parents, sans crainte de réprimande ni de châtiment. » Une espèce de communisme naturel et absolu règne parmi le peuple ; il n'y a point de pauvres tant qu'il y a des riches : « ...Leur bonté, humanité et courtoisie ne les rend pas seulement libéraux de ce qu'ils ont, mais ne leur fait presque rien posséder qu'en commun. Il faut que tout un bourg manque de bled avant qu'un *bled = blé d'Inde* particulier soit réduit à la disette : ils partagent leurs pêches en égales portions avec tous ceux qui surviennent, et ils ne nous font reproche que de nôtre réserve à y envoyer souvent faire nos provisions. » Bref, toutes ces observations précises et subtiles forment une matière abondante pour celui qui veut étudier la mentalité des peuples aborigènes.

Ce contact prolongé contribue un peu à chasser l'idée de ce que l'on peut appeler l'Iroquois-monstre qui s'était formée dans les esprits de la Nouvelle-France. L'ignorance presque complète dans laquelle on était, les rencontres rapides et fugitives avec des guerriers cruels, les récits des supplices infligés aux prisonniers, avaient projeté une image déformée et démesurément grossie : l'Iroquois, c'était le démon incarné, un personnage d'enfer. Ainsi, les missionnaires présentent comme un fait extraordinaire leur existence en *L'Iroquois, le* Iroquoisie : « Nous logeons et nous mangeons en toute sûreté avec ceux dont *démon incarné ?* l'ombre, il y a peu de temps, et le seul nom nous donnait de la frayeur. » Une connaissance plus précise chasse un peu ce fantôme : l'Iroquois déchoit, il devient un homme et surtout un Indien comme les autres, ni meilleur ni pire que les Algonquins ou les Hurons ; il est rabaissé au niveau des êtres humains ordinaires qu'on peut manœuvrer, tromper et modérer, que l'on peut influencer. La notion de l'Iroquois-démon, qui sera fortement conservée et encore longtemps, ne disparaîtra presque jamais des esprits, faisant jeter le manche après la cognée ; elle inspirait aux Français l'envie de détruire complètement cet ennemi, ne laissant envisager qu'une solution, la guerre à mort ; par contre, la notion de l'Iroquois-homme, que seul Frontenac peut-être comprendra pleinement, inspirera des moyens humains et bien ordinaires de conduire le voisin dans la voie souhaitée.

La *Relation* de l'année 1656 est encore très optimiste quant à l'avenir. C'est un point qu'il faut souligner. « Nous recevons autant de caresses et de

Les bonnes relations entre Français et Onnontagués

témoignages de bienveillance que nous craignions d'effets funestes de leur cruauté... La durée de cette union, qui semble croître tous les jours, nous a fait perdre la crainte que nous eussions pu avoir au commencement, qu'un premier accueil si joyeux ne fut suivi d'une issue également funeste. » Le missionnaire parle encore de « ces douces pentes, ces complaisances et ces tendresses pour nous... Il n'y a jamais de plus grande joie, ni de plus grande fête dans leurs cabanes et leurs bourgs, que quand ils peuvent nous y posséder. S'ils ne peuvent nous y retenir assez longtemps, ils témoignent ne pouvoir souffrir notre absence, en nous suivant par troupes jusques dans nôtre habitation, pour y vivre avec nous... ». Personne n'est malade à Sainte-Marie sans recevoir des cadeaux de gibier ou autres ; personne ne se rétablit sans se voir offrir des présents. Les Français utilisent les coutumes iroquoises pour se glisser dans l'intimité de leurs hôtes : ils deviennent les frères, les neveux, les pères, les enfants de certains Iroquois. Ainsi le père Le Mercier contracte une alliance de ce genre avec Sagochiendagehité « qui a la puissance et l'autorité

L'Onnontagué Sagochiendagehité probablement Garakonthié

royale sur toute la Nation d'Onnontagué, quoi qu'il n'en ait pas le nom, le contrat de leur union qui se fit en présence des députés des Cinq Nations leur ayant fait toujours depuis considérer les Français comme une partie de leur peuple, qu'ils sont obligés de chérir et de défendre de tout leur pouvoir ». Bref, les Onnontagués et même les Goyogouins et les Tsonnontouans en usent envers les Français comme envers leurs plus grands amis. Ils viennent même offrir huit présents lors du décès de deux Français.

Les Iroquois se convertissent en grand nombre.

Enfin, à l'automne de 1656, et même au printemps de 1657, les relations entre les deux peuples semblent sur la bonne voie. Tout marche à la perfection et même, ce qui surprend, dans le domaine religieux. Les missionnaires entretiennent les plus grandes espérances. Les Iroquois « embrassent nôtre sainte Religion avec plus de ferveur que ceux qu'ils ont exterminés... Ils repeuplent l'Église que leur cruauté avait dépeuplée ; ils bâtissent chez eux plus de chapelles qu'ils n'en avaient détruit chez leurs voisins. » Enfin, la prédication remporte « de si merveilleux effets ...qu'il s'est fait plus de chrétiens iroquois en deux mois, qu'il ne s'était converti de Hurons en plusieurs années ». Les commentaires de ce genre se multiplient : « Leur ferveur ferait prendre cette Église naissante pour une Église formée et établie par plusieurs années ou par plusieurs siècles » ; il est question d'un « grand empressement pour assister aux prières et aux instructions publiques ». Les Onnontagués seraient mieux disposés que les Iroquois des autres tribus : « Les enfants y sont dociles, les femmes portées à la dévotion la plus tendre, les anciens affables et respectueux, les guerriers moins superbes qu'ils ne le paraissent. » Les fruits prometteurs de la conversion prennent corps ; et les missionnaires veulent encore profiter de « la coutume qu'observent ces Nations de se faire chaque année réciproquement des présents d'amitié dans les Conseils et les Assemblées publiques... », pour expliquer les fondements de la religion chrétienne. Déjà, ils utilisent la coutume qui oblige les sachems et les parents à s'assembler pendant la nuit qui suit des funérailles pour raconter des événements historiques ; eux, ils relatent l'histoire du catholicisme.

De nombreuses ombres obscurcissent pourtant ce tableau. Le caractère des Iroquois est trop instable, guerrier et bouillant ; un libertinage extrême règne dans la jeunesse ; les Hurons non convertis répandent dans toute l'Iroquoisie des calomnies ; ils prétendent que la conversion au catholicisme apporte avec elle les épidémies, les guerres et la ruine. Ce sont des obstacles *Quelques obstacles* graves à la propagation de la foi. Et qu'ils soient Hurons ou autres, les prison- *à la propagation* niers souffrent de mauvais traitements. Les Jésuites découvrent que ces mal- *de la foi* heureux se divisent en trois catégories : les prisonniers de guerre, les étrangers qui, de leur plein gré, sont venus se soumettre aux Iroquois et enfin « les autres, déchus dans l'esclavage, après avoir été les plus opulents et les plus considérés de leurs bourgs... ce sont pour la plus part des jeunes femmes ou filles, lesquelles n'ayant pu trouver parti parmi les Iroquois, sont incessamment exposées au danger de perdre l'honneur ou la vie... ».

Toutefois, durant ces premières semaines de contact, les Jésuites conçoivent de fortes espérances. Les Onnontagués leur paraissent mieux disposés que les autres. La classe de nobles ou sachems se laisse ébranler ; ils « témoignaient au commencement toute l'indifférence possible pour nos mystères », mais « il y en a maintenant quelques-uns d'entre eux catéchumènes cachés, et quelques autres qui font profession ouverte de la Foi, sans qu'aucun d'eux s'oppose au progrès de l'Évangile ». Le travail d'apostolat fait aussi des progrès parmi les représentants des diverses nations qui composent l'Iroquoisie.

Tel est le riche bilan du commencement des établissements français en Iroquoisie. Il est rempli de promesses. Fatigués des exactions des Agniers, les Iroquois supérieurs ont pris nettement la résolution d'entrer en communication avec la France. C'est un vaste mouvement qui est soutenu par quatre tribus. Et les premiers contacts sont si heureux que l'on dirait le prélude d'un âge d'or.

CHAPITRE 68

1656

L'année 1656 est pleine d'événements d'importants. Tout d'abord, il s'est produit la fondation de Sainte-Marie de Gannentaa, ensuite l'expédition des Agniers à l'île d'Orléans entraînant la capture de près de cent Hurons. À la fin du mois d'août, un troisième fait, non moins significatif survient. Pour la seconde fois, une grande flotte outaouaise descend du Sault Sainte-Marie, ou plutôt de la baie Verte. Elle est composée de cinquante canots chargés de fourrures et elle est montée par deux cent cinquante hommes ; elle a été dirigée sur ce long trajet de cinq cents lieues par deux jeunes Français qui étaient partis avec le convoi de 1654.

Des Outaouais descendent à Québec.

Selon Thwaites, il pourrait s'agir de Radisson et de Chouart des Groseilliers.

Les Outaouais arrivent en bel ordre. Ils érigent des wigwams temporaires à Québec puis montent au château Saint-Louis où le gouverneur les attend. Ils n'offrent que deux présents, mais fort significatifs l'un et l'autre : le premier symbolise la demande qu'ils font de deux Français pour les accompagner et passer l'hiver avec eux ; le second est une invitation adressée aux missionnaires de se rendre avec eux en ces régions lointaines. Le gouverneur accède immédiatement à ces demandes.

La nation des Puants, les Illinois, les Sioux, les Kristineaux (aussi appelés Cris)

Les deux Français qui reviennent de l'Ouest racontent leur voyage à tout venant. Ils parlent de la nation des Puants qui habitent la baie Verte, des Illinois qui sont leurs voisins, au sud, et habitent environ soixante bourgades, des Sioux, des Kristineaux et autres tribus qui gravitent autour des lacs Supérieur et Érié. Ce sont les Hurons du Pétun et les Outaouais, chassés dans l'Ouest par les Iroquois, qui conduisent ces peuples vers la Nouvelle-France et continuent les relations commerciales amorcées au début de la présente décade. Les rapports de ces deux Français répandent dans la population une espèce de fièvre. C'est tout le vaste monde de l'Ouest qui s'ouvre devant elle : fourrures à amasser, profits à réaliser, âmes à convertir, relations intimes à établir. Les Jésuites décident immédiatement d'envoyer là-bas les pères Léonard Garreau et Gabriel Dreuillettes, « anciens ouvriers Évangéliques, bien versés dans les langues Huronnes et Algonquines », ainsi que le frère Louis Le Boesme. Trois jeunes Français, qui sont prêts à les servir à la vie et à la mort, les accompagneront. La vue des belles fourrures de l'ouest incite trente autres Français à s'équiper pour remonter la voie fluviale avec la flotte, dans l'espérance de conduire au loin un commerce lucratif.

Léonard Garreau, Jésuite (1609-1656)

Gabriel Druillettes (Dreuillettes), Jésuite et explorateur (1610-1681)

Une expédition française part pour les Grands Lacs en compagnie des Outaouais.

Le jour du départ arrive, tous s'embarquent dans des canots chargés de marchandises de traite et de provisions. Après une journée de navigation, ils rencontrent deux embarcations dépêchées par le gouverneur des Trois-Rivières, montées par deux soldats, et qui apportent un message inquiétant : un gros détachement agnier est arrivé sur le fleuve ; il tentera probablement d'attaquer la flotte par surprise, de la piller, de massacrer les Indiens qui la conduisent. Il faut que les Outaouais en conséquence soient prudents et se tiennent sur leurs gardes. Ils auront affaire à cent vingt guerriers environ.

Grâce à leur excellent système de renseignements, les Agniers ont encore reçu avis du départ ou du passage à la baie Verte du convoi outaouais. Ils ont aussitôt assemblé bon nombre de guerriers ; ceux-ci ne sont pas arrivés assez vite au Saint-Laurent pour intercepter les fourrures, mais ils peuvent maintenant s'emparer des marchandises, ce qui n'offre pas moins d'intérêt et qui revient à la même chose : détruire le commerce français et arrêter les relations commerciales entre les tribus des Grands Lacs et la Nouvelle-France. Les Agniers agissent-ils sous le coup d'un pressant besoin de pelleteries ou de marchandises ? Sont-ils poussés par les Hollandais qui ne désireraient que l'affaiblissement ou la destruction d'une colonie rivale ? Se considèrent-ils comme les égaux des Français et veulent-ils dériver à leur profit ce courant nouveau de fourrures ? Ou bien, en pirates invétérés, sont-ils incapables de voir un convoi passer au loin sans tenter de le piller, bien qu'ils aient de beaux territoires de chasse à exploiter ? On ne sait trop quelle réponse donner à ces questions. Mais un fait est sûr : ils savent que cet acte sera désagréable à la Nouvelle-France, ils risquent une rupture, mais ils n'en redoutent pas les conséquences.

Pourquoi les Agniers veulent-ils intercepter le convoi ?

Les Français ne semblent pas s'alarmer outre mesure, comptant sans doute sur le nombre des Outaouais pour s'assurer une victoire. Les Agniers ont maintenant dépassé les Trois-Rivières. Ils sont bien renseignés sur les mouvements de la flotte, et le jour où ils doivent la rencontrer, ils se mettent en embuscade derrière une longue pointe de terre ; ils veulent la surprendre, la bousculer, lui infliger une défaite. Mais avertis eux aussi de la présence de l'ennemi, les Outaouais attendent la nuit. Et, redoublant le jeu des avirons dans l'obscurité, ils passent au large sans être découverts. Ils arrivent bientôt aux Trois-Rivières. Les jeunes Français décident tous d'abandonner la partie ; ils n'ont pas de canots convenables, bien plus, ils ne savent pas manœuvrer les canots d'écorce et ils les ont déjà endommagés ; leurs provisions de bouche ont fondu, ils savent maintenant que le voyage peut leur réserver bien des peines et des difficultés ; ils appréhendent une escarmouche avec les Agniers. Bref, ils ne sont pas les durs aventuriers que deviendront leurs fils et les premiers cent milles parcourus les ont rassasiés d'aventures. Seuls les missionnaires et leurs gens persévèrent dans leurs desseins.

Les Français retournent à Québec.

Les Outaouais repartent, les Agniers à leur trousse. Les Français des Trois-Rivières prient les Agniers de ne pas continuer la poursuite mais ils n'obtiennent pas satisfaction. Ils insistent en disant que quelques-uns de leurs compatriotes se trouvent parmi les Outaouais. Les Agniers prétendent alors que leurs balles ont assez d'esprit pour distinguer un Français d'un Indien, si par malchance elles se trompaient, ce serait un malheur de guerre et qui ne romprait pas la paix que les Agniers veulent garder avec les Français.

Le détachement agnier suit de près sa proie. Il n'avance que dans les ténèbres de la nuit ; le jour, il se dissimule dans la forêt et des éclaireurs le tiennent au courant de la marche de l'ennemi. Les Outaouais ont acheté des *Les Outaouais* armes à feu ; ils tirent par caprice et ils écoutent avec ravissement le bruit *pèchent par excès* qu'ils ont provoqué. Un jeune Iroquois qui désire que la paix soit sauvegardée *de confiance.* et que le convoi s'échappe, les avertit de se conduire avec plus de prudence, de s'éloigner rapidement en silence, de bien se garder. Les Outaouais n'observent pas ces sages avis, car ils ont confiance dans leur nombre et dans leurs arquebuses neuves. Alors, une nuit, le détachement agnier dépasse le convoi, s'avance à force de rames et se saisit d'une éminence sur le rivage de l'Outaouais, au lac des Deux-Montagnes ; la rivière tourne autour et le convoi doit la frôler dans sa marche. Et là, après avoir placé des sentinelles, il se retranche dans un fortin de baliveaux. De ce poste, il voit approcher la flottille encombrée ; les guerriers se dissimulent dans les joncs et les arbustes. C'est le 30 août.

L'expédition pour Six canots montés par des Hurons, quelques autres montés par des Al- *les Grands Lacs* gonquins, précèdent la flotte d'une cinquantaine de pas. Ce sont eux qui reçoi- *est attaquée par* vent les premières décharges. Le père Léonard Garreau est frappé d'une balle *les Agniers au lac* qui lui rompt l'épine dorsale ; plusieurs Indiens sont tués ; et l'ennemi s'avance *des Deux-* dans l'eau pour capturer les autres occupants des canots. Au bruits des armes *Montagnes.* à feu, les autres canots gagnent les rives, les Outaouais se dispersent en tirailleurs, et ils foncent sur les Agniers. Ils se heurtent tout de suite au fortin où ceux-ci se sont retranchés, ils donnent courageusement l'assaut, ils tuent des Iroquois, quelques Algonquins sont aussi massacrés, mais sans résultat. Les Outaouais se construisent alors un fortin en face de celui de leurs ennemis. Chacun s'observe. Peu belliqueux ou peu intéressés par cette guerre, les Indiens de l'Ouest offrent à leurs ennemis un présent pour passer sans être molestés. Tout assiégés qu'ils soient, les Iroquois refusent. Alors les premiers faisant mine de renforcer leur fortin abattent des arbres jusque dans le milieu de la nuit ; mais pendant ce temps, les canots chargés se faufilent dans les ténèbres ; à l'aurore, ils ont disparu vers l'ouest. Toutefois, le frère Le Boesme, le père Dreuillettes, les trois Français qui les accompagnent, sont demeurés dans le fort des Outaouais et le père Léonard Garreau dans celui des Iroquois. Les Agniers avaient traîné ce dernier dans leurs retranchements, l'avaient dépouillé de ses vêtements et avaient tenté, sans y réussir, d'extraire la balle mortelle. La victime avait passé trois jours là, abandonnée de tous, sur la terre, baignant dans son sang, sans recevoir de soins. Après la fuite habile des Outaouais, les Agniers ramènent le blessé à Montréal ; ils y arrivent le 2 septembre au matin, ils l'abandonnent avec deux petits présents : par l'un ils témoignaient de leur tristesse, par l'autre, ils essuyaient les larmes des Français et apaisaient leurs regrets. Le père Garreau meurt aussitôt.

Un autre drame obscur se mêle à cette tragédie. Un jeune Français était présent parmi le détachement des Agniers. Il s'était joint à eux « par un dépit rempli de rage et de trahison ». Alors qu'il était dans le fortin iroquois, blessé à mort, le père Garreau avait exhorté les Hurons prisonniers à une mort chrétienne ; puis, se tournant vers ce jeune Français, ce « perfide », il avait réussi à obtenir une confession de lui et il lui avait accordé l'absolution ; il l'avait même préparé à la mort. Les Agniers le livrent ensuite aux Français de Montréal. Ceux-ci conduisent le malheureux à Québec où il sera condamné à mort et exécuté. Perrot confirme l'exactitude de ces renseignements en y ajoutant de nouveaux détails : « Le Bâtard Flamand, écrit-il, fit transporter le corps du *Le Bâtard* Père à Montréal... On lui demanda... pourquoi il avait tiré sur le Père ; il ré- *Flamand* pondit que lui ni ses gens ne l'avait tué ; que c'était un Français, qui, ayant déserté de Montréal, était venu joindre son parti, dans le temps qu'il allait dresser des embuscades aux Outaouais... Ce Français fut remis au gouverneur et passé par les armes, faute d'exécuteur ». Enfin, bon nombre de Hurons ont été capturés lors de l'embuscade. Ils mourront dans les supplices. Les Français n'interviendront pas ; et les Hurons, dit Perrot, « n'oublieront jamais la manière dont nous les avons abandonnés dans cette occasion à la discrétion de leurs ennemis ».

Cette expédition, et celle du printemps à l'île d'Orléans, indiquent que *Les Agniers ne* les Agniers n'entendent respecter ni l'esprit ni la lettre du traité. Ils ont en *craignent pas la* effet attaqué les Hurons en aval des Trois-Rivières et ils agissent au détriment *France.* des Français. Ils se promènent aussi librement en Nouvelle-France que dans l'Iroquoisie. Toutefois, ils ont respecté la vie des Français si l'on veut bien croire que ce n'est pas l'un d'eux qui a tué le père Garreau. Leur attitude est cavalière, elle indique qu'ils n'ont aucune crainte de la France, et qu'ils considèrent la colonie comme une puissance négligeable avec laquelle il est inutile de se gêner.

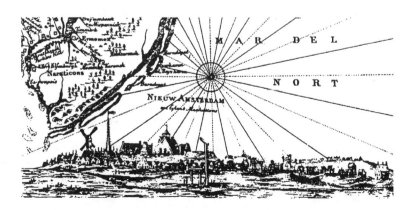

Chapitre 69

1656

Les Jésuites n'abandonnent pas toute espérance à l'égard des Agniers. Ondessonk s'est rendu dans leur pays en 1655, il a promis d'y retourner, il ne veut pas manquer à la parole donnée. Au printemps, les guerriers agniers sont venus se saisir d'une centaine de Hurons à l'île d'Orléans ; trois mois plus tard, ils ont attaqué les Outaouais et le père Garreau est mort. Les Jésuites hésitent : est-il prudent de laisser partir le père Le Moyne ? Toutefois s'abstenir, c'est peut-être les irriter, en arriver aux extrémités, ou encore leur donner lieu de craindre que les Français ne se préparent à venger la mort du missionnaire. Et s'ils s'attendent à une invasion, les Agniers pourraient recourir à l'attaque pour la prévenir. La politique française, du moins ce qui en tient lieu, explique toutes ces hésitations.

Ondessonk se rend au pays des Agniers.

Ondessonk, lui, n'hésite pas. La crainte n'a pas de place dans son cœur. À la fin de l'été, après la mort du père Garreau, il quitte la Nouvelle-France pour le pays des Agniers. Il emporte des présents. Sitôt arrivé, il convoque le conseil de la tribu et, laissant toute réserve de côté, il parle avec franchise : « Mon frère, dit-il, je ne sais où tu as mis ton esprit, il semble que tu l'as entièrement perdu. Je te viens voir les présents à la main, et tu me visites toujours en colère et le visage plein de fureur. Tu as tué tout récemment le Huron à Québec, tu viens de casser la tête à coups de fusil à mon frère la Robe Noire ; tu avais promis que tu me viendrais quérir, et tu as manqué de parole, tu me fais honte partout, et on me reproche que j'aime un homme qui nous fait mourir. À qui penses-tu ? » Et Ondessonk offre un présent pour ramener la raison égarée.

En offrant le second présent, Ondessonk aborde le problème huron. L'Agnier, dit-il, se plaint, parce qu'Onontio retiendrait les Hurons à Québec, empêcherait leur migration, leur défendrait de répondre aux propositions qui leur sont faites. Tout au contraire, répond le missionnaire : « Onontio a déjà ouvert les bras pour laisser aller ses enfants où ils voudront ; ils sont libres, il ne les retient pas par force... Si le Huron ne te veut pas parler, tu en es toi-même la cause. Comment te parlerait-il te voyant toujours la massue à la main pour lui casser la tête ? Quitte ta hache, et tu verras qu'il a les oreilles ouvertes pour t'écouter, et le cœur pour te suivre. »

L'orateur des Agniers rejette le poids de la faute sur la jeunesse, c'est-à-dire le parti militaire : « ...Notre jeunesse n'a point d'esprit, elle frappe à l'aveugle et à l'étourdi ; ...assure le Huron de ma bonne volonté, et dis-lui que j'ai déjà étendu sa natte pour le recevoir dans ma cabane, et que je lui envoie ce collier pour attirer son canot. » Jamais punis, les Agniers s'enhardissent peu à peu ; au moment où Ondessonk arrive, « la jeunesse ...avait résolu de descendre à Québec pour faire un dernier effort pour enlever le Huron... » ; elle avait décidé de répéter son expédition à l'île d'Orléans. Mais après avoir écouté le discours du père Le Moyne, elle « quitte le dessein de la guerre, pour prendre celui de la chasse ».

Ondessonk exerce son ministère parmi les Hurons captifs. Il ne manque aucune occasion de parler de religion aux Iroquois. De l'un deux, il apprend la conduite prodigieuse d'un chef huron de l'île d'Orléans qui, lors de son supplice, exhortait ses compatriotes dans les tourments, à prier et à persévérer : « ...Cet homme avait quelque chose de plus qu'humain, nous l'avons tourmenté dans le dessein de tirer de sa bouche quelques cris ; mais au contraire, il ne cessait de soupirer doucement, et tenait toujours les yeux fichés au ciel, comme s'il eût parlé à quelqu'un. » Voilà toute une grande poussière de martyrs, des personnages trop peu connus souvent et trop peu distincts pour être élevés sur les autels, et pourtant que d'âmes sublimes, souffrantes et priantes, d'une nature simple et héroïque.

Le 5 novembre 1656, le père Simon Le Moyne est de retour à Québec. N'est-il allé là-bas que pour protéger les Hurons contre une autre attaque ? Que pour signifier aux Agniers que les Hurons étaient disposés à les suivre et que les Français ne s'y opposaient pas ? C'est possible. Car durant cet été de 1656, après l'affaire de l'île d'Orléans, après celle du lac des Deux-Montagnes et après l'inaction des Français, se dissout pour ainsi dire la dernière force, le dernier courage, la dernière résistance de la colonie huronne, ainsi que sa volonté de subsister comme entité séparée. Et c'est à partir de cette date que s'ouvre le chapitre que l'on pourrait appeler la curée.

Voilà trois ans en effet que les tribus iroquoises se disputent la colonie huronne de l'île d'Orléans et qu'elles envoient des ambassades pour obtenir son consentement et celle des Français. Les Hurons réfléchissent. Ils constatent que les Iroquois triomphants n'auront de cesse qu'ils ne les aient attirés chez eux et assimilés. Les Agniers y mettent plus de violence ; les Onnontagués plus de diplomatie et d'habileté. Mais le but vers lequel tendent les uns et les autres est identique. Les Hurons ne sont pas assez nombreux pour soutenir la guerre. D'après tous les indices, le nombre de femmes l'emporte de beaucoup sur celui des hommes, et les uns et les autres ne sont qu'une poignée. Les Français ne les protègent pas. Ils les abandonnent. Le traité qui leur aurait assuré une certaine paix a été violé et ils ont laissé faire.

Les Iroquois convoitent la colonie huronne de l'île d'Orléans.

Les Français négocient avec les Iroquois supérieurs et même avec les Agniers ; les projets, qu'ils élaborent avec les uns et les autres, impliquent la migration des Hurons. L'établissement d'une résidence à Onnontaé aura pour conséquence le déplacement de la colonie. La Nouvelle-France n'y consent

Les Français abandonnent les Hurons.

pas de gaieté de cœur, elle y est à demi forcée, mais enfin le départ des Hurons pour l'Iroquoisie est une pièce sur l'échiquier de sa politique étrangère. Les Français courtisent les Iroquois : ceux-ci sont nombreux, importants, ils forment une population dense, les missionnaires aspirent maintenant à entrer dans cette vigne vaste et épineuse. Comparée à eux, les Hurons sont devenus quantité négligeable. La colonie française enfin ne peut pas et ne veut pas entrer dans la guerre qui protégerait les réfugiés de l'île d'Orléans.

Mais quelle offre les Hurons accepteront-ils ? Les propositions des Onnontagués paraissent les plus satisfaisantes ; à Onnontaé, ils vivraient à l'abri de l'habitation française de Sainte-Marie de Gannentaa. C'est pourtant l'offre des Agniers qu'ils accepteront. La *Relation* de 1657 mentionne en effet ce qui suit : « ...Ceux qui restaient demandèrent la paix à l'Iroquois Agnier, *Agnié, au nord-est* qui leur fut accordée, l'automne dernier, à condition que le printemps pro- *du pays iroquois* chain, ils monteraient tous à Agnié... ». Bien plus, après une première entente *Des ambassadeurs* verbale, des ambassadeurs hurons se rendent au pays des Agniers pour la rati- *hurons au pays* fication solennelle de ce traité ; ils y apportent des présents. Ils sont de retour *des Agniers* à Québec le 26 décembre et cinq Agniers les accompagnent. L'un demeure aux Trois-Rivières, ses compagnons viennent à Québec : « Le fruit de leur ambassade a été qu'au printemps prochain les Agniers viendront en nombre quérir les Hurons à Québec. » Toute cette affaire demeure obscure. Il semble évident que pour prévenir une seconde attaque des Agniers, comme celle du printemps, les Hurons mènent des négociations avec leurs ennemis et consentent à émigrer chez eux au printemps de 1657. Le voyage d'Ondessonk est probablement un anneau de cette chaîne. Ainsi, la nécessité oblige les Hurons à des actions contradictoires ; ils se promettent aux Agniers quand ils se sont déjà promis et que les Français les ont déjà promis aux Onnontagués.

Et toutes ces transactions ont lieu publiquement, dans des conseils où entrent nombre de personnes. Chacune des tribus iroquoises est vite au courant des mouvements de l'autre.

Les Onneyouts Pendant que les ambassadeurs hurons sont chez les Agniers, les Onneyouts *réclament la* entrent à leur tour en lice, ils réclament leur livre de chair. Le 25 octobre au *colonie huronne.* soir, un canot se présente à Québec, dépêché des Trois-Rivières par Pierre Boucher. Le messager annonce que quarante Onneyouts viennent d'arriver dans sept canots avec de nombreux colliers de grains de nacre ; ils ont le dessein de ramener avec eux la colonie huronne. On répète que c'est Annahotaha, *Annahotaha, chef* le chef de cette dernière, qui les a invités. Peut-être veut-il neutraliser les tri- *de la colonie* bus les unes par les autres, et obtenir ainsi la paix. Quelques jours se passent *huronne, mort au* et, le 2 novembre, à dix heures du soir, le père Ragueneau arrive des Trois- *Long-Sault en* Rivières avec quatre Onneyouts. Un conseil a lieu le lendemain dans la ca- *1660. Ce guerrier* bane d'Annahotaha. Les députés offrent quatre présents ; le premier symbo- *huron fut célèbre* lise la proposition que les Onneyouts font aux Hurons de se lever et de les *pour ses nombreux* suivre : « Tu sais, toi Huron, qu'autrefois nous ne faisions qu'une cabane et *combats contre les* *Iroquois.*

un pays. Je ne sais par quel accident nous nous sommes séparés. Il est temps de nous réunir. » Ils ajoutent que c'est la deuxième fois qu'ils viennent en Nouvelle-France pour quérir le Huron ; ils se sont rendus d'abord à Montréal et maintenant ils sont à Québec. Puis, l'Onneyout prononce encore les paroles suivantes : « Je te mets une natte dans ma cabane. Je te donne de la terre pour faire du blé d'Inde. Je te lève de terre. »

Les Onneyouts ont offert leurs présents le 3 novembre. Ondessonk revient de son voyage chez les Agniers le 5, en compagnie de Saint-Jacques, un soldat. Il rapporte la nouvelle que le traité de paix entre les Agniers et les Français est toujours en vigueur ; que cette tribu « la faisait avec le Huron et que si l'Algonquin voulait envoyer des ambassadeurs chez eux, qu'ils la feraient aussi ». À la lueur des autres événements, on peut donc conclure que Ondessonk rapporte la nouvelle que les Agniers font la paix avec les Hurons à condition que ces derniers émigrent chez eux. Aussi la négociation des Onneyouts semble se heurter à cet obstacle. Un incident dont on ne connaît pas la nature se produit à Québec ; les Onneyouts craignent une attaque de la part des Algonquins et ils s'enfuient aux Trois-Rivières. C'est là qu'ils obtiennent la réponse aux présents qu'ils avaient offerts à Québec. Le conseil se déroule peu avant le 17 novembre. C'est le père Ragueneau qui prononce le discours. Il offre plusieurs présents et soumet les propositions suivantes : les Français souhaitent la bienvenue à leurs visiteurs ; ils répareront leurs armes selon la demande qui leur a été faite ; c'est au supérieur des Jésuites d'Onnontaé qu'il faut demander un missionnaire ; les Onneyouts n'auraient pas dû fuir Québec par crainte de l'Algonquin : celui-ci ne pense qu'à la paix, il n'attaquera personne, surtout dans les alentours des habitations françaises ; de plus, lorsque les Onnontagués négocièrent la paix avec les Français « au nom des quatre nations supérieures », les Hurons et les Algonquins y étaient inclus, de sorte que les Onneyouts sont parfaitement en sûreté dans la Nouvelle-France. Enfin, le père Ragueneau demande que les Onneyouts offrent une bonne réception aux Algonquins et aux Hurons qui leur rendront visite, il exhorte les Onneyouts à chasser paisiblement en tout endroit qui leur plaira et à faire chaudière commune avec les Indiens du Canada. Enfin, il ajoute « que l'Algonquin ayant parlé depuis peu à l'Agnier, il y a paix de tous côtés ». Par la suite, de nouveaux traités de paix sont conclus aussi entre les Agniers et les Hurons, ou entre les Agniers et les Algonquins ; la paix semble ainsi universelle, générale, complète, sans restriction, entre l'Iroquoisie et les débris de la Coalition laurentienne, à la fin de l'année 1656. Mais jamais peut-être depuis 1653, elle n'a été aussi précaire.

Propositions françaises

C'est-à-dire principalement les Hurons et les Algonquins

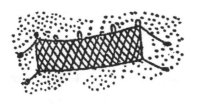

Chapitre 70

1657

La paix basée sur un malentendu est fragile. Mais elle dure cependant.

Le 30 janvier 1657, deux Français partent de Québec pour se rendre à Onnontaé. Est-ce pour préparer les Onnontagués à perdre la colonie huronne sur laquelle ils comptaient jusqu'alors ? N'ont-ils pas exécuté toutes les conditions prévues ? Mais ces voyageurs ne dépassent pas Montréal. Le 24 février, ils seront de retour à Québec, ils n'ont pu trouver de guides et ne connaissent pas la route.

En février, un Algonquin des Trois-Rivières blesse l'un des Agniers arrivés en Nouvelle-France avec les ambassadeurs hurons. Plus tard, il s'arme d'un tisonnier et il en blesse un autre. Mais comme les deux fois il s'agit de délits commis en état d'ivresse, ces affaires sont vite oubliées après les réparations d'usage.

La tribu des Agniers suit de près les événements. Elle envoie des députés pour offrir des présents ; ceux-ci arrivent à Montréal le 1er avril. Trois semaines plus tard, le 25, le danger se précise subitement ; à Québec, on apprend qu'un canot monté par des Onnontagués est passé à Montréal et le messager annonce qu'un bon nombre d'Onnontagués seraient sur le sentier de la guerre contre les Algonquins et les Hurons. Le 28, des nouvelles de même nature viennent des Trois-Rivières. En bref, les Onnontagués ont appris l'existence du traité conclu en décembre entre les Agniers et les Hurons de l'île d'Orléans, et ils tournent leur colère aussi bien contre les Hurons, les Algonquins que les Agniers. Voici donc la colonie huronne dans de mauvais draps. Ces nouvelles dramatiques se confirment : une centaine de guerriers onnontagués errent sur le Saint-Laurent entre Montréal et Québec ; ils sont arrivés avec « résolution d'empêcher qu'on ne lui ravit des mains ce qu'il pensait déjà tenir, et tout ensemble un désir de se venger du Huron qu'il croyait l'avoir trompé » ; bien plus, ils ont pris la résolution « d'enlever de Québec les Hurons, ou de gré ou de force ».

Les Onnontagués résolus à enlever les Hurons. Ils les disputent aux Agniers.

Un grave conflit s'annonce entre les Agniers et les Onnontagués. « Tous deux, dit la *Relation*, pour venir à bout de leur dessein, ont pris la même route, et se sont servis de mêmes machines, employant la force ou l'adresse leur manquait... Le Huron, gagné par les présents et les menaces de l'Agnier, se donna à lui, manquant à la promesse qu'il avait faite à l'Onnontagué. Ce trait de finesse et de politique barbare de l'Agnier, qui avait ainsi couru sur le marché de son voisin, et l'imprudence du Huron à se donner à deux maîtres », avaient augmenté considérablement la colère des Onnontagués. Il faut savoir aussi que les Français n'ont pas su garder la colonie huronne pour les Onnontagués ; que ces derniers avaient invité les missionnaires et les Jésuites chez eux, qu'ils avaient laissé bâtir Sainte-Marie de Gannentaa, dans l'espérance et avec la certitude que les Hurons s'établiraient chez eux.

Cherchant querelle à tout venant, le détachement onnontagué rôde en Nouvelle-France. Une Huronne est blessée au lac Saint-Pierre. Chacun se tient sur ses gardes. Pendant une dizaine de jours, on relève son passage ici et là. Pressés par la faim, huit Onnontagués se présentent le 6 mai devant le fort de Sillery ; ils trouvent la porte ouverte et pénètrent dans l'enceinte. Là, ils ont l'occasion de causer avec des Français et des Hurons.

Le même jour, vers midi, des guerriers de cette troupe tuent une vache appartenant à Pierre Miville. L'incident se produit sur la grève, en face de la maison de celui-ci qui tire un coup de pierrier sur les marauders mais sans en blesser aucun. Ils abattent aussi un porc.

Sans doute Pierre Miville, dit le Suisse, pionnier et capitaine de la côte de Lauson (auj. Lauzon)

Les Onnontagués désirent voir Ondessonk. Il est à Québec, mais il se déplace aussitôt vers Sillery. Il ramène à Québec trois Onnontagués qu'il loge dans la maison des Jésuites et projette de nouer des négociations entre les Onnontagués, les Hurons et les Algonquins. Pendant ce temps, quarante guerriers onnontagués sont cabanés sur la rive droite du fleuve, en face de Sillery, pour surveiller les allées et venues. Ils se sont postés là pour empêcher la migration de la colonie huronne. Jean Pelletier se rend auprès d'eux. Une dizaine de ces guerriers pénètrent dans la maison de Thomas Hayot. D'autres, vers deux heures du matin, se rendent à Monceaux pour entrer dans la maison, mais ils s'enfuient quand un Français tire pour les effrayer.

Un conseil à Québec réunit Français et Onnontagués au sujet des Hurons.

Ondessonk a usé de diplomatie pour que le détachement envoie à Québec des députés attitrés ou non. Au conseil qui a lieu le 7 mai, ceux-ci exposent clairement leurs griefs ; ils présentent d'abord « leurs excuses de ce qu'ils étaient venus quérir les Hurons leurs frères à main armée... » ; ils disent « que la nouvelle qu'ils avaient apprise l'Hiver dernier, que le Huron s'était dédit et avait changé de pensée, les avait obligés de se comporter de la sorte ». Et cette seule phrase indique tout à la fois l'importance que chaque tribu iroquoise attache à la migration chez elle de la colonie huronne et l'influence que peut avoir sur les relations entre les Français et chacune des tribus la résolution de ce problème.

Les députés ajoutent ensuite qu'ils ont « appris depuis de la bouche d'Ondessonk la fausseté de ce bruit... » et qu'ils sont disposés à déposer les armes. Ces paroles sont étranges, mais celles qui suivent le sont encore plus. Ici, c'est Ondessonk qui répond à l'orateur onnontagué : il les félicite d'être maintenant dans Québec avec un esprit de paix, puis il ajoute : « ...Mais tu devais être parti de ton pays dans cet équipage et dans cette disposition ; tu as cru trop légèrement les faux rapports qu'on t'a fait du Huron, cette créance précipitée t'a fait prendre les armes trop tôt ; il fallait t'informer auparavant des Français qui sont avec toi, qui t'eussent fait connaître, par les lettres qu'ils reçoivent, la fausseté de la nouvelle qui court dans ton pays ». Ondessonk rappelle alors l'ancien traité de paix, blâme les Onnontagués de paraître en armes, les accable de reproches.

Alors on ne sait plus que penser. Comment Ondessonk peut-il soutenir que la nouvelle apprise par les Onnontagués que les Hurons se sont donnés aux Agniers dans les derniers mois de l'année 1656, est fausse ? Les *Relations* qui rapportent ses paroles, ne contiennent-elles pas aussi la phrase suivante qui ouvre le chapitre VI : « Après la défaite des Hurons dans l'île d'Orléans [...] ceux qui restaient demandèrent la paix à l'Iroquois Agnier, qui leur fut accordée, l'automne dernier, à condition que le printemps prochain ils monteraient *tous* à Agnié, [c'est le nom du pays des Iroquois du nord-est], pour n'habiter dorénavant, qu'une terre, et ne faire qu'un peuple entr'eux. Le contrat en fut passé, et pour le ratifier, trois Hurons le portèrent aux anciens du pays des Iroquois qui le signèrent, à leur façon, par de beaux présents qu'ils firent faire à tous les Hurons par leurs ambassadeurs. » Plus loin encore, dans le chapitre VII, on peut lire : « Mais le Huron, gagné par les présents et les menaces de l'Agnier, se donna à lui, manquant à la promesse qu'il avait faite à l'Onnontagué. L'imprudence du Huron à se donner à deux maîtres, fit naître de la jalousie dans l'esprit de l'Onnontagué... ».

Les Hurons se disent prêts à suivre les Onnontagués. — Les Onnontagués présents au conseil ajoutent foi cependant aux dénégations des Français, ils promettent « de ne penser plus à la guerre » car on leur affirme « que le Huron n'avait point changé de pensée... » ; le lendemain, un Onnontagué offre même des présents aux Hurons en leur disant la phrase suivante : « Mon frère... puisque tu as résolu de venir avec moi, il ne faut pas que je t'invite d'avantage. Je lie cette corde à ton canot pour t'aider à le tirer ; je sais bien que Onontio ne te retiendra pas ; voilà un collier pour lui faire ouvrir les bras et te laisser aller. » Un Huron répond à cet orateur que ses compatriotes et lui sont prêts à partir, mais ils demandent de ne pas s'embarquer ce jour-là dans les canots onnontagués, car ce sont des canots de guerre qui lui font peur : « ...Le couteau que tu as laissé dedans pourrait blesser mes enfants, et nos femmes tremblent à la vue de la hache que tu n'as pas encore ôtée » ; les Hurons auraient l'air de prisonniers de guerre. Et il ajoute de plus cette promesse : « ...Aussitôt que quelque canot des Français qui sont en ton pays descendra ici-bas, je suis à toi, mène-moi où tu voudras. »

C'est un Huron qui s'engage ainsi, mais dans ses paroles on peut deviner la pensée des Français qui veulent obtenir des nouvelles de leurs compatriotes de Sainte-Marie de Gannentaa, avant de laisser partir les Hurons. Ils savent maintenant que la réaction a été forte à Onnontaé quand les Onnontagués ont appris qu'ils avaient été trompés par les Agniers, et ils en éprouvent assez justement des craintes.

Toutes ces questions ont été débattues au cours de deux conseils, l'un l'après-midi et l'autre le soir du 7 mai. Toutefois, Français et Onnontagués examinent sans doute l'affaire en profondeur ; ils se trouvent face à une situation très emmêlée. Comment la résoudre ? Le 10 mai, jour de l'Ascension, un autre conseil a lieu à Sillery. Le père Le Moyne est encore présent. Cette fois, on aborde franchement le problème : on discute « si le Huron se donnerait à l'Onnontagué ». Un capitaine onnontagué offre un présent secret à l'un des clans hurons, les Ahrendarrhonons, pour l'attirer dans la capitale. Car finalement, malgré toutes les promesses et tous les engagements, les Hurons à la dernière minute peuvent toujours aller avec qui ils voudront. Ce capitaine sent la partie compromise et, modifiant sa tactique, il essaie la persuasion. Ce clan ne garde pas le secret ; le soir même, il montre ce présent au conseil où assistent les Hurons et les Algonquins. La tribu donne sa réponse le lendemain matin, mais elle ne la communique pas aux Français.

Le conseil de Sillery

Clan du Rocher

Des Agniers sont en Nouvelle-France depuis le mois de décembre précédent. Ce sont eux sans doute qui, à un moment donné et sans que l'on sache exactement de quelle façon, sont mêlés à ces conseils. Un Onnontagué leur dit ce qui suit : « Je ne fais rien en cachette, tu diras à tes gens en ton pays ce que tu m'as vu faire. » Puis un Agnier dit aussi à un Onnontagué : « Je me réjouis de ce que tu portes la paix partout. » Les Français parlent aux uns et aux autres : « Voilà qui est bien, que vous êtes contents tous deux toi Agnier, et toi Onnontagué. Il ne tiendra qu'à vous que la terre ne soit unie. »

Bien des éléments manquent dans cette longue et âpre dispute. Le conflit se résoudra-t-il par la force entre tribus iroquoises ou la conciliation prévaudra-t-elle ? Si les Français n'osent pas prendre un parti net, les Algonquins sont au contraire fort décidés. Ils ont livré de longues luttes contre les Iroquois en compagnie des Hurons, mais la défaite ne les a pas abattus. Ils ne forment qu'un petit groupe, mais prêt à mourir le mousquet à la main. Voici ce qu'ils disent à leurs compagnons : « Nous sommes frères, risquons ensemble toujours. Ne t'en va pas sitôt à Agnié, ni à Onnontagué ; attends encore un peu, ne pars point que tu n'aies appris des nouvelles des Français qui sont à Onnontagué, et des nouvelles de tes frères qui sont à Agnié. »

Les Algonquins refusent de se soumettre.

De petits incidents désagréables se glissent au milieu de ces débats. Un Français, M. Le Mire, blesse légèrement un Onnontagué d'un coup de fusil à la cuisse, pour punir cet homme insolent et ses compagnons qui volaient dans sa maison. Ondessonk offre un présent pour effacer l'incident. Un capitaine onnontagué en offre aussi aux Français mécontents ; il veut acquitter le prix des vaches tuées et il demande aux Français de laisser partir les Hurons. Ensuite des événements tragiques se produisent : un jeune guerrier onnontagué assomme d'un coup de hache le propre neveu du chef huron de la colonie de l'île d'Orléans. Alarmé et irrités, les compatriotes de la victime retiennent prisonniers dans une cabane deux Onnontagués qui sont venus leur rendre

Succession d'événements tragiques

visite. Le capitaine du détachement ennemi s'occupe activement à calmer les esprits, il désapprouve avec véhémence le meurtrier, il offre les réparations d'usage. Devant le mécontentement persistant des Hurons, il fait saisir deux canots montés par des Hurons qui revenaient de la chasse et les retient captifs. Ondessonk doit encore s'interposer et calmer les uns et les autres. Enfin, chacune des deux parties remet ses prisonniers.

D'après le *Journal des Jésuites*, les Onnontagués quittent Québec le 15 mai à sept heures du matin pour retourner dans leur pays. Ce sont les *Relations* qui expliquent dans quelles circonstances et à quelles conditions ils ont insisté pour que les Hurons partent avec eux, et qui précisent qu'ils ont réitéré leurs demandes à plusieurs reprises. Les Hurons ont toujours refusé sous prétexte que les Onnontagués voyagent dans leurs canots de guerre, en armes, et que sous cette conduite, ils auraient l'air de captifs. Et alors, au cours de toutes les négociations décrites sommairement plus haut, à un moment que l'on ignore, à la suite de pourparlers dont on ne connaîtra jamais le détail, le partage de la

Le partage de la nation huronne

nation huronne se fait entre les Français, les Agniers et les Onnontagués. La *Relation* de 1657 le révèle soudainement, par une phrase incidente, au moment du départ du détachement onnontagué ; celui-ci, dit-elle, s'embarque dans ses canots et fait jouer ses avirons « pendant que les Hurons de la Nation du Rocher qui est celle qui se donne à l'Onnontagué, se préparent... ». Le clan de l'Ours se donne aux Agniers et celui de la Corde demeurera aux Français. Des tractations secrètes et que l'on ne rapporte nulle part ont évidemment abouti à ce démembrement fait sous la menace des tribus iroquoises.

Comme preuve de leur bonne foi envers les Onnontagués, trois Hurons quittent Québec avec le détachement : « Trois de mes gens, disent les Hurons, te tiendront compagnie, et porteront aux anciens les assurances de ma bonne volonté » ; de plus, le clan du Rocher fera ses préparatifs, se rendra à Montréal où des Onnontagués arriveront plus tard pour le conduire en Iroquoisie. Les *Relations* affirment que les Onnontagués sont satisfaits de cet arrangement, mais il semble permis de douter largement de cette affirmation. Les guerriers du détachement le sont peut-être, mais que dira la tribu à leur arrivée ?

D'ailleurs, un autre incident ne peut qu'augmenter le mécontentement possible des Onnontagués. Trois Hurons s'en allaient avec les guerriers ; or, dès le 22 mai, on apprend que les Agniers qui étaient aux Trois-Rivières « avaient empêché deux des trois Hurons ambassadeurs d'aller à Onnontagué » ; et le 30 du même mois, on apprendra « que d'autres Agniers à Montréal avaient empêché le troisième de monter aussi, et que ledit ambassadeur s'en était fui en cachette et avait mis entre les mains du père du Péron [Du Peron] les présents qu'il portait de la part des Hurons, l'Onnontagué n'ayant pas voulu s'en charger ». C'est encore une petite victoire pour les Agniers : aucun Huron ne monte là-bas pour donner des explications, calmer les colères

de la tribu qui s'attend à obtenir toute la colonie de l'île l'Orléans, pour ménager les susceptibilités, arranger en fait toute l'affaire.

Les Onnontagués livrent cependant avant leur départ des lettres qu'ils
avaient apportées de Sainte-Marie de Gannentaa. Ils les avaient cachées non
loin de l'embouchure du Richelieu en descendant à Québec ; toutes les négociations avaient eu lieu sans que les Français apprennent des nouvelles de
leurs compatriotes perdus là-bas. Ils étaient anxieux. Et ce manque de nouvelles peut avoir incité les Français à exercer des pressions sur les Hurons
pour que ces derniers se rendent aux désirs des Onnontagués.

Chapitre 71

1657

Des Agniers arrivent avec l'intention d'enlever les Hurons de l'île d'Orléans.

Le détachement onnontagué quitte à peine Montréal, qu'un détachement agnier aussi nombreux, une centaine d'hommes, débouche sur le Saint-Laurent par le Richelieu. La nouvelle parvient à Québec le 28 mai. Lui aussi vient pour s'assurer de sa proie huronne et pour appuyer par la force les demandes des ambassadeurs.

Le *Journal des Jésuites* dit en effet que vingt-quatre Agniers sont aux Trois-Rivières « et 80 à Richelieu prêts de descendre à Québec pour enlever les Hurons » ; le messager arrive à midi et « quatre heures après arrivèrent 4 canots de 25 Agniers ». Les *Relation*s ajoutent que « le gros s'arrêtant à trois ou quatre journées de Québec, trente s'en détachèrent pour se présenter aux Hurons, et les sommer de leur parole ». Le capitaine des trente demande à être entendu le lendemain, ce qui lui est aussitôt accordé. Si les Onnontagués sont mécontents du fait que les Hurons, après s'être promis à eux, s'étaient donnés aux Agniers, les Agniers, eux, arrivent mécontents du fait que les Hurons après s'être promis à eux en décembre dernier, viennent de se donner d'une part aux Onnontagués et d'autre part aux Français.

Le conseil a lieu le 29 mai à huit heures dans la salle de l'habitation des Jésuites. Le gouverneur, le supérieur des Jésuites, les Hurons et deux Algonquins y assistent. L'orateur des Agniers parle avec une grande brutalité : « Mon frère, c'est à toi que j'adresse ma parole, dit-il aux Hurons ; il y a quatre ans que tu m'as prié que je te prisse par le bras pour te lever et t'emmener en mon pays, tu l'as retiré quelquefois quand je l'ai voulu faire, c'est pour cela que je t'ai frappé de ma hache sur la tête. Ne le retire plus, c'est tout de bon que je te dis : Lève-toi. Il est temps que tu viennes : tiens, prends ce collier pour t'aider à te lever. Ne crains point, je ne te regarde plus comme ennemi, mais comme mon parent ; tu seras chéri de mon pays qui sera aussi le tien... ». C'est

Teharihogen, sachem ou chef héréditaire. Selon Horatio Hale, il était respecté en tant que « principal chef de la plus ancienne des tribus iroquoises ».

Teharihogen, le grand orateur bien connu en Nouvelle-France, qui sait parler ainsi avec rudesse, insolence, audace et habileté. Et la sommation qu'il vient d'adresser aux Hurons, il l'adresse maintenant aux Français : « Onontio, ouvre tes bras et laisse aller tes enfants de ton sein, si tu les tiens plus longtemps si serrés, il est à craindre qu'on ne te blesse, quand nous les voudrons frapper lorsqu'ils l'auront mérité. » La menace est nette et précise.

Teharihogen redevenant habile et insinuant dit ensuite que le Huron est converti, catholique et qu'il aime la prière : « ...Je veux faire comme lui, agrée que le père Ondessonk vienne avec nous pour nous instruire en la foi. » Puis à nouveau, il dépasse la mesure en demandant des chaloupes au gouverneur pour transporter les Hurons en Iroquoisie, les Agniers n'ayant pas assez de canots.

Les Français et les Hurons sont acculés au pied du mur. Plus moyen de tergiverser, de manœuvrer, de ruser ou d'éluder. Il faut dire oui ou non, choisir entre la paix et la guerre. Chacun d'entre eux pense à la réponse qu'il doit donner : « Le Huron eut sans doute bien voulu se dédire, mais il n'y avait plus de moyen ; il avait fait la faute, il la lui fallait boire. Il n'était plus temps d'user de remise, il fallait marcher ou mourir de la main de l'Iroquois. » La nuit se passe en discussions et consultations, les opinions, les avis sont différents. Le projet ébauché quelques jours plus tôt quand les Onnontagués étaient là, prend définitivement corps. Ainsi « la Nation de la Corde qui était l'une des trois dont la Colonie Huronne était composée, refusa de quitter Québec et les Français... ». Puis le clan du Rocher se promit aux Onnontagués. Il ne restait plus que le clan de l'Ours qui se « résolut de se mettre entre les mains de l'Agnier ». Le partage esquissé se complète dans la nuit qui suit la sommation brutale de Teharihogen. Le Plat, chef du clan de l'Ours, donne avis de la décision à ses compatriotes.

Le partage des Hurons de l'île d'Orléans se confirme.

Le conseil se continue le lendemain, au même endroit, et il est composé des mêmes personnes. Ce sont les Français qui répondent. Ondessonk est l'interprète du gouverneur et il offre trois présents. D'après le *Journal des Jésuites*, la réponse est sèche. Ondessonk dit que le nouveau gouverneur, M. d'Argenson, qui est en route, veut voir les Hurons avant leur départ. Puis il ajoute : « Tu dis toi Agnier, que tu prieras Dieu avec les Hurons, tu n'en feras rien ; si tu le fais, ce sera en apparence. Toutes les chaloupes françaises sont allées au devant du gouverneur. Tu sais bien faire des canots, tu en fais quand tu viens casser la tête au Huron ; tu en feras pour le venir quérir. » Telle que rapportée par les *Relations*, la réponse est plus diplomate. Les Hurons, aurait dit le père Le Moyne, ne sont plus des enfants au maillot, ils peuvent aller là où ils le voudront, le gouverneur « ouvre ses bras pour les laisser aller ». Lui, il enseignera la prière aux Agniers : « mais étant de l'humeur dont je te connais, tu ne feras pas état de la prière ».

Pierre de Voyer d'Argenson, gouverneur de la Nouvelle-France de 1658 à 1661. Il arriva à Québec le 11 juillet 1658.

La réponse du chef du clan de l'Ours vient ensuite. C'est lui qui doit annoncer la grande décision de ses compatriotes. Il parle d'une voix forte. Aucune lueur d'espoir ne perce dans ses phrases, c'est le désespoir complet. Il referme pour ainsi dire la porte du tombeau sur sa propre nation. « Mon frère, dit-il à l'Agnier, c'en est fait, je suis à toi... Je me jette à yeux clos dans ton canot, sans savoir ce que je fais ; mais quoi qu'il en puisse arriver, je suis résolu de mourir. Que tu me casses la tête lorsque nous serons à la portée du canon d'ici, il n'importe, j'y suis résolu ; je ne veux pas que mes cousins des deux autres Nations s'embarquent à cette fois avec moi, afin qu'ils voient auparavant comme tu te comporteras à mon égard. » L'équivoque semble encore régner à cette dernière minute : le Huron laisse clairement entendre que les deux autres clans suivront le clan de l'Ours au pays des Agniers si celui-ci reçoit de bons traitements. On ne révèle pas aux Agniers que l'un des autres clans s'est donné aux Onnontagués, et le deuxième aux Français.

D'autres capitaines hurons parlent après ce chef. Les uns offrent des présents pour que les Agniers traitent bien le clan de l'Ours ; un autre ne dissimule pas sa pensée et marque fortement sa défiance atavique.

Sainte-Marie de Gannentaa, mission établie en 1656 par les pères Ragueneau et Dablon. (Auj. près de Syracuse)

Toutefois, les Agniers sont plus opiniâtres et, plus habiles que les Onnontagués, ils ne partiront pas sans ramener leur proie. Ils commencent à fabriquer des canots, ils travaillent avec énergie. Au moment où ils se mettent au travail, un canot arrive de Sainte-Marie de Gannentaa avec le père François Le Mercier, supérieur, Caron, Bosquet et quelques autres Français en bonne santé. Ils rapportent d'excellentes nouvelles. L'attitude des Onnontagués envers les Français ne se serait pas modifiée davantage malgré leur désappointement dans l'affaire huronne. Toutefois, ils ne connaissent pas les dernières nouvelles, car le canot est parti le 17 mai de Sainte-Marie et le détachement onnontagué, lui, est parti de Québec le 15 du même mois.

Le départ du clan de l'Ours pour le pays des Agniers

Enfin, les Hurons du clan de l'Ours se préparent au départ. Ils donnent des festins d'adieu la nuit. Le capitaine parle avec émotion : « Prends courage disait-il, Onontio ; prends courage, Ondessonk. Je vous quitte, il est vrai ; mais mon cœur ne vous quitte pas. » Ondessonk prononce aussi sa harangue : « Mon frère, mon cœur est triste de te voir partir... Tu me verras durant tous les chemins de ton voyage, dans tous les lieux où tu cabaneras, dans tous les endroits où tu débarqueras ; car Ondessonk a été partout, il a fait du feu partout, il a fait son gîte partout. » La dernière nuit, les Hurons s'endorment très tard. Le lendemain, on voit « de bon matin, sur le bord de la rivière, tous les Hurons prêts à s'embarquer avec l'Iroquois, commençant dès lors à ne faire qu'un même peuple avec lui ». Le *Journal des Jésuites* contient aussi une brève remarque : quatorze femme huronnes, dit-il, plusieurs enfants s'embarquèrent le 2 juin dans sept canots agniers pour s'en aller en Iroquoisie : « C'est ici le commencement du débris des Hurons. » L'ultime dispersion est sur le point de s'accomplir. Les canots s'en vont sur le fleuve avec les malheureux.

Le départ du clan du Rocher pour Onnontaé

Une fois le clan de l'Ours parti, le clan du Rocher se prépare pour le voyage d'Onnontaé. Le 11 juin, le père Paul Ragueneau arrive des Trois-Rivières pour partir avec lui et se joindre aux missionnaires de Sainte-Marie. Il porte une affection particulière à la colonie de l'île d'Orléans : n'est-ce pas lui qui, en 1650, l'a ramenée de la baie Géorgienne ? Les préparatifs se terminent le 16 juin. Les Hurons prennent place dans trois chaloupes françaises, manœuvrées par des matelots français, qui doivent les transporter à Montréal. Le 22 juin, le père Ragueneau quitte à son tour Québec avec de nombreux bagages pour Sainte-Marie ; le 27, c'est au tour du père Le Mercier qui lui aussi apporte des colis.

Hurons et missionnaires attendent trois semaines à Montréal la venue des Onnontagués qui doivent les chercher. Pendant ce temps-là, la scission entre Agniers et Onnontagués se marque nettement et fortement en Nouvelle-Hollande. Les premiers redoutent les conséquences de leurs petites victoires sur leurs compatriotes dans l'affaire de la colonie de l'île d'Orléans. Étant déjà en mauvais termes avec les autres tribus, ils ne sont pas très rassurés. Le 16 juin, les sachems de leurs trois bourgades se présentent devant le tribunal d'Orange. Leur orateur est Sasiadeg, chef bien connu. Et voici, d'après les procès-verbaux, la teneur de son discours : « ...À titre d'anciens amis, ils nous demandèrent de leur fournir quelques chevaux pour traîner des billes hors de la forêt afin de réparer leurs palissades ; et de protéger leurs femmes et enfants dans le cas où il y aurait guerre entre eux et les Senèkes. » Les sachems « demandent que nous fournissions un canon à chacun des châteaux, et que des chevaux traînent des canons d'ici jusqu'aux terrains plats [flats], soit huit milles [hollandais] d'ici ». Le nom château est employé ici dans le sens d'enceinte palissadée, ou de village, comme il le sera en français par Dollier de Casson.

La scission entre Agniers et Onnontagués

Terrains plats = German Flats

Les Hollandais ne donnent leur réponse que le 21 juin. Tous les chevaux de la Nouvelle-Hollande appartiennent à des particuliers, disent-ils, le tribunal n'en possède pas. Les Agniers peuvent louer ces chevaux, verser le prix en conséquence, la cour tentera de leur en procurer quelques-uns. Les Hollandais sont prêts aussi à loger dans leur ville les femmes et les enfants si la guerre se déclare : « Ils sont prêts à le faire en vertu de l'ancienne amitié, mais ils espèrent que ce ne sera pas nécessaire. » Quant aux canons, ils n'appartiennent pas non plus aux membres du tribunal, mais aux autorités civiles « qui les leur ont donnés pour leur défense, de façon qu'ils ne peuvent pas les leur céder, ni les leur louer sans le consentement de ces autorités ». Le tribunal écrira au gouverneur, il faut donc attendre sa réponse.

Ce procès-verbal indique clairement que les Agniers se demandaient si leur victoire diplomatique ne leur vaudrait pas la guerre ; il montre aussi le prix que chaque tribu attachait à la colonie de l'île d'Orléans puisque pour l'obtenir, on envisageait froidement la rupture des liens fédératifs et une guerre civile.

Un peu plus tard, vers la fin du mois de juillet, quinze ou seize Tsonnontouans et une trentaine d'Onnontagués sont en route pour Montréal répartis dans dix canots. Ils viennent au-devant du clan du Rocher. Ils arrivent bientôt aux rapides de Lachine où un accident se produit et sept Onnontagués se noient.

Les survivants se présentent le matin vers 10 heures. Une cinquantaine de Hurons de la tribu du Rocher les attendent dans le fort. Ce groupe ne comprend qu'une dizaine d'hommes, les autres sont des femmes et des enfants. Les hommes tentent de réconforter leurs compagnes qui ont le cœur lourd.

*Radisson
accompagne le
clan du Rocher.*

Chacun redoute cet exil. La population de Montréal leur a montré une chaude sympathie pendant l'attente. Des Français et des missionnaires se préparent au voyage d'Onnontagué ; parmi eux, il faut distinguer Radisson qui racontera plus tard ses souvenirs.

Les Onnontagués tiennent conseil entre eux. La noyade de leurs compatriotes appellerait de leur part, selon leurs coutumes, un acte de vengeance. Après, ils viennent au fort. Ils promettent aux Français une amitié inviolable. Des présents s'échangent.

*Le pénible voyage
des Hurons en
direction
d'Onnontaé*

Le départ a lieu le 26 juillet. Les Onnontagués sont moroses ; au lieu d'amener le groupe des Hurons au complet, comme ils l'espéraient, ils n'amènent qu'une cinquantaine de personnes, restes pitoyables d'une grande nation ; les Agniers en ont déjà reçu autant qu'eux ; maintenant la guerre civile menace ; et de plus, bon nombre de leurs compatriotes se sont noyés pendant ce voyage qui ne rapportera ni grand honneur ni grand profit. De plus, il a fallu construire des canots et maintenant un détachement d'Agniers peut les attendre sur la route pour livrer bataille. Le voyage ne s'annonce pas bien. On a mal évalué les mesures à prendre : il y a trop de monde, trop de bagages pour les embarcations. « Les canots étaient si chargés, dit Radisson, que plusieurs ne pourraient pas continuer leur route en cas de température défavorable » ; au moindre vent, les vagues passeraient par-dessus bord. Après avoir franchi quelques milles, au lac Saint-Louis, les Onnontagués abandonnent les colis de quelques missionnaires sur la rive « et ne veulent plus s'en occuper ». Ils paraissent en général très mal disposés : « Les bagages des missionnaires, dit Radisson, furent laissés en arrière afin d'obliger les Français à demeurer avec eux, et sept seulement d'entre nous s'embarquèrent... et les autres demeurèrent là pour emporter ce que l'on laissait en arrière. » Pour sa part, le père Ragueneau prend possession d'un vieux canot abandonné sur le rivage et s'y embarque avec le frère Louis Le Boesme, deux Français et deux Indiens. Pour vivres, ils n'ont qu'un petit sac de farine. Français, Hurons et Onnontagués sont mêlés les uns aux autres. La flottille voyage en désordre ; tous les jours, le père Ragueneau voit « quelques uns de nos Français dégrader en chemin », c'est-à-dire s'arrêter, camper, dans l'impossibilité de continuer ce voyage ; il doit les rallier tant bien que mal. Très souvent, les Onnontagués tiennent conseil entre eux, à part. Les Hurons sont maintenant sur le qui-vive, remplis de défiance, de crainte ; quatre ou cinq sont si inquiets qu'ils s'échappent, s'enfuient pour revenir à Québec. Les Onnontagués les laissent aller.

*Huronnes victimes
de harcèlement
sexuel*

Le convoi atteint le lac Saint-Pierre : c'est la région des magnifiques futaies de chênes. La situation ne s'améliore pas, au contraire. Un capitaine onnontagué poursuit de ses assiduités une huronne chrétienne. La cour qu'il lui fait n'a pas de succès, puis s'ajoute un élément explosif à un climat déjà tendu. Voici déjà quatre jours que cela dure lorsque les voyageurs, après avoir franchi le lac, arrivent à une île dans le milieu du fleuve ; celle-ci mesure environ une lieue de longueur et un quart de lieue de largeur. C'est là que les voyageurs doivent passer la nuit. Un autre incident désagréable se produit alors : une deuxième Huronne, une veuve, a été l'objet des attentions d'un autre Iroquois ; attaquée sur le rivage, pendant une halte, elle a fui dans la forêt d'où elle n'est pas revenue. Elle passera une trentaine de jours toute seule à se nourrir de racines et de petits fruits sauvages ; à demi morte, elle reviendra au rivage n'ayant plus la force de marcher ; au même moment, vers la fin d'août, ou dans les premiers jours de septembre, passeront quelques canots que le père Du Peron conduit à Onnontaé ; un Iroquois de l'escorte la réclamera pour sa captive. Un missionnaire la rachètera et elle reviendra avec les Français.

Sans doute François Du Peron, missionnaire jésuite

Le convoi aborde l'île à l'entrée du lac Saint-François, le 3 août 1657. Et soudain éclate avec une violence inouïe un drame sanglant. D'après la version la plus sûre, le capitaine onnontagué, dont les avances ont été repoussées, fend la tête de la Huronne d'un coup de hache. Ses compatriotes saisissent ensuite leurs armes et entourent les Hurons. Pendant un moment, les Français croient qu'un conflit va éclater entre les Onnontagués et les Tsonnontouans dont les opinions sont différentes. Le père Ragueneau supplie les Français de se calmer, de ne pas intervenir, il espère apaiser le déclenchement des passions. Mais il ne comprend pas bien la scène qui se déroule sous ses yeux et surtout le dessein du capitaine meurtrier qui s'agite et qui harangue les siens. Soudain, Onnontagués et Tsonnontouans attaquent ensemble les Hurons à coups de hache et de couteaux ; ils en tuent sept sous le regard des femmes et des enfants. Puis ils dépouillent tous les survivants pris dans cette île comme dans une souricière, s'appropriant les robes de castor, les peaux d'orignal, les colliers de porcelaine, etc.

Le drame de l'île du Massacre : les Hurons attaqués par les Onnontagués et les Tsonnontouans.

D'après Radisson, un crime passionnel se commet également à l'arrivée ; un Huron aurait été tué en même temps que la Huronne. Les Onnontagués auraient alors rassuré les autres, puis sortant de la forêt à un moment donné, ils auraient attaqué leur campement et massacré les autres victimes.

L'île a maintenant mérité le nom qu'elle portera dans l'histoire, l'île du Massacre. La nuit vient. Les voix apeurées se sont tues. Un conseil a lieu ; le père Ragueneau le convoque ou bien on l'y appelle. Onnontagués et Tsonnontouans sont là. Le missionnaire dit avec émotion : « ...ces pauvres chrétiens hurons, que je conduisais depuis vingt ans, qui avaient de l'amour pour moi, et pour lesquels je conserverais une amitié inviolable jusqu'à la mort ». Alors, il offre trois présents : le premier doit arrêter la fureur des Onnontagués et des Tsonnontouans, mettre fin à leurs cruautés : « C'est déjà trop de sang innocent répandu... ». Le deuxième demande un traitement convenable pour les femmes et les enfants captifs ; ne les considérez plus, dit le missionnaire, « comme un nation différente de la vôtre, mais comme un même peuple avec vous ». Enfin, par le troisième, l'orateur exhorte les Indiens à continuer le voyage « comme si rien n'était arrivé ».

Dans les présents que le missionnaire a offerts se trouvent enfilés six mille grains de nacre. Toutefois, il n'obtient que bien difficilement l'acquiescement des Onnontagués. Leur capitaine va jusqu'à prétendre publiquement que le gouverneur, le père Le Mercier et le père Chaumonot « leur avaient donné commission de faire ce coup de cruauté ». Le père Ragueneau répond que cette assertion est indubitablement fausse.

Témoignage de Radisson

Radisson ajoute quelques détails. Pendant le conseil, pendant le repas, les Français restent armés, prêts à se défendre. Ils ne se sentent pas en sûreté, non plus, la nuit venue : « On nous avait donné secrètement avis que cette nuit-là même, on devait achever sur nous le dernier acte de la tragédie : toutes choses y semblaient disposées, et nous y étions préparés... ».

Le voyage se poursuit le lendemain dans les conditions prévues par le père Paul Ragueneau. Mais les femmes et les enfants hurons sont plutôt des prisonniers que des personnes libres : « ...Nous voyons de tous côtés des tempêtes qui se préparent, et des orages qui ne semblent ne devoir fondre que sur nous. » Radisson fournit plusieurs commentaires pittoresques. Il raconte le soir où trois cents ours déambulaient ensemble dans la forêt, brisant les arbustes et produisant un grand bruit ; il parle des aigles pêcheurs de la rivière Oswego, des saumons que l'on y tue à coups de bâtons, de « temps clair et calme » ; on ne se voit pas dans l'éloignement, on s'entend parler. Malgré la beauté des spectacles, chacun vit un peu dans l'agitation et dans l'angoisse, Radisson le premier ; le moindre incident rouvre les craintes comme de vieilles blessures. Le convoi rencontre huit Agniers qui reviennent d'une expédition de guerre contre les Ériés et qui conduisent quatre prisonniers. Radisson retrouve parmi eux, de même que parmi les Onnontagués, des Iroquois qu'il a connus au temps de sa première captivité. Les voyageurs rejoignent encore sept autres canots revenant d'une expédition de guerre dans les régions du Nord ; une bataille a eu lieu, les Iroquois ont perdu quelques hommes et massacré quelques ennemis.

Pierre-Esprit Radisson aurait été capturé par les Iroquois vers 1651.

Description de Sainte-Marie de Gannentaa

La malheureuse flottille entre dans le lac de Gannentaa par un beau jour calme ; elle le traverse pour atteindre une pointe, des couvertures servent de voile. Une averse tombe : « Le lac commence à émettre de la vapeur... ». Les voyageurs ont vu des Français qui pêchaient dans la rivière, d'autres qui étaient venus très loin au-devant d'eux. Employant un mot de l'époque, Radisson dit que la résidence de Sainte-Marie « est un château très beau, construit fort proprement..., imprenable pour les sauvages ». Il aurait contenu un grand fort et deux plus petits. Autour, les champs de maïs couvrent déjà une demi-lieue de terrain ; la forêt est belle, les terrains plats s'étendent sur une bonne distance. Les Français avaient conduit là des porcs et des volailles, ils y cultivaient aussi des navets. Les châtaignes y abondent. Les tourtes paraissent par milliers. En un mot, la description de Sainte-Marie de Gannentaa par Radisson, la seule que nous possédions, nous montre un endroit agréable et paisible. Elle indique que les Français s'organisaient pour vivre dans le pays et sur le pays en y cultivant et en y exploitant les ressources naturelles.

Toujours sous la même escorte, les Huronnes et leurs enfants poursuivent leur chemin vers la capitale située à quelques milles. Elles y sont reçues en véritables prisonnières de guerre. Une explosion de haine ancestrale secoue la population. Six Huronnes sont brûlées à petit feu ; des enfants de trois à quatre ans subissent le supplice. Une chrétienne nommée Dorothée est massacrée à coups de haches et de couteaux de même qu'une fillette de huit ans qui avait été une élève des Ursulines.

Huronnes et enfants hurons suppliciés à Onnontaé.

L'affaire de l'île du Massacre pouvait avoir été le résultat d'un crime passionnel sur lequel se serait greffé une haine raciale. Elle ne semble pas avoir été préméditée bien qu'il existe des éléments qui prouvent le contraire ; le capitaine des Onnontagués, après avoir commis son crime, a excité ses compagnons à la tuerie et au pillage. En fait, les excuses ne manquent pas. Un événement tragique beaucoup plus grave se produit ensuite. Il a lieu sous les yeux des sachems et des chefs ainsi que sous les yeux des missionnaires et des Français ; les supplices s'éternisent des heures et des heures ; les victimes sont des femmes et des enfants que les Iroquois n'ont pas l'habitude de torturer. Les Français ne subissent aucun tourment. Les Onnontagués appliquent enfin à la Nouvelle-France ce qu'ils ont toujours souhaité : la paix avec les Français, la guerre à mort contre les Algonquins et les Hurons.

Les Français laissés en arrière forment un second convoi qui arrive un peu plus tard à Sainte-Marie. Il est à peu près certain qu'un troisième convoi s'y rend aussi. Mais les détails manquent, ils ne sont donnés que par des phrases incidentes ; ainsi, le père Poncet part le 28 août pour Onnontaé, mais l'abbé de Queylus le retiendra à Montréal.

Gabriel Thubières de Lévy de Queylus (1612-1677), fondateur et premier supérieur du séminaire de Saint-Sulpice, à Montréal, arrivé au Canada le 29 juillet 1657 avec le titre de grand vicaire de la Nouvelle-France.

CHAPITRE 72

1657

La disparition des Hurons s'achève à Québec durant l'été. Ce sont toujours les allées et venues. Le 26 juillet, les Onnontagués sont partis avec leurs victimes. Ils ont à peine évacué les lieux que le 9 août, vingt Agniers se présentent à Québec ; la bande dont ils font partie se compose d'une centaine de guerriers. Ils ne repartiront que le 21 août avec d'autres Hurons et, cinq jours plus tard, soit le 26 août, Ondessonk les suivra pour se rendre lui-même au pays des Agniers avec un jeune Iroquois francisé et quelques Hurons.

Ces Iroquois sont à peine partis que le 2 septembre, une cinquantaine d'Onnontagués arrivent à leur tour. Ce parti a tout une histoire. Après l'arrivée du premier groupe huron dans la capitale de l'Iroquoisie, après les massacres qui l'accompagnent, les Français ne songent qu'à une chose : avertir les Hurons demeurés à Québec, les empêcher de venir rejoindre les autres. De leur côté, les Onnontagués, pour contrarier ce projet, ne pensent qu'à empêcher toutes communications. Cinquante de leurs guerriers sont déjà en route pour ramener d'autres victimes avant que l'affaire des supplices de l'île du Massacre ne soit connue.

Les Onnontagués
se présentent à
Québec pour
amener d'autres
Hurons.

Le 2 septembre, ces gens arrivent « à la cabane d'Eustache, et deux à Québec... ». Ils ne sont pas bien accueillis. Trois présents leur sont offerts au nom des Hurons, des Français et des Algonquins, pour leur souhaiter la bienvenue. Les visiteurs annoncent qu'ils répondront le lendemain ; puis ils s'en retournent en disant qu'ils n'ont pas de cadeaux à offrir. Toutefois, le même jour, deux autres reviennent pour demander pour tous la permission de venir à Québec. Algonquins et Hurons sont opposés à ce projet, car comme l'expérience l'a prouvé, il suffirait que quelqu'un s'enivre pour que se produise un accident fâcheux pour les Onnontagués ; les Français pourraient même lier et piller les Onnontagués qui déroberaient des citrouilles, tout comme ils lient en pareil cas des Algonquins et des Hurons. Cette réponse dépite les visiteurs. Sous le coup de la colère, ils disent qu'ils ne viendront pas du tout, qu'ils repasseront la rivière le lendemain et qu'ils partiront. Le lendemain, ils traversent en effet le fleuve et, se ravisant, ils délèguent quatre des leurs « pour venir parler aux Hurons principalement, disant qu'ils avaient déjà parlé aux Algonquins... On leur donne 8 à 10 sacs de blé ». Un peu plus tard, le 6 septembre, les Onnontagués offrent trois colliers aux Hurons ; ils les haranguent à leur façon, mais ces discours « aboutissent à les inviter de se joindre à leur compagnie à l'occasion d'un Père et de Kahik en ambassadeur algonquin qui doit aller avec eux à Onnontagué ». Les émissaires multiplient les instances pour décider les derniers Hurons à les suivre. « C'était …à qui aurait les débris de ce pauvre peuple. Or jaçait qu'ils ne sussent pas ce qui était arrivé à leurs frères, ils tachèrent néanmoins de faire trouver bon à ces députés, de remettre la partie jusques au printemps ». Les Hurons obtiennent des délais et demeurent dans la capitale.

jaçait = quoique

Cependant, les Onnontagués ne partent pas. Ils s'installent dans le fortin que leurs prédécesseurs ont occupé au printemps et ils surveillent le fleuve.

Pendant tout ce temps, les Français de Sainte-Marie de Gannentaa ne sont pas restés inactifs. Ils ont eu des entrevues avec les chefs d'Onnontaé, ils ont écrit leurs lettres. Le 9 septembre, l'un d'entre eux, Boquet, prend la charge de deux canots montés par huit Français. Ces hommes ne partent pas sans inquiétude ; ils croient, comme leurs compatriotes de Sainte-Marie, que les Onnontagués tenteront de les arrêter d'une façon ou d'une autre, pour que la nouvelle des mauvais traitements infligés aux Hurons ne filtre pas tout de suite. En fait, paraît-il, ce sont les Onneyouts qui tenteront mais sans succès, de les intercepter. Ils passent quand même, ils accomplissent leur voyage et ils arrivent à Québec le 6 octobre, soit un peu plus d'un mois après le parti des Onontagués.

Charles Boquet, guide et interprète

Des Français de Sainte-Marie de Gannentaa viennent à Québec annoncer les tueries de l'île aux Massacres.

C'est à cette date seulement que les autorités françaises apprennent les tueries de l'île du Massacre et d'Onnontaé. Elles communiquent la nouvelle aux Hurons qui sont restés en Nouvelle-France et qui se félicitent de n'avoir pas cédé aux invitations pressantes qu'on leur a faites. Toute migration est maintenant terminée, le gouverneur prend ces Indiens sous sa protection ; il autorise la construction d'un fort pour les Algonquins et pour eux-mêmes dans le centre de la ville de Québec : là, ils pourront vivre sous la protection des canons. Les palissades clôturent un carré dont chaque côté a cent cinquante pieds entre le fort Saint-Louis et l'église paroissiale à la haute ville. Les Français redoutent en effet des incidents.

Louis d'Ailleboust est redevenu gouverneur en août 1656 lors du départ pour la France de Charles de Lauson de Charny, gouverneur intérimaire.

La construction d'un fort pour les Hurons à Québec

Pendant ce temps, les Onnontagués ne déguerpissent pas. Ils savent que les Hurons ont maintenant appris le sort de leurs compatriotes ; mais, dit E. Gagnon, « ils affectaient de faire peu de cas de ce tragique événement du 3 août et attendaient avec une apparente indifférence que le temps fût venu d'amener avec eux les Hurons, au nombre d'environ cent cinquante, restés auprès des Français ». Cette effronterie ne leur vaudra rien.

Il s'agit sans doute d'Ernest Gagnon à qui l'on doit une biographie de Louis Jolliet (Montréal, 1946).

Les Français qui sont revenus de Sainte-Marie ont apporté des messages concernant l'affaire de l'île du Massacre. Le *Journal des Jésuites*, alors rédigé par le père de Quen, contient pour le 20 octobre la curieuse entrée suivante : « M. d'Ailleboust, gouverneur, se plaint de moi, du peu de confiance que j'ai en lui, disant que je ne lui communique pas les affaires qui regardent la mission d'Onnontagué. 1. En ce que je ne lui ai pas porté les 2 présents que le P. Ragueneau m'avait envoyés d'Onnontagué, lesquels présents s'adressaient à

Onontio, faits par les Onnontagués, qui disaient : Onontio, nous ne consentons pas au meurtre fait en chemin par nôtre jeunesse sur les Hurons ; Onontio, nous payons les torts que nôtre jeunesse a faits aux habitations françaises par les pillages et tueries des Bestiaux. Le P. Dreuillettes porta de ma part les deux colliers à M. d'Ailleboust, deux jours après. » Le père de Quen ne fournit aucune explication pour son retard, les présents ayant été apportés depuis deux semaines. Ces derniers ne sont-ils pas d'une importance vitale ? Des sachems arrivent, ils soumettent les propositions décidées par la partie la plus coriace de la population ; les colliers sont la réparation, faible il est vrai, pour le massacre des Hurons et le vol des bestiaux. Ils indiquent leur volonté de conserver la paix.

La version de Marie de l'Incarnation — Marie de l'Incarnation avait peut-être obtenu des renseignements particuliers. Car même avant que le gouverneur n'ait été mis au courant pour ces colliers, elle écrit ce qui suit en parlant de l'île du Massacre : « ...Ils se jettent sur les Hurons leurs anciens ennemis. Ils en ont tué treize, tant petits que grands, et en ont fait quarante autres prisonniers. Les anciens en ont bien du déplaisir, mais les jeunes ne les craignent pas, n'y ayant point de police parmi ces peuples. » Elle dit encore que le démon « rend la jeunesse, qui de soi est déjà guerrière, extrêmement revêche, la portant à nuire aux chrétiens en tout ce qu'ils peuvent ». Tout le blâme semble donc devoir retomber sur le parti militaire. Mais enfin, excuse ou pas, toute migration huronne est déjà terminée ; la curée est finie.

Chapitre 73

1657

L'époque qui s'écoule de 1653 à 1657 donne d'abord lieu à d'immenses espérances. Les Français la commencent avec de nombreux atouts en mains. Il
leur tombe d'abord du ciel une alliance solide avec quatre tribus iroquoises,
c'est-à-dire avec les quatre cinquièmes de l'Iroquoisie. Tout de suite les deux
partis en posent les conditions. Elles se mettent pleinement d'accord : les Français établiront une résidence à Onnontaé, ils y enverront des missionnaires ;
les Onnontagués obtiennent la colonie huronne de l'île d'Orléans qui doit
s'établir sur leurs territoires.

Résumé des années
1653 à 1657

Les uns et les autres s'en tiennent d'abord à cet accord et en commencent
l'exécution. Les Agniers sont jaloux, leurs intérêts peuvent en souffrir. Ils
tentent de s'y opposer en continuant la guerre. Ils font quelques victimes,
mais à eux seuls, ils ne peuvent faire face aux Français et aux Senèkes mena-
çants, la coalition qu'ils forment est beaucoup trop puissante pour eux, et les
Agniers doivent désarmer. Mais la Confédération iroquoise est toujours sur le
point de se diviser, la guerre iroquoise a pris fin, la France s'acquiert des
droits sur l'Iroquoisie des Senèkes. Des missions s'établissent, la paix règne,
les relations commerciales reprennent entre l'Ouest et la Nouvelle-France, les
explorations peuvent continuer. Le commerce de fourrures des quatre tribus
iroquoises de l'Ouest peut tomber un jour ou l'autre entre les mains des Français. Ce sont de bons résultats et des possibilités plus grandes encore. Chacun
s'étonne.

Tant que la Nouvelle-France s'en tient à cet accord, l'alliance entre les
Français et les Senèkes semble se resserrer et devenir chaque jour plus ferme,
plus étroite. Les Agniers s'enfoncent peu à peu dans l'isolement. Puis les Français obtiennent les avantages indiqués dans le traité : ils établissent une résidence à Onnontaé et ils envoient des missionnaires. C'est plus tard, alors qu'il
faut livrer la colonie huronne de l'île d'Orléans tout entière aux Onnontagués,
que le désastre commence. L'inaction du gouverneur de Québec en est le point
crucial ; lorsque les guerriers agniers passent sous le fort avec leurs prisonniers hurons, cet acte de bravade n'est pas immédiatement sanctionné. Ce que
les Français doivent donner aux Onnontagués, ils le laissent prendre par les
Agniers, se mettant ainsi dans l'impossibilité d'exécuter les obligations de
leur contrat.

La faiblesse de la politique amérindienne de la Nouvelle-France

À partir de ce moment, la politique de la Nouvelle-France est d'une faiblesse et d'un aveuglement sans nom. Elle subit les chantages successifs des partis de guerre de chacune des tribus iroquoises, et chacun de leurs coups de force. Au moindre déploiement de force, on obtient d'elle ce que l'on veut. La Nouvelle-France est alors en pleine contradiction, accordant à l'un ce qu'elle a promis à l'autre, promettant ce qu'elle ne peut plus tenir, s'enfonçant chaque jour davantage dans la duplicité, dans le mensonge, laissant enfin les uns et les autres arracher des lambeaux de la colonie huronne, et prêtant main-forte à ce dépeçage honteux.

On a prétendu que les Français étaient faibles et les Hurons bien plus encore. Comment n'a-t-on pas vu qu'en résistant justement aux prétentions des Agniers, Français et Hurons avaient l'appui solide des Senèkes, des quatre tribus iroquoises de l'Ouest, et qu'ainsi leur force dépassait de beaucoup celle des Agniers. C'est le spectacle des premières années de la paix de 1653, alors que les Agniers avaient dû se désister parce qu'ils se voyaient tomber dans l'isolement. C'est en travaillant à garder intacte la colonie huronne, que la coalition entre Français et Iroquois supérieurs serait devenue encore plus ferme. C'est cette politique droite, énergique, sûre et loyale qu'il fallait poursuivre. Exécuter le traité, être en mesure d'en remplir les conditions, risquer même s'il le fallait la guerre avec les Agniers, voilà la ligne de conduite qui s'imposait.

Ici, le mot Senèkes semble bien désigner l'ensemble des Iroquois à l'ouest des Agniers.

Lauson n'en a eu ni l'intuition, ni l'intelligence, ni le courage. Il laissa les Agniers amener impunément une partie de la population huronne, et les autres se promettre à ces mêmes Agniers. Il est donc le témoin muet de la curée qui se produit, de tous les événements malheureux qui vont agir au détriment des Hurons et des Français.

On sait qu'une couple de bourgades huronnes s'étaient données aux Tsonnontouans lors de la destruction de la Huronie. Elles vécurent ensuite en paix dans le sein de l'Iroquoisie. Il est probable que le même phénomène se serait produit si la colonie tout entière de l'île d'Orléans avait émigré dans le pays des Onnontagués sous la protection de la résidence française. Homogène et nombreuse, elle aurait été respectée. Mais le partage se fait dans des conditions qui irrite chacune des tribus iroquoises : se promettre ainsi aux uns et aux autres, se donner et se retirer, se diviser enfin et s'en aller sous le coup de la force, par petits groupes, ne peut qu'attirer le malheur et les explosions de colère. Pendant des mois, l'impatience grandit chez les Agniers et les Onnontagués, elle se traduit un jour par des supplices et des meurtres. En recevant leur mince portion d'hommes, les Onnontagués surtout se sentent frustrés, trompés, non seulement par les Hurons, mais aussi par les Français. Un esprit malin se serait appliqué à les duper qu'il n'aurait pas mieux réussi : ils ont exécuté leur part du contrat, et les Français et les Hurons n'exécutent pas la leur.

Les Hurons reçoivent tout de suite leur châtiment. Il est dur et mortel. Quant aux Français, ils recevront le leur de façon détournée mais non moins terrible. Ils n'ont pas su choisir entre Agniers et Senèkes quand il le fallait, ils n'ont pas vu qu'il fallait satisfaire les uns pour conserver une belle et grande alliance, ils n'ont pas été en mesure de remplir leurs promesses, ils ont pris sans faire d'efforts pour donner, et tous les grands espoirs échafaudés s'écrouleront.

CHAPITRE 74

1657

Les rapports entre Onnontagués et Français de Sainte-Marie de Gannentaa se détériorent.

Quelle est la date précise de la détérioration des bons rapports entre les Onnontagués et les Français de Sainte-Marie de Gannentaa ? Il semble bien que le tournant décisif soit le mois de février ou de mars 1657, lorsque les Onnontagués apprennent qu'au mois de décembre précédent, les Hurons se sont tous donnés aux Agniers. La tribu envoie alors une centaine de guerriers en Nouvelle-France pour surveiller ses intérêts, pour imiter probablement aussi les Hurons et pour amener de force les Hurons comme l'ont fait leurs rivaux. Ils se présentent en fait comme des ennemis ; leurs premières relations avec les Français sont difficiles ; ceux-ci doivent même les tromper, pour les mettre en face des réalités et les forcer à accepter un compromis. Les sentiments de ce parti de guerre sont probablement ceux d'une nation irritée par le manque de parole, non seulement des Hurons, mais aussi des Français.

Malheureusement, le récit de cette détérioration nous manque. La *Relation* de 1658 consacrée à la fuite des Français de Sainte-Marie, enregistre plutôt la perte subite de toutes les espérances, qu'elle n'en raconte les étapes.

Une lettre qui paraît écrite au mois d'août 1657, après l'affaire de l'île du Massacre, contient la phrase suivante : « Nous marchons, le tête levée, au milieu des dangers, au travers des injures, des huées, des calomnies, des haches et des couteaux, avec lesquels on nous poursuit assez souvent pour nous mettre à mort. » Ces lignes semblent porter des marques d'exagération. Toutefois, la *Relation* de 1658 raconte que les lettres envoyées par les Français après l'arrivée des Hurons, « découvraient la mauvaise volonté des principaux de ces peuples envers les Français ». Il faut noter que les messages qui apportent cette correspondance transportent aussi les présents par lesquels les sachems rejettent sur le parti militaire tous les événements malheureux qui sont arrivés. En fait, les sentiments des tribus se modifient et la cause de l'alliance française a déjà perdu du terrain.

À partir de ce moment, le rideau descend pour ainsi dire sur la scène de Sainte-Marie de Gannentaa. Six mois passent, d'octobre à mars 1658, sans apporter leur moisson habituelle de renseignements précis. Il faut revenir en Nouvelle-France. Les Français y ont appris l'affaire de l'île du Massacre, la désaffection des Onnontagués. Ils sont inquiets. Ils n'ont plus confiance dans aucune des tribus iroquoises, ils sont nerveux. Pourtant, ils n'auront peut-être pas toute la prudence qu'il faudrait.

Car, en cet automne, les cinquante Agniers arrivés en septembre ne sont pas encore partis. En plus, des groupes d'Agniers errent dans la colonie. Ces Iroquois doivent subsister sur le pays et ils ne sont pas toujours aussi respectueux du bien d'autrui qu'il le faudrait ; ils pillent pour subsister. Vivant sous un régime économique se rapprochant du communisme, ils comprennent mal la propriété privée. De plus, ils sont parfois insolents. La situation devint telle que le gouverneur se trouve obligé, le 21 octobre, de convoquer et de tenir « une assemblée des habitants ». Et tous décident « d'un commun consentement... que les Français se défendraient contre les insolences des Iroquois d'en bas et d'en haut, et qu'on ne se laisserait pas voler, ni piller, ni faire aucun acte d'hostilité sous prétexte de paix ». Cette décision ne peut avoir d'autre signification que celle-ci : se défendre les armes à la main ce qui, dans les circonstances présentes, se rapproche fort de la guerre. Cette décision affecte non seulement les Iroquois avec lesquels la Nouvelle-France est en mauvais termes, mais aussi les Senèkes et surtout les Onnontagués dont l'amitié et l'alliance ne sont pas définitivement perdues. De plus, des Français sont établis chez ces derniers, très loin, et ils sont à leur merci.

Les Français de Québec et des environs sont exaspérés par les déprédations des Iroquois.

Notons sur ce point que les Français ne sont pas les seuls à souffrir des déprédations des Iroquois. À Rensselaerswyck, autour du Fort Orange, ces Indiens céderont souvent à la tentation d'abattre un porc, une vache ou un cheval. Les Hollandais se plaignent fort, ils récriminent et demandent des remboursements en peaux de castors, et les obtiennent quelquefois. Deux civilisations, deux régimes économiques sont en présence, et les habitudes des Iroquois ne peuvent se modifier du jour au lendemain. C'est pourquoi la réaction du gouverneur et des habitants de la Nouvelle-France semble trop violente. L'impatience les porte à des mesures imprudentes et peut donner lieu à de nombreux incidents.

Puis les rumeurs alarmantes commencent à circuler. Le 16 octobre, une chaloupe des Trois-Rivières apporte à Québec la nouvelle qu'une bande d'Onnontagués ou d'Onneyouts rôde entre les Trois-Rivières et Québec. Ce groupe aurait le dessein d'attaquer les Algonquins et les Hurons et aurait pillé deux Français qui chassaient au Cap à l'Arbre.

Le 24 du même mois, alors que la rumeur précédente n'a pas été confirmée, loin de là, une autre nouvelle d'une extrême gravité parvient à Québec. En effet, neuf Algonquins sont partis pour la guerre, avec l'intention d'attaquer non seulement les Agniers mais encore les Senèkes qu'ils rencontreront, parce qu'ils ont appris « que les Iroquois y venaient les premiers... » On aurait vu en effet deux canots remplis d'Iroquois au lac Saint-Pierre, une cabane aux Trois-Rivières, deux Français auraient été pillés à l'Arbre à la Croix. Depuis le traité de paix qui a mis fin à la guerre des Agniers, les Algonquins n'ont subi aucune attaque de la part des Iroquois ; ils ont vécu en paix. En partant pour la guerre, ces neuf Indiens brisent évidemment la convention qui les protège ; puis ils exposent les Français à l'accusation de les avoir poussés à la guerre.

Les Algonquins s'apprêtent à briser le traité de paix avec les Iroquois.

Le jour même où M. d'Ailleboust apprend cette affaire, il convoque à un conseil les Algonquins et les Hurons. Il leur présente les cadeaux que le père de Quen avait gardés une quinzaine de jours sans en parler au gouverneur. L'assemblée apprend ainsi que les sachems d'Onnontaé prétendent qu'ils n'ont pas trempé dans les supplices et les massacres des Hurons, qui seraient le fait d'une jeunesse impulsive et cruelle. Algonquins et Hurons demandent alors « comment ils se comporteraient envers les Iroquois d'en haut et d'en bas ». De la réponse à cette question découlent évidemment des conséquences graves : la paix ou la guerre. Fallait-il passer l'éponge sur les événements malheureux de l'été, inviter Hurons et Algonquins à pardonner, à oublier ? Fallait-il séparer le cas des Hurons de celui des Algonquins, accorder aux premiers la permission de se venger ? Et, dans ce cas, les Français ne seraient-ils pas inévitablement impliqués dans les futures hostilités ? La permission d'attaquer s'appliquerait-elle à tous les Iroquois ou aux Agniers seulement ?

Le gouverneur d'Ailleboust permet aux Hurons et aux Algonquins d'attaquer.

M. d'Ailleboust tranche carrément la question. Voici, d'après le *Journal des Jésuites*, le texte de cette importante réponse : « 1. qu'il leur serait libre de se défendre, ou d'attaquer les premiers ; qu'il serait à propos néanmoins qu'ils n'attaquassent point près de nos habitations ; 2. que le Français défendra les Hurons et Algonquins à la vue des maisons françaises ; 3. le Français ne frappera pas le premier, et ne rompra pas le premier la paix ; 4. tous les Français ont consenti à tout ce que dessus ». Les *Relations* donnent une version identique : « Il [le gouverneur] repartit, qu'ils les pouvaient attaquer et les combattre hors la vue des habitations françaises ; que nous les protégerions dans cette étendue, et que nous ne romprions jamais la paix, s'ils ne faisaient les premiers quelque acte d'hostilité. »

Cette décision fatidique du 24 octobre jouera un grand rôle dans les événements qui vont suivre. Que le gouverneur ait accordé aux Indiens du Canada le droit de se défendre, rien de plus légitime, de plus juste. En accordant celui d'attaquer, M. d'Ailleboust et le conseil des Habitants plongent pratiquement ces deux tribus dans la guerre, car elles ne résisteront pas à la tentation de reprendre les hostilités. Par ricochet, la Nouvelle-France s'expose à être entraînée elle-même dans le conflit ; il serait même surprenant qu'elle ne le fût pas. Algonquins et Hurons sont très faibles, ils ne peuvent faire face à l'ennemi et les Français ne peuvent les laisser massacrer.

Cette permission d'attaquer constitue une dénonciation des traités précédents. Depuis la fin de la guerre des Agniers, les Algonquins n'ont pas subi d'attaques des Iroquois. Pour leur part, les Hurons ont de justes raisons de se plaindre. Toutefois l'ennemi n'est pas mis au courant du fait qu'à l'avenir le traité ne sera plus respecté.

Les Français ne font pas de distinction entre les Agniers et les Senèkes : ils donnent aux Algonquins et aux Hurons la permission de respecter les uns et les autres. Pourtant, comme on l'a vu, des possibilités d'alliance solide et longue entre tribus iroquoises supérieures et Français, existent depuis long-temps. En cet automne 1657, elles subsistent malgré les événements de l'été ; elles apparaîtront à diverses reprises pendant quelques années encore. Elles sont pour la Nouvelle-France d'une telle importance qu'à ce moment-là, en octobre, il aurait sans doute mieux valu négocier, tenter de replâtrer la paix. Or, il faut bien penser que la décision du gouverneur et des Habitants viendra vite aux oreilles des Senèkes. Comment interpréteront-ils cette permission que les Français accordent à leurs alliés indiens de les attaquer ? N'y verront-ils pas, de même que les Agniers, une déclaration de guerre de la part des Français et des Indiens du Canada ? Car qui s'embarrassera de subtilités, de distinctions ? Et les tribus supérieures apprendront ce fait quand elles ont dans leur sein, à leur merci, la colonie française de Sainte-Marie de Gannentaa. Celle-ci ne sera-t-elle pas exposée à des dangers ? L'union qui peut exister entre ces tribus et les Français n'en sera-t-elle pas détruite ? Traitées comme les Agniers, menacées comme eux, ne seront-elles pas forcées de se rappro-cher d'eux ? N'est-ce pas justement ce rapprochement que doit combattre la politique française ?

La décision du 24 octobre, apparaît aujourd'hui comme une erreur de premier ordre. Seule pourrait la justifier la connaissance précise que les cinq tribus iroquoises, sans exception, sont décidées à commencer la guerre et qu'il faut les devancer. Or, tel ne semble pas le cas. Les Français et leurs Indiens passent par une période de nervosité, d'inquiétudes, d'alarmes et surtout d'in-trigues. Les ennemis de l'entente entre Français et Iroquois de l'Ouest ont enfin l'occasion de pêcher en eau trouble et de susciter les incidents qui peu-vent amener une rupture. On peut ranger dans cette catégorie non seulement les Hollandais, les Agniers, mais aussi ceux qui en Iroquoisie partagent leurs vues ; et, au Canada, les Hurons et probablement aussi les Algonquins. Ils savent en effet que les Onnontagués sont mécontents parce qu'ils n'ont pas obtenu toute la colonie huronne ; que les Français sont mécontents pour l'af-faire de l'île du Massacre et des supplices à Onnontaé ; que les Hurons sont prêts à toutes les extrémités parce que leurs compatriotes ont été massacrés ou sont soumis à de mauvais traitements ; enfin que l'alliance Senèkes-Français passe par une crise. Vu ces circonstances, les autorités de la Nouvelle-France devraient être prudentes, garder leur sang-froid, examiner attentivement cha-que incident et se défier des rumeurs.

Jusqu'à ce jour, nombre de nouvelles alarmantes ont été répandues et ensuite démenties. Les 25 et 26 octobre, il s'en répand encore une autre : les Agniers auraient pillé un Français, ils viendraient en guerre. Celle-ci encore est controversée. Mais comme les précédentes, elle risque d'attiser la guerre entre la Nouvelle-France et toute l'Iroquoisie, et surtout de détruire l'entente actuelle.

L'erreur du gouverneur

Le seul fait précis est celui qui se produit à Montréal le 25 octobre. C'est une véritable tragédie. Ce jour-là, une trentaine d'Onneyouts descendent dans l'île ; quelques-uns se rendent jusqu'au défrichement de la pointe Saint-Charles.

Jean de Saint-Père, greffier, notaire et syndic (v. 1618-1657)

Ils y entrent chez Nicolas Godé. Le gendre de ce dernier, Jean de Saint-Père, Jacques Noël, un domestique, sont là aussi. Ils servent un repas à ces visiteurs imprévus. Godé, excellent menuisier, remonte ensuite avec ses compagnons sur le toit de la maison qu'ils doivent terminer, mais ils n'apportent pas leurs armes. Soudain, la tentation étant trop forte, les Onneyouts ouvrent le feu sur

Les Onneyouts assassinent des Français à la pointe Saint-Charles.

les Français sans défense et, comme le dit Dollier de Casson, « les font tomber comme des moineaux de dessus le couvert de la maison. Godé et Noël sont scalpés sur place ; et les Onneyouts emportent tout entier le chef de St-Père qui avait une belle chevelure ».

Les Onneyouts voulaient compromettre la paix entre Français et Onnontagués.

Ces meurtres provoquent un choc dans Montréal et dans toute la Nouvelle-France. Les *Relations* de même que le *Journal* indiquent en effet que ce sont les Onnontagués qui ont fait le coup et non les Onneyouts. Et dans ce faux renseignement gît probablement le secret de cette affaire sanglante : qui avait intérêt à brouiller les Français et les tribus iroquoises de l'Ouest ? À créer des sentiments d'animosité entre les deux et à menacer indirectement Sainte-Marie de Gannentaa ? D'autant plus que depuis 1653, les Onneyouts ont une attitude réticente et qu'ils subissent fort l'influence des Agniers. Il se peut aussi que les Onneyouts aient agi sous l'impulsion d'une colère momentanée, mais cette explication est moins plausible.

Pendant ces heures difficiles, les Français ne semblent pas posséder le fil conducteur des événements. Ils ignorent que la grande affaire politique entre la France, la Hollande, l'Iroquoisie et le Canada est leur alliance avec les tribus iroquoises supérieures, que cette affaire domine toute la situation, inspire les actes, et qu'elle peut avoir d'infinies conséquences, bonnes pour les uns, néfastes pour les autres. Et c'est pourquoi ils accumulent erreurs sur erreurs.

Ainsi, au lieu de faire une enquête, immédiatement, Maisonneuve « fit arrêter et mettre aux fers un sauvage Onnontagué qui depuis quelque temps, chassait en l'île de Montréal et se retirait le plus souvent avec les Français ».

Pourtant, quelques jours après, se produit un incident qui, tel qu'il est raconté, indique d'une façon formelle à quelle tribu appartenaient les meurtriers. Trois Onneyouts se présentent au fort, ils parlent à Maisonneuve. Et

marris = contrits, affligés

« ils protestent qu'ils sont innocents et qu'ils sont très maris de l'attentat commis... ». L'un d'eux offre sept présents composés de colliers de grains de nacre ; voici les principales propositions qu'ils symbolisent : « J'essuie le sang répandu sur la natte... Je calme ton esprit irrité... Je couvre la terre souillée de sang et j'enferme dans l'oubli cette méchante action. Je te fais savoir, que c'est le Goyogouin qui t'a tué... Je raffermis le mai ébranlé auprès duquel se doivent tenir les Conseils des Iroquois et des Français. » D'après les mœurs indiennes, c'est une réparation que les Onneyouts offrent pour les meurtres commis. Ils rejettent la responsabilité sur les Goyogouins cette fois, mais le fait qu'ils étaient autour de Montréal et qu'ils connaissent l'attentat, ne suffit-il pas à les incriminer ? M. de Maisonneuve « reçut les présents, n'ayant pas encore assez de lumière sur les déloyautés de ces perfides, qui paraissent fort innocents ». Il demande à ces ambassadeurs de demeurer à Montréal « pour reconnaître de plus près leurs démarches », c'est-à-dire pour faire enquête. « ...Mais comme ils se sentaient coupables et qu'ils étaient camarades [à ce qu'on croit] de ceux qui avaient massacré nos gens, voyant d'ailleurs un sauvage Onnontagué aux fers, ils s'enfuirent la nuit à la sourdine. »

Dès ce moment, les Français sont raisonnablement sûrs que ce sont des Onneyouts qui ont fait le coup. Toutefois, le messager que Maisonneuve a dépêché à Québec avec le récit de l'affaire de la pointe Saint-Charles est déjà en route ; il emporte la première version qui incrimine les Onnontagués. Le 1er novembre, il arrive à destination. En apprenant le triple meurtre, « Monsieur d'Ailleboust commande qu'on arrête en toutes les habitations des Français, tous les Iroquois qui s'y présenteraient, de quelque endroit qu'ils pussent être. »

Le gouverneur commande l'arrestation des Iroquois en Nouvelle-France.

Aux Trois-Rivières, les Français font entrer dans le fort une douzaine d'Agniers environ, puis ils se saisissent d'eux. L'un se défend contre M. Le Barbier ; se voyant trop faible, celui-ci tire son épée et frappe son adversaire ; légèrement blessé, celui-ci se rend tout de suite. Cinq de ces prisonniers partent pour Québec sous la conduite du sieur La Meslée ; ils y arrivent le 3 novembre, sont logés chez Couture et « ont les fers aux pieds deux à deux ».

Pour embrouiller encore les choses, les neufs Algonquins qui sont partis un peu plus tôt pour la guerre reviennent de leur expédition. Ils ont rencontré deux Onnontagués dans les îles du lac Saint-Pierre, en ont tué un et apportent le scalp à Québec. Le second a fui. Il a atteint Montréal où il voulait se réfugier et où il a été mis aux fers.

Enfin, d'après une autre version, c'est à cette époque que les cinquante guerriers onnontagués qui étaient arrivés en septembre pour ramener des Hurons retournent en leur pays.

Alors, ce sont les Onneyouts qui ont commis le crime de Montréal et ce sont des Onnontagués et des Agniers que les Français mettent aux fers. Ceux-ci considèrent l'Iroquoisie comme une entité nationale et croient qu'arrêter un Onneyout ou un Onnontagué, c'est la même chose. Tandis qu'au contraire, chaque tribu est encore tellement distincte l'une de l'autre et possède un tel sens de sa propre identité, que l'on ne peut arrêter les membres de l'une pour les méfaits commis par les membres de l'autre. En conséquence, Agniers et Onnontagués vont crier à l'injustice, et l'indignation la plus sincère régnera chez eux.

Alors, à la fin de l'automne, les tribus iroquoises recevront coup sur coup les nouvelles suivantes : permission accordée aux Hurons et aux Algonquins de les attaquer, emprisonnement d'Agniers et d'Onnontagués pour un meurtre commis par des Onneyouts, meurtres sur la personne d'Onnontagués, participation active des Français dans toutes ces affaires alors qu'ils n'en sont pas les seuls auteurs. C'est mécontenter pour ainsi dire toute l'Iroquoisie, la réconcilier dans le ressentiment et l'indignation, la forcer à s'unir pour se défendre.

Chapitre 75

1657

On peut donner le nom de guerre larvée à cette période qui s'ouvre le 3 août 1657 à l'île du Massacre et qui se termine au mois de mai 1660 au Long-Sault. La paix incertaine qui régnait depuis 1653 se termine, et la Nouvelle-France tombe dans une ère plus pénible encore de demi-hostilités et d'actes de guerre qui ne font la plupart du temps que s'esquisser.

La fin de la paix de 1653

Le 3 novembre au soir, le gouverneur de Québec se trouve en face d'une situation qui se détériore rapidement. L'ancienne guerre iroquoise peut reprendre du jour au lendemain et les partis ennemis peuvent envahir la campagne.

Le lendemain, à sept heures du matin, le gouverneur rencontre le supérieur des Jésuites à qui il raconte que neuf Algonquins ont tué un Onnontagué au lac Saint-Pierre. Il choisira, dit-il, deux des prisonniers pour les renvoyer parmi leurs compatriotes et les mettre au courant de l'assassinat de trois Français à Montréal. Ces messagers seront aussi chargés de leur dire que les Français veulent « savoir distinctement les meurtriers », c'est-à-dire connaître leur nationalité et leur nom.

Un peu plus tard, vers onze heures, M. d'Ailleboust rassemble les principaux habitants ; il est en froid avec les Jésuites, il ne les convoque pas plus à cette réunion qu'aux précédentes. Quand les notables sont réunis, il les informe de son projet de renvoyer deux Agniers en leur pays et il obtient leur agrément. Il aurait fallu qu'un Français se charge des explications à donner aux Iroquois, mais il n'y en a peut-être pas un qui soit prêt à risquer cette aventure, ou alors les autorités n'y pensent pas.

Le gouverneur assemble ensuite les Indiens. À eux aussi, il communique son projet. Les prisonniers agniers emporteront des messages pour le père Simon Le Moyne, Ondessonk, qui est en leur pays. Ils seront ensuite les porteurs des messages suivants : trois Français ont été tués à Montréal ; le parti qui a fait le coup se composait de trente guerriers ; les parents des victimes ont voulu se venger sur la personne des Agniers qui étaient aux Trois-Rivières ; Onontio s'est opposé à cette vengeance ; il a arrêté les Agniers mais sans leur faire aucun mal ; ces Agniers sont retenus pendant le voyage de deux d'entre eux en Iroquoisie ; les Français veulent « se plaindre aux Anciens du pays de cet attentat, et... savoir s'il n'a point été commis par leur jeunesse » ; les prisonniers reçoivent de bons traitements. Enfin, les interprètes expliquent en

Deux Agniers iront porter les messages d'Onontio en Iroquoisie.

détail ces messages aux émissaires agniers et on les met par écrit dans des lettres adressées à Ondessonk.

Le 6 novembre, les messagers sont conduits chez les Jésuites. Ceux-ci les mettent bien au courant de l'objet de leur mission. Le 7, ils partent pour les Trois-Rivières. Dans cette bourgade, un troisième Agnier se joint à eux. Le trio s'éloigne le 13 avec une volumineuse correspondance adressée au père Le Moyne. Quelques lettres lui sont personnellement envoyées, les autres sont destinées aux Français de Sainte-Marie. Les Français escortent ces Agniers en chaloupe jusqu'aux premiers rapides du Richelieu afin de les protéger contre les Algonquins et contre les Hurons.

Un troisième Agnier se joint au groupe aux Trois-Rivières

Dans sa principauté de Montréal, Maisonneuve prend exactement la même initiative que M. d'Ailleboust. Il renvoie un prisonnier onnontagué dans son pays « pour rendre des lettres à nos Pères, qui les informaient de tout ce qui se passait parmi les Français. Il donna charge à ce Barbare, de dire à peu près aux Anciens d'Onnnontagué ce qu'on mandait à ceux d'Aniégué... »

Les messagers s'éloignent, le sort de la Nouvelle-France, c'est-à-dire de la paix et de la guerre, repose entre les mains de trois Agniers et d'un Onnontagué. Si ces Iroquois n'apportaient avec eux que le récit des meurtres de la pointe Saint-Charles et des emprisonnements qui les ont suivis, ce serait un demi-mal ; mais ils peuvent raconter encore à leurs compatriotes que le gouverneur et les habitants de la Nouvelle-France ont donné permission aux Algonquins et aux Hurons de les attaquer et qu'ainsi la paix est expirante.

Les messagers agniers remettent fidèlement à Ondessonk les lettres qui lui sont destinées ; craignant des représailles sur leurs compatriotes captifs à Québec, ils agissent avec rectitude. Par contre, les lettres destinées aux Français de Sainte-Marie de Gannentaa ne se rendent pas à destination. On ne sait qui les intercepte. Toutefois, il est clair que les Agniers ne travailleront pas à réconcilier les Français et les Onnontagués ; ils s'efforceront plutôt de briser l'entente qui existe entre eux.

Quant à l'Onnontagué, il atteint également son pays. Ce qui l'a frappé en Nouvelle-France, c'est la liberté donnée aux Algonquins d'attaquer les Onnontagués : « ...Il dit aux principaux de sa Nation, que les Français s'étaient liés principalement avec les Algonquins, pour leur faire la guerre, et qu'ils avaient tué son camarade. C'était un Algonquin qui l'avait mis à mort, allant en guerre, comme nous l'avons marqué... ». M. d'Ailleboust avait fait preuve d'une mauvaise volonté flagrante qui se retourne maintenant contre lui.

Arrivée de trois ambasssadeurs agniers à Montréal

Le temps passe. C'est maintenant novembre, l'hiver commence. Le contact ne se rétablira que le 31 janvier. Trois ambassadeurs agniers arrivent ce jour-là de Montréal à Québec avec un Français du nom de La Rose. Ils apportent des nouvelles d'Ondessonk, qui est toujours dans leur pays. Les lettres disent : les porteurs des présentes sont chargés de trois présents qui ont les significations suivantes : ce sont les sachems ou Anciens qui parlent par la bouche des ambassadeurs ; ils disent que le meurtre des Français à la pointe Saint-Charles leur fait autant de peine que s'ils avaient été tués eux-mêmes ; qu'ils viennent enterrer ces ambassadeurs ; que Ondessonk est toujours vivant, « il est chez nous aussi libre qu'il serait chez vous ». Enfin, ils ajoutent : « Nous venons requérir nos neveux détenus entre vos mains. »

Ondessonk communique ensuite une série de nouvelles. Les Agniers tout d'abord auraient l'intention d'entrer en guerre contre les Français et contre les Algonquins et les Hurons. Un parti de deux cents Agniers serait déjà en route ; il passerait tout l'hiver à la chasse, mais en se dirigeant vers le bas du fleuve, de façon à traverser à Tadoussac au printemps ; et là, il attaquerait les Montagnais et les Algonquins au moment précis où ceux-ci, chargés de fourrures, sortiraient de la forêt.

Ce n'est pas tout. Les Agniers se seraient réconciliés avec les Iroquois supérieurs : quatre cents de leurs guerriers seraient déjà partis pour se joindre à huit cents guerriers senèkes ; ce gros détachement voulait « entrer dans le pays des Outaouais, et tirer vengeance de la mort de trente de leurs Gens, qui furent tués en guerre, il y a environ un an, dans ces contrées fort éloignées des Iroquois ». Teharihogen en serait le chef ; c'est lui qui a conduit le siège des Trois-Rivières et il est venu plusieurs fois en ambassade à Québec. *La réconciliation des Agniers et des autres tribus iroquoises*

Enfin, ajoute Ondessonk, les messagers qui portent les lettres ne sont que des guerriers détachés d'un parti de guerre. Ils demanderont que leurs compatriotes prisonniers à Québec soient libérés. Dans les bourgades des Agniers, il ne reste plus que des vieillards, « toute la jeunesse étant partie dès le mois de janvier pour la guerre ». Les Hurons qui se sont livrés aux Agniers sont traités comme des esclaves ; séparés les uns des autres, « ils servent de bête de charge à ces barbares ».

Dans quelle mesure Ondessonk est-il bien informé ? Ses révélations sur la réconciliation des tribus iroquoises sont exactes. Les *Relations* attestent du même fait ; après avoir raconté le retour de l'Onnontagué renvoyé par Maisonneuve, voici ce qu'elles mentionnent en parlant des Onnontagués : « Ils voulurent néanmoins agir de concert avec les Agniers qui ne pouvaient, non plus que les autres, goûter la détention de leurs gens, la croyant très injuste. » Plus tard, le père Ragueneau confirmera la nouvelle : « ...L'une et l'autre nation iroquoise fut irritée de cette détention de leurs gens, prétendant qu'elle était inique, et pour s'en venger cruellement, ils convoquèrent un conseil secret, où ils formèrent le dessein d'une guerre implacable contre les Français... » Dans cette lettre du 25 mars 1658, le père Le Moyne fera l'aveu suivant : « Cette détention m'a pensé causer la mort. » Tous les témoignages concordent sur ce point : l'indignation extraordinaire soulevée dans le pays des Onnontagués et des Agniers par l'emprisonnement de leurs compatriotes en Nouvelle-France et la réconciliation ultérieure des tribus iroquoises. Cela se produit d'autant plus rapidement qu'après la décision du 24 octobre, les tribus ont aussitôt l'impression que Français, Algonquins et Hurons se sont mis d'accord pour leur faire la guerre et prendre l'offensive.

Quant à l'expédition dirigée vers Tadoussac, elle ne paraît pas s'être produite. Il n'en est pas de même de l'expédition dirigée contre les Outaouais. Dans sa seconde lettre, du mois de mars 1658, Ondessonk confirmera cette nouvelle : « Au reste, nos pauvres Algonquins et d'en-haut et d'en-bas, courent aujourd'hui risque d'être tous détruits, si Dieu n'y met la main : car l'Iroquois joue de son reste. Il a quitté son pays pour l'aller exterminer : une partie est en campagne depuis deux mois, et ne doit être de retour qu'à l'automne prochain. Son dessein est d'enlever la grande bourgade des Hurons et des Algonquins, où le défunt père Garreau montait pour y faire une belle Mission. L'autre bande partit dès mon arrivée en leur pays, à dessein d'aller renverser tout ce qu'elle rencontrera... » Il s'agit en l'occurrence de la bourgade où s'étaient réfugiés des Hurons du Pétun et des Outaouais à la baie Verte. En 1655, probablement, les Iroquois avaient lancé contre elle un gros parti de huit cents guerriers. Ce n'était pas la première attaque ; les Outaouais d'après Perrot se défiaient de leurs anciens ennemis, ils avaient envoyé des éclaireurs jusqu'à l'ancienne Huronie. Ceux-ci découvrent la marche de ce détachement, ils reviennent à toute vitesse. Ils abandonnent un premier fort construit dans une île, en construisent un second sur la terre ferme, attendent là l'ennemi et y résistent avec succès. D'autres campagnes inutiles suivent cette grande attaque. Et, enfin, durant l'hiver de 1657-1658, après la réconciliation des tribus, un gros parti prend de nouveau la campagne pour chasser Hurons et Outaouais de cette situation avantageuse, les détruire ou les forcer à s'enfuir plus loin à l'intérieur du continent. Ce coup serait très très vivement ressenti par la France parce qu'il frappait les organisateurs du grand convoi de fourrures à l'ouest des Grands Lacs.

Les Iroquois veulent exterminer les Algonquins.

Après avoir reçu ces nouvelles importantes d'Ondessonk, le gouverneur assemble, le 1er février 1657, les Français, les Algonquins et les Hurons. Il leur communique les messages qu'il a reçus. Le 4 février, les ambassadeurs agniers offrent leurs présents au cours d'un grand conseil qui a lieu au fort. Le gouverneur, les Jésuites et les notables français sont présents.

Le grand conseil de Québec

L'orateur iroquois doit offrir neuf colliers de grains de nacre, sept aux Français, un aux Algonquins et un aux Hurons. Il donne tout d'abord des nouvelles du père Simon Le Moyne qui est toujours en vie, et qui se porte bien. Par un second présent, il sollicite de nouveau les Français d'entrer dans une alliance hollando-iroquoise. Les autres ont trait aux meurtres de Montréal. Il n'en faut pas douter, les Agniers connaissent ce jour-là la nationalité des meurtriers ; toutefois, ils ne parleront pas : « Nous ne savons pas, disent-ils, qui a tué les Français à Montréal : c'est bien le Tsonnontouan, ou l'Onnontagué, ou l'Onneyout ; mais nous ne savons pas lequel des trois, nous savons seulement que ce n'est pas l'Agnier. » Cette dénégation semble assez naturelle, les Indiens refusent l'emprise d'une justice européenne qu'ils connaissent mal. L'orateur se réjouit ensuite de voir toujours en vie ses compatriotes prisonniers à Québec, il offre des présents pour leur élargissement. D'ailleurs, les trois Agniers que le gouverneur avait renvoyés dans leur pays portaient un message disant que les autres prisonniers iroquois ne seraient tenus emprisonnés que « pendant le voyage de ceux qu'on envoie... ». Le *Journal des Jésuites* est plus net encore ; il dit que tous les présents « ne tendaient qu'à délivrer les prisonniers », et il a affirmé précédemment que les Agniers « veulent quérir leurs prisonniers ».

Les Agniers désirent l'élargissement des prisonniers.

Quant aux présents destinés aux Algonquins et aux Hurons, ils se rapportent à ce qui suit : « ...Mon cœur est toujours en bonne assiette : dis-nous en quelle posture est le tien » ; c'est-à-dire : nous observons toujours le traité de paix, l'observeras-tu ? Ou quels sont tes vrais sentiments ? Est-ce la paix, est-ce la guerre ? Enfin, les Agniers demandent à ne pas être attaqués pendant leur séjour en Nouvelle-France.

Le lendemain, M. d'Ailleboust assemble d'abord les Français, puis les Algonquins et les Hurons à l'île d'Orléans. Au cours de ces consultations, il arrête chaque point de sa réponse ; il écrit ensuite son discours et il le donne à son interprète qui le prononcera fidèlement.

Le 12 février, Français, Algonquins et Hurons s'assemblent dans une grande salle pour l'écouter ; les ambassadeurs agniers y paraissent bientôt. Tout d'abord, M. d'Ailleboust le prend de haut : « ...Toi, Agniers, tu me tues ; moi qui suis Français, je crie, on m'a tué, et tu me jettes un collier de porcelaine, comme en me flattant, et en te moquant. Tais-toi, me dis-tu, nous sommes bons amis. Saches que le Français entend bien la guerre : il tirera raison de ta perfidie, qui dure depuis un si long temps. Il ne souffrira plus que tu le méprises... Fais satisfaction, ou dis qui a fait le meurtre. Je ne répondrai plus à tes paroles. Tu n'agis plus en homme ; tu ne gardes aucune de tes promesses. Je sais bien que ton armée est en campagne... Et cependant tu crois m'amuser avec un collier de porcelaine... Quitte tes trahisons ; faisons la guerre, si tu ne veux la paix... Ton frère l'Onnontagué a tué les Hurons, et tu venais pour massacrer les Algonquins... ; et n'était qu'ils me respectent, le collier dont tu leur as fait présent, aurait servi de licol pour t'étrangler. » La harangue se poursuit longtemps sur un ton violent : « Le sang de mes frères crie bien haut ; si bientôt je ne suis apaisé, je donnerai satisfaction à leurs âmes... As-tu rapporté ce que tes compatriotes ont pillé ? ce que vous avez volé depuis deux ans dans les maisons françaises ? » Enfin il demande d'autres nouvelles d'Ondessonk, il veut que le missionnaire soit ici présent en personne.

Le gouverneur d'Ailleboust fait de sévères reproches aux Agniers.

Commencée et prolongée sur ce ton, la discussion ne pouvait qu'embrouiller une situation déjà bien mêlée. Peut-être M. d'Ailleboust ne brave-t-il tant que parce qu'il veut protéger les Français de Sainte-Marie et le père Le Moyne qui sont actuellement dans le pays ennemi. Il faut noter toutefois la phrase suivante : « ...Et tu venais pour massacrer les Algonquins... » ; elle indiquerait, bien tard, que le gouverneur a permis aux Hurons et aux Algonquins d'attaquer le 24 octobre dernier, parce que des partis iroquois étaient en campagne contre eux ; le père Le Moyne dira aussi quelques mots dans le même sens : « On a vu à Québec et aux Trois-Rivières, des bandes de guerriers iroquois qui marchaient, disaient-ils, contre l'Algonquin. » Toutefois, il semble difficile d'établir sur ce point une véritable preuve.

Les affirmations du gouverneur sont en partie inexactes : ce n'est pas l'Agnier qui a tué des Français, mais l'Onneyout ; c'est sur ce dernier qu'il faut faire justice. C'est à lui qu'il faut demander réparation, il n'est pas sûr que la tribu soit décidée à entreprendre la guerre contre les Français.

Des Algonquins qui parlent après M. d'Ailleboust commettent la même maladresse. Leur orateur s'amuse de la prétendue ignorance des ambassadeurs sur l'identité des meurtriers : « Vous ne faites qu'une cabane de cinq feux, tous tant que vous êtes, dit-il, et vous prétendez n'avoir vu ni les scalps ni la tête ? »

Les Agniers répondent par des présents. Ces harangues effraient les ambassadeurs. Le conseil même se termine sans qu'il soit question de leur départ, comme c'est l'usage. Ils offrent alors de nouveaux présents. Ils ne connaissent pas les meurtriers, affirment-ils de nouveau, ils ont entendu répéter que c'était l'Onneyout ou le Goyogouin ; si le gouverneur laisse deux ou trois d'entre eux retourner en leur pays pour exposer la situation, Ondessonk reviendra au printemps et les meurtriers seront livrés. En attendant, ils offrent encore un présent pour essuyer « par avance, le sang des morts répandu sur la terre ».

Les Français ne peuvent tout de même pas emprisonner des ambassadeurs. Au moment de leur départ, le 15 février, le gouverneur leur offre trois présents mais il leur parle avec la même violence : « C'est pour la dernière fois que je te parle : tes fourbes et ta perfidie mériteraient que je te chassasse... ; va dire à tes anciens que tes gens vivent, et que les fers que tu leur vois aux pieds, sont pour leur tâcher de donner de l'esprit... Dis à tes anciens que je veux connaître les meurtriers de Montréal ; qu'ils ouvrent les yeux et les oreilles, regardant vers Montréal : tout y est encore couvert de sang qui crie une pleine satisfaction contre ceux qui ont troublé toute la terre... Je veux voir Ondessonk même en personne, ses frères le veulent voir ».

La justice des Français effraie-t-elle les Agniers ? Ces Agniers connaissent, à n'en pas douter, l'identité des meurtriers. Ils ne veulent pas parler. C'est de la solidarité nationale. Peut-être trouverait-on aussi au fond cette crainte de la justice française, si différente de la leur, qui pend les criminels au lieu de se contenter d'une compensation matérielle.

Chapitre 76

1658

Un silence complet enveloppe maintenant l'établissement de Sainte-Marie de Gannentaa. De septembre 1657 à mars 1658 manquent tous les détails sur les réalités de l'existence quotidienne. Toutes les communications avec la Nouvelle-France sont rompues : aucun messager n'arrive de là-bas, et les ordres du gouverneur ne s'y rendent pas.

Les récits fabriqués après coup ont un caractère commun : ils sont écrits pour justifier le départ des Français ; ce sont, soit des plaidoyers, soit des explications.

Voici, par exemple, un fragment d'un écrit du père Paul Ragueneau qui, le 21 août 1658, s'adresse au provincial de son ordre. Il parle tout d'abord de « l'inconstance » des Iroquois, puis il ajoute ce qui suit : « ...Car ces Barbares, sans autre sujet que pour suivre leur humeur volage, ont repris la guerre contre les Français, dont les premiers coups ont été déchargés sur nos bons Chrétiens Hurons qui montaient avec nous à Onnontaé, sur la fin de l'été dernier, et qui furent cruellement massacrés entre nos bras, et dans nôtre sein, par la plus insigne trahison qui se puisse imaginer... Cette sanglante exécution a été suivie du meurtre de trois Français, à Montréal, par les Onneyouts, qui enlevèrent leurs chevelures, et les portèrent comme en triomphe dans leurs bourgades, pour marque de guerre déclarée... ». Voilà une interprétation inexacte de l'histoire : l'attaque contre les Hurons n'est pas le premier acte d'une guerre contre les Français ; l'assassinat de trois Français n'est pas le fait de la nation iroquoise, mais d'une seule tribu. Les deux événements sont en réalité séparés, chacun ayant ses causes particulières.

Le père Ragueneau interprète l'histoire à sa manière.

L'état de guerre entre la Nouvelle-France proprement dite et l'Iroquoisie dépend de la décision prise par M. d'Ailleboust, le 24 octobre, de laisser Algonquins et Hurons attaquer les Iroquois de toutes les tribus et de l'emprisonnement des Iroquois présents en Nouvelle-France à l'époque de l'incident de la pointe Saint-Charles. C'est à partir de ces mois d'automne et de ces événements que la guerre peut éclater d'un jour à l'autre. À peine la connaissance en est-elle parvenue en Iroquoisie que des conseils secrets ont lieu et qu'un rapprochement se produit entre les cinq tribus iroquoises. Prend fin la division qui existait entre Agniers et Senèkes et qui opérait au bénéfice des Français. Toutes les versions concordent sur ce point. Le père Ragueneau raconte qu'une douzaine d'Iroquois, parmi lesquels se trouvent quelques Onnontagués, mais qui, pour la plupart, sont des Agniers, se rencontrent fortuitement en

Les Iroquois s'unissent contre les Français : la guerre paraît inévitable.

Nouvelle-France après les arrestations ; ils « convoquèrent, dit-il, un conseil secret, où ils formèrent le dessein d'une guerre implacable contre les Français... ». Et à ce conseil auraient assisté des Agniers et des Onnontagués, sinon des représentants des cinq tribus.

Ces conspirateurs ne divulguent pas leurs projets. Ils attendront que certains événements préalables aient eu lieu : Ondessonk, par exemple, devra retourner auparavant à Québec ; à son retour, les prisonniers iroquois seront libérés : « ...Incontinent après, ils déchargeraient les premiers coups de leur fureur sur nous autres Français qui étions à Onnontagué, au nombre de cinquante à soixante, engagés au cœur de leur pays, comme dans une prison, d'où ils croyaient qu'il nous était impossible de sortir » ; et aussi les Onnontagués veulent attendre, avant de commencer les hostilités, le retour des cinquante guerriers de leur nation qui sont en Nouvelle-France depuis le mois de septembre, ils ne sont pas revenus et c'est « ce qui suspendit tous leurs mauvais desseins sur nous ».

Incontinent = aussitôt, au même moment

Les *Relations* parlent aussi de conseils. « Pendant qu'on faisait ces assemblées à Kebec, et qu'on tenait ces conseils [dans les premiers jours de février 1658], les Agniers en tinrent un, fort secret, au mois de février, où un petit nombre des principaux et des Anciens de toutes les Nations se trouvèrent, dans lequel il fut résolu, qu'aussitôt qu'on aurait retiré les Agniers et les Onnontagués, qui étaient entre les mains des Français, on ferait main basse sur ceux qui étaient proches d'Onnontaé ; et que si Onontio ne relâchait point ses prisonniers, on tuerait une partie des robes noires et des Français, et on mettrait l'autre dans les liens, pour en faire échange avec leurs compatriotes mis aux fers dans les prisons Françaises. »

Des conseils secrets des Iroquois

Ce conseil général des tribus iroquoises aurait eu lieu toutefois après un conseil particulier des Onnontagués. Celui-ci se serait produit immédiatement après l'arrivée du prisonnier onnontagué renvoyé par Maisonneuve ; la colère était grande, le messager ayant révélé du même coup l'arrestation de ses compatriotes, le meurtre d'un Onnontagué par des Algonquins au lac Saint-Pierre et la permission accordée aux Algonquins et aux Hurons de les attaquer. Alors, à cette réunion, « la mort de nos Pères et de nos Français avait été conclue : et l'exécution s'en devait bientôt faire, si un Capitaine, grand ami de nos Pères [Garakonthié probablement] ne l'eût arrêté par adresse, disant qu'il ne fallait pas se précipiter ; qu'on nous égorgerait bien quand on voudrait ; que nous ne pouvions pas échapper ; qu'il fallait attendre le retour de la jeunesse, qui était allée en guerre, pour faire le coup avec plus d'assurance, et avec moins de danger et de perte ».

Le Conseil des Onnontagués tranche : les Français seront exterminés.

Ces conseils ont-ils réellement eu lieu ? Il semblerait que oui, bien que l'on se soit servi uniquement d'expressions comme celles-ci : « ...On m'a assuré que... », « On m'a dit aussi... On dit encore... ».

À Montréal, les Français interrogent les prisonniers. Pourquoi ont-ils tué les Français alors que la paix était conclue ? Ils auraient répondu en se moquant : « Les Français tiennent entre leurs bras les Hurons et les Algonquins, il ne faut donc pas s'étonner, si en voulant frapper les uns, les coups tombent quelquefois sur les autres. »

Qui renseigne ensuite les Français de Sainte-Marie sur les conseils iroquois et sur les décisions qui y sont prises ? Les *Relations* ne parlent que d'« un capitaine, grand ami de nos Pères... » ; elles donneront plus de détails en 1677 lors de la mort de Garakonthié ; on écrira alors que « par les avis secrets qu'il donnait du dessein qu'avaient les Iroquois de faire un massacre général de tous ceux qui étaient montés chez eux », le grand chef onnontagué a mis un obstacle en 1658 à l'extermination des Français de Sainte-Marie de Gannentaa ; c'est grâce aux conseils qu'il donna que ceux-ci auraient été soustraits « à la rage et à la perfidie de ces barbares ». C'est le premier des Iroquois qui aurait prôné la paix avec la France. Pendant vingt-cinq ans, il aurait été à la tête du parti français en Iroquoisie et particulièrement à Onnontaé. Vu la carrière de Garakonthié, il est impossible de le soupçonner d'avoir donné aux Français de Sainte-Marie des informations fausses ou d'avoir mis de la malice dans ses conseils.

Pour parer à la tempête, la colonie française tente diverses interventions. Les *Relations* indiquent ce qui suit, « ... Nos Pères firent des présents aux Anciens d'Onnontaé, pour empêcher ces entreprises ; mais ils répondirent qu'ils ne pouvaient pas retenir leur jeunesse. » Si les missionnaires offrent ainsi des présents, c'est au cours d'un conseil avec les sachems et les chefs. Ceux-ci ont constaté sans doute auparavant que les Français ont perdu leur popularité de même que l'amitié d'une partie de la nation. À la suite du fractionnement de la colonie huronne de l'île d'Orléans et des événements qui se sont déroulés pendant l'automne en Nouvelle-France, l'hostilité ancienne a repris du terrain surtout chez le parti guerrier ou chez la jeunesse. Dans la démocratie iroquoise mouvante et souple, ce fait représente un grand danger.

Quant à Radisson, il raconte une histoire bien étrange. L'automne, dit-il, commence à peine que les Agniers brandissent de sombres desseins contre Sainte-Marie de Gannentaa. Un Huron, qui se serait échappé de l'île du Massacre, se serait rendu plus tard chez eux ; il aurait excité leur haine contre les Français. Des coups de main s'ébauchent contre Sainte-Marie ; ils se préparent à lever un détachement de cinq cents guerriers pour lancer une attaque dangereuse ; les Onneyouts seraient prêts à les assister. Les Français de Sainte-Marie sont mis au courant de ces projets et ils offrent en secret des présents pour en connaître les détails : « ...Nous nous faisons des amis avec des montagnes de présents » ; l'un de ceux-ci leur révèle quotidiennement « de nouveaux projets de trahison... ». Radisson ajoute : « Que pouvons-nous faire ? Nous sommes entre leurs mains. » Les Français se tiennent tout de même sur

Un témoignage de Radisson

leurs gardes. Ils entassent des provisions. À un moment donné, on leur dit « qu'un détachement de la tribu des Onneyouts est actuellement en marche pour briser des têtes et ainsi déclarer la guerre ouverte » ; ces guerriers se rendent à Montréal où ils tuent des Français.

Ce récit se rapporte évidemment à la période pendant laquelle Agniers et Senèkes sont encore ennemis, c'est-à-dire du mois d'août au mois d'octobre 1657, car dans tous les projets mentionnés, les Agniers n'auraient pas eu la collaboration des Senèkes ; ils iraient attaquer Sainte-Marie, que les Onnontagués soient favorables ou non à cette action ; ils entraînent les Onneyouts dans leur camp ; et ce sont eux qui, d'après Radisson, viennent tuer trois Français à la pointe Saint-Charles pour rompre la paix. Agniers et Onneyouts réussiraient ensuite leur entreprise : rompre la paix, brouiller les Senèkes et les Français, détruire Sainte-Marie de Gannentaa et expulser les missionnaires de l'Iroquoisie. Pour ne pas tomber dans leur piège, il aurait fallu que le gouverneur de la Nouvelle-France comprenne l'extrême valeur pour la colonie de l'alliance avec les quatre tribus iroquoises supérieures et qu'il négocie avec elles au lieu de permettre d'attaquer des Onnontagués, de les tuer ou de les mettre en prison.

Les fautes des Français face aux tribus iroquoises

Les fautes commises par les Français dans toute cette longue affaire semblent aujourd'hui les suivantes : 1. avoir promis toute la colonie huronne de l'île d'Orléans aux Onnontagués et n'en avoir livré qu'une petite partie, soit environ le sixième ; 2. n'avoir pas accepté, comme réglant l'affaire de l'île du Massacre, les présents envoyés par les sachems d'Onnontagué ; 3. avoir donné aux Algonquins et aux Hurons la permission d'attaquer les Iroquois des quatre tribus supérieures ; 4. avoir laissé tuer un Onnontagué par un Algonquin au lac Saint-Pierre ; 5. avoir arrêté des Agniers et des Onnontagués pour les meurtres commis à Montréal par des Onneyouts ; 6. avoir traité l'Iroquoisie comme une nation formant un tout, au lieu de modifier leur comportement en fonction de chaque tribu.

La fourberie des capitaines iroquois selon le père Ragueneau

Toutefois, il est bien difficile pour les Français de l'époque d'avoir des idées claires : la conception romanesque de l'Iroquois démoniaque et perfide demeure, et même chez les plus grands esprits. Un homme éminent comme le père Ragueneau pourra en effet écrire le passage suivant : « ...Nous avons appris de divers endroits, tant de quelques Hurons venus d'Anniégué, où ils étaient captifs, que de quelques autres venus d'Onnontaé, que le dessein des Onnontagués avait été de massacrer tous nos Français, dès lors qu'ils arrivèrent en leur pays l'année 1656, mais que l'exécution en avait été différée jusques à l'année suivante, après que les Hurons y auraient été attirés par notre moyen, sur lesquels l'on devait exercer la même cruauté : en sorte que tout le bon accueil que l'on avait fait à nos pères et à nos Français depuis leur arrivée à Onnontaé, n'avait été qu'une suite de ce dessein perfide, et une fourbe des Anciens et des Capitaines Iroquois qui conduisaient secrètement cette trahison, dans l'espérance qu'ils avaient, que si nous étions satisfaits de leur procédé, les Hurons restés à Québec croiraient qu'il n'y avait rien à craindre pour eux à Onnontaé, et que pour lors y montant sur cette créance, l'on ferait les femmes et les enfants captifs, et l'on massacrerait les hommes. » En fait, toute une nation aurait agi de façon hypocrite, pendant des mois, afin de tromper Ondessonk d'abord, les pères Chaumonot et Ménard ensuite, ce qui semble bien peu vraisemblable. Il faut aussi toujours se rappeler que Garakonthié est à l'origine de ce rapprochement et donc qu'il a été sincère. D'autres missionnaires ajoutent moins facilement foi aux racontars des Hurons ; celui qui écrit le début de la *Relation* 1657-1658 met les choses au point : « Encore qu'il soit vrai que les Iroquois soient subtils, adroits, et de grands fourbes, je ne saurais néanmoins me persuader qu'ils aient tant d'esprit et tant de conduite, et qu'ils soient si grands politiques, que pour perdre les Français, les Hurons, les Algonquins et leurs alliés, ils se soient servis des ruses et des intrigues qu'on leur impute. »

Un rédacteur des Relations *remet les choses en perspective...*

Ce missionnaire rappelle les faits : les Onnontagués qui prient les Français à plusieurs reprises de s'établir parmi eux ; les témoignages d'estime, de considération, d'affection qu'ils donnent pendant plusieurs années ; les menaces de rupture qu'ils profèrent si les Français ne se rendent pas à leurs demandes et n'établissent pas une mission : « ...Ils ont pressé et prié que, pour marque de paix et d'alliance avec eux, un bon nombre de Français montât en leur pays, les uns pour les instruire, et les autres pour les protéger contre leurs ennemis. » Ils étaient sincères, car « les Agniers voulant traverser ce dessein, ils se sont battus les uns contre les autres, jusques à souiller la terre de sang et de meurtre. Quelques-uns croient que tout cela se faisait par feinte, pour mieux cacher leur jeu ; mais il me semble que le jeu n'est guère agréable, où il y a du sang et de la vie. Je doute fort que la politique iroquoise puisse aller jusque là, et que des barbares qui ont peu de dépendance les uns des autres, puissent cacher si longtemps leurs intrigues. » Il conclut ainsi : « Je crois plutôt que les Iroquois Onnontagués demandaient des Français avec sincérité... ». Ce jugement paraît inattaquable. Là où l'erreur se glisse, c'est quand le même missionnaire rejette sur les Onnontagués la faute de la rupture ; il ne conçoit pas que M. d'Ailleboust ou les Français aient commis des erreurs. Les sachems onnontagués et ceux des tribus supérieures, dit-il, ont demandé que des Français s'établissent en leur pays ; chacun avait ses raisons. Les tribus sont engagées dans des guerres contre des nations puissantes ; elles craignent la défaite. Alors, elles demandent la colonie des Hurons « qui pouvaient grossir leurs troupes ». Les Senèkes « demandaient que nos Français fissent un grand fort en leur pays, pour leur servir de retraite, ou du moins à leurs femmes et à leurs enfants... ». Ils se rapprochaient aussi des Français « pour tirer d'eux des armes à feu » et pour faire réparer celles qui étaient brisées. « De plus, comme les Agniers les traitaient quelquefois assez mal, lorsqu'ils passaient par leurs bourgades pour aller trafiquer avec les Hollandais, ils voulaient sortir de cette dépendance, en ouvrant le commerce avec les Français. » Ces larges vues

...mais refuse de tenir les Français responsables de l'échec...

politiques sont le fait des sachems. La population ne voit pas si loin ; elle n'est curieuse pour sa part que de voir des étrangers, d'examiner leurs façons de faire et d'en tirer quelque petit profit si possible. Les récits des Hurons prisonniers ont aussi éveillé chez eux le désir d'avoir directement des explications sur une religion nouvelle.

Sans vouloir savoir si la plupart de ces raisons seront constantes, le missionnaire ajoute qu'après avoir dompté les nations hostiles, acquis la certitude que leurs forces étaient supérieures à celles de leurs voisins et surtout après avoir triomphé des Ériés, les Senèkes « auraient fait main basse sur tous les

...tout en accusant les Onnontagués de perfidie.

Français d'Onnontagués, n'étaient qu'ils prétendaient se servir d'eux comme d'une amorce pour attirer quelques Hurons et les massacrer comme ils ont fait ». Cette accusation semble inexacte. La défaite des Ériés a lieu avant la construction de Sainte-Marie, les Onnontagués auraient pu mettre de côté tout le projet s'ils ne voulaient plus des Français ; et quand ceux-ci arrivent, sous

Zacharie Dupuy fut commandant et gouverneur intérimaire de Montréal.

le commandement de M. Dupuy, toute la population les accueille avec une affection sincère ; les rapports des missionnaires présentent sur ce point une preuve sûre. L'assassinat de treize Hurons, soit à l'île du Massacre, soit à Onnontaé même, semble aussi un fait imprévu, dû à des motifs passionnels ou à une explosion de haine raciale, plutôt qu'à une politique déterminée d'avance. Ce même missionnaire fait abstraction du désappointement des Onnontagués qui comptaient sur toute la colonie huronne et qui voient les Français et les Hurons manquer grossièrement à la parole donnée et aux promesses les plus solennelles ; de la permission d'attaquer les Senèkes donnée aux Algonquins et aux Hurons durant le mois d'octobre ; du meurtre d'un Onnontagué, alors qu'officiellement la paix régnait encore, de l'arrestation d'autres Onnontagués, etc.

Les Français connaissent peu et mal la nation iroquoise. Voilà la réelle raison de leur échec !

Et l'on en revient toujours à la même constatation : l'entreprise de Sainte-Marie de Gannentaa échoue parce que les Français n'ont pas assez de connaissances sur la nation iroquoise et qu'ils ne possèdent pas certains renseignements importants qui leur auraient permis de mieux asseoir leur politique. Ils n'ont pas à leur tête un chef ayant assez d'envergure pour bien comprendre cette affaire et la conduire avec justesse. Ils ne devinent pas à quel point est profonde la division qui règne entre Agniers et Senèkes ; ils ne profitent pas de l'occasion qui leur est donnée de nouer des relations commerciales ; ils ne savent pas qu'une alliance solide avec les Senèkes représente la fin des guerres iroquoises ; ils ne sont pas assez attentifs pour découvrir rapidement les adversaires d'une telle entente, soit les Agniers et les Hollandais, et pour contrecarrer leurs intrigues et leurs manœuvres au lieu d'y tomber ; ils refont l'unité de l'Iroquoisie au lieu de rendre plus profonde la scission qui existe. Ils ne font leur choix qu'entre les Agniers et les Senèkes, ils ne prennent pas le parti de donner satisfaction à ceux-ci, ils veulent contenter tous les Iroquois, au risque de perdre tout de suite leurs véritables amis. Velléitaires et faibles, les Français se laissent pousser vers la défaite.

Chapitre 77

1658

Les Français de Sainte-Marie de Gannentaa auraient-ils pu, malgré les mala-
dresses des autorités de la Nouvelle-France, demeurer dans la résidence qu'ils
se sont construite et qui est alors entourée de défrichés ? Les informations
sont peu nombreuses. On sait que Garakonthié a conseillé le départ, ce qui
prouve que celui-ci était justifié.

*défriché = terrain
rendu propice à
la culture*

Les mouvements de troupes en Iroquoisie cet hiver-là ont fort alarmé les
Français. Sont-ils interprétés par les Hurons prisonniers qui, croit-on, sont la
principale source de renseignements des missionnaires ? Ils semblent faux.
Ainsi, une expédition annoncée contre Tadoussac ne prendra jamais forme.
Par contre, l'expédition contre les Outaouais a eu lieu. Ondessonk donne des
précisions. Voici ce dit le père Ragueneau : « ...Nous voyons ouvertement leurs
esprits préparés à la guerre, et dès le mois de février, diverses bandes se mettaient en campagne pour cet effet, 200 Agniers d'une part, 40 Onneyouts d'une
autre, et quelques troupes d'Onnontaé avaient déjà pris le devant, pendant que
le gros de l'armée s'amasserait. » Cependant, ces détachements n'attaqueront
pas la Nouvelle-France en 1658.

Les Français de Sainte-Marie et Ondessonk à Anniégué sont donc inquiets parce qu'ils croient que des partis de guerre partent ou vont partir pour
le Canada. Toutefois, leurs relations avec les Iroquois ne paraissent pas se
gâter jusqu'à la dernière minute. Les missionnaires poursuivent donc leurs
travaux, puisque Marie de l'Incarnation dit que « l'on donna avis aux Pères
qui étaient dispersés en mission, de se trouver à jour nommé » à Onnontaé
pour le départ. Les Iroquois fréquentent Sainte-Marie de Gannentaa ; la résidence « était continuellement pleine de monde, à cause du grand abord des
nations iroquoises. C'était là que se tenait le conseil des Anciens ; et le jour
désigné pour partir, il devait s'y faire une assemblée générale extraordinaire
des sauvages. » Car on se rappelle que c'est sur la natte du supérieur des Jésuites que se tiennent maintenant les assemblées ; et celle-ci devait avoir lieu
bien qu'« une troupe d'Iroquois forma une conspiration de massacrer tous les
révérends pères et tous les Français de leur maison et de la garnison ».

Il semble que c'est la garnison qui perd son sang-froid. Placée en plein
milieu de l'Iroquoisie, à une grande distance de Québec, exposée en cas d'hostilité au supplice du feu, elle exagère le danger. La plupart « étaient même
résolus... de tenter tout et de s'enfuir chacun de son côté dans les bois, ou bien
pour y périr de faim et de misères, ou tâcher de se rendre à quelques habitations

françaises ». Sur dix soldats, « neuf étaient déjà d'eux-mêmes résolus de nous abandonner ».

*Les Français,
menacés, décident
de quitter Sainte-
Marie de
Gannentaa.*

Les Jésuites et Zacharie Dupuy se consultent. Ils décident « qu'il valait mieux se retirer de compagnie, ou pour s'entr'animer les uns les autres à la mort, ou même pour la vendre plus cher ». Probablement vers la fin du mois de février, un départ en commun est décidé.

Mais partir est une affaire délicate. Les Français ont entre leurs mains des prisonniers iroquois et, par conséquent, il est à prévoir que les Onnontagués ne laisseront pas s'éloigner les Français qui sont entre les leurs. De plus, s'il y a conspiration iroquoise pour les massacrer, un départ et même l'annonce d'un départ peuvent précipiter une action. Les préparatifs doivent donc se faire en secret, et l'entreprise sera fort difficile. Sainte-Marie « étant au centre du pays, et toujours obsédée de quantité de ces barbares, qui ne délogeaient point d'auprès de nôtre maison, pour épier notre contenance en cette conjoncture ». D'un autre côté, les Iroquois ne se méfient pas, ils se disent que les Français n'ont pas d'embarcations, qu'ils connaissent mal la route à suivre, qu'ils n'ont jamais entrepris ce voyage sans guides.

Les Français commencent à construire leurs embarcations. Un Indien, qui a écouté attentivement les récits bibliques, s'imagine qu'ils préparent une arche de Noé ; il effraie les Onnontagués par la description d'un nouveau dé-luge. Les Onnontagués accourent pour visiter le fort, mais les Français ont des complices dans la capitale et ils sont mis au courant à temps pour recouvrir d'un double plancher la barque à moitié construite. Par la suite, ils font davan-tage attention. Et bientôt, ils ont deux « petits bateaux semblables à ceux de notre Loire », capables de porter quatorze ou quinze hommes chacun, une cargaison de mille cinq cents livres, et dont le tirant d'eau est très faible. Ils entassent par-dessus la douzaine de canots d'écorce qu'ils gardent pour la pêche. Cet ouvrage se poursuit au milieu d'alarmes continuelles : et, quelles que soient les circonstances, les Français sont tous armés.

*Une manœuvre
de diversion*

Le départ lui-même a été bien programmé et il tient de l'opéra-bouffe. Les Français offrent aux Onnontagués un grand festin. Le prétexte n'est pas le même dans les *Mémoires de Radisson* et dans les *Relations* ; d'après le pre-mier, un missionnaire ayant simulé un accident aurait invité la population à fêter son prétendu rétablissement ; d'après le second, un jeune Français, adopté par un Iroquois, aurait dit à son père adoptif qu'il mourrait s'il ne donnait pas un grand festin. Pour cette occasion, les Français sacrifient toutes leurs provi-sions. Radisson raconte qu'il y avait douzaine de grands chaudrons de blé d'Inde avec de la viande émincée, deux chaudières remplies de canards, deux d'outardes, sans compter de la tortue, de l'anguille, du saumon, des carpes, du porc. Le repas commence la nuit dans un lieu voisin du fort. On se force à manger pour que le jeune homme ne meure pas. Tambours, luths et autres instruments de musique tiennent les convives éveillés par un bruit infernal ;

« Skenon », assez, assez, disent-ils, mais le jeune homme les talonne ; de l'huile d'ours et de la venaison s'ajoutent aux mets. Chacun pousse des clameurs, les Indiens chantent et dansent à la française, les Français à l'iroquoise, les meilleurs interprètes reçoivent un présent. Puis, il est tard, tous sont épuisés, le festin s'arrête, et bien repus, les Onnontagués s'endorment d'un lourd sommeil.

Pendant ce long repas, une partie des Français avait mis à l'eau les deux bateaux, les quatre canots d'écorce d'orme, les quatre canots d'écorce de bouleau ; ils y avaient ensuite chargé toutes leurs marchandises. Et maintenant, ils ferment solidement les portes, placent des mannequins de paille pour jouer le rôle des sentinelles ; ils attachent le cordon de la sonnette à la patte d'un porc. Se rassemblant tous, ils sortent par une porte dérobée. Nous sommes le 20 mars 1658.

Les embarcations glissent dans la nuit froide. L'Iroquoisie est située dans une région plus chaude que la Nouvelle-France, le lac et la rivière ont débâclé. Mais le froid est si vif cette nuit-là, qu'une mince pellicule de glace se forme à la surface de l'eau. Les matelots doivent la briser sur toute la longueur du lac, ils n'avancent qu'avec précaution car les flancs des canots d'écorce sont fragiles. La flottille peut enfin enfiler la rivière grossie par la crue des eaux. C'est maintenant une course rapide sur le courant déchaîné. Bientôt s'éloigne la Sainte-Marie de Gannentaa fondée sur la naissance de grands espoirs. Tout le jour suivant, le convoi descend la rivière Oswego ; le soir, il atteint le lac Ontario. La course n'a été interrompue que par un seul rapide : le portage a demandé quatre heures.

Le départ des Français dans la nuit

Les voyageurs cherchent l'entrée du fleuve parmi les îles et les champs de glace. Les arbres des forêts n'ont pas encore de feuilles ; des étendues de neige sale fondent sous le vent ou sous le soleil. Une giboulée cingle parfois les visages avec de la pluie et de la neige. La fuite se poursuit. Le fleuve descend vers le nord-est. Les voyageurs suivent les glaces en débâcle ; leurs canots glissent avec elles à toute vitesse sur les immenses et puissants rapides du Saint-Laurent qui se succèdent à de longs intervalles. Soudain, par suite d'une fausse manœuvre, un canot chavire ; des trois hommes qui le montent, deux tentent de gagner le rivage à la nage et se noient ; le troisième se cramponne au frêle esquif et ses compagnons réussissent à le sauver.

Enfin, le 3 avril, les fugitifs atteignent Montréal sans encombre. Dollier de Casson signale l'arrivée des missionnaires et des autres Français, « moins disposés qu'eux à ce genre de mort... » ; de leur séjour là-bas, ils « eurent une telle frayeur qu'ils n'en furent guéris qu'à la vue du Montréal ».

Les Français atteignent Montréal.

Il a neigé à Sainte-Marie pendant la nuit du 20 mars. Au matin, la neige vierge s'étend partout ; aucune piste ne renseigne les Onnontagués sur la fuite des Français ; ils ne la soupçonnent même pas. Aucun mouvement ne se remarque dans la résidence, ils font le tour des palissades. Personne ne sort pour

À Sainte-Marie de Gannentaa, un calme suspect

travailler dans la campagne. Les Français sont-ils en prière, ou tiennent-ils conseil ? Les heures passent, c'est toujours le même silence insolite. Les Onnontagués frappent ; seuls des chiens aboient énergiquement. Le coq chante. Les Indiens prennent patience. Ce n'est que le soir, quand le soleil baisse, qu'ils escaladent les palissades. Ils parcourent toute la résidence : les pièces sont vides : « ...La peur les saisit, ils croient qu'ils ont affaire à des démons. Ils n'avaient vu aucun bateau, et quand même ils en auraient vu, ils ne s'imaginaient pas que nos Français fussent si téméraires, que de se précipiter dans des courants, dans des brisants d'eau, dans des rochers, dans d'horribles dangers, où eux-mêmes, quoique très habiles... y perdent souvent la vie. Ils se persuadent ou qu'ils ont marché sur les eaux, ou qu'ils ont volé par l'air, ou plutôt, ce qui leur sembla plus probable, qu'ils s'étaient cachés dans les bois. » Les Onnontagués ont été complètement dupés.

Les Français restent quatorze jours à Montréal. En aval de ce poste, la glace qui recouvre toujours le fleuve empêche le départ. Le 17 avril, la flottille est aux Trois-Rivières où elle célèbre Pâques ; le 23, elle atteint Québec. Et dans le *Journal des Jésuites* s'inscrit l'inscription mélancolique suivante : « La mission d'Onnontaé fut rompue. Tous nos PP. FF. et français qui y étaient arrivèrent à Québec sur les 5 heures du soir. »

Ainsi se termine, après une vingtaine de mois, la belle, l'audacieuse aventure de Sainte-Marie de Gannentaa. Un peu plus tard, au mois de septembre, Pierre Voyer d'Argenson, le gouverneur, en parlera pour la dernière fois : « J'oubliais de vous dire que les PP. Missionnaires se sont retirés d'Onnontaé, de blâmer ou d'approuver leur retraite ce n'est pas à moi. Eux seuls en peuvent être les juges ce qu'il y a de fâcheux c'est de se retirer d'un pays sans ordre et sans aucun fruit de la grande dépense qu'on y a fait, pour moi je vous avoue que c'est un effet de la providence tout visible à mon égard qui n'aurais pas pu les soutenir dans la grande pauvreté où nous sommes réduits et qui n'aurais aussi pu me résoudre de laisser périr des personnes exposées pour N.S. ». Plus loin, il écrira aussi : « Il y a autre chose qui est la retraite d'Onnontaé sur ce chapitre. Il faut croire ceux qui en sont revenus, ce que j'y trouve de fâcheux est d'avoir abandonné sans ordre et sans fruit de la dépense qu'on y a fait, je trouve cependant qu'il y a grand sujet de remercier Dieu qui les a conservés et ramenés tous en santé. »

Pierre Voyer d'Argenson est arrivé dans la colonie le 11 juillet 1658.

Chapitre 78

1658

La Nouvelle-France désespère de la paix même avant le retour des Français de Sainte-Marie de Gannentaa. Le *Journal des Jésuites* raconte en effet que dès le 13 mars, M. d'Ailleboust visite la côte du Beaupré « pour voir si on travaillait aux réduits ». Un peu plus tard, le 18 mars, Maisonneuve s'occupe de la défense de Montréal. Il publie un règlement en vertu duquel chaque habitant doit se tenir sur ses gardes et conserver ses armes en bon état. Les Montréalistes doivent sortir armés. Celui qui ne possède pas de mousquet ou de munitions doit s'en procurer soit pour se défendre lui-même, soit pour défendre les autres ; il n'en sera pas vendu aux Indiens tant que les Français ne seront pas tous pourvus. Ceux-ci, à l'avenir, ne pourront travailler qu'en groupes et seulement dans les lieux où ils trouveront, au besoin, un refuge rapproché. Ils réintégreront leurs demeures chaque soir lorsque la cloche du fort sonnera et que l'on fermera les portes. Et la nuit, défense d'aller et de venir. La chasse ne devra entraîner personne en dehors des terrains en culture ; les pêcheurs ne dépasseront pas le grand courant. Plus tard, Maisonneuve défendra même la chasse. Personne enfin ne se servira du canot d'un autre.

Un règlement de Maisonneuve pour assurer la défense des Montréalistes.

Les Français de Sainte-Marie de Gannentaa alimentent ces alarmes générales : « ...Nous apprîmes à Montréal, que deux cents Agniers venus en guerre, étaient proches de là, et même par les chemins nous en avions aperçu les pistes, et vu des feux de quelques bandes détachées, qui nous eussent fait un mauvais parti, si nous n'eussions hâté nôtre marche. »

D'autres rumeurs circulent pendant l'été. Tout d'abord, les Onnontagués ont eu peur : « Ils font garde partout ; ils sont en armes jour et nuit, s'imaginent à toute heure que la foudre et la vengeance des Français justement irrités, allait fondre sur leurs têtes. » Ensuite, ils enverraient des bandes en campagne.

La paix, que les Français croyaient défunte, ne meurt cependant pas. Subsiste-t-elle parce que les Iroquois, avant de commencer les hostilités, veulent obtenir la libération de leurs prisonniers ? C'est possible. Le 20 mai, on apprend à Québec qu'Ondessonk, le père Simon Le Moyne, est revenu d'Anniégué et qu'il est aux Trois-Rivières avec trois ambassadeurs de cette nation ; il y aurait un sachem parmi eux. Les Algonquins qui apportent cette nouvelle aux Trois-Rivières, ont massacré un Agnier, ils exhibent un scalp, ce qui n'est pas pour arranger les affaires.

Le père Le Moyne aux Trois-Rivières

Le 21, Ondessonk est à Québec en personne. Il arrive vers midi avec trois députés et six Hurons ; ces derniers affirment qu'ils se sont échappés d'un détachement de deux cents guerriers agniers dont ils faisaient partie et qui devait se rendre à Tadoussac.

Et le 22 mai, les délibérations commencent à Québec. On apprend que le père Le Moyne et les ambassadeurs sont passés par Montréal où ils ont assuré à Maisonneuve « que ses compatriotes n'avaient point rompu la paix avec les Français... » ; ils n'ont fait aucun acte d'hostilité et Maisonneuve, à la demande des députés, appuyée par Ondessonk, a relâché deux Agniers récemment arrêtés. Aux Trois-Rivières, le gouverneur a fourni une chaloupe dans laquelle il a fait embarquer cinq Agniers prisonniers.

Le gouverneur a invité les notables de Québec et ses alliés indiens. La foule est nombreuse. Les délibérations ont lieu dans une salle du château. Une partie de l'assistance se rend « dans une galerie qui regarde sur le grand Fleuve... ». Le bois dont celle-ci est construite est vieux et pourri ; elle ne peut supporter autant de personnes et soudain elle se rompt : « ...Et tous les Français et les Sauvages, les libres et les captifs, se trouvèrent pêle-mêle hors du Fort, sans avoir passé par la porte ; personne, Dieu merci, ne fut notablement endommagé. »

Les *Relations* ne contiennent aucun récit détaillé de cette réunion importante ; le *Journal des Jésuites* fournit des renseignements, mais sous une forme souvent brève et inintelligible. C'est le père Le Moyne, Ondessonk, qui est l'orateur des Agniers. Il raconte qu'il y avait eu conseil à Manate, c'est-à-dire New York, le 19 avril, en présence des notables hollandais. Et là, les Agniers lui ont offert sept présents. Ils ont essuyé la sueur de son front et nettoyé la boue de ses souliers ; ils lui ont accordé trois Agniers, un de chaque bourgade, pour le ramener. Ils ont prétendu que c'étaient les Français qui cherchaient noise aux Agniers et non vice versa. « Je n'ai rien de tordu en ma pensée, je veux être ton frère ; nous, gens de conseil, te disons, prends garde à ce que tu as fait. » Ils demandent la libération de leurs prisonniers, ils supplient qu'on
ne les mette pas aux fers. « ...Si une autre fois on te tue, qu'en peux-je mais ? », ce qui signifie que si des guerriers des autres tribus tuent des Français, les Agniers n'y peuvent rien. Enfin, ils conseillent aux Français de ne pas se mêler des guerres entre Iroquois et Algonquins et Hurons : « Fais comme le Hollandais, qui ne se mêle pas des guerres des Loups, etc... ».

Le gouverneur répond le 24 mai. Il remercie les Agniers d'avoir ramené Ondessonk. Il libère quelques Agniers, on n'en connaît pas le nombre. Par deux présents, il invite les sachems agniers à venir à Québec. Car il n'accorde pas assez d'importance aux députés présents pour débattre avec eux des questions de fond. C'est lui, le gouverneur, dont les compatriotes ont été tués à Montréal qui retient les prisonniers. Il affirme qu'il n'a pas commencé la guerre.

Les députés, n'ayant obtenu que la libération de quelques prisonniers et une invitation à des conseils futurs, ne sont pas satisfaits. Ils font un pas de plus. Vers la fin du conseil, ils révèlent : « C'est l'Onneyout qui t'a tué ; c'est un étourdi, il en fait autant quelquefois à moi-même, qui suis son père. » Mais ce fait, les Français le connaissent et ils ne libèrent cependant pas les Agniers. Ils les gardent en prison même après le retour du père Le Moyne.

Les négociations n'apportent pas d'autres résultats. « La conclusion de ce Conseil fut, que ceux qui avaient amené le père Le Moyne... s'en retourneraient en leur pays avec des présents et avec quelques prisonniers, pour inviter les Anciens à venir voir Onnontio, afin de conclure une paix générale et universelle entre toutes les Nations ; qu'en attendant cela, on retiendrait toujours une partie des Agniers, et qu'on les traiterait bien. » Et le 25 mai, les trois députés retournent en leur pays.

Une fois Ondessonk de retour, il ne reste plus aucun Français en Iroquoisie. Toutefois, les Français détiennent toujours des prisonniers agniers et onnontagués. La promesse de les libérer a été faite plusieurs fois. Mais chaque fois que l'occasion se présente de tenir cette promesse, le gouverneur pose de nouvelles conditions et a de nouvelles exigences. Pourquoi ? C'est une nouvelle politique qu'il inaugure : avoir et garder des prisonniers pour forcer l'Iroquoisie à observer ou à conclure la paix. Les Iroquois, croit-il, n'entreprendront pas d'expéditions de guerre aussi longtemps qu'il y aura des prisonniers iroquois dans les prisons de Québec. Ce raisonnement ne manque pas de justesse. Toutefois, n'est-ce pas irriter profondément cette nation que de retenir ses sujets après avoir promis de les libérer ? Puis, les Iroquois ne seront-ils pas tentés à leur tour de capturer des Français pour se ménager des otages ? Enfin, est-ce que vraiment les Agniers et les Onnontagués peuvent forcer les autres tribus iroquoises à signer une paix générale ?

Le gouverneur décide de garder les prisonniers agniers.

Des faits étranges se produisent. D'Ailleboust vient d'inviter les sachems des Agniers à un grand conseil de paix. Les députés qui doivent la leur transmettre partent le 25 mai. Pourtant, le 15 juin, vingt-trois Hurons partent dans trois canots pour la guerre aux Iroquois.

Et le 17 juin arrive à Québec une nouvelle annonçant que le 13 juin, une bande d'Onneyouts s'est mise à l'affût le matin non loin des palissades des Trois-Rivières ; elle aurait quitté son pays en mars, avant que les Français aient quitté Sainte-Marie de Gannentaa. Trois colons sortent du poste pour travailler dans les champs, ce sont Adrien Joliet, Fouquet et Christophle. Il est à peine cinq heures du matin. Six Onneyouts les capturent près de la première rivière, sous les yeux d'une partie de la population qui n'ose pas réagir.

Trois colons français sont capturés aux Trois-Rivières.

La troupe remonte ensuite le fleuve, elle aborde dans l'île de Montréal. Elle tente de surprendre d'autres travailleurs ou de faire quelque mauvais coup. Au cours d'une escarmouche, l'un des guerriers est tué. Ses compagnons en fureur se vengent en brûlant Fouquet sur place. Ils conduisent les deux autres prisonniers dans leur pays et la nouvelle court qu'ils les brûlent en arrivant là-bas.

M. d'Ailleboust est alarmé. Il prend des précautions. Il empêche maintenant des navires de quitter Québec pour l'île Percée afin de disposer de leurs équipages pour la défense de la Nouvelle-France ; il ne veut pas « affaiblir le pays ». Le nouveau gouverneur, Pierre Voyer d'Argenson arrive à l'île Percée, et pendant tout un mois, il ne peut remonter à Québec.

Des Iroquois attaquent des Algonquins à Québec.

Le lendemain même de son arrivée, le 12 juillet selon les *Relations des Jésuites*, M. d'Argenson se lave les mains avant de se mettre à table lorsque l'on crie aux armes. Des Iroquois attaquent le centre même de la ville de Québec. Les habitants des maisons voisines entendent les cris. Le gouverneur abandonne la compagnie, le repas ; il rassemble des hommes et se lance à la poursuite de l'ennemi. Mais le combat se termine : une Algonquine est déjà morte ; une deuxième a déjà eu le courage et la force d'éventrer l'un des assaillants d'un coup de couteau ; abandonnant armes et bagages, les compagnons de ce dernier prennent la fuite. Le gouverneur raconte le fait dans l'une de ses lettres : « ...Je vous dirai que le lendemain de mon arrivée nous eûmes les Iroquois sur les bras qui tuèrent une femme algonquine. Aussitôt je fis prendre les armes à tous les habitants et m'en allé chercher quelques-uns de nos sauvages qui ont le pied plus vite que les autres et avec deux de nos Français les suivirent si vivement qu'ils abandonnèrent deux jeunes filles algonquines qu'ils emmenaient. » Une autre Algonquine mourra plus tard de ses blessures.

Le gouverneur d'Argenson à la poursuite des Iroquois

Deux jours plus tard, un Français tire sur un Iroquois « fort proche de l'enclos des Mères hospitalières... ». Il fait alors nuit. Plein d'ardeur, le nouveau gouverneur part le lendemain, « à la pointe du jour », accompagné de « ce qu'il y a d'habitants capables de pareille course qui étaient au nombre de cent soixante et ajoute-t-il, après six heures de marche, nous ne rencontrâmes que quelque piste et il nous fut impossible d'en joindre aucun... ». Le gouverneur revient bredouille ; toutefois, il a pris la résolution de ne pas ménager ses ennemis : « ...Mais quoiqu'il soit fort difficile de les engager au combat, néanmoins je me résous de marcher en bon ordre à toutes les nouvelles assurées que j'aurai des ennemis afin de les éloigner au moins de nos habitations si nous ne les pouvons chasser entièrement. »

La grande guerre à laquelle la Nouvelle-France s'attend ne se produit pas. Algonquins et Hurons viennent saluer le nouveau gouverneur et lui offrir des présents ; celui-ci leur offre un festin.

Leneuf de La Poterie à ne pas confondre avec Le Roy de la Potherie.

Au mois d'août, deux Iroquois viennent aux Trois-Rivières. Ils parlent à M. de La Poterie, gouverneur de l'endroit. Celui-ci ne les capture pas, mais il ne doute « nullement que ce ne fut quelques avant coureurs de l'armée qui étaient venus observer la garde et la contenance des habitants de ce poste. Je m'y en allai en diligence avec plus de cent français et cent sauvages... » Ces gens qui se présentent librement ne sont-ils pas des Agniers qui viennent parler de paix ?

Le gouverneur quitte Québec le 13 août. La flottille atteint les Trois-Rivières, puis elle abandonne la recherche des ennemis « dans les îles où ils ont coutume de faire leur chasse et l'assemblée de leur armée... ». Elle séjourne un temps à l'embouchure du Richelieu. Mais le vent ne se montrant pas favorable pour remonter le fleuve jusqu'à Montréal, elle revient en arrière. Les moissons sont à maturité, les habitants qui accompagnent le gouverneur pensent maintenant aux récoltes.

Une vingtaine d'Agniers, semble-t-il, sont en embuscade en face des Trois-Rivières quand le gouverneur y arrive avec sa flotte. Ils auraient rapidement descendu le fleuve et atteint Québec. Le 21 août, des Iroquois sont au Cap Rouge où ils attaquent deux Français. L'un est le fils d'un habitant nommé Hayot, l'autre est le domestique de Monsieur Bourdon. Capturé tout d'abord, ces deux hommes s'échappent ensuite avec habileté. Le 24 août, ces mêmes guerriers apparaissent autour d'une métairie appartenant aux Ursulines ; ils incendient une maison, ils dispersent un troupeau. Le 30 du même mois, quatre Iroquois capturent aussi un Huron dans la pinière, près du moulin des Jésuites.

Des Français attaqués au Cap Rouge

Ce même détachement d'Agniers remonte aux Trois-Rivières vers la fin du mois d'août ou plutôt au commencement du mois de septembre. Il rôde autour du poste, cherchant une proie. Un Français en voit quelques-uns, il tire sur l'un d'eux avec son mousquet ; mais un jeune Iroquois, plus rapide que lui, atteint le jeune Français d'une balle au bras ; celui-ci se précipite vers la bourgade la plus proche.

Les Iroquois se seraient alors divisés en deux bandes ; l'une se cache dans la forêt, et « les dix autres furent si téméraires, que de se venir présenter aux Français, disant qu'il venaient à la semonce d'Onnontio, pour traiter d'une bonne paix générale ». Les Français arrêtent ces derniers et ils les font prisonniers.

Le mystère continue à planer sur l'ensemble des événements précédents. Ces Iroquois qui se présentent d'eux-mêmes aux Trois-Rivières sont-ils des ambassadeurs ? Leur chef est la Grande Cuillère, un homme célèbre dans son pays. Le gouverneur de Québec n'avait-il pas renvoyé au mois de mai les députés agniers en leur donnant « ordre de retourner en leur pays, et de dire à leurs Anciens, qu'on ne relâcherait leurs prisonniers, qu'ils ne vinssent eux-mêmes pour traiter d'une paix générale entre toutes les Nations ». On peut avancer deux hypothèses : soit ces députés ont atteint l'Iroquoisie, communiqué leurs messages aux sachems qui envoient les ambassadeurs que l'on vient de capturer, soit ils ont rencontré pendant leur voyage de retour, une vingtaine de guerriers ou chasseurs agniers à qui ils auraient communiqué le message du gouverneur de Québec et dix d'entre eux se seraient constitués sur-le-champ

La Grande Cuillère, chef iroquois, se présente aux Trois-Rivières.

en ambassade. Mais dans un cas comme dans l'autre, ces ambassadeurs ou supposés ambassadeurs auraient tenté de capturer, soit des Français, soit des Indiens du Canada, avant d'entreprendre leurs négociations ; ils auraient pu exiger ainsi avec plus de force la libération de leurs prisonniers détenus à Québec. L'incertitude plane sur ces faits.

Le 4 septembre, sept des dix nouveaux prisonniers des Trois-Rivières arrivent à Québec : « Ces pauvres misérables pensèrent être massacrés à leur abord par les Algonquins, même entre les mains des Français, quoiqu'ils fussent plus de cinquante hommes bien armés, pour les conduire depuis le bord de la rivière jusques à une tour qui n'en est pas bien éloignée. » Les Algonquins manifestent cette violence parce qu'ils croient que le gouverneur veut les libérer : « C'est ce qui les fit entrer en furie contre eux, se souvenant des perfidies, des trahisons et des meurtres commis sur leurs pauvres compatriotes. »

À Québec, des prisonniers agniers deviennent des ambassadeurs. Toutefois, les Français manquent de logique. Ils arrêtent les Agniers, et par cet acte, ils affirment leur conviction que ces gens ne sont pas des ambassadeurs. Quelques jours plus tard, le 6 septembre, ils convoquent un conseil où ces mêmes prisonniers tiennent le rôle d'ambassadeur. Et la Grande Cuillère, « un grand homme bien fait, hardi, vaillant, fourbe, éloquent, railleur », un personnage important à Anniégué, est l'orateur des siens. Le gouverneur, Pierre Voyer d'Argenson, est présent au conseil, de même que des Algonquins et des Hurons.

La Grande Cuillère offre quatre colliers de grains de nacre. « Je viens porter ma tête aux pieds d'Onnontio », dit-il d'abord. Il a confiance, car il se souvient des paroles que le supérieur des Jésuites a adressées aux nations iroquoises : « ...Les faux bruits ne pourraient jamais altérer les pensées de paix entre lui et nous. » Par un second présent, il voudrait dissiper toutes défiances réciproques entre Français et Agniers. Enfin, il vient constater que les Français sont toujours en vie et il demande aux Hurons de ne plus répandre de fausses rumeurs.

M. d'Argenson ne croit certes pas que ces ambassadeurs sont sincères et qu'ils désirent la paix. Il affirme que malgré ses invitations répétées, les sachems agniers ne paraissent pas. Il prétend que les gens qu'il a devant lui sont venus en Nouvelle-France pour « casser des têtes ». « Que mériterais-tu autre chose que le feu, dit-il, si nous étions aussi cruels et vindicatifs que toi. » Il annonce qu'il permettra à deux des membres de ce groupe de retourner dans leur pays, pour informer de la capture des Agniers, mais que ces prisonniers sont bien vivants, « et que les Français, Hurons et Algonquins qui sont inséparables, l'ont ainsi résolu ». Le gouverneur ajoute les phrases suivantes qui révèlent la politique française : « Tu as promis d'arracher la hache des mains de toutes les nations iroquoises ; fais-le donc à la bonne heure, car nous français, algonquins et hurons, voulons la paix avec toutes ou pas une, et pour montrer que tu l'as fait, ramène-nous des captifs de toutes les nations, français, algonquins et hurons. » Il exige ainsi des Agniers des dispositions que ceux-ci ne peuvent pas prendre ; ces Iroquois ne peuvent imposer la paix aux autres tribus ; ils ne peuvent non plus leur arracher leurs prisonniers, ceux-ci appartenant en premier lieu aux individus à qui on les a livrés. C'est donc dire que les prisonniers agniers ne seront jamais libérés, leurs compatriotes ne pouvant parvenir aux demandes qui leur sont faites.

Demandes françaises irréalistes ?

M. d'Argenson fixe enfin les Trois-Rivières comme lieu du prochain conseil. Les députés iroquois, dit-il, devront y venir « tête levée en faisant les harangues ordinaires, et personne ne viendra en cachette et dans les broussailles ; autrement si on l'attrape, il sera condamné au feu ». Le conseil se termine sur cette invitation.

Au début de septembre, des événements d'une grande importance ont lieu à Montréal. On a prétendu qu'après être revenus de leur surprise du départ des Français de Sainte-Marie de Gannentaa, les Onnontagués ont tenu conseil avec les autres tribus pour faire la guerre aux Français. Mais la vérité semble tout autre. Au mois de septembre, à un certain moment, seize guerriers de cette tribu sont autour du fort. D'après la version française, des Français les découvrent, puis les uns et les autres échangent des coups de feu. Et alors les Français crient à ces gens de ne rien craindre, qu'il y a déjà des Onnontagués dans l'enceinte de Ville-Marie ; en un sens, c'est exact, car depuis un an Maisonneuve détient un Onnontagué et sa femme, et un enfant qui leur est né dans cette captivité. En conséquence, les Iroquois s'approchent tranquillement et soudain, les Français font feu, deux Onnontagués restent à terre, onze sont capturés et mis en prison. La question qui se posait au sujet des Agniers capturés aux Trois-Rivières est la même pour ces Onnontagués : sont-ils bien venus en guerriers, ou se sont-ils présentés comme amis et députés de leur tribu ? Car le lendemain de cette action, Garakonthié lui-même arrive à Montréal. Le *Journal des Jésuites* parle de « nôtre hôte, Garakonthié ». Et cet instigateur du rapprochement entre Senèkes et Français, ce chef du parti français dans son pays, ramène deux des trois prisonniers capturés aux Trois-Rivières au printemps, soit Joliet et Christophle, le troisième ayant été brûlé dans l'île de Montréal. Ce sont les premiers prisonniers français qu'il a rachetés en Iroquoisie pour les rendre ensuite, ce ne seront pas les derniers. Et s'il agit ainsi, c'est probablement parce qu'une fraction importante de sa tribu est toujours favorable à un rapprochement. De plus, il apporte de nombreux présents qu'il vient « pendre sur la perche à Montréal », comme le dit le *Journal des Jésuites*. On se demande alors si les Montréalistes ont bien fait de tirer la veille sur les Onnontagués.

Des Onnontagués trahis et capturés à Montréal par les Français.

Garakonthié, chef des Onnontagués, ramène des prisonniers à Montréal.

Un grand conseil se tient comme on peut facilement l'imaginer. Et c'est l'un des plus remarquables qui fût et probablement aussi l'un des plus émouvants. Garakonthié, semble-t-il, était un merveilleux orateur, et les circonstances

Un grand conseil à Montréal entre Onnontagués et Français

présentes lui offrent une belle occasion de révéler la profondeur de sa grande amitié envers les Français.

Il débute par les paroles coutumières, essuyant les larmes des Français pour leurs malheurs, les « graissant » comme on dit pour que les paroles passent mieux. Il nettoie les lieux où le sang a été répandu, il apaise la colère des compatriotes des victimes de la pointe Saint-Charles : « J'essuie, dit-il, la honte que ceux d'Onneyout m'ont jeté sur le visage », indiquant ainsi que les membres de sa tribu n'ont pas trempé dans ce crime et n'ont pas approuvé ce manque de parole. Il présente deux colliers à cet effet. Il offre aussi un présent à ses hôtes pour alléger leur douleur au souvenir des trois hommes qui se sont

Garakonthié demande la paix avec insistance.

noyés en revenant de Sainte-Marie. Il « jette du sable sur toutes les fosses, où il y a eu du sang répandu ». Enfin, il aborde le sujet important, celui qui concerne l'alliance des Français avec les Onnontagués, et plus particulièrement avec les Senèkes. Le *Journal des Jésuites* ne contient que la phrase suivante pour expliquer le septième présent qui est l'entrée en matière : « Je replante à Montréal, l'arbre déjà planté, pour les affaires... Le soleil s'y est éclipsé, je le découvre ; ... je rallume le feu de ton conseil... J'y étends la natte de ceux qui y parleront d'affaires. » Je veux « un lien qui nous étreindra fortement avec nos 4 nations ». Puis la demande d'amitié se fait plus insistante et plus forte, elle monte comme un crescendo émouvant, elle se déploie pour ainsi dire : « Reviens en mon pays, pour m'y apprendre à prier Dieu, comme tu faisais... Je t'assure que ta maison de Gannentaa est encore sur pied... Ne pense pas que je ressente la mort de deux de mes neveux que tu viens de tuer... Je mets des pierres sur leur fosse, à ce qu'il n'en soit plus parlé... Je te ramène tes deux neveux, comme j'ai déjà fait autrefois. »

Garakonthié entre dans d'autres explications. Il rejette carrément sur les Agniers la responsabilité de l'assassinat des trois Français à la pointe Saint-Charles. Cet événement qui a empoisonné les relations entre les Français et les quatre tribus supérieures est à son avis le fait même des Agniers qui ont toujours combattu cette alliance, ont toujours intrigué contre elle, soit pour leur compte, soit pour celui des Hollandais. Ils seraient parvenus à leurs fins avec habileté. Les Agniers ont « tancé » les Onneyouts, mais les Onneyouts sont sous la domination des Agniers et ils ont agi dans cette affaire sous leur emprise. C'est la conviction des Onnontagués qui se sont plaints aux Agniers de ces trois meurtres. Les Français auraient dû le deviner. Pour embrouiller encore les choses, pour gâter les relations entre les Français et les Senèkes,

Garakonthié tente de mettre les choses au clair.

d'autres Onneyouts se sont servis de son nom à lui, Garakonthié, pour attirer dans un piège, au printemps, les trois Français des Trois-Rivières, Joliet, Christophle et celui qui a été brûlé dans l'île de Montréal. Garakonthié s'en excuse. Il regrette cet incident. Mais les Français ne sont-ils pas fautifs et impardonnables de ne pas avoir deviné ces intrigues ?

Garakonthié soumet aussi d'autres propositions. Il voudrait que les Onnontagués puissent chasser en Nouvelle-France ; il demande la libération de l'Onnontagué détenu à Montréal depuis neuf mois.

Enfin, le grand chef soumet aux Français des propositions qu'ils peuvent difficilement accepter. On se rappelle qu'au mois d'octobre de l'année précédente, le gouverneur a permis aux Algonquins d'attaquer les Iroquois de toutes les tribus, qu'un parti algonquin a tué un Onnontagué au lac Saint-Pierre. C'est ce meurtre que Garakonthié ne pardonne pas : « Laisse-moi passer, dit-il, quand je viendrai tuer l'Algonquin. Cherchons un expédient, pour que je tue l'Algonquin... ». C'est une flambée de haine raciale. Lors de cet assassinat, le traité de paix protégeait les Iroquois de passage en Nouvelle-France ; il n'avait pas été dénoncé. Et pour eux, ce meurtre fut un acte d'une grande perfidie.

Le grand chef demande réparation.

Par un dernier présent, Garakonthié annonce que deux cents Onnontagués partent en guerre contre la Nation du Feu.

Ce conseil est l'un des plus importants et l'un des plus brillants de cette période. Garakonthié offre vingt-six présents. L'ambassade qu'il dirige ne peut pas avoir été improvisée sur place, par des gens venus en guerre, comme on a pu le dire pour celle des Agniers à Québec. Un grand conseil a probablement eu lieu à Onnontaé avant son départ, soit pour choisir les ambassadeurs, soit pour concevoir les propositions ou pour décider du choix des présents.

Les Mascoutens, qui vivaient au sud-ouest de Green Bay.

Mais comment croire, après avoir lu les pages du *Journal des Jésuites*, que les Français de Sainte-Marie de Gannentaa aient quitté leur résidence sur les conseils de Garakonthié ? Un mystère plane sur cette affaire. Ce qui confirme cette impression c'est aussi l'entrevue entre Ondessonk et Garakonthié rapportée par le même *Journal des Jésuites*. Le missionnaire est là. Le soir même, il présente secrètement trois présents au chef onnontagué : il parle au nom des Jésuites : « Nous ne sommes pas sortis de ton pays, *inimico animo* », c'est-à-dire avec une âme hostile, dit-il. « ...Ce qui nous détermina à ce faire, a été le meurtre de Montréal impuni, et les bandes de guerriers qui partaient tous les jours pour Kebek... Les robes noires sont prêts de retourner en ton pays, lors que les affaires seront bien apaisées de tous côtés. » Comment Ondessonk donnerait-il ces explications si Garakonthié avait conseillé le départ ? Celui-ci a pu mettre les Français au courant de certaines intrigues. Mais est-il allé plus loin ?

Garakonthié aurait-il vraiment demandé aux Jésuites de quitter Sainte-Marie ?

Sur l'ordre du gouverneur, le père Joseph Chaumonot s'embarque à Québec le 19 septembre pour offrir les présents de la Nouvelle-France à ses anciennes ouailles. Le 28 septembre, il est à Montréal où se tient un second conseil. C'est lui qui est l'orateur des Français. Par le premier présent, le gouverneur déplore la mort des deux Onnontagués tués récemment à Montréal. Selon lui, si ces gens « eussent voulu attendre Garakonthié, ils n'auraient pas été maltraités ». Les Onnontagués reçoivent ensuite des remerciements pour la libération de Joliet et de Christophle.

Le second conseil de Montréal

Les Jésuites retourneraient chez les Onnontagués en échange de filles de la tribu placées chez les Ursulines.

Le troisième présent indique un nouveau point important de la politique française à l'égard des Iroquois. Il signale en effet « aux Anciens d'Onnontagué, que s'ils veulent ravoir les Pères [comme ils disent] qu'ils nous amènent des petites filles à mettre chez les Mères Ursulines ». Marie de l'Incarnation donne sa vraie couleur à cette politique lorsqu'elle écrit : « ...On ne leur accordera point le retour des Pères qu'ils ne donnent des otages, savoir des filles pour être gardées dans notre séminaire ; car pour des hommes ou des garçons, il n'y a nulle assurance. » En bref, les Français n'établiront pas une résidence ou une colonie en Iroquoisie, même à Onnontaé, tant que des petites filles iroquoises ne seront pas confiées à des Ursulines de Québec ; ces dernières serviraient d'otages qui répondraient de la vie des Français en Iroquoisie. On demande des fillettes parce que les hommes et les jeunes garçons peuvent facilement s'évader ou même s'échapper, s'ils ne sont en prison, tandis que des fillettes dans un monastère ne pourraient pas s'enfuir.

L'expédient est bien trouvé. Toutefois, il trahit un terrible manque de confiance des Français qui n'osent s'engager à fond dans la seule voie qui aurait été celle du salut : l'alliance entre eux et les Senèkes sous l'égide de Garakonthié. Sans aucun doute, ils ne connaissent pas ce dernier comme ils le connaîtront plus tard, et ils couraient des risques avec un peuple dont l'organisation sociale ne contrôlait pas les individus.

Enfin, le quatrième et dernier présent annonce aux Onnontagués, comme il en a fait part aux Agniers, que le lieu du conseil général prochain sera les Trois-Rivières.

Ces présents font triste mine à côté des nombreux présents de Garakonthié. C'est une réponse bien froide des Français à une chaude demande. Ils ne saisissent pas l'occasion d'ouvrir des négociations suivies avec les Senèkes, de renouer l'ancienne alliance, de discuter des problèmes posés par les derniers événements, d'isoler les Agniers, d'ouvrir des relations commerciales. Malgré tous les signes sensibles, ils persistent à croire que l'Iroquoisie est plus unifiée qu'elle ne l'est en réalité, et à ne vouloir traiter qu'avec elle. Pourtant, des témoignages encore plus nets que les précédents auraient dû les éclairer. Le père Chaumonot, par exemple, parle au chef des prisonniers ; et celui-ci dit à son interlocuteur « qu'il n'avait point d'esprit de les avoir quittés, et que c'était lui qui était la cause de tout le mal ; qu'on le regardait comme le premier homme du monde, et qu'en cette qualité on le faisait présider dans tous les Conseils ; qu'on les blâmait [eux les Onnontagués], mais que c'était à lui [le père Chaumonot] qu'on devait attribuer tout le blâme ; que pour l'acte d'hostilité... il n'était pas venu de lui ni des anciens, mais de quelques jeunes brouillons qui n'avaient point d'esprit ». On dit aussi que les matrones onnontaguées, qui étaient à l'origine de la paix de 1653, avaient pleuré pendant sept jours le départ imprévu des Français de Sainte-Marie de Gannentaa.

Les Français persistent à croire l'Iroquoisie unifiée.

Bien plus, Maisonneuve détient neuf prisonniers onnontagués, comme le gouverneur de Québec qui a gardé ses prisonniers agniers. Les circonstances entourant la capture de ces Iroquois ne sont pas nettes. Il faut noter toutefois qu'Agniers et Onnontagués ne peuvent venir librement en Nouvelle-France comme dans l'ancien temps. Les Algonquins et les Hurons ont toujours la permission de les attaquer. Comment s'approcheraient-ils ouvertement ? Et surtout, ces Iroquois peuvent avoir le désir de capturer des Français afin d'obtenir la libération des leurs qu'on leur refuse.

Cette ambassade semble être une belle occasion perdue qui ne mène à rien de concret. Et ces aventures créent pour plus tard une profonde rancune dans les esprits : « Onnontio nous méprise, nous sommes maintenant ses chiens d'attache. »

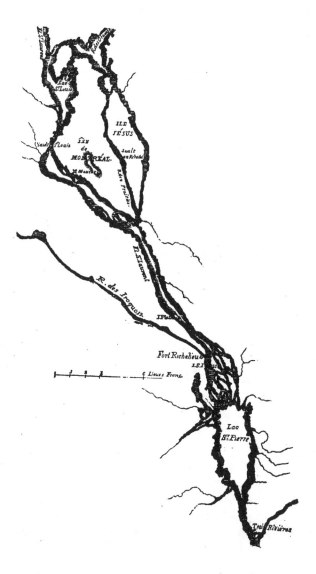

CHAPITRE 79

1658

C'est une période de guerre à l'état larvé. Les incidents se multiplient.

Le 25 septembre, une chaloupe des Trois-Rivières arrive à Québec. Elle transporte cinq prisonniers onneyouts « pris prisonniers un peu au-dessus des Trois-Rivières par les Français par finesse... ». M. d'Argenson raconte lui-même le fait dans une de ses lettres. Il écrit qu'un certain nombre de Français ont obtenu la permission de se rendre à la chasse, mais avec l'ordre de bien se tenir sur leurs gardes. Ils découvrent les pistes de plusieurs Indiens et ensuite ces Indiens eux-mêmes. Ils leur demandent ce qu'ils viennent faire au pays. Ces Iroquois auraient répondu qu'ils venaient en guerre. Les Français leur répliquent qu'il faudrait abandonner ces intentions et venir aux Trois-Rivières. Les étrangers n'acceptent qu'à la condition d'avoir parmi eux des otages français qui répondront de leur sécurité. Le groupe entre au fort des Trois-Rivières. Et là, les autorités s'aperçoivent que parmi ces Iroquois, se trouvent justement les individus qui ont assassiné Saint-Père, Godé et Noël à la pointe Saint-Charles en 1657, et qui ont capturé trois Français aux Trois-Rivières au printemps de cette année. Le gouverneur donne l'ordre de se saisir de ces meurtriers à tout prix. Quand les otages français quittent les Iroquois, un combat s'engage, des coups de feu éclatent. Un Français est blessé, trois Onneyouts sont tués et cinq autres sont capturés ; deux d'entre eux sont blessés.

La capture des Onneyouts responsables des assassinats à la pointe Saint-Charles

L'incident se produit probablement quelques jours après la visite de Garakonthié à Montréal. M. d'Argenson a un Huron iroquisé sous la main, il l'envoie au pays des Onneyouts pour les avertir que les prisonniers sont toujours en vie : « ...On en a renvoyé un pour assurer leur nation de la vie de ces cinq... »

Le jeu des prisonniers tourne largement en faveur des Français. Parmi ces détenus se trouvent des chefs, peut-être des sachems. Marie de l'Incarnation écrira en effet que : « M. le gouverneur, qui tient en ses prisons vingt et un des plus fameux de toutes les nations iroquoises, qui sont bien étonnés de se voir si à l'étroit, quoiqu'on ait soin de les bien traiter... » Mais ceci n'indique-t-il pas que ces gens sont vraiment des ambassadeurs ? Marie de l'Incarnation rédige sa lettre le 20 octobre, mais déjà les renseignements qu'elle donne ne sont plus exacts. La veille, le 19, onze Onnontagués se sont échappés de leur prison à Montréal après avoir rompu deux barreaux à leur fenêtre. Comme Maisonneuve a remis en liberté l'Onnontagué qui avait femme et enfant, il ne reste plus aucun prisonnier de cette tribu en Nouvelle-France.

Onze prisonniers onnontagués s'évadent.

Le 20 octobre, trois Agniers brisent leur canot en aval de la maison d'un individu du nom de Couture ; ils sont contraints de s'y réfugier. Ils s'en vont en guerre à Tadoussac, disent-ils. On donne avis de leur présence au gouverneur et celui-ci « les fait venir au fort la nuit » où ils s'ajoutent aux autres prisonniers.

Le 26 octobre, sept Iroquois paraissent devant le bastion du Cap Rouge ; leurs dispositions sont pacifiques. Ils demandent des « nouvelles de leurs gens prisonniers à Kebec ». Ces gens dérobent de quatre à cinq minots de pois dans la grange d'un nommé Gauthier ; puis ils traversent le fleuve pour retrouver leurs compagnons sur l'autre rive. M. d'Argenson apprend la nouvelle ; il rassemble vingt-cinq Français, il les conduit à Sillery, au fort Saint-Xavier, au Cap Rouge, mais il n'y trouve personne.

Le 5 novembre, les Iroquois réussissent leur premier coup de filet, aux Trois-Rivières. Ce sont des Agniers qui l'exécutent et il est possible qu'il s'agisse des Iroquois qui ont rôdé un peu plus tôt autour du Cap Rouge. Tout d'abord, ils capturent quatre Français qui font du foin sur la rive sud en face des Trois-Rivières ; ensuite, ils s'emparent sans coup férir de « quatre autres français vers le lac Saint-Pierre, qui retournaient de la chasse ». Puis les Agniers agissent exactement comme les Français, ils choisissent l'un de ces prisonniers et le renvoient aux Trois-Rivières pour avertir le gouverneur de la capture de ses compagnons. Ils conduisent les autres chez eux « pour ne les ramener qu'au printemps avec les anciens du pays pour traiter de paix ». En attendant, ils les maltraitent s'il faut en croire le rapport d'un Huron iroquisé ; celui-ci faisait partie d'un second détachement agnier qui a rencontré le premier avec ses prisonniers. Il s'échappe ensuite et il raconte que les Agniers enlèvent des ongles aux Français et les soumettent aux mauvais traitements habituels.

Les Agniers capturent des Français aux abords des Trois-Rivières.

Et maintenant, il faut se reporter à Orange en Nouvelle-Hollande. Le 13 août 1658, quinze sachems agniers comparaissent devant le tribunal de ce lieu. Ils ont avec eux un Français du nom de Louis Parraget « que, d'après leur déclaration, ils désirent livrer, de même que deux autres prisonniers, au gouverneur français des Trois-Rivières, au Canada, en échange contre six des leurs que les Français ont fait prisonniers... ». Les sachems « veulent en même temps conclure une paix générale avec les Français et ils demandent qu'à cette fin nous leur prêtions l'assistance de l'un de nos hommes qui parlerait bien le français ». Les Hollandais félicitent ces sachems de leur projet, mais ceux d'entre eux, disent-ils, qui parlent le français ne peuvent les accompagner. Les sachems agniers non satisfaits de cette réponse rappellent assez durement aux Hollandais que ce sont eux qui sont intervenus autrefois en leur faveur dans la guerre qui les mettait aux prises avec des Manhates ; qu'ils ont rétabli la paix cette fois-là. C'est un service du même genre que les Agniers demandent aujourd'hui aux Hollandais ; ceux-ci refuseront-ils de le rendre ?

Les Agniers font appel aux Hollandais pour créer des liens avec les Français.

C'est un voyage difficile à entreprendre. Enfin, un individu du nom de Henderick Martensen offre ses services ; le tribunal lui donnera 100 guilders pour sa peine. Le procès-verbal contient la note suivante : « Le 16 courant [août], ledit Henderick Martensen fut envoyé au Canada avec les Agniers, qui lui promirent de le ramener au bout de quarante jours, avec la lettre suivante... » La lettre est adressée à M. de La Poterie, gouverneur des Trois-Rivières en la Nouvelle-France. Elle raconte que les Agniers veulent libérer Louis Parraget, ainsi que deux autres Français, si le gouverneur de Québec relâche en retour six prisonniers agniers. Elle continue ensuite ainsi : « par le même moyen ils veulent faire la paix avec tous les Indiens de vos quartiers », et comme ils ont demandé l'assistance d'un Hollandais qui parlerait le français « pour les servir en cette occasion », les Hollandais n'ont pas voulu refuser de crainte « de rompre l'occasion d'une bonne affaire... ».

Qui était ce Louis Parraget, quels étaient les deux autres Français ? Ces derniers semblent être Joliet et Christophle que les Agniers ne pourront libérer car Garakonthié les a rachetés aux Onneyouts et les relaxera à Montréal en septembre.

La Grande Gueule, ou Otreouti, fameux orateur et chef onnontagué, participe à plusieurs négociations de paix avec les Français de 1659 à 1688.

Le plan élaboré plus haut ne semble pas avoir été exécuté. Des Agniers parmi lesquels se trouve la Grande Gueule paraissent bien aux Trois-Rivières une quinzaine de jours plus tard, mais aucun prisonnier et aucun Hollandais ne les accompagnent. De plus, deux mois plus tard, soit le 8 octobre, des sachems représentant les trois bourgades d'Anniégué comparaissent devant le tribunal d'Orange. Ils veulent savoir où se trouve Louis Parraget qui semble avoir disparu et où il est retenu prisonnier. Ils affirment même qu'ils ne l'ont pas tué. Ils « demandèrent que nous écrivions au gouverneur du Canada qu'ils n'avaient pas tué ledit Français ». Enfin, ils demandent à un fonctionnaire éminent, La Montagne, commissaire de Fort Orange, de les accompagner en Nouvelle-France.

Le tribunal répond qu'il ne sait pas lui non plus où se trouve Louis Parraget et qu'il n'a pas entendu dire que les Iroquois l'aient tué. Ils sont disposés à écrire la lettre demandée, toutefois, M. La Montagne ne les accompagnera pas car il ne peut abandonner son poste sans la permission du gouverneur. Les sachems insistent encore et réclament pour les accompagner un autre Hollandais qui saurait le français ; ils veulent aussi une lettre pour le gouverneur du Canada. Le tribunal leur accorde ce qu'ils demandent, un soldat du nom de Jacob Begyn, offre ses services. Il part donc d'Orange le 9 octobre avec des députés agniers et une lettre des Hollandais.

Arrivée à Québec d'ambassadeurs agniers accompagnés d'un Hollandais.

Cette ambassade arrive à Québec le 20 novembre après être passée par les Trois-Rivières où elle a trouvé Ondessonk, le père Le Moyne. Mais au lieu de se présenter avec les trois prisonniers nommés précédemment, elle arrive avec les sept prisonniers capturés le 5 novembre aux Trois-Rivières ; elle les a probablement rencontrés en route sur le Richelieu ou le lac Champlain. Le

Journal des Jésuites dit qu'un Hollandais accompagne ces Agniers « pour les assurer que les Français ne leur feraient pas de mal ». En fait, après leurs dernières aventures, les Agniers n'osent plus s'aventurer dans la Nouvelle-France avec la qualité d'ambassadeurs sans avoir la protection d'un Hollandais. « Leur dessein, ajoute le *Journal*, est de retirer leurs gens prisonniers, et de faire la paix avec tous [à ce qu'ils disent], Algonquins et Hurons ».

Les six Agniers sont conduits au fort en arrivant. Leur chef est un orateur et un diplomate célèbre : c'est notre vieil ami Tekarihoken que les Français connaissent depuis longtemps et qui joint à ses talents diplomatiques le titre de général. Ils reçoivent tout de suite les présents de l'arrivée, soit deux brasses de « pourcelaine », pour leur « nettoyer le gosier et leur dessiller les yeux ». Les députés répondent aussi par les présents ordinaires, au nombre de trois, qui essuient le sang versé dans les petites escarmouches, assèchent les larmes et « graissent le gosier ». Ils sont prêts à tenir le premier conseil dès le lendemain, mais les Français leur demandent d'attendre au surlendemain.

Tehariogen ou Tekarioken, sachem ou chef héréditaire des Agniers

Le 22 novembre, Teharihogen prend la parole devant un auditoire convoqué pour le conseil. Les Agniers, dit-il, ont écouté la voix d'Onontio qui les appelait à de grandes délibérations pour l'établissement de la paix. Les trois clans, celui des Ours, des Loups, de la Tortue, ont alors nommé les plénipotentiaires alors présents, de sorte que toute la tribu est vraiment représentée. Il s'attaque tout de suite au problème des prisonniers : « Je ne sais ce que c'est d'enchaîner les hommes : je te prie, Onontio, de jeter tes fers et tes menottes. » Ces captifs ont reçu de bons traitements, il faut remercier le gouverneur. D'autre part, les Agniers ont ramené les sept Français capturés aux Trois-Rivières, et ils les libèrent maintenant.

Teharihogen aborde ensuite la perspective d'une bonne paix : il demande au soleil d'éclairer le fond de sa pensée. Il est prêt à entrer dans une alliance avec les Hurons et les Algonquins. Les Agniers, dit-il, font partie d'une vaste Ligue qui comprend les Tsonnontouans, les Goyogouins, les Onnontagués, les Onneyouts, les Français de Sainte-Marie de Gannentaa, les Hollandais. Les Français vont-ils se retirer de cette alliance ? Tous les alliés des Agniers ont envoyé la présente ambassade pour connaître les intentions des Français. Les Hollandais ont voulu s'y joindre d'une façon particulière. « Onontio et moi, depuis 5 ans que nous avons la paix, nous nous tenons par le bras... Il arrive d'ordinaire des troubles parmi les alliés de différentes nations : l'Onneyout mon enfant, a causé les différends que nous avons eu à démêler, mais il a rendu les 3 français qu'il avait pris aux Trois-Rivières ; le printemps vous reverrez celui qu'il nous avait mis entre les mains pour vous ramener, il est à la nouvelle Hollande... » Il s'agit probablement encore du fameux Louis Parraget qui a disparu subitement, et qui est peut-être tout simplement le compagnon de Joliet et de Christophle supposé brûlé dans l'île de Montréal.

Les Agniers désirent une alliance avec les Hurons et les Algonquins.

Après un bref exposé, Teharihogen se montre plus conciliant encore : il ne demande pas la libération immédiate des cinq Onneyouts qui sont prisonniers aux Trois-Rivières : « Je vous prie seulement, dit-il, de les déchaîner ...Je remets à vous de chercher les moyens d'établir une bonne paix. » Pour leur part, les Agniers se prépareront à cet événement : « J'assigne mon pays d'Anniégé pour le lieu du conseil, où j'assemblerai toutes nos nations... » Il demande à M. d'Argenson de lui soumettre de bonnes propositions qu'il exposera à tous ses alliés afin de préparer avec soin ce futur grand conseil de la paix. Enfin, l'orateur envisage un avenir où ses enfants pourront chasser et voyager sur le Saint-Laurent comme autrefois.

L'ambassade dirigée par Teharihogen est aussi remarquable que celle de Garakonthié. Elle vient après l'autre cependant. Elle s'est organisée quand les Onnontagués ont offert de nouveau l'alliance des Senèkes au gouverneur de la Nouvelle-France. Elle est peut-être aussi une contre-manœuvre pour empêcher l'isolement des Agniers ou bien l'union des Français avec les quatre tribus supérieures.

Cette ambassade serait-elle une contre-manœuvre ?

Pierre Voyer d'Argenson doit donc choisir entre l'alliance des Senèkes, telle qu'offerte par Garakonthié, et qui ne comprend pas nécessairement la guerre entre les Agniers et les Français, et l'alliance avec toute l'Iroquoisie, dans les conditions décrites par Teharihogen. Des deux, quelle est l'alliance la plus sincère ? Celle qui offre les meilleures chances de paix.

Le gouverneur parle à son tour. Il remercie les ambassadeurs pour la libération des sept prisonniers des Trois-Rivières. Il se montre satisfait du fait que les Agniers considèrent encore les Français comme leurs alliés. La présence d'un Hollandais parmi eux le réjouit beaucoup. Il tente d'expliquer la capture des derniers prisonniers onneyouts aux Trois-Rivières : quand des Français les ont capturés, dit-il, ils ne savaient pas que Garakonthié avait ramené à Montréal les deux Français faits prisonniers au même endroit. Le *Journal des Jésuites* ajoute ici entre parenthèses la phrase suivante : « Cela est faux ». En effet, la nouvelle de l'arrivée de Garakonthié a été donnée à Québec le 16, elle a dû être connue aux Trois-Rivières, le 14 ou le 15 septembre, et les Onneyouts ont été capturés entre le 20 et le 23 septembre. Le gouverneur annonce ensuite les propositions, symbolisées par des présents, que Teharihogen devra soumettre aux tribus iroquoises et à leurs alliés. « Onontio, dit-il, parle au nom des Français, Hurons et Algonquins ; il est venu de France pour procurer la paix par toutes ces contrées, à ce que l'entrée soit libre aux prédicateurs de l'Évangile... » Comme les députés iroquois s'en remettent à lui du soin d'établir cette paix, voici ce qu'il décide : Ondessonk se rendra en Anniégé « pour traiter de la paix avec toutes vos nations », il le représentera, il sera l'ambassadeur officiel de la France. Les Algonquins enverront aussi des députés, mais au printemps seulement, car ils n'auraient pas de présents à offrir dans le moment présent. « Je ne veux pas la paix pour deux ou trois ans, je la veux

Les propositions du gouverneur d'Argenson

éternelle. Le moyen de l'avoir éternelle est de mêler notre pays avec le vôtre. Venez donc habiter parmi nous et nous avec vous, et au moins amenez nous des filles quand vous viendrez requérir vos neveux. » Le gouverneur développe ici la théorie ébauchée à Montréal : les Français sont disposés à se rendre en Iroquoisie, mais à condition que des fillettes iroquoises viennent à Québec ; sinon, les Français seront trop exposés : la jeunesse iroquoise n'obéissant pas suffisamment aux sachems qui fixent la politique étrangère de la tribu ou de la nation : « Je suis marri que vôtre jeunesse n'est plus obéissante, je vous rendrais tous vos neveux, mais leur peu de fidélité me contraint de retenir 4 de vos gens pour assurer la vie du Père qui est avec vous. »

Cohabitation, métissage, prudence ?

Enfin, le gouverneur de la Nouvelle-France essuie le sang répandu aux Trois-Rivières et à Montréal. Il enlève leurs fers aux prisonniers onneyouts et il en renvoie même un autre dans son pays pour montrer sa bonne volonté envers cette tribu. Il détourne les armes à feu du corps des hommes pour les tourner vers les bêtes. Il recommande le père Le Moyne aux Agniers et il demande aux députés de rassembler toutes les nations « pour écouter ma voix de la bouche d'Ondessonk ». Ce discours est ponctué par l'offre de présents sous forme de capots, de pièces d'étoffe, d'arquebuses, de plomb et de poudre.

Teharihogen prend de nouveau la parole. Il désire que l'on ne se fasse plus de petites chicanes ou de petits reproches ; et il prie Onontio de prendre soin des derniers otages qu'il retient encore.

Et le 26 novembre, une bonne partie des Agniers et des prisonniers relâchés quitte Québec pour l'Iroquoisie. Les prisons de Québec se vident ; en fait il ne reste plus que quatre prisonniers. Aux Trois-Rivières, il y a aussi quelques Onneyouts.

La paix entre Français et Iroquois apparaît à nouveau possible.

À la suite des ambassades de la Grande Cuillère, de Garakonthié, de Teharihogen, la paix que l'on a cru morte pendant longtemps ressuscite et renaît. Les négociations paraissent sur la bonne voie. L'atmosphère semble purifiée des éléments dangereux qu'elle avait en suspens. Les espérances renaissent. La politique des prisonniers peut conduire à de bons résultats, dit-on. C'est une paix générale qui semble en vue.

Toutefois, il faut signaler qu'entre Garakonthié et Teharihogen, le gouverneur vient de choisir Teharihogen, c'est-à-dire les Agniers et la solution qu'ils offrent. D'autre part, les Iroquois désirent-ils libérer seulement leurs prisonniers ou bien atteindre une paix universelle et générale ? Et quels sentiments dissimulent-ils au fond de leur cœur quand leurs chefs sont mis aux fers et passent des mois et des mois en captivité ? Ils endurent ces affronts, eux qui se savent les plus forts.

Chapitre 80

1658

Vers le milieu du mois de septembre, neuf canots outaouais chargés de pelleteries arrivent à Montréal. La *Relation* de 1658 contient quelques passages à ce sujet : « Les Algonquins des pays plus hauts... ont envoyé quelques canots chargés de pelleteries vers les Français, avec parole de venir au nombre de cinq cents hommes, l'an prochain, équipés en guerre et en marchandises. Ils souhaitent des Pères de notre compagnie... » Un gros convoi de fourrures va donc se préparer dans la région de Sainte-Marie, et cette nouvelle provoque l'allégresse.

Le déclin de la traite des fourrures. Les difficultés de la Nouvelle-France.

Mais M. d'Argenson n'en est pas plus heureux. À son arrivée, il examine la colonie rachitique. La traite est en plein déclin, la communauté est incapable de « soutenir les grandes charges à quoi elle est obligée et de sortir des dettes dans lesquelles elle s'engage tous les jours ». Il y a surenchère entre les habitants pour obtenir les fourrures des Indiens ; chacun paie trop cher en marchandises les pelleteries qu'il achète, et ses profits sont alors nuls ou très réduits. Et, comme les marchandises que les habitants échangent ont souvent été prises à crédit chez le marchand, c'est le marchand qui est pénalisé. L'habitant devient insolvable « pour avoir traité à vil prix ».

La traite garde donc le pays dans la pauvreté. De plus, elle distrait les colons de ce qui devrait être leur occupation principale, la culture du sol. Puis la guerre survient, ce qui n'enrichit personne, « le pays devenant tous les jours plus pauvre à cause de la guerre qui serait fort à mépriser si nous étions bien riches ». « ...Ce qui nous serait absolument nécessaire pour bien établir le pays et l'empêcher de craindre les ennemis », serait au début une centaine d'hommes aptes au travail et qui pourraient en même temps devenir bons soldats. Ces ouvriers couperaient le bois autour des postes et entre les habitations de façon à rendre les communications faciles et à empêcher les surprises des Iroquois. Les habitants pourraient se porter ensuite mutuellement secours.

De bons ouvriers seraient fort utiles à la colonie.

En fait, la Compagnie qui possède pour ainsi dire le pays et l'administre n'a pas assez de revenus pour transporter les colons, développer la vie économique, engager des soldats, protéger les postes et les cultures dans les campagnes. La Nouvelle-France demeure toujours en état de danger et de faiblesse ; elle a peu d'habitants et ceux-ci sont pauvres. C'est une proie qui s'offre continuellement à toute nation, même indienne. Toute attaque contre elle est presque sûre de demeurer impunie. Et c'est cette faible colonie qui a entre les mains le commerce des pelleteries les plus riches et les plus nombreuses de l'Amérique.

Chapitre 81

1659

Malgré les indices d'une paix générale prochaine, les habitants de la Nouvelle-France manifestent peu d'optimisme. Le 8 octobre 1658, par exemple, Maisonneuve signe un contrat pour creuser un puits dans la cour du fort de Montréal. Il fait aussi construire un nouveau moulin à vent sur une éminence, le coteau Saint-Louis. Entouré d'un retranchement, ceinturé de pieux, ce moulin servira de redoute à l'occasion. On commence également la construction d'une redoute. Jouissant d'une fortune considérable, M. de Queylus démarre l'exploitation de deux fermes qui seront connues sous le nom de Saint-Gabriel et de Sainte-Marie ; un bon nombre d'hommes pourront bientôt y travailler. Les bâtiments seront si bien fortifiés qu'ils deviendront en quelque sorte de véritables forts. Des combats pourront même s'y livrer éventuellement.

Montréal, craignant les Iroquois, se fortifie.

Ondessonk et Teharihogen passent l'hiver dans la Nouvelle-France. Ils ne partiront qu'au printemps.

Le 3 avril, trois députés onneyouts se présentent à Québec « pour traiter d'affaires avec M. le gouverneur, et pour délivrer leurs gens de la prison ». Et le conseil qui a lieu égale presque en importance et en éclat celui qui a accueilli les Agniers.

Arrivée de députés onneyouts à Québec

L'orateur des Agniers offre vingt-quatre présents. Avant tout, il veut « retirer les prisonniers Agniers et Onneyouts, faute de quoi il n'y aurait point de paix ». C'est une espèce d'ultimatum. Mais d'un autre côté, les Onneyouts remplissent leurs obligations fixées par les coutumes indiennes : ils viennent « faire satisfaction » pour le meurtre des trois Français de la pointe Saint-Charles. D'après la législation française, les meurtriers devraient être livrés à la justice et, leur culpabilité prouvée, être condamnés à mort ; cependant, d'après la justice indienne, les parents ou les compatriotes des meurtriers sont tenus d'offrir une compensation sous forme de présents. Les Anglais se serviront volontiers de cette coutume pour exiger des peaux de castor, au lieu d'entrer en guerre comme d'autres nations européennes seront trop disposées à le faire.

Ils veulent se faire pardonner les assassinats de la pointe Saint-Charles.

L'orateur des Onneyout dit alors : « Je viens arracher la hache de ceux qui ont été tués à Montréal », c'est-à-dire, leur enlever toute idée de représailles. Trois présents de suite ont la signification suivante : « Je jette un drap mortuaire sur le mort » ; un autre : j'ensevelis les cadavres bien profondément dans la terre « afin d'étouffer tous les sentiments de vengeance ». Une fois cette cérémonie terminée, la justice est rendue pour les Indiens, tout comme si les meurtriers avaient été châtiés, et l'affaire est classée.

Les Onneyouts et les Agniers se sont probablement concertés car leurs actions vont dans le même sens. Leur orateur « somme le Français et l'Algonquin de la parole qu'ils ont donnée d'envoyer des ambassadeurs à Agnée, et que ce soit au plus tôt, car la paix dépend de cela ». Ils plantent symboliquement un mai qui représente la paix ; ils l'affermissent contre tous les vents ; ils allument à l'ombre de ce mai un feu du conseil autour duquel s'assembleront « les français, algonquins, hurons, afin qu'ils délibèrent des moyens d'une bonne paix ». Ils veulent inciter le gouverneur à des idées si pacifiques que tous les soldats abandonneraient leurs armes. Tous les nuages que forment les soupçons et les défiances sont dissipés ; le soleil de la bonne entente brille avec éclat. Ondessonk et les députés algonquins n'ont rien à craindre.

Agnée = Agnié ou Anniégé et ses multiples variantes

Ces ambassadeurs apportent aussi un message d'Onnontaé : « L'Onnontagué te fait ressouvenir que vous vous étiez pris par le bras l'un l'autre ; que vous vous étiez liés avec des liens de fer ; c'est toi, français, qui a rompu le lien, partant incognito de mon pays, et quittant ta demeure... L'Onnontagué te dit : Je te remets en ta maison de Gannentaa ; tes logements sont encore sur pied ; il y a un ancien qui y demeure pour les conserver ; mets ton canot à l'eau, et va prendre possession de ce qui t'appartient. »

Réclamation des Onneyouts

Les Onneyouts réclament ensuite les prisonniers iroquois qui sont encore en Nouvelle-France : « Rends-les moi tous, ne les sépare point, ou tout ou rien ». Agniers, Onnontagués, Onneyouts s'attendent à cette concession : « Autrement tu ne leur ouvres pas le cœur. » Les Iroquois, eux, n'ont-ils pas libéré en une seule fois tous les prisonniers français qu'ils avaient ? « Imite les, afin que tu montres que tu désires autant la paix que nous. » Enfin, l'orateur réclame de nouveau la présence des Algonquins à la prochaine conférence de la paix qui aura lieu dans une bourgade des Agniers : « ...Vôtre présence et non pas vos dons feront voir que vous voulez la paix. »

Le missionnaire qui rédige le rapport de l'assemblée dans le *Journal des Jésuites* a été frappé par le discours de l'Onneyout, car son style est brillant, concis et les propositions sont bien résumées.

Le soir même, l'un des députés offre un présent, en secret, au père Joseph Chaumonot ; il le prie de hâter la conclusion de cette affaire. Il veut une réponse immédiate aux demandes qu'il a adressées au gouverneur, car il doit partir le plus tôt possible.

Le conseil a eu lieu le 5 avril. Et le 18, un incident désagréable se produit. Trois Algonquins arrivent en canot des Trois-Rivières ; ils racontent qu'un parti de quatorze Agniers a fait prisonniers un Algonquin et sa sœur dans le lac Saint-Pierre, non loin de l'embouchure du Richelieu. Heureusement, Teharihogen n'est pas encore parti ; il chasse lui-même dans ces îles ; il rencontre les Agniers dans ces parages et il ramène l'Algonquin et sa sœur aux Trois-Rivières.

La réponse des Français ne vient pas vite : les Algonquins étaient à la chasse et ils tardent à revenir. M. d'Argenson donne un présent aux Onneyouts pour les faire patienter. Enfin, Noël, le chef algonquin, arrive le 26. Le second conseil a lieu de 28. En réponse aux vingt-quatre présents des Onneyouts, le gouverneur n'en donne que sept ; Ondessonk offrira les autres quand il se rendra en personne au pays des Agniers. M. d'Argenson accepte la compensation des Onneyouts, et il ajoute la phrase suivante : « Si tu avais reconnu ta faute plus tôt, nous n'aurions pas vu tant de brouilleries, et les Pères seraient encore à Gannentaa, et tes gens n'auraient pas été emprisonnés... » Il enverra des ambassadeurs français et algonquins en Anniégé ; il souhaite que la jeunesse iroquoise obéisse aux sachems comme la jeunesse française à ses chefs. Puis, les Iroquois retiennent toujours dans leur pays un petit Français, Charles Picard, qu'on leur réclame depuis longtemps ; il faudrait le relâcher. Enfin, le gouverneur résume la situation : les chefs de l'Iroquoisie donne des colliers « de pourcelaine », ils attestent de leur bonne foi, ils déclarent qu'ils veulent la paix ; ce n'est pas suffisant. Les paroles ne sont pas acceptées à leur juste valeur parce que la jeunesse iroquoise n'obéit pas aux anciens ; il faudrait une autre garantie qui serait « des hommes que nous donnerions de part et d'autre pour demeurer les uns avec les autres ». Ce sont des otages que le gouverneur réclame : pas de missionnaires ou de Français en Iroquoisie sans des otages iroquois en Nouvelle-France.

Le chef algonquin Noël Negabamat

La jeunesse iroquoise n'obéit pas aux anciens.

Le 30 avril, les ambassadeurs onneyouts quittent la capitale avec deux Onneyouts et deux Agniers qui ont été relâchés. Un grand nombre d'Algonquins les accompagnent : ils doivent étudier avec leurs compatriotes les propositions qui seront soumises au grand conseil des Agniers. Ondessonk a reçu lui-même ses instructions. Il annoncera aux cinq nations réunies que les Onneyouts ont offert une compensation pour leur crime, que celle-ci a été acceptée, que le pardon a été accordé. Il expliquera ensuite dans quelles circonstances les Français des Trois-Rivières ont capturé des Onneyouts et en ont tué trois, et il offrira un présent pour effacer cet amer souvenir. Ondessonk parlera ensuite de la paix générale : il replantera le mai de la paix, il lui donnera de profondes racines ; il changera les dispositions des esprits, surtout du parti militaire ; le soleil des années heureuses luira dans tout son éclat. Voici ce qu'il dira : « Je réunis en un toutes les pensées de vos 5 nations, en sorte que vous n'ayez qu'une même parole... Je rallume le feu du conseil... Je remets une natte pour s'asseoir auprès de ce feu... Je rassemble le conseil sur cette natte. » Ondessonk remettra aussi en liberté deux Iroquois prisonniers ; il prend bien soin des deux Onneyouts demeurés à Québec ; il redemandera le petit Charles Picard pour l'instruire. Puis il reviendra au thème précédent : « Onontio ne demande que la paix : vous voyez bien que les troubles ne sont

Ondessonk ira en Iroquoisie.

venus que de votre part ; jamais nous ne commençons les premiers... Onontio veut la paix à ce que les Pères puissent aller librement partout prêcher la foi... Je t'ouvre les oreilles à la voix de Dieu... »

Enfin, le 7 mai, les Français et les Algonquins sont prêts ; les présents sont choisis, les propositions ont toutes pris forme. Et plusieurs ambassadeurs partent des Trois-Rivières pour se rendre au conseil de paix. À leur tête marche Ondessonk, le grand voyageur. Teharihogen le suit, de même que Noël Negabamat, de Sillery qui est l'un des deux ambassadeurs algonquins. Les députés onneyouts sont aussi présents. Jean de Noyon accompagne Ondessonk et quatre prisonniers libérés font partie du groupe.

Jean de Noyon est maître fabricant d'outils tranchants.

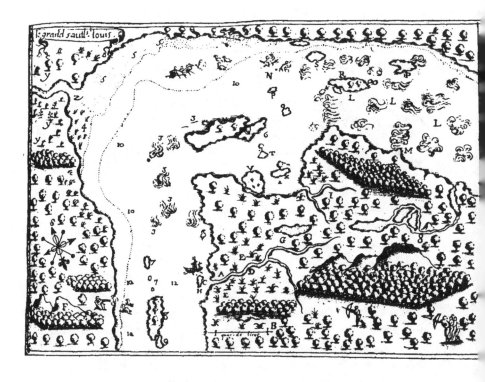

Chapitre 82

1659

Toutes ces ambassades entraînent des espoirs dans la Nouvelle-France qui en attend les résultats. Le 15 mai, M. d'Argenson quitte Québec dans son brigantin pour se rendre aux Trois-Rivières et à Montréal. Il revient le 29 mai. Puis le récit de quelques incidents sème à nouveau l'inquiétude. Une chaloupe de Montréal arrive à Québec le 2 juin ; les matelots disent qu'ils ont rencontré un parti de vingt-cinq Agniers commandé par le Bâtard Flamand, francophobe dangereux. Un individu du nom de Larose rapporte qu'il a découvert cinq canots iroquois remontant des Trois-Rivières à Montréal. Des Algonquins des Trois-Rivières qui s'en allaient à la traite par le Saint-Maurice prétendent avoir vu, avant le premier saut, une cabane hébergeant des Iroquois. Enfin, des Français racontent qu'ils ont aperçu trois canots iroquois dans les îles du lac Saint-Pierre.

Le Bâtard Flamand et d'autres Agniers en route vers Québec ?

Le 8 juin, deux Indiens qui reviennent de la chasse affirment qu'ils ont trouvé un détachement de quarante Agniers commandé par le Bâtard Flamand, qu'ils ont été capturés puis relâchés. Parmi ces Agniers, disent-ils, il y a Ciel Bleu et trois frères de la Grande Cuillère qui est toujours prisonnier et otage à Québec. Ces Iroquois veulent parler à des Français mais personne ne veut se rendre chez eux. Les Indiens vont donc communiquer ce refus au Bâtard Flamand. Le 4 juin, un individu du nom de Francœur s'est éloigné du fort Saint-Xavier, près de Québec. Trois Iroquois le poursuivent soudain mais des hommes courent à son secours, lui évitant d'être capturé. Quand le gouverneur apprend cette nouvelle, il établit des postes de guet dans cette région ; et trois groupes de Français, d'Algonquins et de Hurons viennent monter la garde.

Enfin, le 27 juin, la nouvelle arrive à Québec que les Onnontagués ont capturé trois Français des Trois-Rivières dans les îles du lac Saint-Pierre où ils s'étaient rendus pour la chasse. Antoine Desrosiers est l'une des victimes. Le même jour, on apprend également que l'un des deux ambassadeurs algonquins a pris peur et s'est enfui après un séjour de deux jours dans la bourgade des Agniers où se tiennent les assises de la paix.

Les Onnontagués capturent des Français dans les îles du lac Saint-Pierre.

Antoine Desrosiers est l'ancêtre de l'auteur.

Deux affaires peuvent expliquer ces mouvements : la Grande Cuillère, le chef agnier, est toujours prisonnier à Québec et ses compatriotes ont peut-être eu l'intention de capturer d'autres Français pour assurer sa libération. Il se peut aussi que ces Iroquois rôdaient sur le Saint-Laurent dans le but de surprendre le grand convoi de fourrures qui doit descendre de l'Ouest cette année, mais qui en fait ne viendra que l'an prochain ; quelques canots descendront toutefois par la route détournée de la Gatineau, de l'hinterland québécois et du Saint-Maurice.

Ondessonk revient de l'Iroquoisie le 3 juillet. Il ramène l'un des deux députés algonquins et quatre Agniers « qui venaient requérir la Grande Cuillère et les autres otages ».

Que s'est-il passé exactement au conseil qui a eu lieu en Anniégé, et qui, convoqué par les Agniers, devait établir la paix générale ? On n'en connaît que bien peu de chose. Les rapports sont fragmentaires, incomplets, tout à fait insatisfaisants. Toutes les tribus iroquoises, les Senèkes en particulier, y avaient-elles des représentants ? Des Hollandais étaient-ils présents ? On n'en sait rien. Comme Ondessonk a quitté la Nouvelle-France vers le 7 mai et qu'il y revient le 3 juillet, on peut tenir pour acquis que le conseil a eu lieu entre le 25 mai et le 5 juin. Que s'y est-il passé au juste ? Le *Journal des Jésuites* ne contient que cette phrase : « Le P. Le Moyne raconte tout au long sa gestion, rend compte de son ambassade à Agnié. » Dans une lettre du 4 août, M. d'Argenson donne quelques détails. Le principal moyen d'établir une paix solide, dit-il, « était que quelques familles ou petites filles vinssent parmi nous pour empêcher la jeunesse de leur pays d'aller en guerre contre nous, par l'appréhension qu'ils auraient qu'on fit mourir leurs parents qui seraient chez nous ». Et, ajoute-t-il, « l'ambassade qui s'est faite de notre part était pour faire réussir ce moyen de paix ». Et il continue de la façon suivante : « Le P. Le Moyne

L'autre Français est Jean de Noyon.

Jésuite et un autre Français furent nommés à cette fatigue. Le P. s'y est exposé de fort bonne grâce – Les Algonquins envoyèrent aussi deux des leurs. Ils ont été deux mois dans leur voyage et n'ont rien avancé. Ils sont retournés ici au commencement de juillet – et il y a apparence qu'ils ne seraient pas sortis si aisément de leurs mains sans un échec que les Iroquois reçurent d'une nation

Défaite des Iroquois face à la nation des Nez-Percés (ou Amikoués), établie sur la rive nord du lac Huron et sur les bords du lac Nipissing (de la famille algique).

appelée Nez-Percés où ils perdirent 100 bons hommes de guerre – cette nouvelle les rendit moins insolents et les obligea de renvoyer doucement le P. Le Moyne en compagnie de quelques anciens qui sont venus jusques ici – ces anciens ont demeuré quatre jours avec nous – et après leur avoir fait quelque gratification je les ai renvoyés dans leur pays – et pour les rendre encore plus contents j'ai renvoyé avec eux deux de leur nation que je tenais et en ai retenu deux à cause des deux prisonniers français qu'ils ont. » Alors, il faut noter que les représentants de la Nouvelle-France « n'ont rien avancé » au cours de ce conseil et des délibérations. D'autre part, M. d'Argenson écrit comme si la guerre était possible d'un moment à l'autre.

Quatre conseils à Québec. La paix de juillet 1659

Toutefois, quand Ondessonk revient le 3 juillet, quatre conseils ont lieu à Québec. Les Agniers qui sont arrivés avec lui agissent comme députés de leur nation. De plus, les délibérations ont leur importance.

Le premier conseil n'aboutit qu'à des échanges de politesse. C'est l'orateur iroquois qui parle tout d'abord. Il remercie le gouverneur d'avoir conservé la vie de ses gens ; il tente de les consoler de la perte des trois Français des Trois-Rivières en lui donnant l'espérance de les revoir bientôt. De son côté, le gouverneur n'est pas moins aimable : il remercie les Agniers d'avoir protégé la vie de ses ambassadeurs, et il essuie les larmes que les Iroquois versent sur leurs compatriotes tués durant la guerre contre la nation du Feu.

Comme on l'a vu, Ondessonk raconte au cours d'un deuxième conseil la façon dont il s'est acquitté de sa mission du congrès de paix d'Anniégé.

Quant au troisième conseil, voici quelle en est la matière : « Le sujet fut pour savoir si on rendrait tous les prisonniers ou une partie, ou si on les retiendrait tous. » Le gouverneur ne se départit pas facilement de ses prisonniers, et la capture récente de trois Français par des Onnontagués lui fournit à ce moment-là une autre excuse pour les garder encore. Cette fois cependant, il juge à propos de libérer les deux prisonniers agniers, le célèbre Grande Cuillère et son compagnon ; toutefois, il gardera les deux Onneyouts jusqu'au jour où les Français lui seront remis.

La libération de la Grande Cuillère

Au cours du quatrième conseil, les dernières affaires se règlent. Les Agniers apprennent la libération de leurs deux compatriotes et que les Onneyouts demeureront encore un temps à Québec. Le traité de paix d'Anniégé est élargi pour y inclure les Montagnais de Tadoussac qui n'avaient pas été mentionnés. Puis le gouverneur déclare aux députés qu'ils doivent aux Algonquins et aux Hurons la libération de la Grande Cuillère. Et, pour terminer, « il leur donne avis qu'ils aient à visiter publiquement, non en cachette, par les chemins ordinaires, et non par les bois ».

Traité de paix d'Anniégé

L'orateur iroquois clôt ce conseil. Il remercie le gouverneur, les Algonquins et les Hurons, pour la libération des prisonniers. Il demande que son « fils l'Onneyout, qui demeure encore chez toi, qu'il ne soit pas retenu si court ». Puis, dans une brève déclaration, il confirme les intentions pacifiques des Agniers : « Je t'assure que désormais on n'entendra plus le bruit de ma hache en ces quartiers, que la terre ne sera plus ensanglantée... Je porterai la guerre ailleurs. » Les Algonquins et les Hurons reçoivent enfin l'invitation d'aller faire sans crainte la traite dans les bourgades iroquoises, invitation qui ne doit plaire que médiocrement aux autorités françaises.

Les députés agniers quittent Québec le 8 juillet. Quand ils partent des Trois-Rivières, un autre pas vers une paix totale vient d'être franchi, et l'un des prisonniers français des Onnontagués s'est échappé : « Antoine des Rosiers s'était sauvé des mains des Onnontagués vers le lac d'Ontario » et qui était « arrivé aux Trois-Rivières ».

On peut donc dire que la politique qui consiste à faire des prisonniers pour établir ou maintenir la paix n'est presque plus envisagée. Il reste un ou deux Français entre les mains des Onnontagués, et deux Onneyouts entre les mains des Français. L'échange, ou ce qui équivaut à l'échange des captifs doit avoir lieu sous peu ; il y a demi-entente sur ce point. Cette politique a-t-elle eu

La politique des prisonniers comme gage

pour résultat la paix dont on jouit depuis quelques années ? C'est possible. A-t-elle fait s'accumuler des rancunes pour demain ? C'est probable. Presque toujours, les Français ont eu des prisonniers d'une tribu, quand une autre tribu était coupable d'un crime ; dans certains cas, il est probable que les Iroquois capturés, ou certains d'entre eux, étaient des ambassadeurs ; ou bien, des gens importants dans leur tribu. Presque toujours, les prisonniers étaient mis aux fers, traitement inconnu dans ces tribus libres ; et, enfin, il semblerait que la capture de plusieurs Iroquois a amené en Nouvelle-France de nombreux partis suspects qui n'avaient probablement d'autre dessein que de capturer des Français pour forcer la libération des leurs. On peut ajouter que les libérations promises n'ont pas toujours eu lieu aux dates indiquées et que parfois les excuses évoquées n'étaient pas très bonnes. Dans tous les cas, la politique des prisonniers est surtout une politique de défiance et de crainte. Peut-on engendrer une véritable paix qui ne soit pas fondée sur une certaine somme de confiance ?

La paix de juillet 1659 a été conclue en premier lieu, avec les Agniers, c'est-à-dire la tribu iroquoise dont les intérêts étaient le plus opposés à ceux de la Nouvelle-France ; avec la tribu la plus liée aux Hollandais ; avec celle dont le besoin en pelleteries canadiennes était le plus grand ; avec celle en particulier qui, depuis le début, était la plus hostile aux Français. Les autres tribus ne sont mentionnées nulle part. Envoyèrent-elles des représentants à Anniégé ? À Montréal, le gouverneur avait-il demandé à Garakonthié de se rendre là ? Les Onnontagués acquiescent-ils à cette invitation ? C'est assez peu probable, si l'on se souvient que des guerriers de cette tribu capturent trois Français aux Trois-Rivières pendant ou peu après les conseils d'Anniégé, celle-ci indiquant davantage des ressentiments ou du dépit qu'une harmonie entre des alliés. Autant qu'on peut s'en rendre compte, le vicomte d'Argenson aurait à demi laissé tomber l'offre des Senèkes pour accepter celle des Agniers.

Quoi qu'il en soit, la paix officielle, une paix dont on ne peut préciser exactement les limites, règne dans les premiers jours du mois de juillet 1659. Personne n'y met beaucoup de confiance. Elle fait une apparition, mais le ciel est encore couvert de nuages qui menacent la précieuse lumière.

Une paix précaire. La Nouvelle-France a besoin de renforts militaires.

Dans une lettre écrite le 4 août, le gouverneur ne se sent pas rassuré. Il pense à la défense du pays, il croit que la tranquillité présente est assez précaire. La situation générale lui semble si mauvaise, qu'il demande à retourner en France. Il ne peut défendre la colonie sans un puissant secours qu'il ne se croit pas capable d'obtenir. Comment « dompter l'orgueil des Iroquois et les éloigner de nos habitations — que vous savez être si fort éloignées les unes des autres qu'elles ne se défendent aucunement — et auxquelles il est impossible de donner secours... » Et comment « secourir les établissements éloignés et porter la guerre à ses ennemis dans leur pays à 200 lieues d'ici... ? » Pour ces expéditions éloignées « il n'y faut pas aller faible ni sans chef — et il faut des hommes capables de porter ces fatigues — et accoutumés aux vivres et aux canots de ce pays ». Le gouverneur, en fait, n'a pas de fonds, il n'a pas de soldats acclimatés ou non, et il n'a pas d'officiers. Il ne peut pas attaquer les Iroquois en Iroquoisie et il ne peut pas protéger les colons canadiens. « Je crois, écrit-il à son correspondant, qu'après ce discours vous ne jugez pas les Iroquois si tôt exterminés. »

Il lui est même impossible de favoriser les missions : « ...La porte en est entièrement fermée par la guerre des Iroquois et par le peu de fonds qui se trouvent dans notre magasin pour fournir la dépense... » Il faut noter que M. d'Argenson pense que la guerre est le seul moyen de régler le conflit et s'il ne la fait pas, c'est qu'il n'en a pas les moyens. Ses deux prédécesseurs avaient cru pendant un temps, mais à moitié, qu'une alliance avec les Senèkes pouvait apporter une solution ; M. d'Argenson ne la mentionne pas. L'ambassade de Garakonthié ne semble avoir produit aucune impression sur lui. Il met tous les Iroquois sur le même plan, il ne trouve aucune différence entre les uns et les autres.

Le gouverneur d'Argenson favorise la guerre contre les Iroquois comme seule solution.

Chapitre 83

1659

Les négociations viennent à peine d'aboutir à la paix, que se produisent les premiers incidents qui conduiront à l'une des plus violentes périodes des guerres iroquoises. C'est M. d'Argenson lui-même qui racontera le premier, ce qui n'est enregistré ni dans le *Journal des Jésuites* ni dans les *Relations*. Avant de fermer sa lettre du 4 août, il ajoute quelques phrases : « Nous venons présentement de recevoir une nouvelle de guerre. Les Iroquois ont tué trois Algonquins qui venaient en traite en compagnie de 15 ou 16 canots aux Trois-Rivières — une de nos habitations — nous ne vivrons point en paix qu'on ne fasse un effort puissant sur ces sauvages. » Il s'agit probablement de trois Attikamègues ou de trois Indiens du Sault-Sainte-Marie qui arrivent aux Trois-Rivières le 19 juillet, ou dont on apprend le 1ᵉʳ septembre à Québec l'arrivée récente. Il est difficile de tirer une conclusion précise de cette affaire.

Échauffourées entre Iroquois et Algonquins

Le 10 août, on apprend à Québec qu'un Iroquois avait tué une Montagnaise dans l'islet de Tadoussac, mais qu'il avait tout de suite été massacré sur place.

Puis le 21, des Indiens, probablement des Algonquins des Trois-Rivières, arrivent à Québec, « avec 9 chevelures d'Iroquois, qu'ils avaient tués une journée au-dessus de Montréal ». S'agit-il d'Agniers, d'Onneyouts ou d'Onnontagués ? On ne sait pas. Le combat a probablement eu lieu trois ou quatre jours plus tôt, vraisemblablement entre le 15 et le 18 ; est-il le résultat du précédent meurtre de trois Algonquins aux Trois-Rivières par des Iroquois ? On ne le sait pas. On ignore s'il y a un lien entre les deux événements.

À peu près en même temps, un autre combat, mais où les Français sont mêlés pour la première fois depuis la fin des négociations de paix, a lieu aux Trois-Rivières. M. d'Argenson en fait la matière d'une dépêche particulière qu'il date du 19 août. Un parti d'Iroquois, des Agniers probablement, « sont venus aux Trois-Rivières pour surprendre... ». Ils tuent un Algonquin, en capturent trois. Puis, ils blessent un Français ; et enfin, ils dépouillent un colon qui travaillait dans son champ. Ces deux Français reviennent au poste. Les Algonquins demandent à un groupe de Français d'attaquer les Iroquois en canot par le fleuve tandis qu'ils attaqueront, eux, par les bois.

Les Iroquois, voyant l'approche des canots, dressent des palissades à la hâte pour se défendre. Mais en même temps, les Algonquins s'approchent à travers la forêt et sans s'inquiéter des fortifications de l'ennemi, chargent sans peur. Des Iroquois sont blessés. Leurs compatriotes tirent à leur tour et ils tuent deux Algonquins, dont l'un vient mourir aux Trois-Rivières. Ils sautent alors dans leurs propres embarcations et ils se dirigent vers les canots montés par les Français dans le but de les attaquer. Ceux-ci ne bougent pas, ils veulent barrer la route à l'ennemi. Celui-ci bat en retraite. Deux jours plus tard, un Algonquin capturé par ce parti s'échappe et révèle que d'autres Iroquois sont morts après la bataille. Et M. d'Argenson de conclure : « Vous voyez que tout ne va pas très bien — la guerre des Iroquois recommence et le manque de pelleteries... »

On sait déjà de quelle façon les Agniers viennent tourner autour des convois de pelleteries qui descendent de l'Ouest ; et il se peut que les événements précédents se soient rajoutés à l'arrivée de quelques canots de Sainte-Marie et du Saint-Maurice supérieur.

La riposte des Agniers ne se fait pas attendre. La nouvelle en arrive à Québec le 26 août : « Arriva un canot des Trois-Rivières portant pour nouvelles la prise de 8 Français proche des Trois-Rivières par 100 Agniers. La prise faite le 25 jour Saint-Louis. » Un nouveau parti s'est-il joint à celui qui a livré le précédent combat ? Ou bien une centaine de guerriers agniers sont-ils sur le fleuve depuis un certain temps ? Marie de l'Incarnation parle de cet événement : « ...On ne croyait pas qu'ils eussent de mauvais desseins contre les Français... » Elle affirme que l'un des prisonniers a été brûlé. La *Relation* de 1659 parle assez longuement de cet événement : les Iroquois, dit le père Lalemant « ont enfin repris les armes avec plus de cruauté qu'auparavant ; ils ont déchargé leur première fureur sur les Trois-Rivières où ils ont pris huit Français, auxquels ils ont déjà fait ressentir les effets de leur barbarie : car ils leur ont fait tomber les ongles par le feu, ils leur ont coupé les doigts et les mains... ».

Des Agniers capturent des Français aux abords des Trois-Rivières.

Jérôme Lalemant, supérieur des Jésuites du Canada de 1645 à 1650 et de 1659 à 1665

C'est un Huron fugitif qui apporte cette nouvelle à Québec le 3 septembre. Il faisait partie d'un groupe iroquois de sept guerriers qui s'était mis en embuscade autour du moulin de M. De Mores et qui a pu s'enfuir. Au lac Saint-Pierre, cette troupe avait découvert un canot monté par des Hurons qui descendaient à Québec pour la pêche à l'anguille ; il l'avait laissé passer sans se montrer afin de l'attaquer plus tard, quand les occupants seraient divisés ou moins en état de se défendre. Pris de compassion pour ses compatriotes, cet Huron iroquisé a pu s'échapper, rallier les siens, leur annoncer la présence des Iroquois dans les alentours et se joindre à eux pour atteindre Québec. « ...Ils donnèrent avis des entreprises des Iroquois : sans cela il y eût eu bien des têtes cassées... » car les Hurons et les Français ne sont pas méfiants et ils auraient été surpris.

Ce Huron deviendra célèbre dans l'histoire. Il dévoile tout d'abord la capture des prisonniers français, car il les a rencontrés, conduits par des Agniers : « Je fus, disait-il, touché de compassion, voyant le malheureux état de ces pauvres prisonniers, et en même temps je fus ravi de leurs dévotions parmi leurs souffrances. Le soir, je les entendais chanter les Litanies de la

Vierge, et le matin le *Veni Creator*... » Il affirme que trois autres partis suivent le sien et qu'ils sont composés respectivement de sept, de dix et de quinze individus. Il révèle encore que l'un des Français capturés par des Onnontagués en compagnie d'Antoine Desrosiers a été brûlé dans la capitale de l'Iroquoisie. Enfin, c'est probablement le même homme qui permet au père Jérôme Lalemant d'écrire la phrase suivante qui se trouve aux premières pages de la *Relation* de 1659 : « ...Et nous apprenons qu'ils [les Iroquois] se préparent à inonder sur nous avec une armée, au plus tard le printemps prochain, pour enlever quelqu'une de nos bourgades, et mettre la désolation dans tout le pays. » L'an prochain, c'est 1660. Cette nouvelle qui parvient jusqu'en Nouvelle-France ne peut pas être facilement interprétée ; elle peut être le fait d'un Huron mécontent, elle peut être l'écho d'un propos de vantardise, elle peut aussi être la décision d'un conseil des Agniers ou des Iroquois. Faute d'explications qui en affaibliraient le sens et la portée, il est à peu près impossible de ne pas l'accepter dans son plein sens. Toutefois, si les Français y attachent tout d'abord beaucoup d'importance, et s'en alarment beaucoup, ils l'oublieront assez vite durant les longs mois de l'hiver canadien.

Le gouverneur envoie des renforts aux Trois-Rivières.

Aussitôt qu'il apprend la capture des Français aux Trois-Rivières, M. d'Argenson envoie des renforts. Le 27 août, une chaloupe part de Québec avec vingt-cinq hommes. Puis, deux jours plus tard, « dix-sept canots tant algonquins que hurons partirent de Québec pour aller en guerre vers les Trois-Rivières ».

Dans la nuit du 5 au 6 septembre, les deux Onneyouts encore prisonniers à Québec s'échappent du fort. Marie de l'Incarnation donne la nouvelle : « M. notre gouverneur est en campagne pour leur donner la chasse ou pour en prendre quelques-uns. Ce qui l'a fait sortir est que les Iroquois qu'il tenait prisonniers entre deux bons murs fermés de portes de fer, ayant appris que leur nation avait rompu la paix, et croyant qu'on ne manquerait pas de les brûler vifs, ont forcé cette nuit leur forteresse, et ont sauté les murailles du fort... Ces gens-là courent comme des cerfs. »

Des pêcheurs à l'anguille sont attaqués au Cap-Rouge.

Cap-Rouge, toponyme en formation. À ou au cap Rouge ou Cap-Rouge

Tenaces et persévérants, les Iroquois restent à l'affût. Le 12 septembre, vers dix heures du matin, huit d'entre eux attaquent des pêcheurs à l'anguille, au Cap-Rouge. Ils blessent Guillaume Routier d'un coup de fusil, puis ils le font prisonnier. Le 1er novembre, un individu du nom de L'Épine est tué aux Trois-Rivières. Le meurtrier est probablement l'un des Onneyouts qui s'est échappé de Québec ; l'autre sera de nouveau capturé. Le même jour, les guerriers indiens qui ont quitté Québec le 29 août pour les Trois-Rivières, reviennent d'un long voyage. Ils se sont rendus en Anniégé pour s'y livrer à la petite guerre ; ils ont tué deux Agniers puis capturé un jeune garçon de douze à treize ans. L'évêque de Québec et les Jésuites se cotisent pour fournir les trois mille grains de nacre de sa rançon. De la même façon, les Français sauvent de la torture et de la mort l'Onneyout que les Algonquins ont recapturé pendant sa fuite.

L'ennemi n'a pas non plus oublié Montréal, où, le 26 octobre, près du lac aux Loutres, un individu du nom de Sylvestre tombe sous les coups des Iroquois.

À l'automne de 1659, le jeu des prisonniers se retourne donc contre les Français. Les Iroquois captifs ont tous été libérés, ou se sont enfuis, sauf un. Par contre, une dizaine de Français sont maintenant prisonniers en Iroquoisie, et probablement tous en Anniégé. La paix semble définitivement morte. Le gouverneur ne fait aucun effort pour rouvrir les négociations. Est-ce la nouvelle qu'a apportée le Huron qui provoque ce découragement ? On ne sait. Annoncée par les *Relations*, elle est répandue encore par Marie de l'Incarnation qui en parlera deux fois. Voici ce qu'elle écrira tout d'abord : « ...Car l'on a appris d'un Huron captif qui les a quittés, qu'ils préparent une puissante armée pour venir enlever nos nouveaux chrétiens, et comme je crois, autant de Français qu'ils pourront. » Puis ensuite : « L'on dit bien qu'une armée des ennemis se prépare pour venir ici : mais à présent que leur dessein est éventé, cela ne leur sera pas facile. » D'après cette version, l'armée d'invasion attaquerait tout d'abord les « nouveaux chrétiens », c'est-à-dire probablement les Hurons. Enfin, un peu plus haut, la grande sainte avait rédigé les phrases suivantes : « Vous êtes en peine des affaires de ce pays. Elles sont comme elles étaient avant que les Iroquois eussent fait la paix, car ils l'ont rompue. » Elle a appris que les Ursulines de France voulaient les rappeler ; elle ne croit pas que cet événement se produise : « Si nous n'avons pas quitté après notre incendie et pour toutes nos autres pertes, nous ne quitterons pas pour les Iroquois, à moins que tout le pays ne quitte ou qu'un supérieur ne nous y oblige, car nous sommes filles d'obéissance, et il la faut préférer à tout. Je suis néanmoins trompée si jamais cela arrive. » Pourtant, elle ne s'alarme pas indûment : « Mon sentiment particulier est que si nous souffrons en Canada pour nos personnes, ce sera plutôt par la pauvreté que par le glaive des Iroquois... »

Les lettres de M. d'Argenson révèlent aussi la certitude que la paix est maintenant rompue et qu'il faut s'attendre à la guerre. Les *Relations* parlent également des Iroquois et de « la guerre qu'ils ont renouvelée après une suspension d'armes de fort peu de temps, pendant laquelle on a fait l'impossible pour gagner le cœur de ces Barbares ». Après un bref résumé des événements qui se sont déroulés depuis 1653, elles ajoutent : « ...Ils ont enfin repris les armes avec plus de cruauté qu'auparavant... »

Comment la paix s'est-elle rompue ? Il est clair qu'à compter des premiers jours du mois d'août, des troupes considérables d'Agniers ont rôdé sur le Saint-Laurent. Ils n'étaient pas moins d'une centaine à un certain moment. Venaient-ils directement pour la petite guerre ? Il semble que non. Leurs massacres en août et en septembre ne se comparent pas à ceux qui ont eu lieu avant 1653, ou à ceux qui auront lieu prochainement. La guerre vient à la Nouvelle-France par les Algonquins. Ce sont eux et les Iroquois qui déclenchent la bataille où les Français se trouvent bientôt mêlés comme défenseurs

Une dizaine de Français prisonniers en Anniégé. La paix est rompue.

Dans la nuit du 31 décembre 1650, le feu avait totalement détruit le monastère des Ursulines.

de leurs alliés. Bien plus, on peut considérer que les Agniers sont venus en Nouvelle-France, comme ils l'ont déjà fait, tout d'abord pour surveiller l'arrivage d'un convoi de fourrures de l'Ouest et l'intercepter ; et, d'un incident à l'autre, les résolutions s'oublient et la guerre surgit de nouveau.

Elle vient aussi par les Agniers en qui le gouverneur a mis sa confiance, avec qui il a voulu traiter, pour lesquels il a fait la paix. Il n'a pas repris la politique d'alliance avec les Senèkes, ébauchée en 1653, et qui avait donné au début d'heureux résultats. Par les Agniers, il a voulu traiter avec toute l'Iroquoisie, alors que celle-ci n'était pas en bons termes avec les Agniers, et ne pouvait lui être gagnée par eux. Bien plus, les Agniers étaient justement la tribu dont il fallait se défier, car trop bien alliés aux Hollandais, trop avides de pelleteries, soumis au besoin pressant de trouver des fourrures dans le Nord, ils étaient les adversaires naturels de la Nouvelle-France et presque des ennemis inévitables.

Rumeurs
d'invasion en
Nouvelle-France
et en Iroquoisie

De mystérieux faits interviennent aussi à cet instant psychologique. Au même moment que, début septembre, se répand la rumeur d'une invasion des Iroquois en Nouvelle-France pendant l'année 1660, celle d'une invasion des Français se propage en Anniégé et suscite de vives inquiétudes. Est-ce un Huron qui sème cette rumeur en Iroquoisie, comme en Nouvelle-France où c'est un Huron qui la répand ? Faut-il supposer une intrigue hollandaise pour briser la paix ?

De nouveau, les
Agniers font appel
aux Hollandais.

Quoi qu'il en soit, au moment même où la Nouvelle-France apprend la nouvelle d'une invasion, des sachems agniers se présentent devant le tribunal d'Albany qui dirige les affaires iroquoises. Nous sommes le 6 septembre ; une séance extraordinaire a lieu tout de suite, et c'est finalement un conseil semblable à tous ceux qui se sont si souvent tenus à Québec.

Pour bien comprendre la situation, il faut savoir que la Nouvelle-Hollande est absolument dans la même situation que la Nouvelle-France. Les colons ne sont pas venus, des guerres avec les Indiens ont eu lieu, le commerce des fourrures a pris trop de place. Menacée par les Anglais qui empiètent sur ses territoires, par les Indiens qui habitent à l'intérieur de ses frontières, la colonie est aux abois. Dans quelques jours, dans quelques heures, éclatera la guerre

Esopus, non loin
de New York

d'Esopus qui lui vaudra, de nouveau, bien des dommages matériels et de nombreuses pertes de vie. Et, comme d'habitude, elle éprouve des inquiétudes au sujet des Agniers : si ces Indiens, si tous les Iroquois se joignent à ceux de l'intérieur qui se révoltent, la Nouvelle-Hollande n'existera plus demain.

Les sachems agniers qui sont maintenant à Albany connaissent bien ces faits. Le signal de la guerre n'a pas éclaté à Esopus, mais le malaise est sans doute déjà grand parce qu'ils parlent avec arrogance. « Les Hollandais, affirment-ils, nous disent que nous sommes frères et que nous sommes liés ensemble avec des chaînes, mais ces déclarations ne durent qu'aussi longtemps que nous avons des castors... Après, ils ne pensent plus à cette affaire ; mais beau-

coup dépendra de cette affaire quand nous aurons besoin les uns des autres. »
Dans un autre rapport du même conseil, les expressions sont encore plus
fermes : « Les Hollandais doivent abandonner leur malice et ne plus nous
battre autant qu'ils l'ont fait. »

Pourtant, les Agniers veulent bien renouveler le traité d'alliance qui les
unit aux Hollandais. Puis rapidement, ils annoncent le motif de leur venue :
« Nous attendons, disent-ils, l'approche de nos ennemis, les Français. » Ils
s'attendent à une invasion qui doit se produire dans un avenir proche. Et, pour
y faire face, ils demandent à leurs alliés de ne plus donner d'eau-de-vie à leurs
compatriotes : des hommes ivres sont incapables de combattre. Les Agniers
désirent aussi que les armuriers hollandais réparent leurs mousquets et autres
articles de fer, même s'ils n'ont ni pelleteries ni marchandises à donner pour
ce service. Ils voudraient aussi des munitions : « Vous devez en conséquence
nous donner de la poudre : et si l'ennemi venait, vous n'auriez aucun souci de
nous aider... ». Bien plus, ils exigent un détachement de soldats : « Laissez-
nous avoir seulement 50 ou 60 hommes pour nous assister ». Ils insistent :
« Quand l'ennemi viendra, vous devez consentir à nous aider ; vous êtes trop
craintifs, mais envoyez-nous 50 ou 60 hommes à titre d'assistance. » Enfin,
les Agniers se préparent à réparer les palissades de leurs bourgades, et pour
que l'exécution de ce travail soit plus rapide, ils requièrent les services d'une
trentaine de Hollandais et de quelques chevaux. Et pour agacer leurs alliés, ils
donnent les Français en exemple : « ...Regardez du côté des Français et voyez
ce qu'ils font pour leurs Indiens lorsqu'ils en ont besoin. Faites la même chose
à nôtre endroit, aidez-nous à réparer les défenses de nos bourgades. » L'orateur agnier affirme que les Français ont capturé deux de ses fils ; il demande
aux Hollandais d'intervenir pour obtenir leur libération. Les Agniers, dit-il,
ont rendu souvent des services de ce genre aux Hollandais, ils ont même obtenu
la libération de quelques prisonniers qui étaient entre les mains des Indiens.

Les magistrats d'Albany attachent une grande importance à ce conseil.
Cependant, ils ne donnent à leurs alliés qu'une réponse provisoire, car ils voudraient consulter auparavant Stuyvesant, le gouverneur de la colonie ; ils demandent un délai à cet effet. Ils assurent les sachems de la sincérité de leur
amitié, de la fermeté de leur alliance, et ils viendront en Anniégé le 24 septembre donner leur réponse.

Les magistrats s'assemblent le 16 septembre. Ils choisissent dix-sept personnes qui formeront l'ambassade extraordinaire qui se rendra dans le pays
des Agniers pour donner la réponse définitive des Hollandais. On trouve parmi
eux les principaux personnages de la colonie de Rensselaerswyck, située aux
portes de l'Iroquoisie, et, entre autres, Arent van Corlaer et Jeremias van
Rensselaer.

Ces Hollandais se mettent en route. Van Corlaer se souvient-il d'un voyage
semblable qu'il a fait en 1642, alors qu'il venait d'arriver au pays, et que la

*Des ambassadeurs
hollandais chez les
Agniers*

*Arent van Corlaer
et Jeremias van
Rensselaer*

rage des Indiens sévissait près des établissements de l'Hudson ? N'était-il pas vital alors comme aujourd'hui d'empêcher les Agniers de se joindre à ces Indiens ? Il fallait se les attacher, coûte que coûte, sous peine de tomber dans un désastre. Et l'on marchait alors comme aujourd'hui inquiet et anxieux.

Le 24 septembre, l'ambassade est dans la première bourgade des Agniers. Les sachems des trois autres sont là aussi. Le conseil commence immédiatement. Les Indiens d'Esopus ont déjà amorcé la guerre contre les Hollandais de façon dramatique comme on l'apprendra plus tard : des escarmouches ont eu lieu le 21, soit trois jours auparavant.

L'orateur hollandais commence aussitôt sa harangue. Est-ce Arent van *La harangue des* Corlaer ? C'est probable. Il veut tout d'abord renouveler le traité d'alliance *Hollandais* qui lie Agniers et Hollandais et qui est inscrit dans les documents : « Frères, dit-il, il y a maintenant seize ans qu'a été conclu le premier traité d'amitié et de fraternité entre vous et tous les Hollandais ; les uns et les autres se sont alors liés ensemble avec une chaîne de fer qui, jusqu'à ce jour, n'a été brisée ni par vous ni par vos frères ; nous n'avons aucune crainte qu'elle ne soit brisée par aucune des parties ; de sorte que nous ne parlerons pas plus longtemps de cette question ; mais nous serons toujours et nous demeurerons toujours comme si nous n'avions qu'un cœur... Nous sommes frères... ». C'est d'après ces phrases que l'on a établi subséquemment la date du premier traité entre les Agniers et les Hollandais ; il serait de 1643. Il semble qu'il y ait erreur d'une année car c'est bien en 1642, que Arent van Corlaer a rendu visite aux Agniers.

Après ces préliminaires, l'orateur assure son auditoire que le gouverneur de la Nouvelle-Hollande est malade et n'a pas pu venir lui-même. Les Agniers, ajoute-t-il, ne doivent pas croire les Indiens qui leur disent que les Hollandais veulent leur faire la guerre ; ils doivent mépriser de semblables affirmations : « ...Vous n'aurez aucune raison de douter que nous serons et que nous demeurerons frères. » Les Hollandais fourniront à leurs alliés les choses nécessaires ; toutefois, ils ne peuvent pas faire l'impossible : comment obliger leur armuriers à travailler sans rétribution, car ces artisans vivent de leurs rémunérations. Ils ne veulent pas interdire non plus la vente ou la traite de l'eau-de-vie, car de cette façon nombre d'Agniers concevraient de la haine contre les Hollandais ; c'est aux sachems agniers de défendre eux-mêmes à leurs gens d'acheter de l'eau-de-vie. Imposez maintenant cette défense, dit l'orateur, et dites en plein conseil que vous leur défendez d'en prendre.

Les Hollandais acceptent la demande de munitions : « Nous vous donnons maintenant cette poudre et ce plomb. Vous devez en prendre bien soin de façon à vous en servir dans les cas ou des ennemis vous attaqueraient... » Le cadeau est de soixante-quinze livres de poudre et de cent livres de plomb. Ces ambassadeurs croient-ils que les Agniers emploieront ces munitions contre d'autres ennemis que les Français ? Ils ne sont pas disposés cependant à fournir trente hommes et des chevaux pour la fortification des bourgades. « ...Nous voyons dit l'orateur, que vous êtes fort occupés à couper des arbres pour construire vôtre fort. En vôtre qualité de frères, vous nous avez demandé des chevaux pour débarder les troncs... » Mais les pentes des montagnes sont tellement inclinées que les chevaux ne peuvent y travailler. Puis les Hollandais sont tellement fatigués par leur voyage qu'ils doivent se reposer ; ils ont marché pendant trois jours. Ils offrent cependant une quinzaine de haches en contribution à cette œuvre.

Enfin, l'orateur adresse une demande à son auditoire : les Agniers massacrent à l'occasion les chevaux, les vaches, les cochons et les chèvres des colons. « Nous vous prions, frères, dit-il, de défendre à vôtre peuple d'agir ainsi. » Le don d'une quinzaine de nouveaux couteaux dispose les cœurs à accepter cette requête.

Les Hollandais ont maintenant joué toutes leurs cartes. L'ambassade, importante par son nombre et par la qualité des membres qui en font partie, a grandement honoré les Agniers ; les présents ont gagné les cœurs. Le succès est-il complet ? Indubitablement, et la preuve ne tarde pas. Soit l'effet du hasard ou d'une ruse habile, un messager noir se présente juste au moment où les sachems viennent d'accepter les propositions hollandaises ; il vient de Fort Orange et il porte des lettres qu'il tend tout de suite aux ambassadeurs. L'un d'eux les ouvre et il communique à l'assemblée que les Indiens d'Esopus, non loin de New York, ont ouvert les hostilités contre les colons de l'endroit. Cette nouvelle, l'assistance « l'écoute dans un grand étonnement ». Les Agniers remercient ensuite les Hollandais de leur confiance, ils prennent immédiatement parti dans le conflit sanglant qui s'ouvre entre Hollandais et Indiens. En effet, ils déclarent que « si les Indiens d'Esopus, ou d'autres Indiens de la rivière [Hudson] venaient à eux avec des présents et leur demandaient de l'assistance dans leur combat contre les Hollandais, les Agniers leur donneraient des coups de pied ». Cette déclaration est un triomphe pour la diplomatie des magistrats de Fort Orange.

Triomphe de la diplomatie hollandaise

Les Hollandais, dit encore le procès-verbal, « demandèrent aux Agniers de libérer les huit Français prisonniers et de les ramener dans leur pays ». Ces captifs sont donc encore vivants. Les sachems répondent que les bourgades doivent délibérer sur ce sujet et qu'ils donneront avis ensuite aux magistrats de la décision prise. Cependant, ajoute le procès-verbal, les Agniers « se plaignent des Français, parce que ces derniers n'observent pas le traité de paix conclu avec eux ; car toutes les fois qu'ils vont à la chasse, ils sont attaqués par les Indiens Français, parmi lesquels se sont toujours dérobés des groupes de Français qui, entre temps, les battent ». Ces lignes se réfèrent peut-être au combat des Trois-Rivières que M. d'Argenson raconte et où Algonquins et Français ont concentré leurs mouvements contre les Agniers.

Les Hollandais demandent la libération des prisonniers français.

Les magistrats d'Orange persévèrent dans cette voie diplomatique. Pour ne pas indisposer les Agniers, ils font défense absolue, le 27 septembre, aux Hollandais « de molester tout indien, à quelque nation qu'il appartienne, sous peine d'une correction pénale », de leur jeter des pierres ou de les battre.

Un second conseil aura lieu à Albany le 19 septembre. Les Agniers protestent contre le fait que des Hollandais leur donnent le nom de « chiens d'Esopus » ; ils demandent aux Blancs de ne maltraiter aucun Agnier, Mohican, ou Indien de leurs amis. Ils offrent enfin de se rendre à Esopus pour combattre avec les Hollandais, si ceux-ci le désirent. En fait, ils dépêchent un Mohican aux Indiens d'Esopus pour demander la libération des prisonniers hollandais. Ils le chargent aussi d'un message particulier : les Indiens d'Esopus ne doivent faire aucun mal aux Hollandais d'Albany, ils doivent relaxer leurs prisonniers, sinon les Agniers leur feront la guerre. Toutefois, aucune intervention militaire ne se dessine à ce moment.

Les Agniers offrent leur aide aux Hollandais.

D'autres nouvelles relatives aux Agniers se trouvent dans une lettre écrite à Fort Orange, le 16 janvier 1660, signée par Abraham Staas et adressée au gouverneur Stuyvesant : « Les Agniers, y est-il dit, se tiennent éloignés dans le moment des Indiens d'Esopus, ils ne se sont pas rendus dans cette dernière localité et ils disent qu'ils vont presque tous à la chasse aux castors. On affirme aussi que les Senèkes sont en guerre avec les Andastes et les Indiens de la rivière, au sud. Quant à l'invasion française, que les Agniers ont attendue si longtemps, on n'en entend plus parler. Ils disent qu'ils ramèneront au Canada le printemps prochain les prisonniers français, et qu'ils concluront alors une paix solide avec les Français. »

CHAPITRE 84

1660

L'hiver 1659-1660 est très froid. Marie de l'Incarnation dit qu'il est « extraordinaire cette année, en sorte que personne n'en avait encore jamais vu un semblable, tant en sa rigueur qu'en sa longueur. Nous ne pouvions échauffer ; nos habits nous semblaient légers comme des plumes... ». La Nouvelle-France se semble pas s'alarmer indûment des rumeurs d'invasion qui se répandent en septembre et elle ne prend aucune mesure particulière pour se protéger. À Montréal, la population ne manque pas de réjouissances : deux cents personnes sont arrivées de France ; malades en débarquant, elles se sont vite rétablies, et depuis de nombreux mariages ont lieu ; monsieur Basset rédige des contrats. Pourtant M. d'Argenson est venu, et il n'a pas toujours été content ; il parle du fort « qui tombe en ruines... » ; mais il a été satisfait de la redoute et du moulin « sur une petite éminence fort avantageuse pour la défense de l'habitation... » ; et des quarante maisons, « parce qu'elles se défendent en partie ». Soixante chefs de famille, cent soixante hommes habitent dans l'île.

Arrivée de 200 Français à Montréal

Bénigne Basset Des Lauriers, notaire et arpenteur à Montréal

La population française et indienne de la colonie est tellement convaincue que la paix est morte, que trois attaques s'esquissent contre les Iroquois dès que le fleuve a débâclé. La première a son origine à Tadoussac, elle est absolument indépendante des autres ; la deuxième et la troisième fusionneront pour former l'action du Long-Sault.

Le 27 avril, des Montagnais de Tadoussac quittent Québec pour la petite guerre. Ils sont de retour le 15 mai. Ils ont surpris un canot iroquois on ne sait où, peut-être parmi les îles du lac Saint-Pierre, peut-être dans le Richelieu. Ils ont tué trois des Agniers qui l'occupaient et ils ramènent prisonnier le quatrième qui est blessé.

Ce dernier subit le supplice du feu à Québec le mercredi 18 mai. C'est le père Joseph Chaumonot qui l'assiste à ses derniers moments. Soudain, le supplicié lui révèle qu'une armée iroquoise a déjà atteint la Roche-Fendue au lac Champlain et que quatre cents autres guerriers doivent se joindre bientôt à ce premier corps pour attaquer Québec et massacrer le gouverneur.

Cette révélation produit une véritable panique à Québec. Les Iroquois sont peut-être déjà à l'attaque des Trois-Rivières ou de Montréal. Les Français implorent le secours du Ciel. Pour sa part, l'Évêque enlève les Saintes Espèces du couvent des Ursulines ; il commande aux religieuses de le suivre. Il agit de la même façon chez les Hospitalières. Les deux communautés s'installent dans deux ailes du collège des Jésuites, édifice muni de fortes murailles

Les gens de Québec craignent une invasion iroquoise. Plusieurs mesures sont prises.

et difficile à prendre. En même temps, des Indiens établissent leurs wigwams dans la cour ; les deux couvents se transforment en véritables forteresses pourvues de meurtrières, patrouillées par des corps de garde, défendues par des garnisons. Des redoutes se construisent dans la ville. Les habitants observent ces préparatifs militaires, s'étonnant que l'on abandonne des maisons naturellement fortes, et ils s'inquiètent à leur tour. Chacun quitte alors sa maison, se réfugie soit au fort, soit chez les Jésuites où les parloirs et les pièces d'apparat les accueillent. Ou bien, des groupes s'assemblent dans les maisons les mieux construites. La Basse-Ville se barricade. Des sentinelles font le guet. Le gouverneur s'active, il améliore les défenses de la ville et rend le fort imprenable.

Si la panique est aussi vive et les précautions extrêmes, c'est certainement parce que les révélations du supplicié confirment celles faites par le Huron au mois de septembre 1659. Tous se souviennent des précédentes et croient que l'événement ne manquera pas de se produire. Toutefois, le temps passe ; le 8 juin, une alerte se produit, mais sans raison, et elle n'est suivie d'aucune attaque.

La seconde expédition qui s'organise en Nouvelle-France est celle des Hurons. Ces Indiens ne sont plus qu'une quarantaine, pauvres restes de la colonie autrefois florissante de l'île d'Orléans. Annahotaha, un brave capitaine, en rassemble trente-neuf. Le détachement quitte Québec à la fin de l'hiver et remonte le fleuve. Pourquoi ? « ...Pour aller à la petite guerre, et dresser des embûches aux Iroquois à leur retour de la chasse. » Il fait halte en passant aux Trois-Rivières. Et là, une vive altercation s'élève entre Anahotaha et Mitiwemeg, capitaine algonquin : qui, des deux, a le plus de courage. Les deux adversaires décident de se rendre à Montréal, pour résoudre le problème, « comme au lieu d'honneur, afin de voir en ce lieu où les combats sont fréquents, lequel des deux aurait le plus de bravoure ». Dix Algonquins accompagnent leur chef. Et ce parti huron-algonquin d'une cinquantaine de guerriers atteint Ville-Marie où leur expédition va se greffer sur celle d'Adam Dollard, sieur des Ormeaux.

D'après la *Relation* de 1660, ces Indiens découvrent qu'à Montréal « dix-sept français, gens de cœur et de résolution, avaient déjà lié partie dans le même dessein qu'eux », c'est-à-dire pour livrer la petite guerre aux Iroquois.

D'après É.-Z. Massicotte qui a étudié le sujet à fond, Dollard est probablement arrivé en Nouvelle-France en 1658. Il a obtenu une concession de terre et il y a fait travailler. En vue d'un établissement futur, il a aussi formé avec Picoté de Belestre une société pour le défrichement et la culture des terres. Bénigne Basset lui donne le titre de commandant ou celui d'officier. Dollier de Casson dit que Dollard « avait eu quelque commandement dans les armées de France », et qu'il désirait « faire ici quelque coup de sa main, et digne de son courage ». Cet historien ajoute encore que Dollard « eut été bien aise de se pouvoir distinguer, pour que cela lui put servir à cause de quelque

Le capitaine huron Annahotaha

Le capitaine algonquin Mitiwemeg

Adam Dollard Des Ormeaux (1635-1660), soldat, fut « commandant en la garnison de Ville-Marie (Montréal) ».

Pierre Picoté de Belestre (décédé en 1679) fut commerçant, trafiquant de fourrures et officier de la garnison de Montréal.

affaire que l'on disait avoir arrivé en France ». En bref, il aurait quelque chose à se faire pardonner ; on n'a jamais découvert quoi.

Adam Dollard des Ormeaux a conçu le projet de l'expédition. Quel est-il ? Quel est son but et celui de son compagnon ? De nombreuses phrases recueillies dans des documents publics et dans des actes privés le révèlent clairement. Le testament laissé par Jean Valets, l'un des combattants du Long-Sault, est un document de première importance, qui révèle les projets de Dollard et de ses compagnons ; il contient les mots suivants : « Désirant aller en parti avec le sieur Dollard courir sur les petites bandes iroquoises et nos ennemis... » (Massicotte). La *Relation* de 1660 est cohérente sur ce point du commencement à la fin ; elle reviendra plusieurs fois sur le sujet mais toujours dans des termes identiques. Elle dit tout d'abord que les Hurons étaient partis de Québec « pour aller à la petite guerre, et dresser des embûches aux Iroquois à leur retour de la chasse » ; elle affirme plus loin que les dix-sept Français de Montréal « avaient déjà lié partie dans le même dessein qu'eux... » ; et aussi que ces gens « vont se poster au-dessous du Sault de la Chaudière, pour y attendre les chasseurs iroquois, qui, selon leur coutume, le devaient passer file à file, en retournant de leur chasse d'hiver ». Marie de l'Incarnation est plus laconique sur ce point ; elle écrira que ces jeunes gens « prirent le dessein de se hasarder pour aller faire quelque embuscade aux Iroquois ». Quant à Dollier de Casson, il exposera que Dollard veut « les mener en parti au-dessus de cette île ». Cet ensemble de témoignages est irrécusable : Dollard et ses compagnons partent pour ce que l'on appelle la « petite guerre » ; ils se font Indiens pour combattre à l'indienne ; ils s'en iront par les rivières et les forêts, toujours à l'affût d'un parti d'ennemi, afin de lui livrer bataille. Le plan n'est pas nouveau. Les circonstances l'imposent. Plus tard, quand la Nouvelle-France sera plus forte, Frontenac, par exemple, l'appliquera fréquemment.

D'après Dollier de Casson, la paternité de l'entreprise revient à Dollard : « Sur la fin d'avril, M. Daulac... tâcha de débaucher 15 ou 16 Français pour les mener en parti au-dessus de cette île, ce qu'on n'avait point encore osé tenter ; il trouva de braves garçons... ». Toutefois, d'après les *Relations*, écrites l'année même de l'événement, le projet vient pour ainsi dire de la foule : Algonquins et Hurons étant arrivés à Montréal, disent-elles, « ils trouvèrent que dix-sept Français, gens de cœur et de résolution, avaient déjà lié partie dans le même dessein qu'eux, s'immolant généreusement pour le bien public et pour la défense de la Religion. Ils avaient choisi pour leur chef le sieur Dollard, homme de mise et de conduite ; et quoiqu'il ne fut arrivé de France que depuis assez peu de temps, il se trouva tout à fait propre pour ces sortes de guerre... ». Cette version est probablement la plus exacte car elle est contemporaine des faits.

Le groupe a obtenu le consentement de Maisonneuve, gouverneur de l'endroit. Le fait est nettement rapporté à deux ou trois reprises. Dollier de Casson

L'expédition de Dollard Des Ormeaux contre les Iroquois

Daulac = quelques historiens appellent ainsi Dollard des Ormeaux. On retrouve aussi Daulat dans l'acte de décès.

dit qu'il « eut son agrément ». Le père Chaumonot affirme qu'ils partent « avec l'approbation et l'agrément de ceux qui commandaient ». De plus, d'autres Montréalistes éminents donnent leur approbation : « M. le Major [Lambert Closse] avait bien eu envie de grossir le parti, MM. Lemoine et de Belestre avaient bien demandé la même chose, mais ils voulaient faire différer cette entreprise jusqu'après les semences qui se font ici en ce temps-là, ils disaient que pour lors ils iraient une quarantaine d'hommes... » Ils sont en principe favorables à une entreprise de ce genre qui devient, pour ainsi dire, la fleur héroïque de toute la population de Montréal.

Les autorités approuvent l'expédition de Dollard.

Avant de partir, dit Dollier de Casson, Dollard et ses compagnons « firent un pacte de ne pas demander quartier et se jurèrent fidélité sur ce point, outre cela, pour être plus fermes à l'égard de cette parole et être mieux en état d'affronter la mort, ils résolurent de mettre tous leur conscience en bon état, de se confesser et communier tous, et ensuite de faire aussi tous leur testament, afin qu'il n'y eut rien qui les inquiétât pour le spirituel ou temporel et qui les empêchât de bien faire ; tout cela exécuté de point en point, ils partirent ».

Départ de l'expédition

Deux versions différentes se rencontrent au sujet du départ. D'après la *Relation* de 1660 et le récit du père Joseph Chaumonot qui cite textuellement Marie de l'Incarnation, le groupe huron-algonquin part en même temps que le groupe français. D'après Dollier de Casson cependant, les Français s'éloignent tout d'abord et c'est plus tard que les Hurons et les Algonquins arrivent à Montréal où ils y apprennent le départ des premiers et demandent à Maisonneuve un billet priant Dollard de les recevoir dans son parti. Maisonneuve tente de les en dissuader, mais finalement il écrit ce billet, dans lequel il aurait exprimé des doutes sur la bravoure des alliés et mis le jeune chef en garde contre eux. Algonquins et Hurons auraient ensuite rejoint les Français au Long-Sault.

Le simple fait de sortir du territoire occupé par Ville-Marie est alors un acte d'héroïsme. Dollard et ses compagnons le constatent tout de suite. Ils ont à peine franchi la porte du fort qu'ils rencontrent l'ennemi. Dollier de Casson raconte l'engagement dans les termes suivants qu'il faut citer, car ils recèlent une énigme historique : « Tellement que le voilà parti résolu à tous événements, il ne fut pas bien loin qu'entendant une alarme dans un islet tout vis-à-vis d'ici, où nous perdîmes trois hommes, il revint avec son monde et poussa si vigoureusement les Iroquois qu'il les eut pris en canot, sans qu'ils abandonnèrent tout pour se jeter dans les bois et se sauver... » Une analyse attentive du texte indique que le détachement de Dollard part, dépasse l'islet, entend soudain une « alarme », c'est-à-dire des coups de feu et des cris, « revient » alors sur ses pas, découvre et poursuit les Iroquois qui ont tué trois Français. Une entrée sur le registre de la paroisse de Montréal, le 19 avril 1660, confirme cette interprétation, en même temps qu'elle fournit la date du départ de Dollard. Elle se lit comme suit : « Nic Duval, serviteur du Fort, tué, et Blaise Juillet dit

Avignon, habitant, et Mathurin Soulard, charpentier du Fort, noyés, en se voulant sauver des Iroquois ». D'après le texte de Dollier de Casson, Dollard et ses compagnons n'ont pas fui devant les Iroquois. Duval, Juillet et Soulard sont probablement des colons qui se sont aventurés un peu loin, soit pour chasser, soit pour bûcher, que les ennemis ont surpris, et qui ont tenté de s'échapper. Si l'on ajoute leurs noms à ceux des compagnons de Dollard, on arriverait à un total de vingt, alors que tous les documents ne parlent que de dix-sept personnes.

Trois colons sont tués.

Le premier départ a donc lieu le 19 avril. Après avoir repoussé la bande ennemie, les alliés pillent les bagages des Iroquois et s'emparent en particulier d'un bon canot. Ils reviennent à Montréal ; ils y rapportent probablement les cadavres des trois victimes de l'île Saint-Paul. Puis un jeune Français qui a « honte d'avoir manqué à la parole qu'il avait donnée », change d'avis et se joint au groupe.

Le second départ a lieu. Le voyage est pénible sur le fleuve gonflé par les eaux du printemps. Ces jeunes gens ne manient pas avec aisance le canot d'écorce et un rapide au bout de l'île les arrête pendant huit jours. « Leur marche se faisait de nuit pour n'être point découverts, et les prières étaient réglées tous les matins et tous les soirs... ; de sorte qu'ils faisaient trois chœurs bien agréables au Ciel..., qui recevait bien volontiers des vœux conçus en même temps, en Français, en Algonquins et en Huron. »

Second départ de l'expédition

Mais pourquoi Dollard et ses compagnons remontent-ils ensuite l'Outaouais qui les éloigne de l'Iroquoisie, au lieu du Saint-Laurent qui les en rapprocherait ? C'est parce que dans cette direction, ils vont retrouver des Iroquois au retour de leur chasse d'hiver. Aucun document antérieur ou contemporain ne fournit de détails sur ce point. Un grand document de l'année 1669, qui est signé par l'abbé de Fénelon et qui déterminera en grande partie la fondation du fort Frontenac, donne tous les renseignements nécessaires. Comme on le sait, les Iroquois sont les maîtres absolus de tout l'Ontario central depuis la destruction des Hurons, des Neutres, de la nation du Pétun, depuis la dispersion des Népissingues et des Grands Algonquins de l'île des Allumettes, des Algonquins de la Petite Nation, des Iroquets, depuis la migration des tribus qui habitaient les rives de la baie Géorgienne et les rivages de l'extrémité nord-est du lac Huron. Bien plus, comme les régions septentrionales ne sont habitées que par des peuplades timides, peu belliqueuses, on peut dire que les Iroquois peuvent fréquenter tout l'Ontario actuel sans danger aucun, excepté le district de Sainte-Marie et du lac Supérieur. C'est donc dire que toute la région au nord des Grands Lacs leur est ouverte à la chasse, de même qu'un large territoire au nord de l'Outaouais. Alors, le mémoire de l'abbé de Fénelon dépeint les Iroquois comme « n'ayant que fort peu de castors et autres bêtes dans leur pays... ». Pour se procurer les pelleteries dont ils ont si grand besoin — afin de les échanger contre des marchandises européennes, des armes

François de Salignac de la Mothe-Fénelon, Sulpicien (1641-1679)

Les tribus de l'Ontario décimées par les Iroquois

La région du lac Ontario devenue territoire de chasse des Iroquois.

L'exode annuel des Iroquois raconté par Fénelon.

et des munitions — « ils sont contraints d'aller chasser bien avant dans les pays du nord... » ; et « il faut nécessairement qu'ils chassent dans des pays fort éloignés... ». Un véritable exode se produit en Iroquoisie à l'automne, car chaque famille a besoin de fourrures pour ses achats : « ...Les familles de ces sauvages sont sédentaires et ...les hommes sont contraints d'abandonner leurs femmes et leurs enfants dans les villages tous les ans, pour aller chasser fort loin. Ils partent vers la fin de novembre et ne reviennent qu'à la fin de juin, pendant quoi leurs femmes cultivent les terres et font leurs semences. Les chasseurs ne traversent pas le lac Ontario dans le milieu ; mais les tribus de l'est, Agniers, Onneyouts, Onnontagués et peut-être aussi Goyogouins, viennent franchir le fleuve Saint-Laurent, d'île en île, à l'entrée, tandis que les autres contournent la rive occidentale. » L'abbé de Fénelon indique cette migration avec précision en homme qui a été témoin de ces faits. Une fois la traverse faite, « chacun ajoute-t-il, prend son chemin, les uns remontant le long du lac [au nord], et les autres coupant tout droit dans les terres ». Puis ils se dispersent pour l'hiver, « ils ne sont jamais plus de dix hommes ensemble... ». Au printemps, évidemment, comme l'indiquent aussi nos auteurs, ils se rassemblent soit pour aller directement à Albany, soit pour retourner en leur pays.

La région du lac Ontario est un magnifique terrain de chasse pour l'Iroquoisie. Malheureusement, il est situé en dehors des frontières du pays iroquois, et assez loin au nord. Quand les hommes s'y rendent, les bourgades sont mal défendues. L'abbé de Fénelon affirme que si les Français les attaquaient pendant l'hiver, « on ne perdrait que fort peu d'hommes... ». Et les chasseurs iroquois éprouvent souvent d'atroces inquiétudes sur le sort des femmes et des enfants pendant leur longue absence qui est de six à sept mois.

Jean Talon (1626-1694) intendant de la Nouvelle-France de 1665 à 1668 et de 1670 à 1672

Talon parlera aussi du nombre et de la valeur des pelleteries qui passent chaque année du Haut-Canada en Iroquoisie. L'abbé de Fénelon et Talon sauront que Cataracoui est un lieu de passage stratégique pour les chasseurs qui vont et viennent. De là, ceux-ci se rendent facilement à l'Outaouais et dans le district qui s'étend, par exemple, entre le Long-Sault et la chute des Chats. D'après Dollier de Casson, c'est « comme un passage infaillible au retour de leurs chasses ». Le triangle formé par le Saint-Laurent, l'Outaouais et la rivière Rideau est aussi fort giboyeux ; plus tard, Frontenac y enverra l'hiver ses partis de guerre qui ne manqueront pas d'y trouver du gibier.

Dollard et ses compagnons arrivent au Long-Sault.

Dollard et ses compagnons, Algonquins et Hurons s'avancent donc dans une région dangereuse quand ils remontent l'Outaouais ; ils sont à peu près sûrs d'y trouver des partis d'ennemis. Ils s'y dirigent quand même et bientôt ils arrivent au Long-Sault. Seul le père Joseph Chaumonot fournit la date précise de leur arrivée. Ils abordent, dit-il, « le premier jour de mai suivant en un fort qui avait été fait l'automne passé par les Algonquins au pied du Long-Sault au-dessus de Montréal ». C'est un samedi.

Combien de temps s'écoule-t-il ensuite entre l'arrivée de Dollard et celle des Onnontagués ? Dollier de Casson est imprécis ; la *Relation* de 1660 est un peu plus explicite : « Nos guerriers ne s'y furent pas plus tôt rendus, qu'ils furent aperçus par cinq Iroquois... ». Quant au père Chaumonot, il est net : « Le lendemain, jour de dimanche, dit-il, deux Hurons qui étaient allés à la découverte rapportèrent qu'ils avaient vu cinq Iroquois qui venaient vers eux, aussi pour découvrir ». Les Onnontagués paraissent ensuite en groupe le même jour, soit le dimanche 2 mai, le lendemain de l'arrivée. La bataille du Long-Sault débutera ce jour-là.

On peut dire que la *Relation* de 1660 et le récit du père Chaumonot sont d'accord sur les premiers incidents du combat. Dans un cas, ce sont les éclaireurs hurons qui découvrent les Onnontagués, dans l'autre, ce sont les éclaireurs onnontagués qui découvrent les alliés. Le père Chaumonot indique qu'après avoir découvert l'ennemi, les Hurons se replient sur le gros du parti. Un conseil a lieu immédiatement. Un Huron propose tout de suite le retour à Montréal ; les Iroquois que l'on a découverts, dit-il, « pouvaient être les avant-coureurs de l'armée qu'on nous avait annoncé devoir venir fondre sur nous, ou que s'ils n'étaient pas des espions de l'armée, ils étaient au moins pour avertir les chasseurs de cette embuscade, et par cet avis la rendre inutile ». L'attitude de cet Huron est compréhensible. Les Indiens préfèrent l'attaque-surprise. La plupart du temps, ils abandonnent leur entreprise militaire s'ils sont découverts avant l'attaque. Le Huron appréhende aussi de se trouver devant un fort parti iroquois, peut-être devant cette armée considérable qui doit venir attaquer Montréal. Annahotaha, son chef, combat ce point de vue. Son opinion prévaut, « et l'on demeura dans ce lieu, dans le dessein de faire le jour suivant une contre palissade pour fortifier celle qu'ils avaient trouvée, et qui n'était pas de défense... ». Les alliés n'ont cependant pas le temps d'exécuter ce projet : « Mais les Iroquois, qui étaient les Onnontagués, ne leur en donnèrent pas le loisir, car peu de temps après, on les vit descendre sur la rivière au nombre de deux cents. Nos gens, qui faisaient alors leurs prières, étant surpris, n'eurent le loisir que de se retirer dans cette faible retraite, laissant dehors leurs chaudières, qu'ils avaient mises sur le feu pour préparer leur repas. » La *Relation* de 1660 décrit la même action rapide : les éclaireurs iroquois, dit-elle, « remontèrent en diligence pour avertir tous les chasseurs de se réunir, et de quitter la posture de chasseur pour prendre celle de guerrier. Le changement est bientôt fait... Ils se rassemblent donc, et les canots chargés de deux cents Onnontagués s'étant joints, ils naviguent en belle ordonnance et descendent gravement le sault, au-dessous duquel nos gens surpris d'une si prompte et si réglée démarche, se voyant bien plus faibles en nombre, se saisissent d'un méchant reste de fort. » Les deux documents cités plus haut établissent donc à deux cents le nombre de ces guerriers, ils montrent que ce sont des Onnontagués. Plus tard, on verra qu'il y avait parmi eux des Tsonnontouans.

Quant à Dollier de Casson, sa version diffère des deux précédentes. Les Français qui ont découvert des ennemis reviennent à leur parti ; celui-ci se porte immédiatement au lieu du débarquement, au bas des rapides. Il dirige sur les Iroquois qui se présentent un feu bien nourri ; mais il ne les tue pas tous, et les fuyards vont avertir leurs compatriotes qui descendent bientôt le rapide en canot.

Ces deux cents Onnontagués sont-ils simplement des chasseurs qui se sont rassemblés, une fois la neige fondue, pour retourner ensemble en leur pays ? Forment-ils au contraire l'une des ailes de l'armée iroquoise qui veut envahir la Nouvelle-France ? Leurs mouvements sont-ils de connivence avec les Agniers du Richelieu qui paraîtront bientôt sur la scène ? La réponse est presque unanime. On peut dire que tous les documents affirment qu'il s'agit de l'un des corps de l'armée d'invasion. La *Relation* de 1660 hésite tout d'abord ; elle a dit que l'avant-garde de l'ennemi, après avoir découvert les Français, a rapidement rebroussé chemin « pour avertir tous les chasseurs de se réunir, et de quitter la posture de chasseur pour prendre celle de guerrier ».

L'expédition de Dollard Des Ormeaux fait face à un des corps de l'armée d'invasion iroquoise.

Mais elle abandonnera cette version pour se rallier à l'autre, celle de l'invasion. Elle dira en effet que les Iroquois auraient facilement détruit leur colonie si la Providence ne l'avait protégée et elle ajoutera : « Encore cette année, ils étaient partis de leur pays au nombre de sept cents, pour cet effet... » ; et les sept cents comprennent les Onnontagués. Dans une dépêche du 7 juillet, le gouverneur, M. d'Argenson présentera la même théorie : « ...Il y a trois mois à attendre la moisson que nous sommes en grand danger de ne pas faire si les Iroquois exécutent ce qu'ils ont résolu ce printemps — ils avaient fait un armée de sept cents hommes pour descendre ici et venir ravager nos côtes — mais l'ordre de Dieu a détourné cet orage et dix-sept Français de Montréal, quatre Algonquins et quarante Hurons ont été les victimes... » Dollier de Casson est plus explicite : ce sont des guerriers que les alliés rencontrent au Long-Sault, et un second parti de cinq cents hommes les attend aux îles du Richelieu « afin d'emporter tout d'un coup ce qu'il y avait de Français dans le Canada et de les abolir ainsi qu'ils en avaient conjuré la ruine, ne faisant aucun doute qu'ils auraient Québec et les Trois-Rivières sans difficulté... ». Marie de l'Incarnation n'attaque pas directement le problème, toutefois des passages de ses lettres indiquent une conviction du même genre ; elle souligne que personne ne pensait plus à l'invasion annoncée en septembre 1659 : « ...Nous étions perdus sans ressource, dit-elle, parce que personne n'était sur ses gardes, ni même en soupçon que les ennemis dussent venir. Ils devaient néanmoins être ici à la Pentecôte, auquel temps les hommes étant à la campagne, ils nous eussent trouvés sans force et sans défense ; ils eussent tué, pillé et enlevé hommes, femmes, enfants ; et quoiqu'ils n'eussent pu rien faire à nos maisons de pierre, venant fondre néanmoins avec impétuosité, ils eussent jeté la crainte et la frayeur partout. »

Tous, du gouverneur à Marie de l'Incarnation, croient qu'il s'agit d'une armée d'invasion.

Par Senèkes, l'auteur se réfère sans doute aux Iroquois, à l'exception des Agniers.

Donc, pour les Français de l'époque, Dollard et ses compagnons rencontrent au Long-Sault une partie de l'armée d'invasion, et il n'existe pas de preuve suffisante pour le nier. Les Senèkes, et en particulier les Onnontagués, ont pris l'initiative de la paix de 1653 ; ils renoueront les négociations avec la Nouvelle-France en 1661. Dans l'intervalle, ils ont manifesté beaucoup d'amitié pour les Français et peu de sympathie pour les Agniers. Quelques semaines plus tard, de nouvelles preuves montreront que ces deux fractions de la nation iroquoise s'entendaient mal ; toutefois ces faits n'offrent pas la confirmation qu'il faudrait.

Ainsi, le dimanche après-midi, 2 mai, soixante-cinq à soixante-dix guerriers hurons, algonquins et français, se trouvent soudain en face de deux cents Onnontagués. D'après Dollier de Casson et la *Relation* de 1660, une attaque immédiate a lieu. « Ils commencèrent, dit Dollier de Casson, à faire leurs approches vers ce petit réduit qu'ils tentèrent d'emporter par plusieurs fois, mais en vain parce qu'ils furent toujours repoussés avec perte des leurs et à leur confusion... » La *Relation* de 1660 n'est pas moins catégorique : « L'Onnontagué fait ses approches, et ayant reconnu l'ennemi, l'attaque avec furie : mais il est reçu si vertement, qu'il est obligé de se retirer avec perte... » Quant au récit du père Chaumonot, il est tout à fait différent : « Après les huées et les salves de fusils de part et d'autre, dit-il, un capitaine onnontagué avança sans armes jusqu'à la portée de la voix pour demander quelles gens étaient dans ce fort et ce qu'ils venaient faire. On lui répond que ce sont des Français, Hurons et Algonquins au nombre de cent hommes, qui venaient au-devant des Nez-Percés. Attendez, réplique l'autre, que nous tenions conseil entre nous, puis je viendrai vous revoir ; cependant ne faites aucun acte d'hostilité, de crainte que vous ne troubliez les bonnes paroles que nous portons aux Français à Montréal. »

D'après ce passage du père Chaumonot, il faudrait conclure que ces Onnontagués sont des chasseurs, et que cette tribu cherche toujours à maintenir de bonnes relations avec la Nouvelle-France. D'autre part, Français, Hurons, Algonquins viendraient au-devant des Nez-Percés, peut-être des Outaouais à qui l'on donne parfois ce nom.

Sur toutes ces phrases s'est greffée toute une série de suppositions plus ou moins à l'avantage de Dollard. On a rappelé qu'un convoi de pelleteries devait descendre de l'ouest en 1659 ; qu'il n'était pas venu, mais que les quelques canots qui avaient fait le voyage, l'avaient annoncé pour 1660 ; que Dollard ne pouvait l'ignorer et qu'il avait conçu le projet de se rendre au-devant de lui pour enlever à bon compte les meilleures fourrures avant que la flottille arrive à Montréal. On donne comme preuve le billet suivant signé par Dollard avant son départ : « Jay sousigné devoir à Jean Aubuchon la somme de quarante cinq livres, Plus trois livres que je lui promets payer à mon retour. Fait à Ville Marie le quinze avril mil six cent soixante — Dollard ».

Il est difficile de tirer une conclusion précise de cette phrase du récit du père Chaumonot. La réponse est donnée en face d'un ennemi beaucoup plus nombreux à qui il n'aurait peut-être pas été prudent d'avouer le dessein véri-

Soixante-dix contre deux cents

Au-devant des Nez-Percés, c'est-à-dire au-devant d'une flottille chargée de fourrures.

Dollard voudrait-il tout simplement s'approprier les fourrures ?
Protéger un convoi fort attendu ?
Donner une leçon aux Iroquois ?

table des alliés. Les Nez-Percés dont il s'agit ici ne sont peut-être pas les Outaouais. Puis il est sûr que ces Français se sont éloignés de Montréal avec l'approbation du gouverneur, des notables de Montréal, et qu'ainsi ils ne conduisent pas une expédition clandestine. Deux fois de suite, ils partent au vu de toute la population. En 1660, le commerce clandestin des fourrures n'est pour ainsi dire pas né à Montréal, car sortir des palissades, c'est s'exposer à la capture et aux supplices. D'autre part, les ordonnances de Maisonneuve défendaient de s'éloigner de la place.

La construction de fortins de part et d'autre

Donc, d'après le père Chaumonot, les alliés s'accommoderaient bien de quelques heures pour réparer le fortin et ils ouvriraient des pourparlers avec les Onnontagués à condition que ceux-ci se retirent sur l'autre rive ; ainsi ils auraient « la liberté de couper des pieux, afin de fortifier leur palissade ». Mais les Onnontagués ne se laissent pas duper. Ils construisent eux-mêmes un fortin à quelque distance et, pendant ce répit, les alliés améliorent leurs propres défenses, « entrelaçant les pieux de branches d'arbres et remplissant le tout de terre et de pierres à hauteur d'homme, en sorte néanmoins qu'il y avait des meurtrières à chaque pieu gardées par trois fusiliers ». Cet ouvrage cependant « n'était pas de défense ». La *Relation* de 1660 parle « d'un méchant

se gabionner = se camoufler derrière un gabion ; gabion = panier qu'on remplit de terre dans les sièges pour mettre à couvert les travailleurs et les soldats.

reste de fort » ; les alliés « tâchent de s'y gabionner le mieux qu'ils peuvent ». Ancien militaire, Dollier de Casson est prodigue de détails ; il parle d'un « petit fort sauvage nullement flanqué, entouré de méchants pieux qui ne valaient rien, commandé par un coteau voisin... » ; enfermés là-dedans, les alliés étaient « moins bien placés que dans une des moindres maisons villageoises de France... ». Le fortin est placé dans une clairière si petite que les arbres coupés par l'ennemi tomberont sur les palissades ; il ne s'élève pas sur le rivage même, mais à deux cents pas de la rivière de sorte que le ravitaillement en eau sera difficile.

L'Iroquois et en général l'Indien de l'Amérique du Nord exclut l'art des sièges. Il ne sait pratiquer ni la sape ni la tranchée. Il ignore tout des appareils de protection que les Européens ont inventés pour s'approcher des places fortes.

palis = suite de pieux formant une clôture

Alors, la moindre rangée de palis devint vite pour lui un obstacle insurmontable, du moment qu'elle est défendue par des guerriers pleins de résolution et de sang-froid. La bataille du Long-Sault n'est donc pas perdue d'avance mais elle est dangereuse, étant donné la disproportion du nombre des combattants ; elle peut mal se terminer si les assiégés manquent de vivres, de munitions et d'eau, c'est-à-dire si le siège se prolonge trop longtemps.

Par conséquent, les premières attaques des Onnontagués seront plus désastreuses pour eux que pour Dollard et ses compagnons : « Les assiégés se défendirent vaillamment, tuèrent et blessèrent un grand nombre d'Iroquois sans avoir perdu un seul homme. » Dollier de Casson donne le même témoignage ; il parle du « petit réduit qu'ils [les Onnontagués] tentèrent d'emporter par plusieurs fois, mais en vain parce qu'ils furent toujours repoussés avec perte des leurs et à leur confusion ». La *Relation* de 1660 corrobore ces deux versions : « L'Onnontagué fait ses approches et ayant reconnu l'ennemi, l'attaque avec furie ; mais il est reçu si vertement, qu'il est obligé de se retirer avec perte... » Bien plus, la défense est si énergique et les Onnontagués sont si vivement repoussés que « la frayeur qui se mit dans le camp de l'ennemi leur fit prendre la fuite à tous... ». Cette attaque laisse un capitaine tsonnontouan parmi les morts ; de jeunes guerriers sautent par-dessus la palissade, lui coupent la tête, la rapportent, la posent sur un pieu bien en vue de l'ennemi.

Un second assaut violent se produit à la fin de la période initiale du combat et, comme le premier, il se termine par le recul des assiégeants et même par une panique : « Quelques Onnontagués dirent depuis à Joseph, qu'ils tenaient captif, que si les nôtres les eussent suivis les battant en queue, ils les eussent tous perdus ». La *Relation* de 1660 raconte la même chose : les alliés, dit-elle, « les contraignirent de se retirer pour la seconde fois... Ils eussent sans doute eu la confusion toute entière, et eussent été défaits entièrement, comme ils ont avoué, si les Français fussent sortis du fort l'épée à la main... »

Les diverses étapes du siège et du combat au Long-Sault

Les Onnontagués tentent aussi de mettre le feu à la palissade en se servant des canots d'écorce des Français et des Hurons qu'ils ont trouvés sur la grève ; après les avoir enflammés ils s'approchent du fortin : « ...Mais les décharges étaient si fréquentes qu'il ne leur fût jamais possible d'en approcher ». Et leur tentative échoue.

Le père Chaumonot affirme que la première partie du siège dure sept jours entre les trois principales attaques, « les ennemis ...durant sept jours et sept nuits entières grêlent nos gens des coups de fusil... ». Ils maintiennent ce feu bien nourri, non dans l'espérance de vaincre, mais pour priver les assiégés du moindre répit et les empêcher de fuir en forêt. Cette première phase durera du 2 au 9 mai.

Pendant cette semaine, les assiégés peuvent constater qu'ils se sont placés dans une situation dangereuse. Le printemps est peu avancé et le froid est parfois vif. Les fusillades continuelles empêchent le sommeil. La soif et la faim les tourmentent. Le siège commencé, les alliés ont voulu creuser un puits ; le père Chaumonot affirme qu'ils « trouvèrent un peu d'eau dans un trou de la palissade, mais étant partagée à peine en eurent-ils pour se rafraîchir la bouche ». La *Relation* dit que l'« on trouva enfin à force de fouir, un petit filet d'eau bourbeuse, mais si peu, que le sang découlait des veines des morts et des blessés bien plus abondamment que l'eau de cette source de boue ». Le fortin se dresse à deux pas de l'Outaouais, mais se rendre au rivage est tout une aventure : « La jeunesse faisait de temps en temps quelques sorties par-dessus les pieux, car il n'y avait point de portes, pour aller quérir de l'eau à la rivière à la faveur de quantité de fusiliers qui repoussaient l'ennemi ; mais comme ils avaient perdu leurs grands vaisseaux, ils n'en portaient que de petits qui ne pouvaient fournir à la nécessité de soixante personnes, tant pour le

Le manque d'eau se fait sentir.

vaisseau = récipient

boire que pour la sagamité. » La *Relation* de 1660 ajoute qu'« il fallait essuyer une grêle de plomb, et aller à la pointe de l'épée puiser de l'eau à la rivière... ». La pénurie d'eau deviendra telle que les alliés n'en auront pas assez pour humecter « la farine épaisse dont les gens de guerre ont coutume de se nourrir en ces extrémités ».

Hurons et Algonquins sont d'abord prodigues de coups de feu ; ils ont répondu à l'ennemi jour et nuit. Bientôt, ils manquent de munitions et les Français doivent leur en fournir. Enfin tous doivent ménager la poudre et le plomb.

Les Onnontagués envoient chercher des renforts.

Pendant ce temps, les Onnontagués ont envoyé un canot à l'armée des Agniers ; la *Relation* de 1660 et Dollier de Casson mentionnent que cela se produit tout de suite après l'attaque du début. Et le père Chaumonot dit que cette armée se composait d'Agniers et d'Onneyouts. De toute façon, les Onnontagués connaissent l'existence de ce corps qui descend à ce moment-là le Richelieu ou qui est parmi les îles de Sorel. Quelles étaient les intentions de ces guerriers ? Les documents leur prêtent le dessein d'attaquer soit Québec, soit les Trois-Rivières, soit Montréal ; ou de détruire toute la Nouvelle-France. C'est peut-être leur attribuer des intentions exagérées. En 1653, les Agniers avaient manqué le siège et la prise des Trois-Rivières. Qu'ils veuillent s'introduire dans l'un des postes par surprise, massacrer des travailleurs dans les champs, capturer des chasseurs éloignés, voilà qui paraît plus probable. Marie de l'Incarnation est franchement de cet avis, mais elle se rend compte que les pertes humaines auraient pu être infiniment plus nombreuses, comme elles le seront d'ailleurs en 1689.

Vers le 9 mai, environ 500 Agniers et Onneyouts se présentent devant le fort.

Les Agniers répondent à l'appel des Onnontagués : ils remontent le Saint-Laurent et ensuite l'Outaouais, ils arrivent au Long-Sault. D'après le père Chaumonot, c'est le huitième jour du siège : « Que feront-ils [les assiégés] donc à l'arrivée de cinq cents Agniers et Onneyouts qu'on est allé quérir ? Ils sont résolus de combattre en généreux Français et de mourir en bons chrétiens. Ils s'étaient déjà exercés à l'un et à l'autre l'espace de sept jours, durant lesquels ils n'avaient fait que combattre et prier Dieu ; car dès que l'ennemi faisait trêve, ils étaient à genoux, et sitôt qu'il faisait mine d'attaquer, ils étaient debout, les armes à la main. » Les phrases suivantes sont plus explicites encore : « Après les sept jours de siège, on vit paraître les canots des Agniers et des Onneyouts, qui étant devant le petit fort de nos Français, firent une huée étrange, accompagnée d'une décharge de cinq cents coups de fusil, auxquels les deux cents Onnontagués répondirent avec des cris de joie et avec toute leur décharge, ce qui fit un tel bruit que le ciel, la terre, et les eaux en résonnèrent fort longtemps. »

Sur ce point, Dollier de Casson présente cependant une version différente. « Ces nouveaux ennemis étant arrivés le cinquième jour... », dit-il, la bataille recommence avec furie. La *Relation* de 1660 n'en parle pas.

Avec l'arrivée de ce puissant renfort, la bataille devient désespérée. Jusqu'ici, ils se battaient à un contre deux ; ils pouvaient tenir encore un temps ; ils pouvaient exécuter une sortie, passer au travers de l'ennemi ; ou bien les Onnontagués auraient pu se lasser : les Indiens ne sont pas d'ordinaire fort tenaces dans les sièges, ils doivent se nourrir sur le pays et bientôt ils manquent de vivres. Mais maintenant, c'est la lutte à un contre six, ou sept, la bataille est perdue. Toutefois, les Français ont pris l'engagement de ne pas se rendre. Par contre, les Hurons et les Algonquins agissent bien d'après les coutumes des Indiens du continent en abandonnant une lutte sans espoir. Mais à quel moment précis se produit la défection de ces alliés ? Les documents ne concordent pas.

D'après la version du père Chaumonot, la défection se produit le huitième jour du siège, à l'arrivée des Agniers. Annahotaha aurait alors dit ce qui suit : « Nous sommes perdus, mes camarades... » ; pour sa part, il est disposé à mourir mais il a compassion « de tant de jeunes enfants qui m'ont suivi ». Et il aurait alors proposé l'expédient suivant : envoyer parmi les Iroquois, avec des présents, un guerrier d'origine onneyout qui combattait avec les alliés ; ce délégué négocierait une capitulation. Les Hurons acceptent cette solution, ils choisissent deux autres notables dans leur groupe pour accompagner l'Onneyout et ils élaborent les propositions à soumettre à l'ennemi. Les délégués sautent ensuite par-dessus la palissade pour se rendre dans le camp iroquois. Leurs compagnons se mettent en prière ; et la prière même que le père Chaumonot met dans leur bouche contient des parties émouvantes : « Faites maintenant ce que vous jugerez le plus convenable ; car pour nous, nous n'avons point d'esprit pour savoir ce qui nous est le plus expédient. Que si nous sommes au bout de nôtre vie, présentez à nôtre Grand Maître la mort que nous allons souffrir en satisfaction des péchés que nous avons commis contre sa Loi... ». Pendant ce temps, les ambassadeurs hurons arrivent au camp iroquois. Des huées les accueillent. De leur côté, des Hurons iroquoisés se détachent de l'armée assiégeante pour s'approcher du fortin et demander à leurs compatriotes de se rendre. « À ces trompeuses sollicitations, on vit envoler vingt-quatre de ces timides poules de leur cage, y laissant seulement quatorze Hurons, quatre Algonquins et nos dix-sept Français. » Les Iroquois applaudissent ces défections qui n'ont pas attendu la fin des négociations ; ils s'approchent pour accueillir ceux qui se rendent et se saisir de ceux qui voudraient fuir. « Mais nos Français, bien loin de se rendre, commencèrent à faire feu de tous côté, et tuèrent un bon nombre de ceux qui étaient plus avancés. » Annahotaha blâme les Français d'avoir tiré immédiatement ; il aurait mieux valu, dit-il, attendre le résultat du conseil que les Iroquois étaient sur le point de tenir avec les députés hurons. Il prédit que, enragés par cette fusillade imprévue, les Iroquois vont lancer l'assaut final. Mais les Français peuvent répondre qu'ils ont tiré tout de suite pour empêcher la défection complète des Indiens qui sont parmi eux.

Hurons et Algonquins veulent capituler.

Tentation de « composition »

Vingt-quatre assiégés choisissent de se rendre...

...mais les Français ouvrent le feu.

La *Relation* de 1660 présente une version différente. Elle affirme que les négociations s'engagent immédiatement après le premier assaut. Ce sont les Onnontagués qui demandent à parlementer. « Les Algonquins et les Hurons semblent y vouloir prêter l'oreille ; mais nos Français ne savent ce que c'est que parler de paix avec ces barbares... ». Ces premiers pourparlers dissimulent une ruse : pendant que des Onnontagués négocient d'un côté du fortin, leurs compagnons attaquent de l'autre : « C'est pourquoi, lors que tout paraissait fort paisible d'un côté du fort, de l'autre nos gens, se trouvant attaqués par trahison, ne furent pas surpris : ils firent de si bonnes décharges sur les assaillants, qu'ils les contraignirent de se retirer pour la seconde fois... ». D'après la même *Relation*, les Hurons songent de nouveau à négocier quand l'eau et les munitions commencent à manquer : « Cette nécessité mit le fort en telle extrémité que la partie ne paraissant plus tenable aux sauvages qui y étaient, ils songèrent à traiter de paix, et députèrent quelques ambassadeurs au camp ennemi avec de beaux présents de porcelaine... Ceux-ci furent reçus des Iroquois avec de grands cris, soit de joie, soit de moquerie, mais qui donnèrent de la frayeur à nos sauvages, desquels une trentaine étant invités par leurs compatriotes Hurons, qui demeuraient parmi les Iroquois, à se rendre avec assurance de la vie, sautèrent malgré les autres par-dessus la palissade, et laissèrent le fort bien affaibli par une si insigne lâcheté... ». Cette capitulation d'un certain nombre de Hurons donne aux Iroquois la certitude de se rendre maîtres de toute la garnison sans tirer un autre coup de feu : « Quelques députés s'approchent pour cela du fort, avec les Ambassadeurs qui en étaient sortis ; mais nos Français qui ne se fiaient point à tous ces pourparlers, firent sur eux une décharge inopinée, et jetèrent les uns morts par terre, et mirent les autres en fuite. » Et, comme dans la relation du père Chaumonot, cette fusillade met les Iroquois dans une telle rage qu'ils se jettent à corps perdu dans l'assaut final. Cette dernière indication prouve assez bien que dans le récit du père Chaumonot, comme dans la *Relation*, la défection des Hurons a vraiment lieu au tout dernier moment avant l'attaque décisive. Ces deux versions se ressemblent beaucoup.

Dollier de Casson place la défection des Hurons avant l'arrivée des Agniers, tout de suite après la première attaque. Les Iroquois qui escarmouchaient à l'abri de la forêt, « criaient aux Hurons qui mouraient de soif dans ce chétif trou aussi bien que nos gens... Qu'ils eussent à se rendre, qu'il y avait bon quartier, qu'aussi bien ils étaient morts s'ils ne le faisaient, qu'il leur allait venir cinq cents hommes de renfort. » Leurs représentations sont si habiles que les Hurons « abandonnèrent nos 17 Français, les 4 Algonquins et Annahotaha qui paya pour sa nation de sa personne, ils se rendirent tous aux ennemis, sautant qui d'un côté, qui de l'autre par-dessus les méchantes palissades... ». Révolté par cette trahison, Anahotaha aurait même tiré un coup de pistolet sur l'un de ses neveux qui fuyait.

Il reste donc une trentaine de personnes pour soutenir l'assaut final. D'après le père Chaumonot et d'après la *Relation* de 1660, celui-ci se produit le jour même de l'arrivée des Agniers, mais après les négociations entre Hurons et Iroquois, et après la défection d'une bonne partie des Hurons. Enragés par la fusillade que les Français dirigent soudain contre eux, les Iroquois se lancent à l'attaque. Pour sa part, Dollier de Casson, dont la version est toujours moins sûre que celle des contemporains, affirme que le combat se serait poursuivi pendant trois jours après l'arrivée des Agniers ; les assauts se seraient multipliés pendant cette période, soit sur un seul côté, soit sur plusieurs à la fois ; les assiégeants auraient abattu des arbres qui seraient tombés sur la palissade et auraient gêné les défenseurs ; toutefois, « résolus de combattre jusqu'au dernier vivant », ceux-ci n'abandonnent pas la partie, et l'ennemi croit qu'il reste plus de guerriers dans le fort que les Hurons ne le leur ont dit. Dollier de Casson attribue également l'assaut final à une cause différente de celle avancée par les autres annalistes. Les Iroquois, Agniers compris, sont prêts, dit-il, à abandonner le siège le huitième jour ; ils tiennent un conseil pour étudier cette question. Plus tenaces, quelques-uns d'entre eux auraient alors représenté aux autres que « ce serait une honte éternelle de s'être faits ainsi massacrer par si peu de gens sans s'en venger ». Ils auraient de nouveau interrogé les Hurons sur le nombre des assiégés et, apprenant de nouveau que ceux-ci n'étaient au plus qu'une trentaine, les Iroquois « se déterminèrent à ce coup-là de tous périr au pied du fort ou bien de l'emporter... ». Alors aurait eu lieu une cérémonie de bûchettes que l'on organisait lorsque l'on avait besoin de braves pour les missions périlleuses ; quelqu'un éparpillait sur le sol des morceaux de bois, ceux qui avaient assez de courage pour les ramasser, exécutaient la mission. Les guerriers les plus audacieux de l'armée assiégeante ramassent alors les copeaux, et ils forment la première vague qui franchira l'étroit terrain découvert entre la forêt et le fortin. Mais Dollier de Casson dit aussi que l'assaut final a lieu le huitième jour du siège, soit le 10 mai.

Hésitation des Iroquois

Les Iroquois les plus audacieux formeront la première vague.

Les trois versions décrivent cette dernière attaque de façon identique, bien que certains détails diffèrent légèrement. Après avoir raconté la fusillade imprévue de la part des Français, la *Relation* de 1660 dit ce qui suit : « ...Cet affront aigrit tellement les Iroquois, qu'ils vinrent à corps perdu et tête baissée, s'attacher à la palissade, et se mirent en devoir de la saper à coups de hache, avec un courage qui leur faisait fermer les yeux à tous les dangers et aux décharges continuelles qu'on faisait sur eux. » Pour se garantir contre cette grêle de balles, ils s'étaient fabriqué auparavant des boucliers de bûchettes de bois. Une fois qu'elles ont atteint les palissades, les avant-gardes sont à l'abri des coups de feu que les assiégés peuvent tirer par les meurtrières ; et là, elles travaillent rapidement à déraciner ou à couper les palis. Les assiégés, redoutant les brèches que l'ennemi peut ainsi ouvrir, lui lancent des grenades par-dessus la palissade, puis ils brisent des mousquets, chargent les

Les diverses versions racontant l'assaut final.

Un baril de poudre tristement célèbre

canons de poudre, y mettent des mèches, et après y avoir allumé le feu, lancent l'engin parmi les assiégeants. Enfin ils s'avisent d'utiliser de la même façon un baril de poudre : ils le lancent comme les mousquets et les grenades mais, malheureusement, celui-ci frappe une branche, retombe en plein dans le fortin, et la violente déflagration se produit en plein milieu des soldats. Ces gens ont le visage et les mains brûlées, la fumée les aveugle et la commotion les renverse sur le sol.

Le père Chaumonot décrit de la même façon les Iroquois qui courent aux palissades, s'y collent « au-dessous des canonnières où on ne leur pouvait plus nuire, parce qu'il n'y avait point d'avance [de bastion] d'où l'on pût les battre. Par ce moyen nos Français ne pouvaient plus empêcher ceux qui coupaient les pieux. » Ici, ce sont des canons de pistolets et non plus de mousquets que l'on charge de poudre ; mais à la fin, c'est ce fameux baril que l'on lance par-dessus les palissades et qui retombe dans le fort : « ...Il brûla aux uns le visage, aux autres les mains, et à tous il ôta la vue un assez long temps, et les mit hors d'état de combattre. »

Étourdis, projetés à la renverse, aveuglés ou blessés par cette détonation, les assiégés abandonnent un instant les meurtrières. Les Iroquois collés le long de la palissade profitent de cet instant : ils se saisissent de toutes les embrasures et, de l'extérieur, ils tirent sur les assiégés à mesure que la fumée se dissipe et qu'ils distinguent des formes humaines : « On vit bientôt tomber de côté et d'autre, tantôt un Huron, tantôt un Algonquin, en sorte qu'en peu de temps une partie des assiégés se trouvèrent morts, et le reste blessés. » Enfin, tous les Iroquois s'élancent dans le fortin, la hache à la main, et s'attaquent aux derniers survivants.

Dans la version de Dollier de Casson, ce n'est pas un baril, mais un mousqueton rempli de poudre, qui retombe dans le fort. Ensuite, les combattants se seraient battus à l'épée et au pistolet. Dollard aurait été tué l'un des premiers. À la fin, les Iroquois auraient fait irruption et il se serait produit un dernier combat au couteau et à l'épée. Pour mettre fin à ces dernières résistances, les Iroquois auraient eu de nouveau recours au mousquet.

La fin est beaucoup plus rapide et plus foudroyante dans la *Relation* de 1660 et dans le récit du père Chaumonot que dans celui de Dollier de Casson. Tous deux racontent aussi un épisode sanglant qui aurait précédé les tout derniers moments. Redoutant pour les blessés les supplices cruels et raffinés des Iroquois, un Français aurait achevé lui-même plusieurs mourants : « ...Voyant que tout était perdu, dit la *Relation*, et s'étant aperçu que plusieurs de ses compagnons blessés à mort vivaient encore, il les acheva à grands coups de hache, pour les délivrer par cette inhumaine miséricorde, des feux des Iroquois. »

Enfin, les versions diffèrent un peu quant au nombre des alliés capturés vivants. La *Relation* de 1660 affirme qu'il ne « demeura que cinq Français et quatre Hurons en vie, tout le reste ayant été tué sur place, avec le chef de tous nommé Anahotaha... ». Puis le père Chaumonot affirme que les Iroquois « prirent huit prisonniers, qui étaient restés en vie, de trente qui étaient demeurés dans le fort, savoir, quatre Français et quatre Hurons ». Le nombre des Hurons est le même, mais celui des Français a baissé de cinq à quatre. Il semble que l'on brûle immédiatement à mort un agonisant de nationalité française et qu'il n'en reste que quatre.

Il existe une version hollandaise de l'affaire du Long-Sault. Brève et sèche, elle se trouve dans une lettre que M. La Montagne, vice-directeur à Fort Orange, écrit au gouverneur de la Nouvelle-Hollande, Stuyvesant, et à son conseil le 15 juin : « Il n'est rien arrivé de nouveau au sujet des Indiens d'ici, dit-il, sauf que les Agniers et les Iroquois supérieurs, au nombre de six cents, ont attaqué un fort défendu par dix-sept Français et cent sauvages ; ils se sont rendus maître de la garnison, ils ont mis tous les assiégés à mort sauf trente Indiens et deux Français qu'ils ont ramenés captifs dans leurs bourgades ; ils ont perdu quatorze personnes tuées ; dix-neuf d'entre eux furent blessés. » Les chiffres correspondent assez bien avec ceux des documents français. Ceux-ci n'évaluent pas le nombre des Iroquois tués ou blessés. Seul, M. de Belmont l'estime à un tiers de l'armée assiégeante, soit deux cents personnes au moins.

Peter Stuyvesant (v. 1610-1672)

La version hollandaise est en fait celle des Iroquois.

Enfin, le *Journal des Jésuites* renferme l'entrée suivante au mois de juin : « Le 8 sur la minuit vint la nouvelle de la défaite des 40 Hurons qui restaient et étaient allés en guerre avec 17 Français, et 4 Algonquins, et ce par une armée de 700 Iroquois préparée pour venir à Québec, et divertie pour ce coup par cette rencontre. »

La bataille terminée, les Iroquois s'emparent des marchandises qu'ils trouvent dans le fortin. Ils construisent ensuite un échafaud le long de la rivière ; ils y font monter leurs prisonniers et les Hurons qui se sont rendus volontairement ; ils torturent les uns et les autres. C'est le supplice habituel des tisons enfoncés dans la bouche, des ongles brûlés, des jambes et des bras caressés par des objets de fer rougis au feu. Un Huron exhorte ses compagnons à souffrir avec courage pour la foi. Le partage des prisonniers a lieu après. La *Relation* de 1660 dit que « deux Français sont donnés aux Agniers, deux aux Onnontagués, le cinquième aux Onneyouts, pour leur faire goûter à tous de la chair de Français... ».

Les prisonniers sont suppliciés.

Ainsi se termine cette bataille dont il est difficile de rédiger un récit cohérent. Elle s'est déroulée dans la forêt, le long d'une rivière, loin des postes ; aucun Français n'échappa à la mort pour la raconter. Les *Relations* qui parviendront à la postérité sont fondées sur les récits des quatre Hurons prisonniers qui réussiront à fuir et reviendront à Montréal, mal remis de l'ébranlement nerveux du combat, des supplices qui l'ont suivi et des fatigues de la fuite. C'est de leurs bouches mêmes que le père Jérôme Lalemant et le père Joseph Chaumonot apprendront le sort sanglant des jeunes gens de Montréal.

Les événements du Long-Sault racontés par quatre survivants hurons.

Ainsi s'expliquent les différentes versions ; il ne faut pas s'en étonner outre mesure : l'historien aboutit rarement à des résultats plus précis, même quand il s'agit de grandes batailles livrées par des peuples européens. Somme toute, les principaux faits du combat du Long-Sault sont les mêmes dans tous les récits.

quantième = date

La date précise du combat est assez facile à retracer. On trouve un quantième seulement dans la version du père Joseph Chaumonot, citée textuellement par Marie de l'Incarnation. Dollard et ses compagnons arrivent au Long-Sault le samedi 1er mai ; la bataille commence le lendemain, dimanche 2 ; elle dure huit jours et se termine donc le 10 ou le 11 au plus tard.

Un autre document, une entrée au registre de la Paroisse de Montréal, contient aussi des dates ; elle se lit comme suit : « Nous avons reçu nouvelles par un Huron qui s'était sauvé d'entre les mains des Iroquois qui l'avaient pris prisonnier au combat qui s'était fait huit jours auparavant entre les dits Iroquois qui étaient au nombre de huit cents et dix-sept Français de cette habitation, quatre Algonquins et environ quarante Hurons, au pays du Long-Sault, que 13 de nos Français avaient été tués sur place et 4 amenés prisonniers, lesquels depuis nous avons appris par d'autres Hurons qui se sont sauvés avoir été cruellement brûlés par les dits Iroquois en leur pays. » À la date de l'entrée au registre, les Sulpiciens, comme l'indique la dernière partie de la phrase, savent que des prisonniers français ont été conduits en Iroquoisie et que là, ils ont été brûlés. Ils ont appris ces faits par des Hurons qui se sont échappés. Mais pour que le 3 juin à Montréal on sache que des prisonniers français ont été brûlés en Iroquoisie, il a fallu que ces Hurons et ces Français se rendent tout d'abord du Long-Sault en Iroquoisie ; que le supplice ait eu lieu et ensuite que les témoins reviennent à Montréal. En fait, entre la fin du combat et le 3 juin, le voyage a été long ; soumis aux conditions de l'époque, il s'est fait en canot et à pied. Il semble difficile de compter moins de trois semaines pour un aussi vaste périple.

Les conséquences du combat du Long-Sault

D'après les contemporains, le combat du Long-Sault a eu des conséquences considérables. Il aurait empêché une invasion de la Nouvelle-France alors en marche, les massacres qui en auraient été la conséquence, les événements qui l'auraient accompagnée comme le siège de quelques postes, et enfin les attaques par surprise qui auraient fait de nombreuses victimes. Cette conclusion se trouve exprimée dans de nombreux passages. Après avoir dit que les Iroquois se partagèrent les prisonniers après la bataille, la *Relation* de 1660 ajoute ce qui suit : « ...On décampe, et l'on quitte la résolution prise de venir inonder sur nos habitations, pour mener au plus tôt dans le pays ces misérables victimes, destinées à repaître la rage et la cruauté de la plus barbare de toutes les nations. Il faut ici donner la gloire à ces 17 Français de Montréal, et honorer leurs cendres d'un éloge qui leur est dû avec justice, et que nous ne pouvons leur refuser sans ingratitude. Tout était perdu s'ils

décamper = lever le camp, déguerpir

n'eussent péri, et leur malheur a sauvé ce pays, ou du moins a conjuré l'orage qui venait y fondre, puisqu'ils en ont arrêté les premiers efforts, et détourné tout à fait les cours. » Marie de l'Incarnation parle longuement dans son parloir avec le Huron Louis qui s'est échappé, puis elle rend un verdict identique : « L'on avait conjecturé ici que l'issue de cette affaire serait telle qu'elle est arrivée, savoir que nos dix-sept Français et nos bons sauvages seraient les victimes qui sauveraient tout le pays ; car il est certain que sans cette rencontre, nous étions perdus sans ressources, parce que personne n'était sur ses gardes, ni même en soupçon que les ennemis dussent venir. Ils devaient néanmoins être ici à la Pentecôte, auquel temps les hommes étant à la campagne, ils nous eussent trouvés sans forces et sans défense. » Plus loin, elle dit encore : « D'un côté, lorsque nous devions être détruits, soixante hommes qui étaient partis pour aller prendre des Iroquois ont été pris eux-mêmes et immolés pour tout le pays. » Dollier de Casson est non moins catégorique : « ...Il est vrai que si les belles actions doivent consoler en la mort des siens, le Montréal a tout sujet de l'être dans la perte qu'il a fait de tous les grands soldats qui ont péri cette année, parce qu'ils se sont tellement signalés et ont tellement épouvanté les ennemis en mourant, à cause de la vigoureuse et extraordinaire défense qu'ils ont marqué en eux, que nous devons le salut du pays à la frayeur qu'ils ont imprimée en eux, répandant aussi généreusement leur sang qu'ils ont fait pour sa querelle... ». Et plus loin : « Mais enfin grâce à Dieu et au sang de nos chers Montréalistes qui méritent bien nos vœux et nos prières pour reconnaissance, les Iroquois ne parurent point et on n'en eut que la peur, d'autant que après ce conflit où ils eurent un si grand nombre de morts et de blessés, ils firent réflexion sur eux-mêmes, se disant les uns aux autres : "Si 17 Français nous ont traité de la sorte étant dans un si chétif endroit, comment serons-nous traités lorsqu'il faudra attaquer une bonne maison où plusieurs de telles gens se seront ramassés, il ne faut pas être assez fou pour y aller, ce serait pour nous faire tous périr, retirons-nous ;" voilà comme on a su qu'ils se dirent après ce grand combat, qu'on peut dire avoir sauvé le pays qui sans cela serait râflé et perdu, suivant la créance commune, ce qui me fait dire que quand l'établissement de Montréal n'aurait eu que cet avantage d'avoir sauvé le pays dans cette rencontre et de lui avoir servi de victime publique en la personne de ses 17 enfants qui y ont perdu la vie, il doit à toute la postérité être tenu pour considérable si jamais le Canada est quelque chose, puisqu'il l'a ainsi sauvé dans cette occasion, sans parler des autres. »

Le gouverneur, M. d'Argenson, se prononce avec moins de clarté, mais il abonde dans le même sens. Dans une première lettre, il confie ses appréhensions pour l'avenir : « ...Si l'armée des Iroquois, dit-il, se répand dans la campagne comme c'était son dessein ce printemps — elle était de sept cents hommes et s'est contentée de la défaite de dix-sept Français, quatre Algonquins et quarante Hurons, et par là a été détournée d'enlever et brûler plusieurs

Marie de l'Incarnation recueille la version du Huron Louis

Le sacrifice de ces hommes aurait-il sauvé la Nouvelle-France ?

habitations tellement séparées qu'elles ne doivent pas attendre de secours. » Dans un autre passage, il parle des Iroquois de la façon suivante : « ...Ils avaient fait une armée de sept cents hommes pour descendre ici et venir ravager nos côtes — mais l'ordre de Dieu a détourné cet orage... Il est vrai que les Français et les Algonquins et six ou sept des Hurons se sont bien vendus... Ils ont résisté huit jours aux ennemis au milieu de quelque bois qu'ils avaient occupé pour se fortifier... ».

vendus = défendus

La *Relation* de 1660 renferme l'histoire de trois prisonniers hurons qui ont fui pour raconter le combat du Long-Sault. Le premier s'échappe la première nuit, il arrive à Montréal quatre jours environ après sa fuite. Le deuxième est forcé d'accompagner l'armée victorieuse pendant dix jours ; celle-ci n'a pas encore atteint de bourgade iroquoise quand il s'échappe. Le troisième parvient jusqu'à Onnontaé, la capitale de l'Iroquoisie. Il subit la bastonnade en arrivant, il a les ongles arrachés, les doigts coupés. Puis il est placé sur l'échafaud avec un Français. Celui-ci est torturé le premier. Il a fait partie du détachement qui a construit la résidence de Sainte-Marie de Gannentaa et qui lui a servi de garnison pendant quelques mois. Chaque pas en avant lui rappelait un autre voyage. En cours de route, il avait demandé à son compagnon s'il serait assommé ou percé de coups de flèches, « et ayant été assuré qu'ils seraient la proie du feu, cette nouvelle le toucha d'abord... » ; puis il se résigne à son sort effroyable. En compagnie du Huron, qui rapportera fidèlement ses faits et gestes, il consacre son temps à la prière : « Il pratiqua bien ce qu'il enseignait, car outre qu'il faisait des chapelles, de tous les gîtes où ils passaient les nuits, par de fréquentes et de ferventes oraisons qui le faisaient même admirer à ces Barbares... » Il édifie les autres et s'en remet à la Providence. En arrivant dans la capitale, ses bourreaux lui coupent « tous les doigts, les uns après les autres, sans en laisser un seul ». Puis il monte sur l'échafaud en face du Huron qui sera témoin de ses tortures ; celui-ci avait été « préparé d'une façon plus que barbare, et tout à fait inusitée dans la plus cruelle barbarie. Car au lieu d'un pieu auquel on attache le patient, de telle façon néanmoins qu'il puisse se remuer de côté et d'autre, pendant qu'on lui applique le feu, la cruauté de ces barbares, ingénieuse à trouver de nouvelles tortures, outre le pieu ordinaire, en avait tellement disposé d'autres, que notre pauvre Français y fut garrotté comme s'il eut été à cheval sur une perche, les pieds néanmoins et les mains étendus en forme de croix, et tellement liés qu'il ne pouvait se tourner d'un côté ni d'autre, pendant l'application du feu, et comme si les tisons et les écorces allumées qui sont les instruments ordinaires de leur cruauté, n'eussent dû passer en cette rencontre que pour les préludes du supplice, ils firent rougir les haches, des limes, des scies, des bouts de canons de fusils, et d'autres choses semblables, que nous avions laissées dans notre maison de Gannentaa, quand nous en partîmes, et lui appliquèrent ces ferrements tout rouges sur son corps, avec des cruautés que ce papier ne peut souffrir, et parmi lesquelles nôtre vertueux patient ne cessa de prier Dieu... ».

Les Hurons qui ont pu raconter le combat du Long-Sault.

Récit des tortures d'un Français à Sainte-Marie de Gannentaa

Après la mort de ce Français, son compagnon huron doit subir à son tour le supplice. Mais un violent orage accompagné de coups de tonnerre éclate à ce moment-là. Une pluie diluvienne s'abat sur la capitale. La foule se disperse, et le Huron demeure seul sur l'échafaud à regarder des chiens dévorer les restes du Français. Pendant ce répit, l'Onnontagué à qui il avait été donné et qui était absent, revient, il réclame son prisonnier. Celui-ci peut s'échapper immédiatement après. C'est probablement après avoir entendu son récit que les Sulpiciens font l'entrée désormais célèbre au registre de Montréal.

D'après les récits subséquents des *Relations*, les Iroquois seraient partis du Long-Sault avec quatre prisonniers seulement. Un cinquième avait été donné aux Onneyouts, mais comme il est gravement blessé, il est tout de suite brûlé à mort. Deux Français échoient aux Agniers : le premier est brûlé en arrivant dans l'une des bourgades ; l'autre réussit à fuir, mais il serait mort de misère et de faim avant d'atteindre Montréal. Les Onnontagués en obtiennent deux, eux aussi ; le premier subit le terrible supplice raconté plus haut ; le second est donné aux guerriers tsonnontouans qui le brûlent d'étape en étape avant d'arriver à leurs bourgades.

Le sort des cinq survivants français

CHAPITRE 85

1660

Le 5 juin, une veuve quitte Québec où elle s'est réfugiée avec sa famille pendant la panique qui a sévi au mois de mai ; sa fille, Marie Caron, qui a épousé Jean Picard l'accompagne. Elles retournent au Petit Cap « qui est environ six lieues au-dessous de Québec », dit Marie de l'Incarnation, « à la côte de Beaupré », dit la *Relation* de 1660. La veuve Caron travaille plus tard dans les champs avec son gendre. Pendant qu'ils sont ainsi occupés, huit Hurons iroquoisés arrivent sur les lieux ; ils sont partis d'Anniégé à l'automne de 1659 pour la chasse aux castors. Pendant le trajet de retour, l'un d'eux a persuadé ses compagnons de « venir en guerre à Québec, pour venger quelque affront qu'un d'eux avait reçu ». Ils capturent Madame Picard [Marie Caron] et ses quatre enfants, puis ils disparaissent.

La capture sur la côte de Beaupré de Mme Picard et ses quatre enfants

La nouvelle est rapidement transmise à Québec. Toujours prompt à partir en guerre, M. d'Argenson organise en toute hâte un parti de Français et d'Algonquins ; ces derniers, comme le dit Marie de l'Incarnation, « savent les routes », et avec leurs compagnons, ils se mettent à l'affût à l'extrémité de la Pointe-de-Lévis. La nuit venue, les ennemis tentent en effet de remonter le fleuve avec leurs victimes ; le canot silencieux rase le rivage. Les hommes apostés le distinguent ; les Algonquins crient : « Qui va là ? » en entendant ces cris, les Hurons tentent de s'échapper. Indiens et Français criblent de balles l'embarcation d'écorce de bouleau qui, bientôt, fait eau de toutes parts. Madame Picard lève la tête « car ses ravisseurs l'avaient tellement cachée qu'elle ne pouvait voir ni être vue auparavant » ; elle est tout de suite blessée à mort et l'enfant qu'elle porte dans ses bras est touché au pied par une balle. En même temps, les Algonquins se lancent à la nage pour se saisir des Hurons ; trois se noient et les autres sont capturés ; madame Picard et les enfants sont ramenés au rivage. Celle-ci est transportée immédiatement chez les Hospitalières ; malgré tous les soins, elle meurt deux jours plus tard et sera inhumée le 10 juin dans le cimetière de Québec. D'après le *Journal des Jésuites*, trois des cinq prisonniers sont torturés par les Algonquins à Québec même ; un autre est donné aux Algonquins des Trois-Rivières et le cinquième a la vie sauve. Marie de l'Incarnation parle aussi d'un jeune ennemi d'à peine quinze ans qui aurait eu la vie sauve. Mais la *Relation* de 1660 n'est pas entièrement d'accord avec les récits précédents et elle parle de cinq ennemis qui sont soumis au supplice. Elle raconte longuement celui qui a dû avoir lieu dans le voisinage

Les Algonquins délivrent les otages et font des prisonniers.

immédiat de Québec. Ceux qui le subissent sont d'abord un « vieillard » de cinquante à soixante ans, « puissant et robuste », et son petit fils âgé de dix-sept ou dix-huit ans. Leurs souffrances durent une partie de la nuit et tout le jour suivant. L'adulte « parut comme insensible au milieu de cette horrible boucherie » ; il ne manifeste aucune réaction aux pires tortures : « ...Car ni les lames de fer rouge dont on lui grillait les parties les plus charnues, ni les cendres chaudes qu'on lui jetait sur la tête après qu'on la lui eût écorchée, ni tous les charbons dont on ensevelissait son corps, ne purent jamais arracher de sa poitrine un seul soupir. » Ses bourreaux le jetteront au feu quand il semblera mourant : « ...Mais comme il était robuste et vigoureux, il se relève soudainement au milieu des flammes, fendit la presse et prit sa course, paraissant comme un démon en feu, les lèvres coupées, sans peau à la tête et presque en tout le corps, et quoiqu'il eut la plante des pieds et les jambes toutes rôties, il courait si vite, qu'on eût de la peine à le rejoindre... » Puis il est de nouveau rejeté dans les flammes où il expire. Le petit-fils passera aussi par des douleurs atroces : on lui transpercera par exemple un pied avec un fer rougi au feu, on lui appliquera une pierre demeurée longtemps dans le feu sous la plante d'un pied. Leurs compagnons sont moins courageux, et moins stoïques. Ils sont tous baptisés et meurent convertis. Ils confirment aussi la nouvelle d'une invasion de la Nouvelle-France au printemps : « Ils ont confirmé à la morte, dit Marie de l'Incarnation, ce que l'autre [l'Iroquois torturé à Québec quelques semaines plus tôt] avait dit, qu'ils s'étonnaient que l'armée tardait tant, et qu'il fallait que les Trois-Rivières fussent assiégées. Cela semblait d'autant plus probable que l'on n'entendait point de nouvelles d'une chaloupe pleine de soldats que M. le gouverneur avait envoyée pour faire quelque découverte, non plus que de deux autres qui étaient montées il y avait quelque temps. » À cette date, Québec n'a encore aucune nouvelle du combat du Long-Sault, le gouverneur craint toujours l'invasion et il impose la surveillance du fleuve. Le fait d'abandonner ainsi à la torture des prisonniers de guerre indique qu'il n'a plus aucune espérance dans la paix ; autrefois on épargnait la vie des captifs et l'on se servait d'eux pour amorcer des négociations.

À Québec, on maintient une garde vigilante contre une invasion possible plus d'un mois après le combat du Long-Sault. À Montréal, l'arrivée du premier Huron échappé des mains des Iroquois détermine toute une série de mesures de protection. Maisonneuve met immédiatement le fort en état de repousser l'ennemi. M. de Belestre s'en va commander dans la maison de Sainte-Marie qui est située à un mille et demi au-dessus de Montréal et que M. de Queylus vient d'établir. Le bâtiment principal est robuste, de nombreux ouvriers y vivent en tout temps, ils deviendra un précieux avant-poste. Des espaces libres de forêt s'étendaient autour, probablement défrichés autrefois par les Indiens. Certains prétendent que c'était le site d'un village iroquois nommé Tutonaguy.

Un « vieillard » et son petit-fils subissent stoïquement la torture.

Tandis qu'à Québec on craint la guerre...

...à Montréal, on croit le danger écarté.

L'armée iroquoise abandonne son projet d'envahir la Nouvelle-France.

Cependant, deux des prisonniers hurons qui se sont échappés apportent la nouvelle de la retraite de l'armée iroquoise et de l'abandon de son projet d'envahir la Nouvelle-France. L'une des chaloupes, que M. d'Argenson a dépêchées sur le fleuve, se rend jusqu'à Montréal ; elle ramène à Québec les deux Hurons, lesquels ont pris part au combat du Long-Sault. Marie de l'Incarnation, on l'a vu, et les missionnaires qui parlent la langue huronne peuvent les interroger à loisir sur la bataille qui vient de se livrer. À Québec comme à Montréal, les autorités abandonnent leurs mesures de protection les plus sévères et les habitants peuvent de nouveau retourner dans leurs maisons et reprendre leurs travaux interrompus. Mais les semences ayant été fort négligées dans les deux régions, ils n'est pas sûr que les récoltes puissent se faire en paix. Il y a risque de famine. Le 12 juin, un vaisseau arrive de France ; tout de suite M. d'Argenson parle de le renvoyer pour « quérir des farines, afin d'en avoir en réserve pour le temps de la nécessité, car elles se gardent ici plusieurs années quand elles sont bien préparées ; et quand le pays en sera fourni, on ne craindra pas tant ce fléau. Ce vaisseau fera deux voyages cette année, ce qui est une chose bien extraordinaire, car quelque diligence qu'il fasse, il ne peut être ici de retour qu'en octobre, et il sera obligé de s'en retourner quasi sans s'arrêter. » Ce navire repart le 7 juillet.

La retraite des Iroquois ne rétablit pas une parfaite tranquillité. De nouvelles rumeurs se répandent : « On tient pour certain qu'ils reviendront à l'automne ou au printemps de l'année prochaine, écrit Marie de l'Incarnation, c'est pourquoi on se fortifie dans Québec. » Le gouverneur doit en conséquence adopter des mesures de défense plus grandes et plus permanentes. La population des colons s'est maintenant répandue autour des postes fortifiés de Québec, de Montréal, des Trois-Rivières ; comment défendre ces maisons isolées, situées loin les unes des autres, souvent séparées par des masses de forêt vierge ? M. d'Argenson trouve une solution à ce problème. Marie de l'Incarnation la révèle dans une lettre du 17 septembre ; « Et pour le dehors, M. le gouverneur a puissamment travaillé à faire des réduits ou villages fermés, où il oblige chacun de bâtir une maison pour sa famille, et contribuer à faire des granges communes pour assurer les moissons, faute de quoi il fera mettre le feu dans les maisons de ceux qui ne voudront pas obéir. C'est une sage police, et nécessaire pour le temps, autrement les particuliers se mettent en danger de périr avec leurs familles. De la sorte, il se trouvera neuf ou dix réduits bien peuplés et capables de se défendre. » M. d'Argenson a ainsi inventé un système de défense pour les campagnes que certains de ses successeurs développeront sur une grande échelle contre le même ennemi. Ces « réduits » sont de vastes enceintes palissadées où les habitants se réfugient et vivent, avec leurs troupeaux, en temps de guerre. De ces postes, ils partent en groupes armés pour les travaux des champs ; ils y ramènent leurs récoltes. C'est sur la rive sud du fleuve, entre Sorel et Montréal, que ce système sera appliqué le plus largement entre 1680 et 1700.

Le gouverneur d'Argenson fait ériger des réduits ou villages fortifiés.

À Montréal on a souvent utilisé les chiens, soit pour dépister les Iroquois, soit pour déceler leur présence parmi les taillis et les futaies. À Québec on a maintenant recours à cette nouvelle protection. « Toutes les avenues des cours, dit Marie de l'Incarnation, étaient barricadées, outre environ une douzaine de grands chiens qui gardaient les portes du dehors et dont la garde valait mieux, sans comparaison, que celle des hommes pour écarter les sauvages ; car ils craignent autant les chiens français que les hommes, parce qu'ils se jettent sur eux, et les déchirent quand ils les peuvent attraper. »

Certains événements indiquent d'autre part que le danger habituel de la petite guerre est toujours présent. Le 8 juillet, M. d'Argenson se rend aux Trois-Rivières avec le père Albanel ; il est sur le point de revenir à Québec lorsque les Français apprennent que des Iroquois ont attaqué deux Algonquins, qu'ils en ont capturé un et tué l'autre. Aussitôt le gouverneur se met à leur poursuite. Le *Journal des Jésuites* ajoute ce qui suit : « Ils furent poursuivis par M. le gouverneur accompagné d'une centaine de personnes ; mais les ennemis les ayant attirés dans leurs embûches, ils furent tous en grand danger ; il n'y en eût toutefois qu'un qui fut légèrement blessé. » C'est sans doute le même incident que la *Relation* de 1660 raconte plus longuement dans les termes suivants : « La plupart de nos Gens, plus accoutumés à manier la houe que l'épée, n'ont pas la résolution du soldat. Il y a quelque temps que Monsieur nôtre gouverneur, donnant la chasse à cet ennemi dans des chaloupes, se voyant proche du lieu où il s'était retiré, commanda qu'on mit pied à terre ; personne ne branla ; ils se jette le premier à l'eau jusqu'au ventre, tout le monde le suivit. De bons soldats auraient devancé leur capitaine ; nous espérons qu'on nous en enverra, et de bons, puisque la Paix donne lieu d'en choisir. » Toutefois, nos gens, depuis l'aventure de M. du Plessis-Bochart et de sa troupe, savent mieux aborder un rivage face à un ennemi dissimulé parmi les joncs, les herbages et les premiers arbres de la forêt ; c'est pourquoi il est difficile d'endosser ce jugement, bien que l'incident soit mal connu. Il montre cependant que des groupes assez importants d'Agniers rôdent sur le fleuve.

Charles Albanel (1616-1696), missionnaire jésuite et explorateur

Le gouverneur à la poursuite des Iroquois

Il faudrait lire Du Plessis-Kerbodot au lieu de du Plessis-Bochart. L'auteur a sans doute été induit en erreur par l'index des Relations des Jésuites.

Chapitre 86

1660

Les relations entre Hollandais et Agniers

En 1626, Pierre Minuit aurait acheté des Shinnecak de l'île de Manhattan pour un montant de 60 Dutch guilders (env. 24 $).

Il est possible qu'un premier traité d'amitié entre Iroquois et Hollandais ait été établi dès 1613. En 1643, Hollandais et Mohawks jettent les bases d'une « chaîne d'alliance ».

Stuyvesant limite le commerce d'eau-de-vie.

À la même époque, à Fort Orange, surgissent de nombreux problèmes dans les relations entre Hollandais et Agniers. Le commerce des fourrures périclite d'année en année. Les Indiens de l'Hudson se livrent à des massacres épouvantables. Les Agniers restent fidèles aux Hollandais, mais leur alliance coûte cher ; Stuyvesant, le gouverneur de la colonie, écrira que « des présents d'une valeur de 100 000 guilders leur ont été donnés ». Cet aveu est du 4 septembre 1659. Enhardie par la victoire du Long-Sault, la même tribu envoie des députés à Fort Orange le 26 juin 1660. Ceux-ci se plaignent que des Hollandais battent et frappent des Agniers dans la forêt pour les forcer à leur vendre des pelleteries. Le commandant, disent-ils, ne devrait permettre à aucun Hollandais à cheval ou à pied de rôder dans la forêt et d'amener des Indiens avec leurs fourrures. Dix Hollandais entourent parfois un Agnier et chacun veut le conduire chez lui. Les Blancs doivent prendre les mesures appropriées « de façon que les Agniers ne mettent pas fin à l'ancienne alliance dont ils jouissent depuis plus de trente ans, et si on n'empêche pas ces tactiques, ils s'en iront et les Hollandais ne les reverront plus ». Aussi, le 22 juillet, les autorités édictent de nouveau les anciennes ordonnances : les traitants ne doivent pas envoyer d'agents dans la forêt au-devant des Agniers ; ils ne peuvent transporter des fourrures appartenant à des Indiens, ils ne peuvent pas non plus les mettre sous clef. Et ils ne pourront plus offrir d'eau-de-vie.

Les habitants ont amélioré les fortifications de Fort Orange à l'automne de 1659. Les Agniers, semble-t-il, les effraient autant que les Indiens de l'Hudson, comme le prouve l'incident suivant : le 9 mars 1660, la Compagnie envoie des armes, des soldats et des munitions de guerre à la Nouvelle-Hollande ; par la même occasion, les directeurs demandent à Stuyvesant « si les Agniers et d'autres Indiens alliés ne pourraient pas être incités et engagés à combattre les Indiens d'Esopus, afin de punir ces derniers par les premiers, afin de les humilier aussi et de les battre ». Le gouverneur répond le 25 juin : « ...Nous avons pensé souvent à cet expédient et nous avons tenté cette expérience ; mais nous trouvons que, d'un côté, l'entreprise est peu sûre parce que ce sont tous des sauvages ; ...et que d'un autre côté, elle est particulièrement et avant tout dangereuse si nous l'entreprenons avec les Agniers de préférence aux autres Indiens ; car les Agniers forment une tribu arrogante, effrontée, vantarde, et qu'ont rendue trop orgueilleuse les victoires et les succès qu'ils ont remportés contre les Français eux-mêmes et contre les Indiens français du

Canada... » Si les Hollandais demandent aux Agniers de raisonner les Indiens d'Esopus et s'ils exécutent avec succès cette tâche, il sera prouvé qu'ils ont davantage de puissance que les Hollandais et ils ne seront plus obligés de leur céder sur tout.

Mais le document le plus étrange de cette période est certainement le rapport de deux conseils tenus à Fort Orange les 25 et 26 juillet 1660 entre les Hollandais et les Senèkes, c'est-à-dire les quatre tribus iroquoises « supérieures ». Il fournit un grand nombre d'indications surprenantes, de tout premier ordre sur un plan historique.

Les conseils de Fort Orange entre Hollandais et Senèkes (les quatre tribus iroquoises à l'ouest des Mohawks)

Tout d'abord, on sait que, d'après les documents de Fort Orange, il semble que seuls les Agniers aient entretenu des relations avec les Hollandais pendant la période de 1609 à 1660. Or, les pièces actuelles confirment nettement cette impression et, de plus, fournissent une date au premier traité d'alliance entre les Hollandais et les Senèkes.

Le 25 juillet, les Senèkes disent « qu'il s'est maintenant écoulé quelques années, depuis qu'ils ont été à Manhate, ils ont conclu un traité d'amitié, et qu'ils se sont unis les uns et les autres avec une chaîne, et que maintenant ils veulent le renouveler et qu'à cet effet, ils donnent trois peaux de castor ». Et le lendemain, sur ce point particulier, voici ce que les Hollandais répondront aux chefs des Senèkes : « C'est vrai, nos frères se sont rendus à Manhate, il y a deux ou trois ans, et ont conclu un traité de paix avec nous, lequel traité nous maintiendrons, comme nous l'avons fait jusqu'ici et comme nous le ferons à l'avenir ; et parce que le tabac a été oublié à cette occasion, nous leur donnons maintenant un rôle de tabac afin qu'ils puissent se souvenir de leur alliance et la maintenir aussi fermement que s'ils étaient liés à nous par une chaîne. »

une chaîne = « iron chain » future « covenant chain »

rôle = feuilles de tabac mises en tresses

Le premier traité de paix entre Hollandais et Senèkes daterait donc des années 1657 ou 1658, tandis que le premier traité des Agniers date de 1642 ; de plus, ce serait la première fois que les Senèkes le renouvelle alors que les Agniers l'ont renouvelé presque annuellement depuis dix-huit ans. Les uns ont agi indépendamment des autres, tout comme s'il s'agissait de deux nations distinctes. Bien plus, les Senèkes commencent juste à paraître à Fort Orange, tandis que les Agniers y viennent régulièrement depuis fort longtemps. On n'ose s'aventurer trop loin dans la voie des déductions qui découlent de ce fait peu signalé et fort extraordinaire. Du moins, il faut être prudent, et comprendre que durant cette période, les noms Agniers et Iroquois ne sont pas synonymes.

Les Agniers, alliés anciens des Hollandais

Les Senèkes présentent ensuite leurs nombreuses propositions. Ils ont demandé des prix plus élevés pour leurs pelleteries, il y a deux ans, mais ils n'ont rien obtenu, car les Hollandais ont fait la sourde oreille. Toute une série de présents ont ensuite trait au commerce des fourrures. Les Senèkes demandent de meilleurs prix et s'étonnent de ne pas recevoir de réponse. Puis, comme les Agniers, ils se plaignent des divers mauvais traitements que leur font subir

Plaintes des Onnontagués

les traiteurs ; ils veulent être protégés contre ces pratiques illicites et abusives, qu'ils énumèrent longuement et sur lesquelles ils insistent.

Enfin, les Senèkes abordent ce qui paraît bien être leur problème principal. « Nous sommes maintenant engagés dans une grande guerre, et nous ne pouvons obtenir ni poudre ni plomb à moins de présenter des peaux de castors, et un bon soldat devrait avoir de la poudre et du plomb pour rien. » Plus tard, leur orateur dit encore ce qui suit : « Nous avons beaucoup de difficultés à transporter les peaux de castors à travers le pays ennemi. Nous sollicitons en conséquence beaucoup de poudre et de plomb... » Mais que signifient ces paroles ? Les Senèkes transportent leurs fourrures à travers le pays des Agniers ; le pays des Agniers est-il maintenant pour eux le pays ennemi, et la grande guerre dont il s'agit est-elle une guerre contre les Agniers ? Une autre version est encore plus dure : « ...Nous devons travailler dur pour apporter les peaux de castors à travers le pays ennemi, et nous demandons en conséquence d'obtenir de la poudre et du plomb, car si les ennemis se rendent maîtres de nous, où prendrons-nous alors les castors ? »

Les Onnontagués seraient-ils en guerre contre les Agniers ?

La réponse des Hollandais donnée le lendemain, 26 juillet, fournit des précisions indiscutables sur l'identité des ennemis des Senèkes. Leur orateur dit en effet ce qui suit : « Nos frères, les Senèkes, nous ont remerciés parce que nous avions conclu la paix avec les Indiens d'Esopus ; nous leur demandons maintenant de conclure, eux aussi, la paix avec les Agniers et de l'observer [Make and keep peace with the *Maquas*], de manière que nous puissions aussi nous servir librement et en sûreté des chemins qui conduisent jusqu'à eux comme nos deux frères font ici », c'est-à-dire comme les Agniers et les Senèkes le font en Nouvelle-Hollande. Et cette phrase évidemment ne peut être interprétée dans un autre sens, car l'orateur hollandais ajoute encore des paroles plus nettes et plus claires : « Comme nos frères se sont plaints du fait qu'ils ne pouvaient obtenir assez de poudre, nous leur donnons maintenant un plein baril de poudre, mais ils ne doivent pas s'en servir contre nos frères, les Agniers, mais seulement contre leurs ennemis qui vivent dans des pays éloignés d'où ils doivent apporter leurs peaux de castors... »

Maquas, terme par lequel les Mohicans puis les Hollandais désignent les Agniers (Mohawks).

Les relations entre Agniers et Senèkes se détériorent à nouveau.

Les Agniers ont souvent été en mauvais termes avec les Senèkes ; ils le sont de nouveau en juillet 1660. Ce dissentiment a-t-il pris naissance avant l'affaire du Long-Sault ou est-il tout à fait récent ? Dans le premier cas, Agniers et Senèkes n'auraient pas décidé une invasion de la Nouvelle-France, et leur coopération n'aurait été, en mai sur l'Outaouais, qu'un incident temporaire, imposé par la nécessité. Les Senèkes n'auraient alors entrepris la bataille que pour s'emparer du convoi de fourrures qui descend de l'Ouest et qui passera quelques jours plus tard. Ils savaient à n'en pas douter que les Algonquins l'organisaient dans l'Ouest.

Quoi qu'il en soit, la scission entre les Agniers et les Senèkes se manifestera de nouveau en 1661 dans des circonstances remarquables.

La réponse des Hollandais ne contient ensuite rien de bien important. Leur orateur dit aux Senèkes que les traiteurs sont déjà mis à la raison et que d'autres défenses leur seront faites sous peu ; que le prix des marchandises est élevé parce qu'elles viennent de loin, etc.

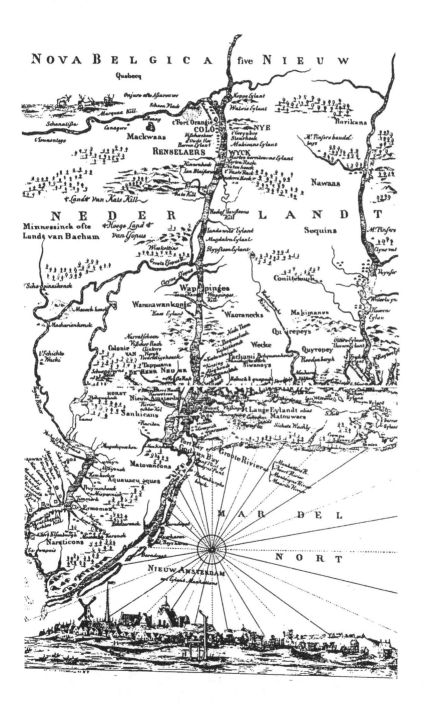

CHAPITRE 87

1660

Si les autorités de la Nouvelle-France avaient assisté aux conseils de Fort Orange, ou si elles en avaient obtenu un rapport, elles comprendraient maintenant les événements qui se déroulent dans leur pays et qui les abusent totalement.

Des ambassadeurs goyogouins arrivent à Montréal.

Au début du mois d'août, la population étant sur ses gardes, seize Goyogouins paraissent devant le poste de Montréal. Quatre d'entre eux se détachent de la troupe et déclarent qu'ils sont venus pour tenir conseil ou parlementer. Les soldats les admettent et les conduisent à Maisonneuve. Ces députés demandent alors la permission de descendre à Québec pour parler au gouverneur général. Ils déclarent que la guerre ayant éclaté entre Français et Iroquois, ils ne veulent y prendre aucune part. Leur tribu, disent-ils, est toujours restée neutre dans ce conflit, elle n'a jamais envoyé ses jeunes gens à la petite guerre en Nouvelle-France. Pour marque de leur sincérité, ils désirent que le père Ménard, qui s'est rendu chez eux au temps de Sainte-Marie de Gannentaa, revienne de nouveau dans leur pays.

Il est vrai que les Goyogouins n'ont pas pris part au combat du Long-Sault.

Mais Maisonneuve ne sait quelle réponse donner à ces ambassadeurs : « Monsieur le gouverneur, dit la *Relation,* vit aussitôt leur jeu, et les regardant plutôt comme des espions, que comme des Ambassadeurs, dont ils n'avaient pas les marques ordinaires... crut que Dieu les lui mettait entre les mains pour en tirer deux avantages : le premier, de pouvoir faire la récolte, avec quelque assurance, pendant qu'ils seraient avec nous ; le second, de délivrer nos Français captifs chez les Iroquois d'en bas, par l'échange que nous ferions de ceux-ci. »

À Québec, les ambassadeurs goyogouins rencontrent le gouverneur.

Les quatre députés partent pour Québec, où ils arrivent peu après le 4 août. Ils répètent leurs propos devant M. d'Argenson. Ils sont venus, disent-ils, apporter des colliers au père Ménard, « leur ancien pasteur », pour le supplier de revenir dans leur pays. M. d'Argenson ne comprend pas plus la situation que Maisonneuve ; comme l'écrit le *Journal des Jésuites*, « cela embarrassa fort le monde », car ni les Jésuites ni les notables de Québec ne savent ce qui se passe alors en Iroquoisie.

Pendant que les quatre délégués sont à Québec, Maisonneuve tient sous observation leurs compagnons qui se sont portés dans une île, tout près de Montréal, et qui attendent le résultat des délibérations. Un jour, « il donna ordre qu'on s'assura des autres... et qu'on en renvoya deux ou trois dans le pays, pour déclarer aux anciens, que s'ils veulent recouvrer leurs compatriotes, ils aient à renvoyer les Français qu'ils tiennent prisonniers depuis ces dernières années ». La regrettable manœuvre réussit et bientôt Maisonneuve peut annoncer à Québec que les douze autres Goyogouins sont prisonniers.

Des Goyogouins sont faits prisonniers par Maisonneuve.

Jamais on ne peut voir plus nettement les fautes que peuvent faire commettre l'ignorance et le manque de renseignements. Quand les Senèkes sont en mauvais termes avec les Agniers, ils doivent nouer tout de suite des relations avec la Nouvelle-France ; occupant la route qui conduit à Fort Orange, les Agniers peuvent en effet empêcher les Senèkes d'acheter et d'obtenir des marchandises européennes, et surtout des armes à feu et des munitions ; ceux-ci doivent songer tout de suite à s'en procurer ailleurs. L'occasion est alors belle pour la Nouvelle-France de se rapprocher des Iroquois supérieurs et de s'allier à eux contre les Agniers. C'est ce qui se produit en ce début du mois d'août. Les Senèkes choisissent les Goyogouins pour cette mission, parce que ceux-ci n'ont pas trempé dans l'affaire du Long-Sault. Toutefois, les Français qui ne voient pas de différence entre les tribus et les considèrent comme formant un tout national homogène, ne comprennent pas ces nuances, repoussent les avances qui leur sont faites, prennent des mesures qui blessent profondément ces alliés qui s'offrent. Devant ce refus, les Senèkes ne peuvent, avec le temps, que revenir aux Agniers, composer avec eux et s'entendre.

Les Français ne font pas de distinctions entre les tribus iroquoises.

Grave erreur des Français

Seuls peut-être les Jésuites paraissent mieux comprendre la situation. Ils sont tentés de fournir les missionnaires demandés. Le 2 novembre, en parlant d'eux, Marie de l'Incarnation écrira ce qui suit : « Tout nouvellement ils ont voulu y aller pour faire un dernier effort ; mais on les a retenus comme par violence, le péril étant trop évident et inévitable. » Il ne peut s'agir que de la demande des Goyogouins ; en s'offrant pour l'apostolat en Iroquoisie, les pères montrent une connaissance profonde des faits.

À peu près au même moment, un autre parti iroquois circule dans la Nouvelle-France. Il est probablement composé d'Agniers au nombre de vingt à trente. Il capture deux Français aux Trois-Rivières.

Le 19 août, les Indiens de l'Ouest arrivent à Montréal au nombre de trois cents avec Radisson à leur tête. Le convoi transporte pour deux cent mille livres de fourrures. Une centaine de canots ont quitté le Sault Sainte-Marie, mais quarante ont rebroussé chemin par crainte des Iroquois. Radisson racontera son voyage, aller et retour. Il n'y a qu'à le lire pour se rendre compte de quelle façon étroite, les Iroquois tiennent sous observation et même bloquent tout l'Outaouais. À l'aller, les Français et leurs alliés indiens rencontrent et évitent trois fois de suite des partis de guerriers iroquois ; au retour, ils voient un canot iroquois sur les Grands Lacs. Le secteur Ottawa-Montréal pullule d'ennemis, malgré la bataille du Long-Sault qui vient de se livrer, les Indiens alliés livrent un combat au même endroit, mais au-dessus des rapides. La nouvelle

Radisson conduit à Montréal un important convoi de fourrures.

de l'affaire du Long-Sault a pénétré si rapidement dans l'Ouest, qu'elle a failli empêcher le départ du convoi. Celui-ci était prêt ; prenant peur soudain, les Indiens refusent de partir. Les Français utilisent les ressources de la dialectique pour renverser leur décision ; ils présentent à cet effet des cadeaux aux chefs ; ils se font fort « de remplir les Iroquois de terreur si ceux-ci étaient assez effrontés pour se présenter... » ; ils représentent à ces tribus qu'elles souffriront de nouvelles défaites cuisantes aux mains de cet ennemi, si elles ne viennent pas en Nouvelle-France s'approvisionner en armes et en munitions : « Ils doivent se procurer ce qu'il faut pour se défendre... ». Enfin, ils ont gain de cause. Mais le voyage est plein de danger, car c'est non moins de cent cinquante Iroquois qui tentent d'intercepter la flottille au Long-Sault. Et, dans leur voyage de retour, ces Indiens alliés se heurteront aux environs du « grand Sault », à un détachement onnontagué d'une centaine de guerriers et ils perdront trois des leurs qui seront capturés.

Encore une fois, pour comprendre ces attaques, il faut assimiler ces canots remplis de fourrures précieuses aux galions d'Espagne remplis d'or du Nouveau-Monde. Des troupes de pirates se précipitent de loin à leur rencontre pour s'en saisir.

C'est à partir de 1660 que la Nouvelle-France réussit à nouer des relations plus intimes et plus suivies avec ses Indiens alliés. Les pères Ménard et Albanel partent avec eux pour l'Ouest ; Jean Guérin et six autres Français les accompagnent. Ils ne trouveront pas là-bas les Hurons et les Outaouais, momentanément réfugiés chez les Sioux, mais qui reviendront un peu plus tard sur les rives du lac Michigan.

Une tranquillité relative continue à régner dans la colonie sauvée de la ruine par l'arrivée de la flottille de fourrures. Ce sont probablement les dissensions intestines entre Agniers et Senèkes qui obligent les uns et les autres à demeurer chez eux pour se défendre si les hostilités éclatent. Les semaines passent sans apporter les tragédies que l'on redoute. Toutefois, le 19 septembre, le père Simon Le Moyne reçoit l'ordre de ses supérieurs de monter à Montréal ; et c'est un peu plus tard qu'a probablement lieu la capture du jeune François Hertel, âgé de dix-neuf ans, « pour avoir commis l'imprudence de s'avancer hors de la place, malgré les conseils de sa mère », selon les affirmations de Benjamin Sulte.

Joseph-François Hertel de La Fresnière (1642-1722) devint officier, interprète, commandant et seigneur. Capturé en juillet 1661, il réussit à s'évader après environ deux ans de captivité et revint à Montréal.

De nouvelles rumeurs d'une invasion iroquoise

Le 7 octobre, un Huron fugitif apporte la rumeur d'une seconde invasion. Ayant fait partie de la troupe de Dollard, il ajoute divers renseignements à ceux que l'on connaissait déjà sur les tortures infligées aux Hurons et aux Français après le combat du Long-Sault. « Il dit qu'ils les ont tous fait brûler avec des tourments et des ignominies horribles. » Mais il ajoute aussi qu'il « s'est sauvé d'une bande de six cents de ces barbares, qui venaient ici cet automne pour nous surprendre et pour ravager nos moissons ». L'objectif de cette armée serait la libération des quatorze Goyogouins prisonniers à

Montréal ; la ruse qu'elle veut employer est la suivante : arborer un pavillon blanc en dehors des palissades de Montréal ; capturer les Français et les missionnaires qui sortiraient alors pour parlementer « afin de les échanger avec leurs prisonniers... » ; l'échange accompli, l'armée ferait le plus de ravage possible, tuerait les Blancs et surtout enlèverait des femmes et des filles.

Le même Huron ajoute « qu'il est arrivé à ces six cents barbares un accident qui pourra bien les faire retourner sur leurs pas sans rien faire ». Au cours d'une chasse, le capitaine de ce détachement a reçu un coup de feu et serait mort : « ...Et comme ces gens-là sont fort superstitieux, ils ont tiré un augure de ce coup, que leur guerre n'irait pas bien pour eux, et qu'assurément il leur arriverait du malheur » ; les guerriers auraient commencé à se défiler, le captif aurait profité de l'occasion pour s'enfuir. Cette nouvelle est acceptée comme exacte ; Marie de l'Incarnation, par exemple, lui accorde beaucoup d'importance et elle ajoute : « Toute ces connaissances ont tellement animé les Français, qu'ils sont résolus de détruire ces misérables par eux et par le secours qu'ils attendent de France. »

Exactement un mois plus tard, soit le 7 novembre, un second Huron rafraîchit cette rumeur. Il s'est échappé d'Anniégé. Il parle d'une armée de six cents guerriers. D'autres rumeurs se propagent en même temps : un Huron captif doit conduire à Québec une troupe de trente Agniers qui pénétreront jusqu'au cœur de la ville pour massacrer les derniers Hurons. Les Agniers auraient approché les Onnontagués au mois de juin passé pour préparer une invasion de la Nouvelle-France. Puis les prévisions se reportent sur l'année prochaine, 1661 : « Enfin, que l'année prochaine sera plus redoutable pour nous que les précédentes, parce que toutes les cabanes, c'est ainsi qu'ils parlent pour exprimer les cinq Nations Iroquoises, se doivent liguer et former un grand dessein de guerre contre nous. » Après l'arrestation des Goyogouins, les cinq tribus iroquoises se sont-elles rapprochées de nouveau ? C'est possible. Toujours à l'affût d'une bonne occasion pour remettre les Senèkes dans leur jeu, les Agniers ont sans doute tenté d'unir les cinq tribus dans un projet de vengeance contre la Nouvelle-France.

L'erreur des Français provoque une nouvelle alliance entre les Cinq Nations.

CHAPITRE 88

1660

En 1660, deux colonies européennes, la Nouvelle-Hollande et la Nouvelle-France, situées non loin l'une de l'autre, sont aux abois. La raison de leur faiblesse est presque identique : une population blanche réduite, le manque d'immigrants et de vrais colons, des guerres indiennes sanglantes et toujours renouvelées, la prédominance du commerce des fourrures sur l'agriculture et l'industrie. La Nouvelle-Hollande compte parmi ses alliés, les Agniers qui sont les plus terribles adversaires de la Nouvelle-France.

Le père Paul Le Jeune, procureur de la mission canadienne en France de 1649 à 1662

Succomberont-elles toutes les deux ? La Nouvelle-France désespère de la paix avec les Iroquois dans le cours de l'année 1659. Elle perd tout espoir et se tourne résolument vers la guerre. Sa réaction est violente et elle esquisse un fort mouvement de résistance. Peut-on dater celui-ci de 1659 ? Peut-être, car durant l'année 1660, on notera le passage rapide au Canada du père Paul Le Jeune. C'est lui qui, en 1641, au milieu d'une période de danger analogue, avait quitté Québec pour demander des secours à Anne d'Autriche. Quelle est durant la présente année la mission du père Le Jeune ? On l'ignore.

Anne d'Autriche, reine de France

La campagne destinée à sauver la Nouvelle-France se développe pleinement dans la *Relation* de 1660 et dans les lettres écrites la même année par Marie de l'Incarnation, qui appuie aussi les dépêches alarmantes de M. d'Argenson, le gouverneur. Cette fois, le problème est brutalement posé : est-ce la Nouvelle-France qui détruira l'Iroquoisie ou l'Iroquoisie qui détruira la Nouvelle-France ? Celle-ci doit éliminer son ennemi sinon elle sera éliminée par lui. La coexistence entre les nations étant impossible, des plaidoyers vibrants vont réclamer les forces nécessaires à l'anéantissement de la rivale indienne. Cette fois, plus d'atermoiements, de ménagements ou de demi-mesures, mais une attaque véhémente, passionnée et radicale.

Les Français évoquent la nécessité de détruire l'Iroquoisie.

La *Relation* de 1660 est probablement le document le plus impitoyable de cette campagne. Dès le début, l'attaque est directe : le jeune roi Louis XIV donne la paix à l'Europe « pendant que nôtre Amérique semble être aux abois par la plus cruelle de toutes les guerres... » ; les feux de joie s'allument en Europe, mais au Canada ils « se changent... En feux de cruauté, dans lesquels nos pauvres Français sont inhumainement brûlés » ; en France, on entonne les chants de victoire, mais au Canada on entend « nos Français captifs, chanter sur les échafauds des Iroquois... Ou pour trouver quelque soulagement dans leurs tourments, ou pour donner du divertissement à leurs bourreaux ». Les Canadiens désespéraient, mais ils ont appris « les bons desseins que Dieu a inspirés à plusieurs personnes de grand mérite, de procurer la destruction de l'Iroquois... Cette entreprise est digne de la piété de ceux qui s'y emploient, et bien sortable à la gloire du nom français qui n'a jamais plus éclaté que dans les guerres saintes, et pour la défense de la religion. » L'auteur de la *Relation* ajoute encore la déclaration suivante : « On jugera par ce qui est couché dans chaque chapitre de cette Relation, la nécessité de cette glorieuse expédition, dans laquelle se trouvent tous les intérêts divins et humains. »

Tout d'abord, l'auteur expose les intérêts divins. D'innombrables tribus amérindiennes attendent la parole de Dieu : le chapitre III de la *Relation* en contiendra une première énumération et description, le chapitre IV en fera le décompte. Tous les peuples y passent depuis ceux de l'Est comme les Abénaquis jusqu'aux tribus errantes autour du lac Supérieur qui ont fait une « ligue offensive et défensive ...contre l'ennemi commun » ; depuis les Sioux jusqu'aux groupes algonquins qui habitent au sud de la baie d'Hudson. « Voilà des peuples infinis, dit le missionnaire ; mais le chemin en est fermé : il faut donc rompre tous les obstacles, et passant à travers de mille morts, se jeter au milieu des flammes pour en délivrer tant de pauvres Nations. » Plus loin, des phrases du même genre reviennent continuellement : « Ils nous tendent les bras, et nous leur tendons les nôtres, mais les uns et les autres sont trop courts pour se joindre de si loin ; et quand enfin nous pensons nous entrembrasser, nous trouvons l'Iroquois qui se met entre deux, et qui frappe sur les uns et sur les autres. » Et aussi : « ...Ces bons pasteurs sont tués en chemin par les Iroquois, leurs guides sont pris et brûlés, et tous les chemins sont rendus inaccessibles... ». Voici un passage qui en résume bien d'autres : « Enfin, nous savons que, partout où nous puissions aller dans nos bois, nous y rencontrons quelque Église fugitive, ou quelque autre naissante ; partout nous trouvons des enfants à envoyer dans le ciel, partout des malades à baptiser, et des adultes à instruire ; mais partout nous trouvons l'Iroquois, qui, comme un fantôme importun, nous obsède en tous lieux ; s'il nous trouve parmi nos nouveaux chrétiens, il les massacre entre nos bras ; s'il nous rencontre sur la rivière, il nous tue ; s'il nous prend dans les cabanes de nos Sauvages, il nous brûle avec eux. Mais nôtre mort nous serait souhaitable et bien plus précieuse, si elle n'était pas suivie de la désolation générale de nos pauvres Églises, et si la perte des Pasteurs ne causait pas celle des ouailles. » L'auteur parle encore de « tant de conversion retardées, et tant d'âmes perdues... De tous ces Néophytes contraints de chercher les antres et les forêts les plus épaisses... » Les Jésuites s'impatientent de voir continuellement une si belle moisson et de n'y pouvoir entrer : « Et qui fait cela ? Une petite poignée d'Iroquois, qui tous ensemble ne feraient pas la millième partie des peuples dont ils ruinent le salut. Ces spectacles ne sont-ils pas assez touchants pour rallumer ce zèle et cette ardeur Française, qui a autrefois fait de si nobles conquêtes sur les infidèles, et qui a rendu la France si glorieuse par les croisades... » On a bien compris que au fond, c'est une croisade contre les Iroquois que prêche la *Relation* de 1660.

Les Iroquois nuisent à la conversion des autres tribus.

D'autre part, les Iroquois nuisent au développement économique de la Nouvelle-France. L'auteur ne veut pas s'étendre sur le sujet, mais il l'explique en passant. « Cet ennemi, dit-il, sème les désastres, coupant toutes les sources de la traite, et empêchant que des peuples de cinq à six cents lieues à la ronde, ne viennent ici-bas chargés de pelleteries, qui feraient regorger ce pays de richesses immenses... » La Nouvelle-France est un pays riche, la terre y est bonne, elle donne de belles récoltes et celui qui la cultive peut en vivre avec sa famille, en peu de temps. Les enfants naissent nombreux. Le climat est salubre, le bois abondant, la pêche miraculeuse et la chasse prodigieuse. « Mais la guerre des Iroquois traverse toutes nos joies, et c'est l'unique mal de la Nouvelle-France, qui est en danger de se voir toute désolée, si de France l'on n'y apporte un puissant et prompt secours : car, pour dire vrai, il n'y a rien de si aisé à ces barbares que de mettre, quand ils voudront, toutes nos habitations à feu et à sang, à la réserve de Québec, qui est en état de défense... ». Un bon nombre de personnes vivent isolées dans les campagnes « n'y ayant en chaque maison que deux, trois ou quatre hommes, et souvent même qu'un seul avec sa femme et quantité d'enfants, qui peuvent être tous tués ou enlevés sans qu'on en puisse savoir rien dans la maison la plus voisine ». Et ceci s'explique par les méthodes de guerre indiennes : « Au reste, la façon que tiennent les Iroquois dans leurs guerres, est si cachée dans leurs approches, si subite dans leur exécution, et si prompte dans leur retraite, que d'ordinaire l'on apprend plus tôt leur départ, que l'on n'a pu savoir leur venue. Ils viennent en renards dans les bois, qui les cachent et qui leur servent de fort inexpugnable. Ils attaquent en lions ; et comme ils surprennent lorsqu'on y pense le moins, ils ne trouvent point de résistance ; ils fuient en oiseaux, disparaissant plus tôt qu'ils ne paraissent. Un pauvre homme travaillera tout le jour proche de sa maison, l'ennemi qui est caché dans la forêt toute voisine, fait ses approches, comme un chasseur fait de son gibier, et décharge son coup en assurance, lorsque celui qui le reçoit se pense plus assuré. Or, qu'y a-t-il de plus aisé à une troupe de huit cents, ou de mille Iroquois, que de se répandre par les bois, tout le long de nos habitations Françaises, faire un massacre général en un même jour, usant de cette surprise, tuant les hommes et emmenant les femmes et les enfants captifs, comme ils ont déjà souvent fait ? » Notre auteur ajoute encore ce qui suit : « C'est une espèce de miracle, que les Iroquois pouvant si aisément nous détruire, ils ne l'aient pas encore fait ; ou plutôt c'est une providence de Dieu, qui, jusqu'à maintenant, les a aveuglés et a rompu les desseins qu'ils ont formés de nous faire cette sorte de guerre. » Les Français ont un devoir : s'aider réciproquement ; la paix règne maintenant en France et « l'on pourra nous donner secours contre un ennemi qui s'est résolu enfin ou de nous perdre, ou d'y périr ». L'attaque serait une mesure de défense contre une Iroquoisie décidée à abattre la Nouvelle-France. Si la France ne l'entreprend pas, elle perdra une colonie riche et la nation européenne qui en prendra possession pourra s'en servir contre la France.

Les Iroquois nuisent au développement économique.

Les Iroquois attaquent en lions et fuient en oiseaux.

La Nouvelle-France ne peut être sauvée que par la France.

On trouve ensuite dans le chapitre II de cette *Relation* une description du peuple iroquois et quelques considérations historiques. L'auteur connaît mieux les Agniers que les autres tribus : « Comme ils sont insolents de leur naturel et vraiment belliqueux, ils ont eu à démêler avec tous leurs voisins... Vers la fin du dernier siècle, les Agniers ont été réduits si bas par les Algonquins, qu'il n'en paraissait presque plus sur la terre ...Le nom seulement d'Algonquin les faisait frémir, et son ombre semblait les poursuivre jusques dans leurs foyers... Les Hollandais... leur fournirent des armes à feu, avec lesquelles il leur fut aisé de vaincre leurs vainqueurs, qu'ils mettaient en fuite et qu'ils remplissaient de frayeur au seul bruit de leurs fusils ; et c'est ce qui les a rendus formidables partout, et victorieux de toutes les Nations, avec lesquelles ils ont eu guerre... » Les Agniers ne compteraient que cinq cents guerriers, les Onneyouts, une centaine, les Onnontagués et les Goyogouins, trois cents chacun, et les Tsonnontouans, mille environ. Cette estimation est trop faible ; il faut certainement y ajouter au moins cinq cents guerriers de plus. Toutefois, les « francs Iroquois », dit notre auteur, sont des Hurons, des Gens du Pétun, des Neutres, des Ériés, des gens de la nation du Feu et autres qui ont été capturés, et ont été plus tard assimilés et *iroquisés* comme on dit à l'époque. En 1660, la population iroquoise se serait donc fort augmentée par suite des guerres livrées aux peuplades avoisinantes.

Une évaluation du nombre de guerriers iroquois

iroquisés = iroquoisés

L'auteur de la *Relation* parle ensuite du courage du peuple iroquois. Ses guerriers, dit-il, se sont signalés dans nombre de rencontres. Les Agniers sont les plus braves. Toutefois, ils ont plus d'audace en groupe qu'en petites bandes. Et, chez eux, « la fourbe y est bien plus commune que le courage, et la cruauté plus grande encore que la fourbe ; et l'on peut dire que, si les Iroquois ont quelque puissance, ce n'est que parce qu'ils sont ou fourbes ou cruels ». Et plus loin : « Les Iroquois sont de l'humeur des femmes : il n'y a rien de plus courageux, quand on ne leur fait point résistance ; rien de plus poltron, quand on leur tient tête. »

Les Iroquois, courageux à leur façon

Ce Jésuite exagère sur bien des points et singulièrement sur la possibilité de destruction de la nation iroquoise. Tout d'abord, il avait dit : « Deux régiments de braves soldats l'auraient bientôt terrassé. » Ensuite, il croit que cinq cents bons hommes suffiraient à cette tâche. L'avenir réserve des surprises et de douloureuses leçons. Il n'est pas facile à une lourde armée européenne, qui a besoin de ses convois de munitions, de vivres, d'annihiler une tribu sauvage qui a toutes les immenses forêts du nouveau monde pour se replier et battre en retraite. À la fin, l'auteur serait satisfait de la destruction des Agniers, « car il est hors de doute que si les Agniers étaient défaits par les Français, les autres Nations Iroquoises seraient heureuses d'entrer en composition avec nous, et nous donner leurs enfants pour otages de leur fidélité » ; les missions refleuriraient alors dans ces tribus, et c'est le projet que l'on fait « si les bons desseins qu'on a en France réussissent... ».

La destruction des Agniers règlerait bien des problèmes.

Dans une lettre écrite le 2 novembre, Marie de l'Incarnation s'étend assez longuement sur cette campagne menée pour déclencher une intervention puissante de la France au Canada : « Plusieurs des plus honnêtes gens de ce pays sont partis pour aller en France, et particulièrement le révérend Père Le Jeune y va pour demander du secours au roi contre nos ennemis, que l'on a dessein d'aller attaquer en leur pays. L'on espère que Sa Majesté en donnera, et en cette attente l'on fait ici un grand nombre de petits bateaux, qui ne sont guère plus grands que les canots des Iroquois ; c'est-à-dire, propres à porter quinze ou vingt hommes. Il est vrai que si l'on ne va humilier ces barbares ils perdront le pays, et ils nous chasseront tous par leur humeur guerrière et carnassière. Ils chasseront, dis-je, ceux qui resteront, car avant que d'en venir là, ils en tueront beaucoup, et tous si on les laisse faire. Il n'y a nulle assurance à leur paix, car ils n'en font que pour allonger le temps, et prendre l'occasion de faire leur coup et d'exécuter leur dessein, qui est de rester seuls en toutes ces contrées, afin d'y vivre sans crainte, et d'avoir toutes les bêtes pour vivre et pour en donner les peaux aux Hollandais. Ce n'est pas qu'ils les aiment, mais parce qu'ils ont besoin de quelques-uns par le moyen desquels ils puissent tirer leurs nécessités de l'Europe et comme les Hollandais sont plus proches d'eux, ils traitent plus facilement, non sans leur faire mille indignités que les Français ne pourraient jamais souffrir... » Cette analyse de la situation est très lucide, très réaliste, mais elle s'applique davantage aux Agniers en général, qu'à tous les Iroquois.

Marie de l'Incarnation présente encore le plaidoyer des Français du Canada qui sont exposés continuellement à la torture et à la mort. Elle montre l'importance de la bataille du Long-Sault dans la décision des Français de détruire les Iroquois. « Ils [les Iroquois] ne peuvent plus différer leur perte après tant d'hostilités et de ruptures de paix. » Maintenant les Français livrent les Iroquois qu'ils capturent aux Algonquins, sachant qu'ils seront suppliciés : « Vous vous étonnez de cette résolution, dit-elle, et vous dites que cela répugne à l'esprit de l'Évangile et des apôtres, qui ont exposé leur vie pour sauver les infidèles, et ceux même qui les faisaient souffrir. Mgr notre Prélat a été de votre sentiment ; il a même fait apprendre la langue à M. de Bernières pour aller les instruire ; vous savez combien de fois nos révérends Pères y sont allés pour le même sujet : tout nouvellement ils ont voulu y aller pour faire un dernier effort ; mais on les a retenus comme par violence, le péril étant trop évident et inévitable. Après tant d'efforts inutiles et d'expériences de la perfidie de ces infidèles, Monseigneur a bien changé de sentiment ; et il tombe d'accord avec toutes les personnes sages du pays, ou qu'il les faille exterminer, si l'on peut, ou que tous les chrétiens et le christianisme du Canada périssent. Quand il n'y aura plus de christianisme ni de missionnaires, quelle espérance y aura-t-il de leur salut ? Il n'y a que Dieu qui par un miracle bien extraordinaire les puisse mettre dans la voie du Ciel. »

Marie de l'Incarnation analyse mieux la situation, mais arrive aux mêmes conclusions.

Les Français livrent aux Algonquins les Iroquois qu'ils capturent.

Henri de Bernières, ordonné prêtre en 1660.

Ces divers extraits montrent bien l'état d'esprit en Nouvelle-France à l'automne de 1660. Tous, petits et grands, religieux et laïques, croient qu'il faut recourir immédiatement à la guerre contre les Iroquois. Avec l'affaire du Long-Sault, la mesure est comble. Toute confiance dans les négociations de paix est perdue. Les Français n'espèrent plus que des troupes pour donner une leçon à leurs ennemis.

Les Français ne croient plus aux négociations de paix avec les Iroquois.

Avec le recul, cette décision paraît mieux justifiée pour les Agniers que pour les Senèkes. Pour des raisons dont quelques-unes sont mal connues, ces derniers cherchent toujours une alliance avec les Français. Mais encore, quels résultats assurés une paix avec eux en ce moment peut-elle donner ? Toutes les paix sont fragiles, même celles qui sont conclues entre peuples européens. Et quand l'une des parties est trop faible, comme c'est le cas de la France d'alors, elle provoque la rupture des traités. Les Senèkes convoitent aussi les pelleteries de l'Ouest, ce sont des pirates de la pelleterie et, dans ces conditions, ce sont aussi les adversaires des Français. Une alliance serait trop aléatoire.

La solution idéale consisterait évidemment en un grand mouvement d'immigration et de colonisation. Ce serait le remède radical, mais on a du mal à le voir. Si la Nouvelle-France peut atteindre une vingtaine de milliers d'âmes, elle se met automatiquement en dehors des prises de la petite guerre. Ni les Agniers ni les Senèkes n'attaqueront un ennemi aussi puissant. Elle en compte à peine mille. Et ce faible noyau de population contrôle le commerce des riches et superbes fourrures du Nord.

La solution : le peuplement

CHAPITRE 89

1661

L'année 1660 se termine sans que l'on ait reçu de nouvelles des Goyogouins que l'on a renvoyés dans leur pays pour annoncer la capture de leurs compagnons. Dans ces conditions, il est à prévoir que ces arrestations augmenteront l'irritation des Iroquois et hâteront, pour la seconde fois, un rapprochement entre les diverses tribus. Les Agniers travaillent à cette affaire. Quelques-uns de leurs députés sont présents devant le tribunal de Fort Orange, le 22 janvier 1661. Ils racontent qu'ils ont rendu visite aux Senèkes et que maintenant, ils se rendent dans le Sud pour établir la paix entre les Iroquois supérieurs et les Andastes. La guerre menace ou est déjà commencée dans cette direction. Abraham Staas en avait parlé à Stuyvesant dans une lettre du 16 janvier 1660 : « On affirme aussi que les Senèkes sont en guerre avec les Andastes et les Indiens de la rivière au sud. » « Et maintenant les Agniers tentent d'étouffer ce conflit, sans doute pour se remettre dans les bonnes grâces des Iroquois supérieurs et refaire un front solide contre la Nouvelle-France. »

Un appel du père Paul Le Jeune au roi Louis XIV

Dans le même temps, les Français se préparent à la lutte. Voici, par exemple, quelques phrases tirées de la lettre que le père Paul Le Jeune adresse au roi : « Voici vôtre Nouvelle-France aux pieds de vôtre Majesté. Une troupe de Barbares, comme vous fera voir ce petit Livret, l'a réduite aux abois. Écoutez, Sire, si vous l'avez pour agréable, sa voix languissante et ses dernières paroles : Sauvez-moi, s'écrie-t-elle, je vais perdre la Religion Catholique ; on me va ravir les Fleurs de Lys ; je ne serai plus Française... ; je tomberai entre les mains des étrangers, quand les Iroquois auront tiré le reste de mon sang... ; et le Démon va enlever un grand nombre de Nations qui attendaient le salut de votre Piété... Il y a environ un an, que ses enfants vos sujets, habitants de ce Nouveau-Monde, firent entendre l'extrémité du danger où ils étaient ; mais le malheur du temps n'ayant pas permis qu'ils fussent secourus, le ciel et la terre ont marqué par leurs prodiges les cruautés et les feux que ces ennemis de Dieu et de V.M. leur ont fait souffrir depuis ce temps-là. Ces perfides raviront un fleuron de votre Couronne... ». La lettre continue sur un ton déclamatoire, mais capable d'influencer le roi. Puissant en Europe, Louis XIV ne doit pas être méprisé en Amérique. La perte de la Nouvelle-France nuirait au Royaume ; il faut entreprendre cette « guerre sainte ». L'expression que l'on trouve dans cette lettre : « Il y a environ un an » et le fait que durant l'été 1660, des embarcations se construisaient au Canada pour la guerre contre l'Iroquoisie, indiquent assez que la campagne menée en France, date en réalité de 1659 plutôt que de 1660. Le « livret » qui accompagne la lettre est sans aucun doute un mémoire.

Après ces préliminaires s'ouvre l'année 1661, qui est certainement l'une des plus impressionnantes et des plus sanglantes de l'histoire de la Nouvelle-France. Elle se déroule presque dans une atmosphère apocalyptique, ce qui a fortement ébranlé la sensibilité et l'imagination des gens de l'époque. Des signes, comme dit Marie de l'Incarnation, apparaissent dans le ciel. C'est tout d'abord une comète : elle « tirait vers le couchant, nous regardait et nous semblait menacer des coups de verges dont elle nous faisait une éclatante, mais fatale montre ». Un homme en feu, un canot en feu, une couronne de feu paraissent dans le firmament. À l'île d'Orléans, un enfant crie dans le sein de sa mère ; l'air même s'emplit de cris et de clameurs. Des scènes de magie s'ajoutent à ces phénomènes. Il faut pratiquer l'exorcisme. Une épidémie ajoute aux troubles. Les enfants des Indiens et de Français meurent en grand nombre : « L'on n'avait point encore vu une semblable mortalité, car ces maladies se tournaient en pleurésies accompagnées de fièvres. » Un bon nombre de ceux qui sont atteints sont en danger de mort.

La population terrifiée par des phénomènes cosmiques et atmosphériques, perdue dans les immenses forêts du Nouveau Monde et presque abandonnée, doit subir en plus les attaques des Iroquois, des Agniers surtout, qui, on ne le répétera jamais assez, sont les véritables ennemis de la Nouvelle-France. Cette fois encore, ceux-ci abandonnent le projet d'une attaque contre un poste avec une grosse armée ; les détachements sont nombreux, insaisissables, ils se lancent dans toutes les directions et en tout temps contre la Nouvelle-France.

Ville-Marie, le poste frontière, en subit les premiers coups. Le 25 février au matin, un groupe d'habitants part pour travailler assez loin dans la forêt. C'est encore le plein hiver, les ennemis d'habitude sont retirés dans leurs bourgades quand il fait froid et qu'il neige. Les bûcherons ne tiennent pas compte de l'ordonnance de Maisonneuve : ils n'apportent pas leurs armes, ils se mettent au travail sans prendre les précautions d'usage et surtout sans poster de sentinelles. Bientôt, ils sont encerclés par un parti de cent cinquante Iroquois. Treize Français sont capturés tout de suite. D'autres tentent de s'échapper vers le fort, parmi eux, Charles Le Moyne a un pistolet qu'il utilise avec habileté ; les autres n'ont qu'une ressource : la vitesse de leurs jambes. Une dame de grand courage et de sang-froid, Mademoiselle Duclos, trouve ici et là des mousquets, elle s'en charge, se porte au-devant des habitants en fuite à qui elle les remet ; les fugitifs peuvent un peu mieux protéger leur retraite, et d'après l'abbé de Belmont le pire est évité.

La *Relation* de 1661 contient un passage sur les traitements que ces premiers captifs reçoivent en Iroquoisie : « Ce ne fut pas sans de grandes marques de leur manie enragée, que ces barbares les menèrent chez eux en triomphe, les uns ayant été assommés par la grêle des coups de bâtons qu'ils ont

La terrible
année 1661

Une atmosphère
apocalyptique

Plusieurs
détachements
agniers attaquent
la Nouvelle-
France en divers
points.

Barbe
Celles Duclos

reçus à l'entrée du bourg... ; d'autres ont été brûlés avec les cérémonies ordinaires... Quelques-uns furent dispersés, pour gémir le reste de leurs jours dans une servitude plus rude que la mort. »

Les Français de Ville-Marie doivent sortir de l'enceinte palissadée pour couper du bois de chauffage et exécuter les travaux des champs. Un mois plus tard, une vingtaine d'entre eux prennent le même risque que les précédents. Eux aussi sont entourés par un parti de deux cent soixante guerriers. Cette fois, les colons sont armés, mais leur nombre est bien inférieur à celui de leur adversaire. Au premier abord, ils se sentent tous perdus, mais ils sont résolus à combattre jusqu'à leur dernier souffle. Les premiers atteints par l'attaque ennemie tiennent le choc : sont tués Vincent Boudreau, Sébastien Dupuis, Olivier Martin et Pierre Martin, dit La Rivière. Six autres sont capturés. Un habitant du nom de Beaudouin tire à bout portant sur l'un des principaux capitaines iroquois et il le tue. Pierre Gadoys le premier habitant de Ville-Marie, un vieillard rhumatisant, se bat comme un « Roland », sans que personne puisse calmer sa fougue combative. La vigoureuse défense des travailleurs permet aux habitants de la bourgade de se porter, avec de nouvelles forces, sur le champ de bataille. Enfin, abandonnant leurs morts et leurs compatriotes prisonniers, les survivants réussissent à se dégager, à battre en retraite et à rentrer dans l'enceinte des palissades protectrices.

Pierre Gadoys (c. 1594-1667)

L'Iroquois s'est montré en tel nombre et le danger semble si grand, que les colons n'osent pas s'aventurer à l'extérieur du poste. Peu après, madame d'Ailleboust donnera des détails macabres : chaque jour, les chiens reviennent avec des lambeaux de chair humaine. Les habitants s'arment enfin, puis ils se rendent au lieu du combat. Ils y découvrent des cadavres tronçonnés, scalpés, charcutés : des têtes, des membres, des troncs gisent ici et là. Madame d'Ailleboust pense mourir de frayeur lorsqu'elle rencontre un Français chargé de restes sanglants ; à l'entrée du fort éclatent des cris, des lamentations. L'inhumation aura lieu quatre jours plus tard.

Témoignage de Marie-Barbe de Boullongne, veuve du gouverneur Louis d'Ailleboust, mort en mai 1660.

Ce ne sont que les deux premières actions de cette année mémorable. « ...Pendant tout l'été, lit-on dans la *Relation*, cette île s'est toujours vue gourmandée de ces lutins, qui tantôt paraissaient à l'orée du bois se contentant de nous charger d'injures, tantôt se glissaient jusqu'au milieu de nos champs pour y surprendre le laboureur, tantôt s'approchaient de nos maisons, ne cessant de nous vexer ; et comme des harpies importunes, ou comme des oiseaux de proie, ils fondaient sur nous quand ils nous trouvaient en surprise, sans crainte d'être pris. »

Des Français de Trois-Rivières capturés.

Une douzaine de jours plus tard, vers le 6 ou le 7 avril, car la nouvelle en parvient à Québec le 8, quatorze Français des Trois-Rivières sont capturés dans des circonstances inconnues. Le *Journal des Jésuites* dira que ce sont les Onnontagués qui ont fait le coup. Le messager qui donne ce renseignement, ajoute qu'une armée de huit cents Iroquois s'approche du poste : « Le secours de 40 hommes, ajoute le même *Journal*, partit le dimanche suivant », soit le 10 avril. Le jeu des prisonniers goyogouins s'est retourné contre la Nouvelle-France. Mais les trois postes français sont si éloignés les uns des autres que les communications sont difficiles et l'on n'apprendra que le 17 avril à Québec, les combats qui ont eu lieu en février et en mars à Montréal. Chacun subit isolé sa propre misère. Parlant de la bataille des Trois-Rivières, la *Relation* de 1661 mentionnera ce qui suit : « C'était mal sur mal, et douleur sur douleur pour ces pauvres habitants qui, pendant tout l'été n'ont pas été plus en repos que ceux de Montréal, étant obligés de voir enlever à leurs yeux, et quelquefois aux portes de leur bourg, tantôt des hommes, tantôt des enfants, sans pouvoir faire autre chose que de donner des larmes sur la misère de ces pauvres captifs. »

Puis les hostilités se déplacent à l'autre extrémité de la Nouvelle-France. Le 2 juin, les pères Dablon et Druillettes partent de Tadoussac pour atteindre le pays des Critinaux, ou les régions qui s'étendent entre le lac Saint-Jean et la baie d'Hudson. Et le 6 juin, un parti de soixante à soixante-dix Agniers révèle sa présence à Tadoussac en attaquant des Français qui lèvent leurs rets. Ils tuent trois d'entre eux, blessent à mort un quatrième, Thomas Michel, qui mourra et sera inhumé à Québec le 9 juin. Alors les Français et les Indiens qui se trouvent encore à Tadoussac, soit une centaine de personnes, abandonnent le poste de nuit pour revenir à Québec.

Les Agniers, ou une partie d'entre eux, enfilent ensuite le Saguenay en arrière des missionnaires français et de la centaine d'Indiens qui les accompagnent. Ceux-ci voyagent dans une quarantaine de canots. Ils doivent se rendre tout d'abord à Nekouba, poste situé à mi-distance entre la baie d'Hudson et Tadoussac, à quarante-cinq lieues en ligne droite au nord-ouest du lac Saint-Jean où se tient toujours une foire annuelle. Huit ou dix tribus septentrionales viennent y échanger leurs produits et leurs pelleteries. Le voyage est pénible dans ces solitudes ; une épidémie frappe la troupe, nombre de voyageurs sont enterrés en route, la famine sévit, des feux de forêts ravagent ces districts reculés.

Un parti de cent quatre-vingts Agniers arrive au lac Saint-Jean presque en même temps que les Montagnais qui les précèdent. Toutefois, par un heureux hasard, il ne découvre pas ceux qu'il pourchasse avec tant d'ardeur et de ténacité. Il choisit une route différente et manque ainsi la possibilité de faire un grand massacre. Mais il trouve d'autres victimes et le moyen de dépeupler cette région comme il l'a fait pour tant d'autres. La *Relation* de 1661 dira « qu'ayant surpris la nation des Escurieux, à quelques journées d'ici, il l'a défaite entièrement, et a jeté un tel effroi dans tous les peuples circonvoisins, qu'ils [ceux-ci] se sont tous dissipés..., que la frayeur s'est portée jusqu'à la mer, où nous allions, et où ces barbares prétendent bien porter, dès cette année, leur cruauté ». La destruction de la tribu algonquine que l'on connaît

Critinaux = fort probablement Cristinaux, Kristineaux ou Cris

Après une attaque des Agniers, les Français et les Indiens quittent Tadoussac.

Les Iroquois attaquent les Escurieux (ou Écureuils) au nord-ouest du lac Saint-Jean.

mieux sous le nom d'Écureuils a donc lieu non loin de Nekouba, au nord-ouest du lac Saint-Jean. Les Jésuites abandonnent leur voyage à la baie d'Hudson, les tribus se dispersant dans la grande forêt pour échapper à l'ennemi. C'est sans doute la première fois que les Agniers s'aventurent sur le Saguenay ; ils viennent ainsi bloquer la dernière artère par laquelle les Français recevaient les pelleteries du Nord.

Les Agniers bloquent l'accès des pelleteries du Nord aux Français.

Ils sont déjà montés dans la Mauricie où cette année ils reviennent fort nombreux. En même temps qu'ils attaquent par le Saguenay, ils attaquent aussi par le Saint-Maurice. Vers le 6 ou le 7 juin, l'un de leurs détachements se trouve dans les alentours des Trois-Rivières. Il massacre trois hommes au Cap-de-la-Madeleine. Deux enfants de Claude Poulain disparaissent : se sont-ils égarés dans la forêt ou ont-ils été capturés par les Iroquois ?

Vers le 15 juin, une trentaine d'Attikamègues quittent les Trois-Rivières, désireux eux aussi de se rendre à Nekouba par le Saint-Maurice, l'un de ses affluents et par divers lacs. Deux Français les accompagnent : l'un est le fils de Jean Godefroy, son prénom est peut-être Jacques. On ne sait pas exactement à quel endroit le groupe rencontre soixante-dix à quatre-vingts Agniers qui, par l'est, se dirigent eux aussi vers Nekouba tandis qu'une autre partie de leurs compatriotes s'y rend par le Saguenay et le lac Saint-Jean. Entraînés par les deux Français et en particulier par Godefroy, les Attikamègues acceptent de livrer bataille. C'est une des plus longues et des plus acharnées que l'on ait vue. Accablés par des forces quatre fois supérieures, ces Algonquins jusqu'alors timides, résistent longtemps. À leur tête, Godefroy « signala son courage... ; il soutint le choc des ennemis avec une hardiesse qui le faisait paraître comme invulnérable, au milieu du feu continuel que faisaient sur lui les ennemis, ne cessant d'encourager les siens et par paroles, et par exemple, jusqu'à ce que tout couvert de plaies, dont plusieurs étaient mortelles, il tomba sur son sang et se traîna, comme avaient fait les autres, à un tas de morts, pour rendre le dernier soupir entre les bras de ses généreux compagnons ». Les femmes elles-mêmes prennent part à la bataille ; elles « ne cédaient pas aux hommes en courage ; elles n'épargnaient rien pour se faire tuer, plutôt que de tomber vives entre les mains qui leur devaient faire souffrir autant de morts qu'ils leur donneraient de jours à vivre ». Une mésentente éclate à la fin parmi les chefs de ce petit groupe, leur enlevant une victoire possible. Tous se font tuer sauf une femme et un homme qui s'échapperont peu après pour apporter la nouvelle aux Trois-Rivières. Ils ont tué vingt-quatre Iroquois.

Jacques Godefroy de Vieuxpont, trafiquant et interprète, fils de Jean Godefroy de Lintot (1641-1661)

Terrible combat entre Attikamègues et Agniers

Ce combat précède de quelques jours la bataille la plus célèbre de l'été, celle qui, par la qualité des individus qui y prendront part, par le retentissement qu'elle aura en France, éclipsera toutes les autres.

Les Agniers auraient mis en campagne un gros détachement de trois cents guerriers qu'ils ont divisés en deux corps. Une partie du premier, celui qui doit passer par le Saguenay, serait laissée à Tadoussac pour remonter le Saint-

Laurent derrière les Indiens et les Français qui reviennent vers Québec. Des Iroquois paraissent en effet dans la région de Québec où ils ne sont pas venus souvent et le *Journal des Jésuites* dit qu'ils viennent de Tadoussac. Le 18 juin, à huit heures du matin, ils descendent à la Côte de Beaupré : ils y massacrent ou capturent huit personnes. Puis, traversant le chenal nord du fleuve, ils débarquent dans l'île d'Orléans où ils font sept nouvelles victimes.

Les Français attaqués sur la Côte de Beaupré et à l'île d'Orléans.

La nouvelle parvient tout de suite à Québec. Parmi ceux qui l'apprennent, se trouve Monsieur de Lauson, sénéchal de la Nouvelle-France, « un homme très généreux et toujours prêt à courir sur l'ennemi, et toute la jeunesse le suivait avec ardeur ». C'est le fils d'un ancien gouverneur du Canada. Il jouit de la protection du duc d'Épernon qui lui a donné le titre de colonel du régiment de Navarre ; il a également servi dans le régiment de Picardie « ayant servi en Flandre trois ou quatre campagnes ». Plus tard, il a suivi son père au Canada et, grâce à son esprit militaire, il exerce une grande influence sur ses compagnons. Les habitants « l'aimaient uniquement, et ...faisaient tant d'état de son courage qu'au moindre signal qu'il donnait, ils étaient tous en armes à ses côtés pour le suivre partout : il les gagnait par une certaine familiarité, avec laquelle il s'accommodait à tous, en sorte qu'ils étaient ravis de combattre sous un chef, dont ils faisaient une estime merveilleuse, et avec raison ».

Jean de Lauson, fils du gouverneur Jean de Lauson. Il fut le troisième seigneur de Lauson.

En apprenant les massacres précédents, le sénéchal veut courir à l'ennemi. On l'en empêche : il n'y a pas de troupes dignes de ce nom, on vient de renforcer la garnison des Trois-Rivières. Le temps passe. Or, pendant que se produisent les événements précédents, M. de l'Espinay est à la chasse dans le bas du fleuve. Sa jeune femme, Geneviève Després (dont la sœur Anne est l'épouse du sénéchal) est en proie à une inquiétude mortelle qui augmente à mesure que les jours et les heures passent ; la région est évidemment infestée d'Iroquois. Affolée, elle supplie qu'on aille avertir et protéger son mari. Celui à qui elle demande en particulier du secours est naturellement son beau-frère, le sénéchal, qui lui-même brûle de partir. Il cède donc aux instances de Geneviève Després. Le 20 ou le 21 juin, il part avec quelques compagnons. Le 22, leur embarcation est arrêtée par un vent du nord-est, face au centre de l'île d'Orléans, devant une maison appartenant à René Maheu, abandonnée depuis quelques jours par crainte des Iroquois. Obliquant vers la droite, les hardis aventuriers traversent le chenal et abordent au jugé entre deux rochers où commence un sentier conduisant à l'habitation. Le sénéchal envoie deux de ses compagnons « pour découvrir s'il n'y avait point d'Iroquois ». Ceux-ci trouvent la porte ouverte ; l'un d'eux entre. Il est immédiatement tué, quelque quatre-vingts Iroquois sont là en embuscade. Son compagnon prend la fuite, mais il est vite capturé. Les Agniers atteignent tout de suite le rivage où ils trouvent la chaloupe échouée. Celle-ci ne peut prendre le large immédiatement. Les cinq autres Français sont là, à la merci des ennemis. Ils tentent d'empêcher ceux-ci de s'emparer d'un gros rocher « qui pouvait servir de

Louis Couillard de Lespinay (1629-1678)

Le sénéchal prend la tête d'une téméraire expédition.

boulevard =
place forte,
position avantageuse

boulevard à ceux qui s'en seraient emparés les premiers ; de quoi s'apercevant bien les ennemis, ils prennent chacun deux ou trois pièces de bois, et les joignent ensemble, les portent devant eux comme des mantelets à l'épreuve des grands coups de fusil, que nos Français déchargeaient continuellement sur eux ; mais ils ne les purent empêcher de se saisir de ce poste avantageux, d'où, comme d'une tour dressée tout à dessein, ils avaient sous leurs fusils et à leur commandement la chaloupe, qui, par malheur, s'étant échouée sur le côté qui regardait ce rocher, présentait tout son flanc à découvert aux Iroquois, et leur mettaient en vue ceux qui s'en devaient servir comme d'un retranchement ».

La fin tragique de
l'expédition de
Jean de Lauson

Les Agniers dirigent donc un feu plongeant sur les Français ; toutefois, ils ne veulent pas tuer le sénéchal « afin de l'emmener vif en leur pays... ». M. de Lauson ne veut pas se rendre. La fusillade se poursuit. Sachant leur dernière heure venue, les Français prient. Par trois fois, on les somme de se rendre. Ils refusent toujours. Ils tombent les uns après les autres. Il est probable que le sénéchal meurt le dernier, qu'il est alors écrasé par le nombre, qu'il se défend avec son épée qu'on veut lui faire tomber des mains, puisqu'on le trouvera « les bras tout meurtris et hachés des coups qu'on lui avait donnés pour lui faire mettre les armes bas... ». Enfin il succombe. Les Agniers lui coupent la tête, comme jadis à Jean de Saint-Père, pour l'apporter dans leur pays. Toutefois, la *Relation* de 1661 dira que le sénéchal est tué le premier. Par une ironie accablante du sort, celui que le sénéchal veut secourir, M. de l'Espinay, passe en ce moment au large ; il entend la fusillade et immédiatement il fait « voile vers Québec pour avertir qu'il y avait du malheur ». En y arrivant, il apprend le départ de son beau-frère, de son frère même. Une expédition s'organise pour sauver ceux qui voulaient secourir les autres. Mais les renforts que le gouverneur envoie ne retrouvent pas les Agniers qui se sont éclipsés. Ils ne découvrent que les cadavres mutilés. Les Français qui ont perdu la vie en cette occasion sont les suivants : Jean de Lauson, le sénéchal, Nicolas Couillard, dit Belleroche, Ignace Sevestre, dit Desrochers ; puis Élie Jacquet, dit Champagne, Jacques Perroche, les dénommés Toussaint et François. Un huitième est prisonnier entre les mains de l'ennemi. Marie de l'Incarnation ajoute que ces victimes « tuèrent un bien plus grand nombre d'Iroquois, dont on trouva les ossements quand on alla lever les corps des nôtres, leurs gens ayant fait brûler les corps de leurs morts selon leur coutume, et laissé ceux de nos Français en entiers ». Le 25 juin, une chaloupe descend des Trois-Rivières vers Québec ; elle apporte la nouvelle de la mort de Godefroy. Au cap à l'Arbre, elle rencontre les Agniers qui remontent le fleuve avec six prisonniers qu'ils ont capturés à la Côte de Beaupré et à l'île d'Orléans. Quatre jours plus tard, une chaloupe de Montréal arrive à Québec ; elle a rencontré les mêmes Iroquois au lac Saint-Pierre ou, plus exactement, parmi les îles du Sorel. Le curé de Ville-Marie, M. Souart, était dans l'embarcation. Les Agniers ont fait mine d'attaquer la puissante embarcation française ; ils se moquaient. Les prisonniers, promis aux pires tortures, ont vu leurs compatriotes impuissants se perdre au loin sur le grand fleuve.

Gabriel Souart, premier curé de Montréal

D'autres actions moins importantes se déroulent ensuite. Marie de l'Incarnation notera : « depuis ce temps l'on n'a encore vu que des massacres ». Les *Relations* diront : « En suite de cette nouvelle, le désordre se mit de tous côtés, et le découragement laissait presque tout en proie à l'ennemi, qui, comme maître de la campagne, brûlait, tuait et enlevait tout avec impunité. » Parlant en particulier des Trois-Rivières, elles ajouteront ce qui suit : « Si nous voulions retourner aux Trois-Rivières, nous aurions de quoi grossir ce chapitre, puisque nos ennemis y retournèrent à diverses reprises, et nous fournissent de tristes mémoires par les soulèvements réitérés, et par les meurtres presque journaliers, qui rendront ce séjour plus dangereux que les coupe-gorge, où l'on ne peut s'arrêter sans danger. » Petites actions anonymes que l'histoire n'a pas enregistrées séparément, mais qui constituent la trame de l'année 1661.

Chapitre 90

1661

Cependant, pendant que les partis agniers portent le fer et le feu dans toutes les parties de la Nouvelle-France, se produit un événement qui provoque des espérances restreintes, mais relativement solides. Comme en 1653, ce sont les Senèkes qui sauvent pour ainsi dire la Nouvelle-France d'un étranglement lent mais mortel. M. Souart a pu voir les captifs de Québec et il apporte une grande nouvelle au gouverneur : quatre ambassadeurs goyogouins qui ramènent d'Iroquoisie quatre prisonniers français sont arrivés à Montréal.

Les Senèkes sauvent la Nouvelle-France de l'étranglement agnier.

On ne connaît pas la date précise de cette arrivée. On l'apprend à Québec le 29 juin. Deux canots ont un jour paru devant Ville-Marie portant pavillon blanc. Les canotiers sont descendus sans crainte sur le rivage, se sont présentés à la porte du fort comme en pleine paix, suivis des quatre captifs français. « Ils demandent à parler d'affaires, se disant députés de la part des Goyogouins et des Onnontagués, dont ils portaient les paroles », c'est-à-dire, les propositions. Leur orateur est un homme que l'on connaît bien en Nouvelle-France : « De fait, le Chef de cette Ambassade était un des plus considérables capitaines d'Oiogoen, homme qui nous paraissait ami, du temps que nous étions chez les Iroquois ; et c'est chez lui que logeaient nos Pères, quand ils cultivaient dans son bourg cette Église naissante. » Ce Goyogouin francophile a d'ailleurs comme associé dans cette affaire, le grand Onnontagué, du nom de Garakonthié, que l'on commence à connaître mieux dans la Nouvelle-France ; ce dernier est même le grand artisan de ce mouvement diplomatique, la *Relation* de 1661 le soulignera plus tard en termes explicites. Les Français de l'époque ne sont pas unanimes à son endroit : ceux qui l'ont rencontré en disent des merveilles ; les autres restent en partie sceptiques, ne comprenant pas bien, semble-t-il, l'action que cet Iroquois exerce en faveur de la Nouvelle-France. Garakonthié est, en quelque sorte, un chef de parti évoluant dans une démocratie. Il n'est ni un despote ni un potentat. Parfois, il est mis en minorité et c'est le parti adverse qui reçoit l'approbation du peuple, et alors la tribu commet contre la Nouvelle-France des actions meurtrières ; parfois, il obtient l'assentiment public, sa politique triomphe ; mais même dans ces circonstances, des Onnontagués indisciplinés peuvent aller en guerre contre les Français. Il est habile, tenace, il sait profiter de toutes les occasions favorables pour ressouder les liens brisés, pour répondre même par un geste d'amitié à une rebuffade, comme dans le cas présent. Car on ne peut oublier que l'année précédente, Maisonneuve a fait emprisonner une ambassade iroquoise et sa suite.

Des députés des Goyogouins et des Onnontagués à Montréal

Garakonthié, un grand artisan de l'initiative de paix

Même aujourd'hui l'ambassade reçoit une réception mitigée. L'excès des malheurs du moment force pour ainsi dire à l'entendre ; on se raccroche à toutes les espérances quand la colonie tombe par morceaux : « ...Nos propres expériences, dit la *Relation*, ne nous font que trop savants ; et nous n'avons été que trop souvent joués, pour nous fier à la parole de ceux qui ne l'ont jamais gardée, et pour ne pas craindre quelque souplesse en une Nation la plus décriée de toutes, pour ses fourbes continuelles. Les Iroquois crient, la paix! la paix! et à même temps on crie, au meurtre! La paix se publie à Montréal, et la guerre se fait à Québec et aux Trois-Rivières ; Montréal même est un théâtre, où la paix et la guerre jouent leur personnage en même temps, puisque nous y recevons dans nos maisons ceux qui nous tuent dans nos déserts, et nous voyons nos prêtres et nos habitants massacrés par ceux qui protestent qu'ils sont nos bons amis. » C'est l'ancienne ignorance exprimée dans des formes saisissantes : le Français ne conçoit et n'imagine qu'une nation iroquoise unifiée, unique, dont il n'attend qu'une seule et simple politique, la paix ou la guerre ; alors qu'il a en face de lui, à ce moment-là, plusieurs nations iroquoises virtuellement indépendantes en matière de politique étrangère, dont les unes font la guerre et les autres conservent la paix. Ainsi, si les Senèkes ont paru parfois et rarement depuis 1653 dans la guerre contre la Nouvelle-France, s'ils doivent encore y paraître, mais rarement encore jusqu'en 1665, c'est plus par accident qu'en fonction d'une politique nette et constante. Les Agniers au contraire s'y complaisent et font la guerre régulièrement et résolument.

Méfiance des Français

Pour les Français, il n'y a qu'une nation iroquoise, alors que la réalité est tout autre.

Le chef de l'ambassade goyogouine demande donc que l'on fixe le jour de sa réception. M. de Maisonneuve accepte. Le moment venu, il se lève au milieu des cérémonies habituelles, pour offrir ses vingt présents et présente ses intentions. Son discours n'a d'abord qu'une valeur symbolique : il faut rendre tout son éclat au soleil, remettre de l'ordre sur la terre, adoucir la gorge pour que le son des mots soit mélodieux ; il faut purger le corps des humeurs guerrières afin qu'à leur place triomphe la raison pure. Certains cadeaux recouvrent de terre le sang répandu et d'autres ressuscitent les morts. Après cette phraséologie indienne, viennent les objectifs précis de cette ambassade.

Tout d'abord, l'orateur demande aux Français de revenir dans l'Iroquoisie de l'Ouest : « Voilà, dit-il, en présentant un grand et large collier, voilà pour attirer le Français chez nous, afin qu'il retourne sur sa natte, qu'on lui a conservée à Gannentaa, où est encore sa maison qu'il habitait quand il demeurait avec nous ; son feu n'a pas été éteint depuis son départ, et ses champs que nous avons cultivés, n'attendent que sa main pour y cueillir une riche moisson ; il fera revivre la paix chez nous par son séjour, comme il en avait banni tous les maux de la guerre. » Cette invitation paraît généreuse et amicale ; elle s'ajoute à la série des autres du même genre faites aux Français depuis 1653. Toutefois, les Français n'osent en croire leurs oreilles et, se rappelant qu'en même temps les Agniers les attaquent, ils prennent l'orateur pour un hypocrite.

Les Goyogouins invitent les Français à revenir en Iroquoisie.

Les Goyogouins sont même disposés à aller plus loin encore : « ...Nous demandons que les saintes filles viennent nous voir, tant celles qui prennent soin des malades, que celles qui vaquent à l'instruction des enfants... ; nous leur dresserons de grandes cabanes, et les plus belles nattes du pays sont destinées pour elles. » Les Goyogouins faciliteront même leur voyage ; ils trouveront là-bas une abondance de maïs, de fraises, de mûres sauvages, de fruits et de légumes pour les nourrir.

Ils demandent aussi des religieuses...

L'auteur de la *Relation* croit, et avec raison semble-t-il, que cette demande bienveillante est plus un signe de galanterie et un désir de plaire aux Français, qu'une volonté arrêtée. Tout de suite après, l'orateur aborde sa proposition principale : elle est formulée comme un ultimatum, elle ne peut être ignorée, elle est le principal objet de sa mission : « Il faut, dit-il, qu'une Robe noire vienne avec moi ; sans cela, point de paix, et la vie de vingt Français captifs à Onnontagué est attachée à ce voyage. » Pour prouver que des Français sont bien dans sa capitale de l'Iroquoisie, il produit une page d'un livre sur laquelle vingt Français captifs ont écrit leur nom afin que les autorités de la Nouvelle-France croient l'ambassadeur.

...et une Robe noire.

Après cet ultimatum imprévu, commence la cérémonie de la libération des quatre prisonniers français. Ces hommes racontent le bon accueil qu'ils ont reçu chez les Onnontagués et les bons traitements dont ils ont fait l'objet soulignant « que les [autres] prisonniers nous suppliaient à jointes mains d'avoir pitié d'eux ; que nous n'avions rien à craindre de la part de ces peuples, dont ils étaient si caressés ; et qu'ils nous conjuraient d'envoyer un Père au plus tôt, pour rompre leurs liens et les délivrer des feux auxquels, sans cela, ils étaient irrévocablement destinés ». Ils disent encore que les Onnontagués ont racheté de nombreux prisonniers chez les Agniers ; que la capitale de l'Iroquoisie a gardé de profondes traces du passage des missionnaires ; qu'un des principaux chefs (peut-être Garakonthié) avait « soin de sonner tous les matins une cloche, pour assembler les Français et les Sauvages aux prières qui se font tous les jours ; qu'on y parle publiquement et avantageusement de la Foi ; que même ces Français captifs ont la liberté de baptiser les enfants... ».

Libération de prisonniers français

L'orateur demande enfin la libération des huit prisonniers goyogouins encore détenus à Montréal, « et c'était là le plus important de sa commission ». Sa requête ne peut sembler exagérée puisqu'il libère sur-le-champ quatre prisonniers français et promet la libération de vingt autres.

Cette ambassade étonne donc grandement la Nouvelle-France. Alors qu'elle croit les cinq tribus liguées contre elle, il apparaît nettement que les Senèkes n'ont ni la violence dans la haine ni la fougue dans l'attaque des Agniers ; que Sainte-Marie de Gannentaa peut renaître et des relations plus harmonieuses s'établir entre les Iroquois de l'Ouest et la Nouvelle-France. Sans doute, les Senèkes sont probablement poussés par d'autres raisons que la seule amitié : il est possible que les Andastes au sud menacent leurs frontières s'ils n'ont pas déjà commencé la lutte. Il est plausible aussi que leurs relations avec les Agniers ne sont pas très bonnes et qu'ils craignent des difficultés pour se rendre à Fort Orange ; mais enfin, des invitations si continues, de façon aussi persévérante et obstinée, une répétition aussi acharnée des mêmes propos amicaux, prouvent une politique suffisamment solide pour s'y fier.

Maisonneuve n'a pas l'autorité suffisante pour résoudre un tel problème, il répond aux ambassadeurs qu'il doit en saisir Onontio, et que pendant le temps nécessaire, les députés pourront attendre en toute sécurité dans le poste.

À Québec, un débat s'élève. Il est en tout semblable à ceux qui ont eu lieu de 1653 à 1658. Doit-on obtempérer aux objurgations des Goyogouins et des Onnontagués ? Détachera-t-on un missionnaire ? Rétablira-t-on la mission ? Si l'on oppose un refus aux Goyogouins, vingt Français subiront les tortures. Les Senèkes demandent un père, mais les armes à la main. D'autre part, les événements survenus depuis le début de l'été indiquent nettement que la Nouvelle-France n'est pas en état de résister à l'offensive des cinq nations. Depuis juillet, la colonie se disloque et s'écroule sous les seuls coups des Agniers ; « La désolation y était pour lors si générale, à cause du sang qui coulait de tous côtés, et des maisons brûlées par les ennemis, dont les restes fumaient encore, qu'à cette nouvelle on fut contraint de faire comme font ceux qui se noient : ils se prennent à tout ce qu'ils rencontrent, jusque à un fer tout rouge, s'il se présentait ; ou comme les mariniers, qui, par l'effort de la tempête, ayant perdu leur route ou leur timon, s'abandonnent au gré des vents, sans examiner s'ils leur sont favorables, ou s'ils leur sont contraires. » La Nouvelle-France acceptera donc par nécessité les propositions des Senèkes, toutefois pas à l'unanimité. Certains dénoncent la fourberie de ces ennemis : « Ils savent bien que les Iroquois sont naturellement fourbes » ; la tentative actuelle de conclure un traité ne serait de la part des Goyogouins qu'une feinte pour amuser les Français. D'autres soulignent que seulement deux tribus demandent la paix et que les trois autres, « surtout les Agniers, qui sont les plus redoutables », ne déposeront pas les armes et, qu'au contraire, « piqués de jalousie, ce traité de paix les irritera davantage : ils entreprendront tout de bon nôtre ruine ». Bien plus, certains tirent de ces propositions la conclusion désastreuse suivante : « On dit qu'il faut avoir la paix avec tous les Iroquois, ou point du tout, parce qu'étant tous semblables, nous ne les reconnaîtrons pas et nous n'oserons frapper sur aucun, de peur de frapper nôtre ami ; et pas un d'eux ne doutera de nous frapper, feignant d'être nôtre ennemi. » Enfin, tous croient qu'envoyer un missionnaire là-bas, c'est l'envoyer à la mort, à moins de retenir des otages choisis parmi les ambassadeurs.

Malgré ces objections et le manque d'optimisme, la résolution est bien vite prise. Il faut à tout prix tâcher de « suspendre le cours de tant d'actes tragiques qui désolaient toutes nos habitations » et de sauver les vingt Français d'Onnontaé. On demande aux Jésuites de choisir un missionnaire qui se

Hésitations des Français face aux offres de paix des Goyogouins et des Onnontagués

*Les Français
acceptent
d'envoyer un
Jésuite chez les
Goyogouins et les
Onnontagués.*

rendra là-bas. Et qui choisira-t-on si ce n'est le père qui se promène depuis sept ans sur toutes les routes de l'Iroquoisie, Ondessonk, le héros de tant de voyages, celui qui a monté le premier chez les Onnontagués et visité la capitale, celui qui n'a pas craint les Agniers, qui a toujours pris les risques les plus grands et n'a jamais reculé. « Il fût choisi pour... la cinquième fois, et pour aller en un pays où les échafauds sont encore dressés et dont la terre est encore teinte du sang des Français, qui y furent, l'an passé, si cruellement brûlés. » Et le père Simon Le Moyne, loin de redouter cette mission, part plein d'espérances : « Le Père regarde le jour de son départ, comme un des plus heureux jours de sa vie ; ...il va plein d'espérance de relever cette Mission... ». Du moins, il prêchera, baptisera, instruira. Alors, le 2 juillet, il part de Québec pour Montréal en compagnie du père Chaumonot qui doit répondre sur place aux propositions des députés goyogouins. Il se rendra « jusqu'à Onontaé, travailler à la délivrance de 25 ou 30 captifs, rendre ces deux nations d'Oiogouen et Onontaé ou amies ou moins ennemies, et faire pour les pauvres captifs chrétiens ce qui se pourrait pour leur salut... ».

On ne sait pas quelle est la date exacte du conseil de Montréal. Le père Chaumonot n'y présente que trois cadeaux au nom du gouverneur général.

En offrant le premier, il libère les prisonniers goyogouins et il les remet entre les mains des ambassadeurs ; par le deuxième, il leur indique Ondessonk comme le missionnaire choisi pour se rendre en leur pays ; par le troisième, il supplie les Goyogouins d'être fidèles à leurs engagements et de revenir au bout de quarante jours avec les Français délivrés ; ce serait aussi une excellente chose s'ils envoyaient en même temps quelques-uns de leurs sachems « qui traiteront ici d'affaires, pendant que Ondessonk demeurera dans le pays en otage, pour y vaquer aux fonctions de sa mission ». Le 21 juillet, le père Simon Le Moyne s'éloigne en compagnie des ambassadeurs, « avec toutes les marques d'une bonne affaire », dit avec optimisme le *Journal des Jésuites*.

*Départ du père
Le Moyne*

Marie de l'Incarnation parle de cette ambassade elle aussi. Elle raconte que les Onnontagués ont enlevé la cloche de Sainte-Marie de Gannentaa et l'ont suspendue dans une cabane de la capitale convertie en chapelle ; que certains Onnontagués y font la prière comme au temps des missionnaires et qu'ils obligent les Français prisonniers à y assister ; qu'au départ de la colonie française en 1658, « les femmes, qui ont voix délibérative dans les conseils, au moins celles qui sont choisies pour cela, pleurèrent sept jours entiers la perte qu'elles faisaient ; les enfants firent de même ». Toutefois, Marie de l'Incarnation ne parlera que d'ambassadeurs des tribus supérieures et non d'ambassadeurs de Goyogouins. Elle raconte que les Français ont fait une enquête pour découvrir s'il y a collusion ou entente dans cette affaire, entre les Agniers et les Iroquois supérieurs, mais qu'ils n'ont rien découvert. Ondessonk est parti, dit-elle, avec la mission d'apprendre avec certitude quelles étaient les dispositions de ces Iroquois : « S'il y a de la sincérité dans la recherche qu'ils font de la paix, on la conclura avec eux, et avec trois autres nations qui leur sont alliées... », c'est-à-dire avec les Onneyouts, les Onnontagués et les Tsonnontouans. Toutefois les anciennes inquiétudes subsistent, et plusieurs croient que les Iroquois profiteront de la détente causée par les négociations pour fomenter un coup.

Mais comme autrefois, les Agniers tentent d'empêcher le rapprochement entre Français et Senèkes, par lequel ceux-ci échappent à leur emprise, et qui les rend plus puissants. Marie de l'Incarnation dit « que les Agniers ont fait des présents à celui qui conduisait le père, afin de le tuer en chemin, ce que lui ni aucun de sa suite n'a voulu faire... ». Ondessonk dit que le lendemain de leur départ de Montréal, soit le 22 juillet, les Goyogouins rencontrent un canot agnier « qui nous attendait à l'affût ». Les occupants du canot attaquent l'une des embarcations des Goyogouins qui poussent des cris. Il faut descendre sur la rive et parlementer. Les Agniers acceptent d'abord des présents pour laisser le passage libre au convoi, puis ils se ravisent, les rapportent et promettent d'observer la paix. Trois jours plus tard, soit le 25 juillet, les ambassadeurs rencontrent trois canots montés par vingt-quatre guerriers onneyouts. Ils s'approchent furtivement pendant la nuit et se précipitent, le matin, les armes à la main, sur les Goyogouins étonnés. Ils reconnaissent leur méprise, toutefois « les plus effrontés, dit Ondessonk, me vinrent entourer, armés de haches et de couteaux, qu'ils me présentaient à la gorge, pour m'en percer... ». Les amis du missionnaire offrent deux colliers de grains de nacre « pour détourner leur hache de dessus ma tête, et de dessus celle des Français de Montréal et autres habitations ». Les Onneyouts promettent, eux aussi, de demeurer en paix, mais leur chef revient la nuit pour rapporter le présent et annoncer que ses guerriers poursuivront la guerre contre leurs anciens ennemis. Au lac Ontario, nouvelle rencontre des trois canots montés par des Onneyouts qui s'en vont à la guerre contre les Outaouais ; ils révèlent que les Andastes ont tué récemment trois de leurs compatriotes. Un peu plus loin, les ambassadeurs apprennent une très mauvaise nouvelle ; ils passent la nuit en compagnie de huit à dix Onnontagués qui se dirigent vers Montréal. Leur chef, qui porte le nom de Otreouti, a été fait prisonnier autrefois par Maisonneuve ; maintenant, il veut se venger de cet affront. Cependant, ces guerriers mal intentionnés sont généreux envers Ondessonk : ils « m'environnèrent, dit-il, de grandes chaudières pleines de Sagamité de toutes façons ». Ondessonk peut à ce moment-là se demander si ces guides ne le conduisent pas dans un traquenard et s'il reviendra vivant. Ce petit parti commettra sous peu à Montréal l'un des pires crimes de l'année.

Toutefois, à deux lieues de la capitale, le missionnaire trouve des délégués de la tribu. Parmi eux se tient Garakonthié. Et, dit Ondessonk, c'est « celui chez qui nos Pères et moi avons pris logis toutes les fois que nous sommes venus en ce pays-ci. C'est un esprit bien fait, d'un bon naturel, qui aime les Français, et qui en a ramassé jusques à vingt dans son bourg ; les tirant, les uns

Les Agniers veulent empêcher le rapprochement entre Français et Senèkes.

L'expédition d'Otreouti en route vers Montréal

des feux des Agniers, les autres de la captivité ; de sorte qu'ils le regardent comme leur Père, leur Protecteur, et l'asile unique qu'ils ont dans cette barbarie. C'est lui donc, qui a entrepris la délivrance de tous ces pauvres captifs Français, et qui ménage la paix entre sa Nation et la nôtre. Et c'est pour cela qu'il est venu deux lieues au-devant de moi, accompagné de quatre ou cinq autres des anciens, honneur qu'ils n'ont jamais coutume de rendre aux autres Ambassadeurs, au-devant desquels ils se contentent d'aller un petit demi-quart de lieue hors du bourg. »

Ondessonk est accueilli en héros à Onnontaé.

L'entrée dans la capitale s'accompagne, de la part du peuple, de telles marques de curiosité, d'estime, d'enthousiasme que le missionnaire se croit revenu aux meilleurs jours du rapprochement entre les deux nations. Les Onnontagués bordent la route, ils la nettoient à son approche, ils apportent des fruits, ils crient des mots d'amitié et poussent des acclamations ; aussitôt que le cortège les a dépassés, les curieux partent à la course pour se poster plus loin et revoir le Français : lui-même a raconté la scène avec un peu d'humour : « Ainsi, je marche gravement entre deux haies de peuples, qui me donne mille bénédictions, et qui me chargent de toutes sortes de fruits, de citrouilles, de mûres, de pains, de fraises, et autres. Je faisais mon cri d'Ambassadeur en marchant, et me voyant proche du bourg, qui ne me paraissait presque point, tant les pieux, les cabanes et les arbres étaient couverts de monde, je m'arrête avant que de faire le premier pas qui me devait donner entrée dans le bourg ; puis ayant fait en deux mots mes remerciements de ce bon accueil, je poursuis mon chemin et mon cri. » Garakonthié est un politicien avisé. Il est satisfait que sa politique rencontre l'adhésion populaire. Pour ne pas exciter la jalousie des autres sachems et obtenir leur adhésion, il conduit tout d'abord Ondessonk chez eux ; il veut leur montrer qu'ils ont « part à cette nouvelle paix » et « leur donner le premier honneur de ...loger » le missionnaire, et « leur ôter tout sujet d'envie ». Enfin, Garakonthié conduit Ondessonk dans sa cabane, les Français, les Onnontagués et les Hurons catholiques s'y assemblent et s'entretiennent des événements surprenants des dernières années. La messe est bientôt célébrée dans la capitale de l'Iroquoisie.

Le premier conseil d'Onnontaé, le 12 août 1661

Des représentants des quatre tribus séjournent à Onnontaé. C'est une occasion unique de parler à tous les Iroquois ; Ondessonk veut la saisir et le conseil est fixé au 12 août. Le jour venu, la population est appelée « par le son d'une cloche » puis par les crieurs qui passent dans les rues de la capitale en poussant le cri de convocation. Les gens affluent dans la cabane où Ondessonk est logé et « qui est une des vastes du bourg » ; et l'on exhorte l'auditoire à écouter attentivement le discours du visiteur.

La harangue d'Ondessonk

Ondessonk et tous les Français prisonniers prient Dieu tout d'abord devant la foule. Puis il commence sa harangue. Il parle en huron et en iroquois, deux langues sœurs qu'il manie bien. Tout d'abord, il offre des présents aux Onnontagués. Les ambassadeurs goyogouins, dit-il, ont affirmé devant les

Français qu'ils étaient chargés de négocier la paix entre Onnontagués et Français : « ...Qu'en est-il ? On me répond, que cela est ainsi, et je fais mon présent. » Les députés ont dit aussi que si les Français libéraient leurs prisonniers goyogouins, les Onnontagués libéreraient leurs prisonniers français : « Le feras-tu ? Oui, me dit-il. Je fais un second présent. » Les ambassadeurs ont proposé que les deux parties ensevelissent les os de leurs morts tués dans la dernière guerre, et oublient les ressentiments que ces massacres ont causés ; « En es-tu content ? Oui. » Et Ondessonk offre le troisième présent.

Ondessonk s'adresse ensuite aux représentants des Tsonnontouans présents dans l'auditoire. Les députés Goyogouins, dit-il, nous ont dit « que tu voulais être de la partie, et que tu voulais aller en Ambassade vers Onontio, pour lui demander de ses neveux, qui aillent prendre logis chez toi, en signe de parfaite réconciliation ». Est-ce exact ? demande Ondessonk, as-tu cette intention ? « Il me répond qu'oui : et je lui donne un beau collier. »

Puis le père Simon Le Moyne s'adresse aux Agniers. Son ton change. Des représentants des Agniers sont présents, mais ce n'est pas pour faire la paix. Leur politique à l'égard de la Nouvelle-France ne s'est pas modifiée ; ils sont toujours irréconciliables. « Pour l'Agnier, dit le missionnaire, il veut toujours faire le méchant et le superbe ; je ne lui parle pas publiquement, puisqu'il parle en cachette, et qu'il fait des présents sous terre [secrets] pour me faire tuer ; mais il trouvera à qui parler. » Enfin Ondessonk profite de l'occasion, comme ses prédécesseurs, pour exposer quelques vérités chrétiennes, parler du Fils de Dieu, du paradis, de l'enfer.

Les Agniers restent « irréconciliables. »

Dans ce discours, Ondessonk en profite pour fournir de nombreuses précisions sur les négociations entamées à Montréal. Les Goyogouins ont parlé pour eux, mais aussi pour les Onnontagués et les Tsonnontouans, c'est-à-dire les trois tribus occidentales de l'Iroquoisie. Les Onneyouts n'ont pas été mentionnés car, placés près des Agniers et des Hollandais, ils subissent de plus en plus l'emprise de ces derniers. (Vers 1657, lors de l'assassinat de trois Montréalistes à la pointe Saint-Charles, ils ont joué un rôle un peu louche qui a conduit à une rupture entre les Français et les Senèkes. Toutefois, malgré leur absence, l'alliance qui s'ébauche entre la Nouvelle-France et l'Iroquoisie de l'Ouest, est très importante.) Les Tsonnontouans forment la tribu la plus nombreuse ; ils peuvent aligner deux fois plus de guerriers qu'aucun de leurs voisins. Les Onnontagués sont aussi puissants que les Agniers et pratiquent une politique des plus avisée et des plus sage. Leurs offres d'amitié depuis 1653 indiquent un besoin fondamental mal connu, mal défini, mais continuel puisque leurs ambassadeurs reviennent toujours à la charge. Et si cette nécessité n'a pas donné tous les résultats qu'on en attendait, c'est sans doute qu'une alliance acceptée dans la méfiance, où l'on n'entre qu'à moitié, ne devient jamais aussi solide que celle que l'on accepte totalement, sans crainte et en toute confiance. Le moindre incident trouble la première ; au moindre signe, on prend des mesures hostiles. Tandis que la seconde interprète les faits avec plus de circonspection, n'est jamais prompte à blâmer, montre plus de prudence et plus de justice.

Le second conseil d'Onnontaé. Le sort des prisonniers français.

Le premier conseil d'Onnontaé a éclairci les positions des parties. Le second, qui a lieu quelques jours plus tard, les clarifie encore. Cette fois, ce sont les sachems iroquois qui donnent leur réponse. Leur orateur attaque tout d'abord le problème des prisonniers. Les Senèkes, dit-il, libéreront immédiatement sept captifs français qui sont entre les mains des Onnontagués et deux qui sont entre les mains des Goyogouins, soit neuf, au lieu des vingt promis. Les autres devront attendre le printemps ; ils demeureront avec Ondessonk dans la capitale, « pendant d'hiver ». Et pourquoi ? Parce « qu'on jugeait leur demeure encore nécessaire, pour des raisons d'État ». Et ces raisons, on les trouve semble-t-il dans les deux propositions qui suivent. L'orateur déclare en effet que Garakonthié doit se rendre immédiatement à Montréal pour remettre lui-même les Français libérés, qu'il sera le chef d'une ambassade dont les membres partiront avec lui, et que tous les préparatifs nécessaires se font à cet effet. Les Tsonnontouans prendraient une part active à cette entreprise : dans une douzaine de jours, leurs députés se joindront à ceux des Onnontagués.

Les Senèkes refusent de rendre immédiatement tous les prisonniers français. Ils ont leur raison, Ondessonk n'y peut rien.

Tout porte à croire que les Senèkes veulent garder des otages français pendant que leurs représentants se trouveront en Nouvelle-France ; ils craignent peut-être pour eux le sort de nombreux ambassadeurs de leur race qui sont venus en Nouvelle-France de 1658 à 1660 et qui ont échoué dans les prisons des trois postes ; ou bien ils redoutent des incidents. Un parti onnontagué est en route, on le sait, pour Montréal ; il a des intentions hostiles, les sachems ne l'ignorent probablement pas, et ils ont raison de redouter des actes qui peuvent les embarrasser un jour.

Ondessonk n'est pas satisfait de cet arrangement. Il comptait sur la libération immédiate des prisonniers. Il insiste maintenant pour que les Senèkes tiennent leur promesse faite à Montréal et à Québec. Il les menace même. Cependant, les Onnontagués et les Goyogouins refusent catégoriquement.

Chapitre 91

1661

Une certaine accalmie règne donc dans la Nouvelle-France après les premiers massacres de l'hiver, du printemps et du début de l'été. Mais elle est loin d'être complète. Différents passages des *Relations* et des *Lettres* de Marie de l'Incarnation indiquent qu'en fait des petits partis harcèlent presque continuellement Montréal et les Trois-Rivières. Le 14 août, par exemple, succombe à la pointe Saint-Charles, sous les coups des Agniers très probablement, un Montréaliste du nom de Jean Richard, à peine âgé de vingt-neuf ans. C'est l'héritier de Jean Valets, l'un des héros du Long-Sault. Puis c'est l'inhumation d'Élie Hauctin qui a lieu aux Trois-Rivières le 24 août ; cet homme âgé de trente ans a été tué dans son champ.

Et c'est alors que survient à Ville-Marie un autre incident qui met toute la Nouvelle-France en émoi. Il se produit le 29 août. M. Jacques Lemaître, un sulpicien âgé de quarante ans à peine, a dit sa messe le matin. Il se rend ensuite à la ferme Saint-Gabriel. C'est le temps de la moisson, les blés sont mûrs, une quinzaine d'ouvriers se préparent à partir pour les champs. M. Lemaître les accompagne pour faire le guet. Le groupe arrive bientôt sur les lieux. Il n'est pas rassuré, certains signes indiquent que des Iroquois pourraient se trouver dans les alentours. Mais sans en tenir compte, les colons déposent leurs armes au hasard ici et là ; ils se dispersent pour faner du blé humide. M. Lemaître est inquiet ; il s'avance, il examine les buissons ; soudain, il aperçoit des Iroquois blottis pour l'attaque. Se voyant découverts, ceux-ci se lèvent d'un bond, poussent leur clameur de guerre, et se précipitent sur les Français. Voyant ses compatriotes en danger, pour leur donner le temps de reprendre leurs armes, M. Lemaître se pose devant l'ennemi avec un coutelas dont il se sert comme d'un espadon ; en même temps il crie aux siens de s'armer et de s'enfuir. Comme il y a danger à approcher cet homme armé, les ennemis l'abattent à coups de mousquets. Toutefois, les ouvriers ont le temps de retrouver leurs armes à feu et ils se replient ensuite en bon ordre ; l'un d'eux perd la vie dans cette fuite et un troisième est probablement fait prisonnier. Solide, construite pour des attaques de ce genre, la ferme Saint-Gabriel oppose ensuite un rempart solide à l'ennemi. Celui-ci doit s'éloigner aussitôt. Il est composé de cinquante ou soixante guerriers ; et, parmi eux se trouvent justement les Onnontagués que le père Simon Le Moyne a rencontrés et qui s'en venaient à Ville-Marie. Leur chef, Otreouti, celui-là même qui voulait se venger de son emprisonnement, a tué M. Lemaître. Ses compatriotes lui

Jacques Le Maistre ou Lemaître, économe du séminaire de Saint-Sulpice, à Montréal

espadon = grande et large épée qu'on tenait à deux mains.

reprocheront fort ce crime : économe des Sulpiciens, doué de beaucoup de bonté, ce prêtre les accueillait toujours avec beaucoup de largesse lorsqu'ils venaient à Montréal. Maîtres du champ de bataille, les guerriers coupent la tête de M. Lemaître, et celle aussi de Gabriel Rié, l'autre victime ; l'un d'eux dépouille le corps de l'ecclésiastique, endosse la soutane, place par-dessus la chemise en guise de surplis, et se promène ensuite non loin du fort, en face de la population qu'il brave avec insolence.

Cette troupe est-elle uniquement composée d'Onnontagués ? Ou bien les dix Onnontagués que Ondessonk a rencontrés se sont-ils joints à des guerriers d'autres tribus ? On ne sait, bien que cette dernière supposition soit la plus probable. Mais cette action provoque à Montréal des réactions très violentes : réactions de grande tristesse pour la mort de M. Lemaître qui s'est si digne-ment sacrifié pour les siens et de crainte pour Ondessonk qui est là-bas, très loin, dans la capitale ennemie. Tous croient maintenant qu'ils ne reverront plus vivant ce héros de tant d'aventures, et que les négociations de paix ne sont qu'un piège. Des affaires pareilles excitent une méfiance extrême dans le cœur des Français, et c'est pourquoi ils se disent de nouveau que tous les Iroquois sont fourbes et faux, et que les tribus concertent toujours leur jeu ensemble.

Pierre Dubois d'Avaugour ou Davaugour, gouverneur de la Nouvelle-France de 1661 à 1663

Le mercredi 31 août 1661, M. Dubois d'Avaugour, le nouveau gouver-neur, arrive à Québec pour remplacer M. d'Argenson. Laissant son prédéces-seur en charge jusqu'au 29 septembre, jour où il s'embarquera, il visite tout de suite la Nouvelle-France. Les lettres que M. d'Argenson a écrites indiquent bien clairement pourquoi il a demandé son rappel. La raison principale est l'impuissance dans laquelle il se trouve vis-à-vis des Iroquois et le manque de secours militaires malgré les demandes les plus pressantes. Dans une lettre du mois d'octobre, Marie de l'Incarnation les résumera : « ...Je vous dirai en con-fiance, écrit-elle, qu'il a eu à souffrir en ce pays, dont il a été chargé sans avoir pu avoir du secours de la France, si bien que l'impuissance où il s'est vu de résister aux iroquois, ne voulant pas dégarnir la garnison de Québec, de crainte que par quelque surprise les ennemis ne vinssent s'emparer du fort, lui a donné du chagrin... L'impuissance néanmoins où il s'est vu de secourir le pays, le *D'Argenson choisit* défaut de personnes de conseil... l'ont porté à se procurer la paix par sa re-*la paix par la* traite. » M. d'Argenson est peut-être à blâmer parce qu'il n'a pas du tout vu *retraite.* les conséquences d'une alliance entre les Français et les Senèkes. Alors que M. de Lauson s'y était abandonné un moment, avec d'excellents résultats. M. d'Argenson a été aveugle sauf à la dernière minute, quand Ondessonk est reparti pour Onnontaé presque malgré lui.

M. d'Avaugour revient de Montréal et des Trois-Rivières avant que son prédécesseur ne se soit embarqué. Il lui communique ses impressions : « Il est venu rejoindre M. d'Argenson, à qui il a dit tout haut que si l'on ne lui envoyait l'année prochaine les troupes qu'on lui avait promises, il s'en retournerait sans attendre qu'on le rappelât, qu'il le priait d'en donner avis à Sa Majesté ;

et qu'à son égard il s'étonnait comme il avait pu garder le pays, et subsister dans son gouvernement avec si peu de forces. » Il vient de constater que la colonie est dans les conditions présentes comme une victime offerte aux ennemis pieds et mains liés. Ses instances s'ajouteront à celles de M. d'Argenson pour que le roi envoie enfin des troupes et des colons. Non content de cet ultimatum verbal, il exposera par écrit à la cour le grand besoin de secours militaires. Il a vu d'un coup d'œil que si jamais la France débarrassait le Canada de ses ennemis, elle pourrait créer un vaste et puissant royaume. Et pour mieux représenter les dangers actuels et les espoirs, il envoie Pierre Boucher, le gouverneur des Trois-Rivières, celui qui a victorieusement soutenu le siège de 1653 qu'il charge de lettres ; il saura démontrer que la Nouvelle-France mérite d'être défendue.

Pierre Boucher émissaire de la Nouvelle-France auprès du roi

Quand M. d'Argenson monte à bord d'un vaisseau à la fin de septembre, l'anxiété la plus vive règne dans les postes. Ni les Onnontagués ni les Goyogouins ne sont revenus avec les prisonniers français, ou avec Ondessonk, alors qu'ils avaient solennellement promis de le faire dans les premiers jours de septembre. M. Lemaître est mort. Un mois plus tard, François Bertrand, sieur de la Frémillère, natif de Thouars, poitevin, soldat, est tué à Montréal. C'est alors que les accusations les plus horribles contre les Senèkes trouvent créance auprès de certains esprits crédules.

Toutefois, Garakonthié est en route. Des circonstances inconnues ont retardé jusqu'à la mi-septembre son départ d'Onnontaé. Des députés tsonnontouans et les neuf Français libérés lui tiennent compagnie. Ils ont à peine quitté la capitale iroquoise qu'un désastre menace leur mission. Ils rencontrent en effet le parti qui a tué M. Lemaître à Montréal et qui revient avec les dépouilles des victimes. Le chef orgueilleux exhibe la soutane à tout venant comme un précieux butin. D'autres guerriers montrent des scalps français. À cette vue, la consternation remplace la joie dans l'esprit des voyageurs. Les prisonniers français perdent tout espoir, ils prévoient que cette échauffourée arrêtera net les négociations, et que captifs, ils devront retourner à la Montagne parmi les dangers. Le ressentiment de leurs compatriotes doit être grand, pensent-ils ; de plus, Otreouti est l'un des principaux capitaines de sa tribu et son exemple peut enlever des partisans à Garakonthié.

Rencontre de Garakonthié et d'Otreouti

Les ambassadeurs paraissent aussi surpris de cette rencontre que les Français. Pour leur part, les Tsonnontouans ne croient plus que Montréal soit encore un lieu sûr pour eux. N'y seront-ils pas mis aux fers s'ils s'y rendent ? Les Onnontagués imaginent qu'ils ont encore plus à craindre que les Tsonnontouans, car n'est-ce pas leurs propres compatriotes qui ont commis le forfait ? N'osant se dégager franchement, les députés simulent une maladie pour quitter le groupe : « C'eut été un plaisir à nos Français, de voir ces tristes contrefaits, si eux-mêmes n'eussent pas été saisis d'une véritable tristesse... »

Inquiétude des Tsonnontouans et des Onnontagués

Cependant, c'est à ce moment qu'éclate la sagesse des mesures prises à Onnontaé. Les députés ont laissé derrière eux, comme otages pour répondre de leur liberté et de leur vie, Ondessonk, tout d'abord, et ensuite les autres prisonniers français ; ils peuvent s'avancer en paix. Seul, cependant,

Garakonthié choisit de poursuivre sa route vers Montréal.

Garakonthié se décide à ce coup d'audace. « Néanmoins, Garakonthié, chef de l'Ambassade, se résolut de passer outre, s'assurant bien que les Français, qui restaient à Onnontaghé avec le Père Le Moine, lui étaient une assez bonne caution pour mettre sa vie en sûreté, vu mêmement qu'il allait mettre en liberté neuf Français. » Bien diminué, le groupe poursuit son chemin. Aussi grave que le premier, un second incident survient. Les ambassadeurs rencontrent une troupe de guerriers onneyouts qui s'en vont à la petite guerre en Nouvelle-France. « ...Jugeant bien que la paix qu'il allait porter aux Français, ne serait pas bien reçue, si elle était mêlée de sang par cette nouvelle guerre », Garakonthié met en œuvre tous ses talents de diplomate ; il offre présents sur présents pour détourner sur des victimes lointaines la hache des Iroquois. Il y réussit.

C'est le 5 octobre que les canots arrivent à Ville-Marie. On accueille les voyageurs « comme des morts ressuscités » ; ce sont des accolades, des larmes de joie, des visites à l'église. Après la grande allégresse de l'arrivée, les prisonniers libérés racontent leur étonnante aventure. Au milieu de cette guerre qui terrifie littéralement la Nouvelle-France, ils ont vécu des jours tranquilles dans Onnontaé : « ... Ils racontaient avec plaisir toutes les caresses qu'on leur faisait, tous les festins auxquels ils étaient invités, la joie qu'on prenait à les voir, et la charité qu'on exerçait sur eux, pour les bien habiller, les bien loger et leur fournir toutes sortes de commodités, dont la vie sauvage est capable. » Tous les jours, ils s'assemblaient dans une cabane transformée en chapelle ; ils s'exhortaient les uns les autres à la dévotion ; ils récitaient des prières en commun, ils chantaient des cantiques : « ...Et tout cela, dans un silence et dans un repos aussi grand que s'ils eussent été au milieu de Québec. » Parfois aussi, les Hurons chrétiens se joignaient à eux. « L'âme de tout cela était

Garakonthié : le « Père des Français »

Garakonthié, qui retirait des mains Agniers et des autres Iroquois, tous les captifs Français qu'il pouvait, en ayant ramassé jusqu'à vingt dans son bourg, où ils avaient toute liberté de vivre en bons chrétiens. » Le dimanche, il leur offrait quelque bon repas. On l'appelle le « Père des Français ».

Évidemment, Garakonthié n'exerce pas sur sa tribu ou sur les Senèkes l'autorité absolu qui serait alors bien précieuse pour les Français. Il y a des dissidents ; plus nombreux sont ceux qui, semblent-ils, ne suivent sa politique qu'avec tiédeur. Le parti guerrier se rebelle parfois et commet des incartades. La chance ne lui sourit pas, il rencontre des obstacles imprévus. Toutefois, on peut affirmer que son influence générale sur les Senèkes est très grande, et qu'elle s'exerce avec force dans le sens de la paix. Les Senèkes ont été mêlés à l'affaire du Long-Sault, au massacre impardonnable de M. Lemaître, mais ils se sont tenus en général hors du conflit. Ils n'y ont pas pris part comme tribus ; ce sont plutôt des individus qui ont désobéi aux sachems. Car s'ils s'étaient jetés avec ardeur dans la bataille, s'ils avaient imité les Agniers, la Nouvelle-France aurait tout de suite disparu dans la tourmente. Les missionnaires et Marie de l'Incarnation l'ont dit. C'est très probablement Garakonthié qui a empêché cette calamité. Les Français peuvent compter sur ce chef d'une grande habileté qui est dans le camp ennemi et manœuvre pour eux. Il a de grandes ressources.

Garakonthié apporte cette fois treize présents d'une grande richesse. Il libère tout d'abord les neuf Français qu'il a ramenés ; il promet de ramener les dix autres, le printemps prochain. Une autre ambassade partira avec eux, elle sera composée de Tsonnontouans et d'Onnontagués qui viendront « pour lier tous ensemble avec nous une ferme paix » ; ces Iroquois laisseront « à part l'Agnier, qui veut la guerre absolument, résolu de vaincre ou de périr ». En offrant ce présent, Garakonthié n'a parlé que de deux tribus ; mais en offrant le suivant, il y joint une troisième. En effet, lit-on dans la *Relation*, il présente « les clefs de son bourg, et de ceux d'Oiogoen et de Sonnontouan, afin d'y entrer avec toute assurance, pour y publier la Foi et pour y redresser les masures des Églises, que les malheurs du temps ont ruinées ». C'est donc en réalité les trois tribus de l'Ouest qui négocient la paix ; il n'est pas question des Onneyouts.

Garakonthié promet de ramener les derniers prisonniers.

Par les autres présents, dont, il ne faut pas l'oublier, la signification est arrêtée par les sachems, Garakonthié « invite les Français à venir demeurer chez lui en bon nombre, pour ne faire qu'un peuple de Français et d'Iroquois ; et pour ne faire régner qu'une Religion sur l'Ontario et sur nôtre grand fleuve, et pour réunir, par une alliance véritable, la France avec l'Amérique ». Voilà de bien vastes projets. Et l'on se demande à quels résultats aurait pu arriver Garakonthié s'il avait eu tout de suite pour collaborateur en Nouvelle-France un homme comme Frontenac, aux buts nets et précis, au jugement rapide et sûr et si plein de tact. Jusqu'à ce jour, le chef Onnontagué n'a pas trouvé de Français capable de le comprendre rapidement, d'englober la situation avec netteté et d'adopter une ligne de conduite sûre qui donnerait de la permanence au rapprochement. Des velléités, des hésitations, des indécisions, des avances suivies de recul, voilà ce que l'histoire enregistre. Même en ce moment, ils ne sont pas convaincus. Les Français sont heureux des propositions de paix, mais ils ajoutent tout de suite : « même dans la bouche des fourbes et de nos ennemis » ; ils disent que le passé leur a enseigné à « tout craindre pour le futur » ; ils parlent de la destruction des Hurons, du supplice des missionnaires, du complot si mal prouvé de les chasser autrefois de Sainte-Marie de Gannentaa. Ils ajoutent encore : « Nous savons que l'Onnontagué a toujours passé pour fourbe, comme l'Agnier pour cruel, et que ces deux qualités ne se perdent guère qu'avec la vie... ». Des soupçons de noirs complots s'agitent dans leurs esprits : « Enfin, nous voyons bien que, pour neuf captifs Goyogouins que nous rendons, on nous rend neuf Français ; mais les dix qui restent dans la captivité, ne nous délivrent pas de la crainte de quelque trame, qui peut s'ourdir

« Ne faire qu'un peuple de Français et d'Iroquois. »

Si Garakonthié avait eu un interlocuteur valable et capable de décision rapide. Il a devant lui des gens méfiants, inquiets et indécis.

à nôtre insu, mais non pas sans que nous en ayons quelque défiance. » En fait, aucun œil assez perçant ne semble capable de voir la réalité ; et l'on ne pense pas à créer, comme le fera Frontenac, un service de renseignements bien organisé qui permette de savoir exactement quels sont les sentiments de ces Iroquois qui, après tout, sont des êtres humains pas tellement différents des autres. On reste surpris de cette incapacité à porter un jugement clair sur la situation, car tous les facteurs sont présents. Les mêmes documents contiennent et exposent tous les faits. Ainsi, comment ne pas reconnaître que ce sont les Agniers seuls qui mènent la guerre, après les paroles suivantes : cette tribu « seule a fait, cette année, quasi tous les ravages dont nous avons été désolés. Ce sont les Agniers qui ont fait couler le feu et le sang aux environs de Kébec ; ils ont fait une solitude de Tadoussac ; ils ont infesté toute l'île d'Orléans... ; ils ont fait gémir les Trois-Rivières... ; ils ont ensuite poussé leurs victoires et leurs dégâts jusqu'à Montréal, et ont chargé les échafauds d'Agniers d'un si grand nombre de captifs Français, qu'il n'y en avait jamais tant paru. Et tout cela s'est fait en moins de quatre mois, par une bande ou deux, de ces Iroquois inférieurs... » Si les Iroquois supérieurs désirent ardemment la paix, c'est qu'ils sont de nouveau attaqués par les Andastes, « Sauvages belliqueux et redoutés... ». Quand les Senèkes sortent de la lutte contre la Nouvelle-France, ce sont les trois quarts des troupes ennemies qui abandonnent le champ de bataille ; les Agniers et les Onneyouts sont les seuls ennemis qui restent. D'autre part, à l'heure présente, ceux-ci sont engagés dans un conflit violent avec les Mahingans, les Abénaquis et autres peuplades de l'Est. Enfin, tous les éléments d'une alliance solide contre les Agniers et les Onneyouts sont présents.

La *Relation* de 1661 limitera ses attaques à ces deux dernières tribus. Elle demandera des troupes contre elles. Elle les sollicite immédiatement, pendant que l'Iroquoisie est divisée, car l'accord peut se refaire entre les cinq nations et la bataille sera plus dure. Et alors, « que si nous domptons cette petite poignée de superbes, nous nous rendrons maîtres de toutes les autres Nations circonvoisines qui craindront, par la chute de ce Colosse, de tomber elles-mêmes... » ; après la chute des Agniers et des Onneyouts, les Onnontagués seront plus soumis, les Goyogouins, qui ont toujours été modérés, le seront davantage ; ainsi que les Tsonnontouans « qui portent leurs castors aux Hollandais, avec bien de la peine, par des chemins longs et remplis de périls, à cause des Andastes qui leur dressent partout des embûches, et qui les obligent à faire à présent des caravanes de six cents hommes quand ils vont en traite : ces peuples, dis-je, seront bien aises d'épargner toutes ces peines et d'éviter tous ces dangers, pouvant nous venir trouver en canot, et enrichir nos Français de leur chasse, qu'ils font au-dessus de Montréal ; ils seront ravis de s'en pouvoir retourner d'ici par eau, chargés des marchandises qu'ils sont obligés d'aller chercher bien loin, et à pied, chez les Hollandais ».

Après tout, ces Iroquois sont des êtres humains pas très différents des autres.

Mahingans = Mahicans, Mohicans ?

La cible : les Agniers et les Onneyouts

Par suite des ambassades des Goyogouins et de Garakonthié, la *Relation* de 1661 condamne moins complètement les Iroquois que celle de 1660. Elle réserve toutes ses flèches pour les Agniers et les Onneyouts. Si ces deux tribus sont abattues, les missionnaires pourront évangéliser l'Amérique tout entière. Ils circuleront en paix sur les sentiers, atteindront le centre du continent, rayonneront au nord et au sud parmi les nations abondantes. « Mais tout cela dépend d'une petite poignée d'Agniers, que la justice divine semble vouloir à présent immoler par les mains de la France, comme des ennemis irréconciliables de la Foi et des Français. » Pour d'autres, le mot d'ordre reste plus général : « ...Détruisez l'Iroquois, et vous planterez la Foi dans l'étendue de plus de huit cents lieues de pays. »

La Relation *de 1661 adopte un ton plus modéré.*

Toutefois, à Québec pas plus qu'à Montréal, on n'ose marcher franchement dans la route de l'alliance avec les Senèkes ; on craint que l'ambassade de Garakonthié ne dissimule un piège. Marie de l'Incarnation fait écho à ces sentiments : Agniers et Sénèkes pourraient s'unir pour attaquer la colonie quand elle ne s'y attend pas. Pourtant, le retour des prisonniers a rassuré un peu les autorités car ces Français n'étaient pas mutilés : « ...Ils nous assurent que ces peuples les ont traités comme leurs enfants... ». Seuls les Agniers sont irréductibles : « ...Ils ont fait des assemblées publiques, où ils ont conclu et protesté de ne faire jamais de paix avec les Français. » Et si le roi envoie un régiment en 1662, au printemps, c'est contre eux qu'il faudra le lancer.

Les prisonniers libérés apportent de nombreuses nouvelles de l'Iroquoisie. Ainsi, ils parlent du jeune François Hertel qui a été capturé aux Trois-Rivières par les Agniers, peu de temps avant le 1er août. Ils le conduisent dans l'une de leurs bourgades ; et là, il écrit des lettres bien émouvantes à Ondessonk dont il a appris la présence à Onnontaé. Il a peu résisté aux Agniers, ne voulant pas mourir, et craignant « de n'être pas en bon état ». Il désire se confesser, il pense que le missionnaire pourrait se rendre au village qu'il habite et le ramener avec lui. Il a eu des nouvelles des Trois-Rivières par un prisonnier qui a été capturé le 1er août. Trois Français partagent sa captivité : « Mon père, je vous prie de bénir la main qui vous écrit, et qui a un doigt brûlé dans un Calumet, pour amende honorable à la Majesté de Dieu, que j'ai offensé ; l'autre a un pouce coupé. Mais ne le dites pas à ma pauvre Mère. » Puis encore : « Je vous prie, mon Père, de dire une Messe pour moi. Je vous prie de faire mes baisemains à ma pauvre Mère, et la consoler, s'il vous plaît. »

Des nouvelles de François Hertel

Un autre Français des Trois-Rivières écrit longuement sur les souffrances qu'il a subies. Il donne « des nouvelles de Pierre Rencontre, que vous connaissez bien : il est mort en Saint ». Il parle de Louis Guimont « pris cet été. Il a été assommé de coups de bâtons et de verges de fer ; on lui en a tant et tant donné, qu'il est mort sous les coups. » Les Agniers ont donné un autre prisonnier, « Monsieur Hébert », qui était blessé à l'épaule et aux bras, aux Onneyouts qui l'ont poignardé. Puis voici le « petit Antoine de la Meslée... ce pauvre

Joseph Hébert, petit-fils du premier colon établi au Canada.

enfant » : il inspirait de la compassion ; les Agniers ont fait de lui leur valet et puis ils l'ont tué à la chasse. « Il y a bien d'autres Français encore captifs ; je ne vous en écris rien, car ce ne serait jamais fait. Il en vient ici quasi tous les jours, et puis mes doigts me font grand mal. » Ainsi est révélé le martyre de Canadiens anonymes, prisonniers qui ont subi le supplice des doigts, de la bastonnade et qui ont supporté de mauvais traitements. Ils sont tous morts la prière aux lèvres, depuis Pierre Rencontre qui ne savait que répéter « Mon Dieu, ayez pitié de moi », jusqu'à Louis Guimont à qui on coupe les lèvres pour l'empêcher de prier ; qui continue encore et à qui alors on enlève le cœur « encore tout vivant, et lui jetèrent au visage ».

Le triste sort de Pierre Rencontre, Louis Guimont, Antoine de la Meslée, Hébert et bien d'autres

Ce prisonnier raconte encore les tourments qu'il a subis avec ses compagnons aux mains des Agniers. Puis il dit : « On dit que le père Le Moine est à Onnontaé, pour faire la paix ; il ne la fera jamais avec les Iroquois d'ici, car ils disent qu'ils n'en veulent point, et ils ne regardent les Français que comme des chiens ; et, néanmoins, on ne croirait jamais combien peu ils sont, ils n'ont jamais été deux cents hommes ensemble dans le pays. Leurs trois bourgs n'ont point de palissade, si ce n'est par-ci par-là, des bâtons gros comme la jambe, au travers desquels on peut bien passer. » Ce prisonnier se trompe sur les forces militaires d'Anniégé qui compte bien sept cents guerriers. Après avoir donné des renseignements militaires, il parle de nouveau des captifs : « Les Hollandais ne veulent plus nous délivrer, car il leur coûte trop ; et au contraire, ils disent aux Iroquois qu'ils nous coupent bras et jambes, et nous tuent là où ils nous trouvent, sans se charger de nous. » L'auteur de cette lettre est racheté par Garakonthié qui le ramène complètement mutilé à l'automne de 1661.

Le pays des Agniers est très vulnérable, selon Hertel.

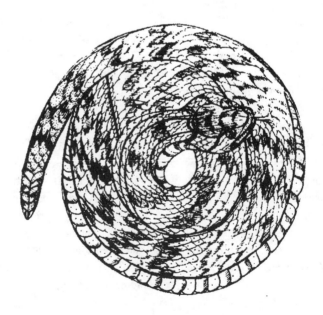

CHAPITRE 92

1661

Grâce à la forêt, les partis ennemis circulent de nouveau en Nouvelle-France comme dans leur propre pays. Ainsi, une nuit, une quinzaine de guerriers se postent autour de la ferme Sainte-Marie. C'est le Montréaliste bien connu, Lavigne, qui les aperçoit par une croisée au clair de lune. Il réveille ses compagnons. Ces braves élaborent tout de suite un plan. Le lendemain ils entourent les ennemis, les capturent et les conduisent au fort. D'autres guerriers trouveront le moyen de se placer à l'affût dans la cour de l'Hôtel-Dieu, attendant une occasion propice qui ne viendra pas, comme ils l'avoueront plus tard.

Peut-être s'agit-il d'Urbain Tessier, dit Lavigne.

Cette année si fertile en massacres doit se terminer cependant par une action retentissante. Elle se produit à Montréal, le 25 octobre, et deviendra justement célèbre, comme celle de l'île d'Orléans, ou celle qui a vu la mort de M. Lemaître par le rang des personnes qui succomberont et par les supplices qu'elles subiront.

À cette époque, il existe en face du fort, à peu de distance du rivage, un îlot que l'on appelle l'île à la Pierre. Le 24 octobre, des ouvriers s'y rendent pour en extraire des moellons et les transporter au rivage ; les messieurs de Saint-Sulpice construisent leur résidence et ils sont à la tête de cette entreprise. Le 25, décision est prise d'y retourner. La prudence commande de s'abstenir : les Montréalistes savent qu'à cette date il y a presque toujours dans la forêt des ennemis qui les observent et qui vont se mettre à l'affût autour des lieux où l'on a travaillé la veille, dans l'espoir de voir revenir les mêmes ouvriers. Maisonneuve hésite donc à donner son accord ; finalement il y consent un peu malgré lui. M. Guillaume Vignal, Sulpicien, s'embarque aussitôt dans une chaloupe avec six Français. Pendant la traversée, ceux-ci croient voir des canots le long du rivage. M. Vignal les rassure, il est certain que ce sont des orignaux. M. de Brigeac, le secrétaire de Maisonneuve, un jeune homme, reçoit un peu en retard l'ordre d'accompagner ces ouvriers. Il semble qu'il commande un petit peloton de six soldats puisque le nombre des Français présents sera de treize. Et ils suivent les autres à quelque distance.

moellon = pierre de petite dimension ou pierre des champs

Guillaume Vignal ou Vignar, Vignard, Vignart, Sulpicien. Devenu économe après la mort de LeMaistre.

Claude de Brigeac (ou Brisac, Brigeart, Brijat), arrivé à Montréal en 1659.

La première chaloupe aborde au rivage. Sans reconnaître le terrain, les ouvriers s'égaillent aussitôt çà et là ; les uns marchent un peu pour se dégourdir, les autres ramassent des pierres. M. Vignal s'éloigne. Pourtant, les guerriers ennemis sont en embuscade tout autour. Soudain, ils poussent leur clameur de guerre. Ce sont trente-cinq Onneyouts, parmi lesquels se trouvent probablement quelques Agniers. Leur attaque est imprévue ; les Français s'y attendaient si peu qu'ils paniquent et ne pensent qu'à fuir. Chacun d'ailleurs n'a pas pris la précaution élémentaire de porter son arme. Au même moment, la seconde chaloupe arrive. Brigeac met pied à terre, il tente de rallier les ouvriers et d'organiser une défense. Personne ne l'écoute, une fuite éperdue se poursuit. Seul, il fait face à la bande iroquoise. Il est bien armé, il met son mousquet en joue. Pendant un moment, l'indécision règne parmi les Onneyouts. C'est un court délai pendant lequel neuf Français s'embarquent dans la première embarcation et poussent au large. Les ennemis se concertent. Ils s'approchent. Brigeac fait feu et tue leur capitaine. Un autre moment d'indécision arrête l'ennemi : Brigeac a encore son pistolet qu'il pointe sur eux, ce sera une seconde victime. Quatre autres Français sont encore dans l'île. Voyant Brigeac isolé, les Onneyouts tirent sur lui tous ensemble, brisant d'une balle le bras droit du jeune homme qui laisse tomber son arme ; mais qui se lance aussitôt à la nage dans le fleuve pour s'échapper. Pourtant les ennemis le rattrapent et le capturent. Ils tirent ensuite sur les occupants des embarcations qui s'éloignent. Ils tuent Jean-Baptiste Moyen et Joseph Duchesne, un parent de Charles Le Moyne ; ils tuent Jacques Le Prestre. En même temps, M. Vignal s'embarque dans le canot d'un Montréaliste de la première heure, René Cuillerier ; ce faisant, il fait tomber dans l'eau le fusil de celui-ci et l'arme devient inutile. Les Onneyouts tirent aussi sur eux car le canot n'a pas encore pris le large. M. Vignal a le corps transpercé d'une balle ; il est ensuite capturé avec son compagnon. Un individu du nom de Dufresne sera également fait prisonnier. D'après le *Journal des Jésuites*, Montréal perd six hommes en cette occasion, et un autre Sulpicien.

Attaque en face de Montréal. Conduite héroïque de Brigeac

Ainsi se termine cette brève escarmouche qui aurait pu coûter plus cher encore aux Montréalistes sans la bravoure et le sacrifice du jeune Brigeac. Celui-ci ayant tué l'un de leurs capitaines, les Onneyouts l'empoignent par les jambes et le traînent tout autour de l'île, la tête et les épaules se déchirant sur toutes les aspérités des pierres. Puis ils embarquent dans leurs canots avec leurs prisonniers. M. Vignal s'excuse humblement auprès de ses compagnons : « Tout mon regret dans l'état où je suis, est d'être la cause que vous soyez dans l'état où vous êtes, prenez courage et endurez pour Dieu. » Les Onneyouts traversent le fleuve, ils abordent à La Prairie de la Madeleine, en face de Ville-Marie ; ils y construisent un fortin pour leur sécurité. Ils soignent leurs propres blessés et les blessés français. Monsieur Vignal ayant été trop gravement atteint, ils le tuent au bout de deux jours, le 27 octobre ; ils font ensuite brûler son cadavre sur un bûcher, ils le mangent et le scalpent. Quant à Brigeac, ils le soignent avec toute l'attention dont ils sont capables pour lui faire retrouver la santé et lui infliger ensuite un long supplice.

« Mon regret... est d'être la cause que vous soyez dans l'état où vous êtes. »

Moins nombreux, les Agniers se séparent ensuite des Onneyouts ; Dufresne leur est adjugé et part avec eux. Brigeac et Cuillerier sont la part des Onneyouts.

Le premier marchant encore difficilement, le second devient la bête de somme du parti. Après une marche de huit jours, il est ensuite rejoint par le parti agnier. Les guerriers dressent alors des cabanes, ils se réjouissent de leur victoire, ils font bombance avec le produit de leur chasse. Un Agnier et un Onneyout partent alors pour annoncer dans les bourgades l'arrivée prochaine des prisonniers.

Quand ils sont en vue des palissades, Brigeac et Cuillerier subissent la « salve », c'est-à-dire la bastonnade entre deux rangées d'ennemis. Puis ils montent sur l'échafaud. Un Iroquois arrache les ongles de Cuillerier. Les deux victimes sont ensuite conduites dans la cabane où se tient le conseil des sachems. Brigeac a le temps d'écrire à Ondessonk qui est toujours à Onnontaé : « Nous sommes deux prisonniers de Montréal à Onneyout où on arriva le 1er dimanche de décembre ; mon camarade a eu deux ongles arrachés ; nous vous demandons de vous transporter jusqu'ici et faire votre possible, par présents, pour nous retirer auprès de vous ; nous ne nous soucions plus de mourir ; nous avons fait alliance entre nous pour faire et pour souffrir tout ce que nous pourrons pour la conversion de ceux qui nous tuent, et nous prions Dieu tous les jours pour leur salut ; nous n'avons trouvé ici aucun Français, ce qui nous aurait grandement consolés. » Cette noble lettre atteint-elle Ondessonk assez vite ? Il semble bien que non. D'ailleurs, Brigeac a tué un capitaine et il ne peut pas espérer de pardon, car il s'est sacrifié pour les autres. Son supplice sera l'un des plus atroces de l'histoire. Il durera vingt-quatre heures. Aucun tourment ne lui sera épargné. Ongles arrachés, doigts brûlés, tranches de chair coupées sur le corps, bastonnades, tisons ardents et fers rougis appliqués sur tous les membres. Aucune des souffrances que l'on peut inventer ne lui seront épargnées. Mais ce n'est pas tout car la *Relation* de 1665 ajoute ce qui suit : « Il fut brûlé toute la nuit depuis les pieds jusqu'à la ceinture ; le lendemain on en continua encore à le brûler, après lui avoir cassé les doigts... ; il ne poussa aucun cri de plainte », égalant ainsi en endurance quelques victimes iroquoises et huronnes, mais extrêmement rares. Enfin, un Onneyout l'achève d'un coup de couteau, lui arrache le cœur, ce cœur d'un courage et d'une force extrême, et le mange. On lui coupe le nez, les lèvres, les joues, on boit son sang, c'est une scène de cannibalisme complet. Quant à René Cuillerier, un heureux hasard le sauve. La sœur même du capitaine que Brigeac a tué désire l'adopter pour prendre dans sa famille la place de son frère, et elle s'oppose au supplice ; un vieillard juge cette demande raisonnable, et il l'appuie. Toutefois, la captivité de Cuillerier est dure. Dix-neuf mois plus tard, au cours d'une partie de chasse en compagnie d'Agniers et d'Onneyouts, il prend la résolution de fuir. Dufresne, qui est encore captif chez les Agniers, refuse de se joindre à lui ; cependant, deux autres de ses compagnons, acceptent de courir l'aventure. Ils s'échappent bientôt. Ils se dirigent vers Fort Orange. Les vivres leur manquent rapidement et ils mangent de l'herbe. Ils dorment le jour et avancent la nuit. Le danger les menace plusieurs fois : ils doivent passer tout près

René Cuillerier assiste au terrible supplice de Claude de Brigeac.

Cuillerier adopté par une Indienne.

Cuillerier et deux comparses s'évadent.

des bourgades iroquoises, et quatre ou cinq fois ils sont poursuivis. Presque tous les guerriers de second bourg se mettent à leurs trousses et les serrent de près. Enfin, ils arrivent au poste hollandais où ils se déclarent Français. Le gouverneur les reçoit bien, leur procure des habits et les envoie à New York dans une chaloupe. Ils peuvent ensuite gagner Boston puis Québec. Après avoir fait ce long périple, Cuillerier remontera à Montréal, écrivant le dernier chapitre du drame de l'île à la Pierre qui clôt au Canada la sanglante année 1661.

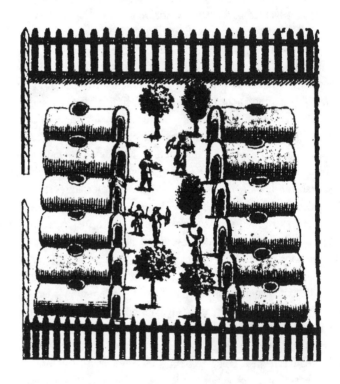

Chapitre 93

1661

Deux particularités marquent les massacres de 1661 : le nombre des victimes et leur qualité. La Nouvelle-France est très vulnérable à la petite guerre. Depuis 1653, le nombre des colons a augmenté et le nombre des habitations audehors des postes s'est multiplié. Autour de Montréal, des Trois-Rivières et de Québec s'étendent des champs en culture. Les travaux des moissons, ceux de la forêt, la chasse et la pêche entraînent toute la population hors des palissades. Cette population doit satisfaire ses besoins essentiels, la nourriture, le chauffage, sans quoi elle disparaîtrait. L'ennemi l'attend alors dans les bois qui entourent les défrichés ; il a vite appris le rythme des ouvrages agricoles, il sait quand venir et où se poster. Et c'est pourquoi la petite guerre devient si meurtrière.

La petite guerre de plus en plus meurtrière

Les victimes se distinguent par leur rang : deux sulpiciens, le secrétaire du gouverneur, de vieux Montréalistes succombent à Ville-Marie ; aux Trois-Rivières, c'est François Hertel et plusieurs notables ; à Québec c'est le Grand Sénéchal et quelques-uns de ses compagnons.

victimes = morts ou prisonniers

Le sénéchal : Jean de Lauson

Aussi, à l'automne, des lamentations montent de la colonie frappée de façon si dure ; c'est une désolation générale qui ramène à la dure période de 1650 à 1653. Les plus sombres pressentiments règnent ; ils apparaissent par exemple dans les lettres de Marie de l'Incarnation : « Vous avez raison de dire, écrit-elle, que si nous sommes attaqués par ces barbares lorsqu'il n'y a plus de navire à nôtre port, il nous serait impossible de nous sauver... Et où fuirait-on ? dans les bois ? où l'on se perdrait et dont les sauvages savent les retraites. » Toutefois, Marie de l'Incarnation trouve des raisons de ne pas désespérer : il y a des maisons de pierre à deux étages à Québec, elles seront longues à prendre ; mais leur toit est de bois. Puis les Iroquois ne peuvent s'attarder dans un long siège : ils n'apportent que peu de vivres et ils doivent vite se disperser pour chasser. « Enfin, ajoute-t-elle, j'espère que la bonté de Dieu nous fera la grâce de mourir à son service en ce pays », paroles bien peu rassurantes pour les amis de France.

Désolation générale

En Nouvelle-Hollande, on envisage en tremblant la destruction de la Nouvelle-France. Voici un passage qui exprime les sentiments : « Les prisonniers Français que les Agniers ramènent chaque année après les avoir capturés auprès des forts de la Nouvelle-France, et pour lesquels nos compatriotes versent parfois une rançon, déclarent unanimement que si les Français ne reçoivent

Curieuse inquiétude des Hollandais

aucune assistance de France sous forme de soldats, ils seront obligés de quitter le pays ; que le Gracieux Seigneur nous accorde que les Agniers ne commencent pas avec nous après qu'ils auront détruit les Français et en auront fini avec eux. » Cette phrase révèle de façon saisissante les vrais sentiments des Hollandais qui craignent que les Agniers ne les attaquent, ou se joignent à leurs autres ennemis indiens.

Il semble que pour échapper au désastre et éviter la répétition d'une année aussi lourde de massacres, les efforts de la Nouvelle-France se concentrent dans la mission de Pierre Boucher. Celui-ci a quitté le pays le 22 octobre en compagnie de M. de Queylus. « C'est lui, écrira Marie de l'Incarnation, qui a porté en France les lettres et les commissions de M. le gouverneur, et qui les a présentées au Roi... ». Parlant de M. de Monts qui viendra en 1662, Marie de l'Incarnation écrira encore ce qui suit : « Il est tombé d'accord sur tout ce que M. le gouverneur avait mandé au roi, et que M. Boucher lui avait confirmé de bouche, que l'on peut faire en ce pays un royaume plus grand et plus beau que celui de France... C'est le sentiment de ceux qui disent s'y connaître... Il y a surtout un grand nombre d'enfants. Ce fut un des points sur lesquels le roi questionna le plus M. Boucher, savoir si le pays était fécond en enfants. Il l'est en effet, et cela est étonnant de voir le grand nombre d'enfants très beaux et bien faits, sans aucune difformité corporelle, si ce n'est par accident. Un pauvre homme aura huit enfants et plus, qui l'hiver vont nu-pieds et nu-tête, avec une petite camisole sur le dos, qui ne vivent que d'anguilles et d'un peu de pain ; et avec tout cela ils sont gros et gras. »

On ne connaît pas le détail des dépêches que le gouverneur envoie au roi et que M. Boucher doit appuyer verbalement. Toutefois, le rôle de celui-ci paraît avoir été important pendant ces heures critiques. Par sa bouche, toute la Nouvelle-France demande les secours militaires indispensables.

D'autre part, la Cour étudie sérieusement en ce moment la question de les envoyer. Le passage suivant d'une lettre de Marie de l'Incarnation le prouve suffisamment : « M. nôtre gouverneur ayant interrogé un de nos Français sur tout ce qu'il avait vu dans sa captivité, a appris qu'il n'était pas bien difficile d'aller détruire les Agniers par ce côté ici ; c'est ce qui l'a obligé d'écrire au roi, aux reines et aux seigneurs de la cour d'envoyer le secours directement à Québec, et de changer le premier dessein qui était d'aller attaquer ces barbares par le côté des Hollandais. » D'un autre côté, au cours de négociations qui auront lieu en 1662 entre Agniers, Hollandais et Anglais à Fort Orange, les Anglais diront aux Agniers que « leur amitié s'est manifestée en refusant aux Français un passage à travers les colonies anglaises pour se battre avec les Agniers ». Ces phrases prouvent suffisamment que les prochaines expéditions militaires s'esquissent déjà d'une façon suffisamment précise. Il devient sûr qu'elles se dirigeront vers Anniégé ; et aussi qu'elles passeront par le Richelieu et le lac Champlain, route que personne ne pensait praticable avant

Pierre Boucher a entre ses mains l'avenir de la Nouvelle-France.

La Fance enverra-t-elle des renforts ? Il en faudrait si peu.

Détruire les Agniers par le Richelieu et le lac Champlain plutôt que par la Nouvelle-Hollande

l'automne de 1661 ; c'est M. d'Avaugour qui vient de régler ce dernier point en causant avec un prisonnier qui revient d'Iroquoisie ; et ainsi, il ne sera plus nécessaire de négocier avec les Anglais ou avec les Hollandais pour obtenir un passage par la Nouvelle-Angleterre ou par la Nouvelle-Hollande.

Bibliotheca Colbertina./.

HISTOIRE

VERITABLE
ET
NATVRELLE

Des Mœurs & Productions du Pays
DE LA NOVVELLE FRANCE,
Vulgairement dite

LE CANADA.

Composé par PIERRE BOVCHER,
Escuyer Sieur de Gros-bois , &
Gouuerneur des Trois-Rinieres,
audit lieu de la Nouuelle-
France.

A PARIS,

Chez FLORENTIN LAMBERT, ruë
Saint Iacques, vis à vis Saint Yues,
à l'Image Saint Paul.

M. DC. LXIV,
Auec Permiffion.

Chapitre 94

1661

Comme autrefois, les Agniers, tout en attaquant les habitations françaises, travaillent à tarir toutes les sources des pelleteries qui coulent vers la Nouvelle-France. Dès le début de l'hiver, l'un de leurs partis opère dans les terres arrosées par le haut Saint-Maurice et le Saguenay. Il capture tout d'abord un certain nombre de familles entières, comprenant hommes, femmes et enfants.

Le parti se rend ensuite à Nekouba. Il y surprend un autre groupe d'Indiens au moment où ceux-ci prennent part à un festin des morts. Marie de l'Incarnation écrit une phrase qui peut s'appliquer à ceux-ci : « Ils ont encore massacré quatre-vingts sauvages Algonquins et Montagnais qui s'étaient cachés dans les montagnes ; mais ces barbares les y ont bien su trouver. » Mais il peut aussi s'agir d'un autre groupe.

Ces nouvelles arriveront à Québec par une voie détournée. Deux des jeunes Algonquins capturés à Nekouba s'évaderont un peu avant d'atteindre les bourgades d'Anniégé. L'un d'eux provoquera ses ennemis à une course ; très rapide, il dépassera son adversaire, s'enfoncera dans la forêt et ne s'arrêtera qu'au moment où il sera en sûreté. En passant dans la Nouvelle-France pour retourner dans leur pays, ils raconteront les événements militaires qui se sont déroulés dans l'hinterland québécois. Ils diront que « toutes les terres du Nord qui n'avaient jamais vu d'Iroquois, en sont tellement infestées, qu'il n'y a plus de caverne assez sombre parmi ces grands pays de rochers, pour s'y cacher, ni de forêts assez profondes pour y confier sa vie ». Les Agniers ont même l'intention de se rendre jusqu'à la baie d'Hudson et « d'y enlever comme un torrent tout ce qu'ils rencontreront ».

La source du castor est tarie.

Ces battues parmi les tribus timides du Nord nuisent énormément à la Nouvelle-France : « ...Le malheur de nos alliés est le nôtre, puisque la source du castor demeure tarie par la perte de ceux qui en font le transport à nos habitants », par la perte également de ceux qui chassent les bêtes et ramassent les peaux.

Les Agniers ont besoin plus que jamais de pelleteries : cet article seul peut leur procurer les munitions et les armes qu'ils utilisent pour leurs guerres. De plus, ils veulent anéantir la puissance française sur le Saint-Laurent, et le meilleur moyen leur paraît sans doute de détruire le commerce canadien du castor.

Les Agniers ont maintenant plusieurs ennemis sur les bras. Déjà, durant les derniers mois de l'année 1661, ils ont pratiquement abandonné la bataille dans la Nouvelle-France. Les Indiens des alentours de Boston, les Abénaquis très probablement, ont assisté les Indiens du Canada à plus d'une reprise. Ils auraient tué une centaine de guerriers agniers. Ceux-ci méditent une vengeance éclatante ; en mai 1662, ils capturent une centaine de leurs adversaires à Penobscot, pillent une factorerie et commettent d'autres déprédations. Les Anglais se croient obligés de protéger des naturels qui viennent faire la traite à leurs postes et vivent dans leur zone d'influence. Alors la guerre risque d'éclater entre les Agniers et les Anglais. Ceux-ci demandent une satisfaction ; les Hollandais interviennent. Les directeurs de la Compagnie donnent des instructions à Stuyvesant : « Nous devons, par tous les moyens possibles, tenter de persuader les Agniers qu'ils donnent aux Anglais la satisfaction demandée, même s'il nous faut sacrifier à cette fin quelques articles ou marchandises, à condition qu'en échange de cette aide, le pays des Agniers puisse être acquis, et puisse être cédé en toute propriété à la Compagnie, de façon que les Anglais et les autres nations soient empêchés de prendre part au grand commerce de peaux de castors que les Hollandais poursuivent là avec les sauvages tsonnontouans [ou Senèkes]. »

Les difficultés que les Agniers rencontrent dans l'Est assurent un certain répit à la Nouvelle-France. Dans l'ouest de l'Iroquoisie, les nouvelles sont moins bonnes. La politique francophile perd du terrain. Lorsque Garakonthié revint dans son pays à la fin de l'automne de 1661, « il fut assez surpris, dit Charlevoix, de trouver une partie de sa Nation dans des dispositions si différentes de celles, où il les avait laissés... Tous les esprits n'étaient pas également portés à la paix... » Les Onnontagués se méfient de lui, il court le risque d'être désavoué. Le rapprochement avec la Nouvelle-France rencontre moins d'adhésions. Mais comme dit encore Charlevoix, Garakonthié « avait un excellent naturel, beaucoup de douceur, un génie supérieur et beaucoup de droiture ; ses belles actions à la guerre, et sa dextérité à manier les esprits dans les conseils, lui avaient acquis un grand crédit dans sa Nation... ». Alors, il ne se décourage pas et il se met de nouveau au travail.

Ce mouvement antifrançais, Ondessonk le confirme dans des lettres que la colonie recevra plus tard. Il court de graves dangers pendant l'absence de Garakonthié. Les *Relations* contiennent à ce sujet le passage suivant : « Les Iroquois d'Oiogoen, qui sont les moins cruels, et qui nous ont paru les plus affectionné, ...furent touchés de compassion sur les misères du Père, et pour le tirer de danger, ils l'invitèrent à aller chez eux pendant que ce désordre se passerait. » Ondessonk accepte l'invitation et il fait un séjour de quelques semaines chez les Goyogouins. La réception qu'on lui fait est excellente. Il soigne les âmes pendant qu'un chirurgien qui l'accompagne soigne les corps avec quelque succès, une maladie épidémique régnant dans le bourg. Ces réussites médicales augmentent la popularité du missionnaire. Celui-ci réorganise l'église des Hurons prisonniers qui veulent conserver leur foi. Après un séjour

Penobscot = nom anglais d'une tribu de la confédération abénaquise appelée Pentagouet. Nom d'une rivière explorée par Champlain.

satisfaction = réparation d'une offense

Pierre-François-Xavier de Charlevoix, historien et Jésuite (1682-1761). Il est l'auteur d'une Histoire et description générale de la Nouvelle-France [...] (Paris, 1744).

d'un mois, il revient à Onnontaé où Garakonthié, qui est maintenant revenu de son voyage à Montréal, l'accueille avec bienveillance. Le retour du grand chef marque une nouvelle progression dans la politique du rapprochement ; il raconte le bon accueil qu'il a reçu à Montréal. « Ce libéral Sauvage, protecteur des Français, ne cessait de se louer des présents qu'on lui avait faits, entr'autres d'un beau collier de porcelaine travaillé par les mains des Mères Ursulines, avec des gentillesses et des ornements qui agréent et qui ravissent ces peuples » ; ce cadeau rappelle que les religieuses attendent les petites Iroquoises qu'on voudra bien leur envoyer pour les instruire et les malades qui voudraient être soignés à l'hôpital.

D'autres passages des *Relations* indiquent plus clairement encore dans quelle mesure l'absence de Garakonthié, à la fin de l'automne de 1661, a presque été fatale au missionnaire : « Dès son arrivée, sa mort fut conclue, et les ordres déjà donnés pour lui fendre la tête ; mais Dieu l'a préservé par des voies qui nous sont cachées... Ayant échappé ces premiers dangers et les malheureux projets qu'on tramait de divers côtés contre lui, il a passé ensuite tout l'hiver comme captif ; mais il souffrait volontiers ses chaînes, pour rompre celles de nos Français ; et le Ciel qui a fait avorter les mauvaises pratiques de ses ennemis, a tellement béni ses desseins, que, contre toutes les apparences humaines, il a reçu la liberté et l'a donnée aux autres... » Si ce passage n'est pas exagéré, Garakonthié aurait eu moins de succès dans ses démarches qu'on l'a laissé entendre précédemment. Sa politique divise profondément son peuple, semble-t-il ; elle a l'approbation des sachems mais pas celle du parti guerrier et comme elle mène à scinder l'Iroquoisie, à détruire la Confédération, elle pose un grand problème aux Senèkes.

« Ondessonk souffrait volontiers ses chaînes, pour rompre celles de nos Français. »

« Il a reçu la liberté et l'a donnée aux autres. »

Les Français s'accusent de s'y laisser prendre, quand se produit en Nouvelle-France des actions qui, comme celle du 6 février à Montréal, emporteront un certain nombre de leurs compatriotes les plus éminents. Elle débute comme beaucoup d'autres du même genre. C'est l'hiver ; les habitants abattent probablement du bois de chauffage dans la forêt. Un gros parti qui ne compte pas moins de deux cents guerriers les attaque ; on dit que ce sont des Onnontagués. L'alarme est bientôt donnée au fort. Rapidement, le major Lambert Closse se met à la tête de vingt-six hommes pour aller dégager les ouvriers. Il passe par la forêt dans le but de cacher aux ennemis le détachement qu'il conduit. Au cours de cette manœuvre, pourtant bien menée, il se trouve soudain coincé entre deux pelotons ennemis. Bien secondé par une troupe solide, il se bat pratiquement toute la journée en gardant une bonne présence d'esprit pendant la bataille, il a du sang-froid et il est « extrêmement bon pistolier ». L'un de ses serviteurs, Pigeon, fait merveille et recharge rapidement ses armes. Mais l'autre, un Flamand, l'abandonne soudain et il n'a plus d'arme chargée pour se défendre. C'est là qu'il est tué. Comme le dit Dollier de Casson, il succombe « par la lâcheté d'un Flamand qui était son domestique lequel

La mort de Lambert Closse, le 6 février 1662

l'abandonna, ce qui donna beaucoup de cœur aux ennemis qui le tuèrent lui quatrième ». Les *Relations* donnent un beau témoignage de sa valeur : « C'était un homme dont la piété ne cédait en rien à la vaillance, et qui avait une présence d'esprit tout à fait rare dans la chaleur des combats ; il a tenu ferme à la tête de vingt-six hommes seulement, contre deux cents Onnontagués, combattant depuis le matin jusqu'à trois heures après-midi, quoique la partie fut si peu égale ; il leur a souvent fait lâcher prise ; souvent il les a dépossédés des postes avantageux, et même des redoutes dont ils s'étaient emparés, et a justement mérité la louange d'avoir sauvé Montréal et par son bras, et par sa réputation : de sorte qu'on a jugé à propos de tenir sa mort cachée aux ennemis, de peur qu'ils n'en tirassent de l'avantage. Nous devons cet éloge à sa mémoire, puisque Montréal lui doit la vie. » Marie de l'Incarnation dit de lui que c'est « un des vaillants hommes qui aient été en ce pays... ». Les Français qui perdent la vie dans cette action mémorable sont les suivants : Lambert Closse, sergent-major de la garnison ; Simon Le Roy, Jean Lecompte, 31 ans, de la ville d'Orléans, et Louis Brisson. Les victimes sont inhumées le jour suivant. Huit autres Français sont capturés.

Vingt-cinq contre deux cents

Ce n'est que plus tard, le 25 mars, que l'on reçoit à Québec les premières nouvelles d'Ondessonk. Le *Journal des Jésuites* fournit quelques détails. Cinq Iroquois, des Onnontagués probablement, arrivent en ambassade avec une femme. Les deux personnages principaux sont Otreouti et Aharihron. Prévenu de leur arrivée, le gouverneur envoie cinq soldats au-devant d'eux, jusqu'au fort Saint-Xavier, au cap Rouge ; les militaires les conduisent jusqu'à Sillery ; là, cinq autres soldats les attendent avec le père Frémin et Boquet un factotum des Jésuites ; le père Chaumonot les rencontre chez un M. Lemire avec M. Le Chevalier, neveu du gouverneur et plusieurs autres soldats. Leur prochaine station est le collège des Jésuites où ils demeurent jusqu'au 29. Ils partiront de Sillery le 30 en compagnie de trois Français.

Jacques Frémin prêtre et Jésuite (1628-1691). Charles Boquet, donné des Jésuites (mort après 1681).

Après la bataille du mois de février à Ville-Marie, les conseils ont dû être fort piquant. Un procès-verbal aurait pu fournir un bon nombre d'indications importantes, mais le *Journal des Jésuites* est très bref sur le sujet : « Ils firent quelques présents, qui ne disaient rien ; ce qui fit juger qu'ils venaient pour quelque dessein. On leur en fit 4 pour ramener le Père et les Français, pour amener des petites filles, pour établir le mai et magasin à Montréal, et que le père Echon [Chaumonot] s'y trouverait. » S'agit-il d'un magasin pour la traite que l'on construisait à Montréal ? On ne sait. Toutefois, les *Relations* parlent longuement à cette époque des activités du père Le Moyne dans l'Iroquoisie de l'Ouest. Ondessonk y pose hardiment les fondements d'une église huronne et d'une église iroquoise. Il voyage de bourgade en bourgade. Dans la chapelle d'Onnontaé, il rassemble les Français tous les matins pour la messe, et tous les soirs pour les prières. Il a couru quelque danger quand un jeune fou, ivre, veut briser un crucifix et que le missionnaire s'y oppose ; les notables le

Les activités du père Le Moyne en Iroquoisie

*Fort Orange
et ses tonneaux
de liqueurs
alcooliques*

sauvent au moment où la hache se lève sur sa tête. Les anciens en reportent la responsabilité sur l'eau-de-vie : « ... Ils [les Onnontagués] en apportent de la Nouvelle-Hollande en telle quantité, qu'il s'en tient cabaret à Onnontaghé. » Les *Relations* contiendront les descriptions des orgies forcenées qui éclatent comme des tornades dans les bourgades iroquoises quand arrivent de Fort Orange des tonneaux de liqueurs alcooliques ; toute la partie saine de la population doit fuir.

*rompre en visière =
rompre en choquant
par des propos
désobligeants*

*Fort Cataracoui,
aujourd'hui
Kingston, Ontario*

Une remarque maintenant s'impose : les Senèkes, semble-t-il, ne peuvent « rompre en visière » aux Agniers et aux Hollandais, que si les Français s'arrangent pour leur fournir des armes, des munitions, des marchandises européennes et quelques artisans pour réparer les objets en fer et en cuivre. Ils en ont d'autant plus besoin qu'ils sont engagés dans des guerres plus nombreuses ou qu'ils prévoient des attaques dangereuses. C'est ce que Frontenac comprendra bien plus tard en construisant le fort Cataracoui, où ils pourront venir en traite. Mais jusqu'à maintenant, on ne semble pas avoir compris cette nécessité, et les Senèkes demeurent dans une grande mesure sous la dépendance des Agniers et consorts.

CHAPITRE 95

1662

Au mois d'avril, on apprend à Québec qu'un nouveau combat a eu lieu à Montréal à l'époque de Pâques. Le *Journal des Jésuites* affirme que deux Français et plusieurs Iroquois ont été blessés.

Vers la fin du même mois arrive un jeune Algonquin de quatorze ans qui s'est échappé d'une bourgade d'Anniégé. Il dit que deux cents guerriers sont déjà partis et que leur but était de ne pas revenir avant deux ans et de visiter toute la terre ; « ...leur dessein, ajoute le *Journal des Jésuites*, était d'aller aux Etchemins ».

Une autre action se produit à Ville-Marie le 6 mai, à la ferme Sainte-Marie, au pied du courant. Une cinquantaine d'Iroquois sont à l'affût dans la forêt pour surprendre les travailleurs. Accompagné de quelques ouvriers, un prêtre du séminaire voyage dans les environs une partie de la journée, sans être découvert. Il tente d'allumer un feu, n'y réussit pas ; heureusement, car la fumée aurait trahi sa présence.

Nouveau coup des Iroquois à Montréal

Les ouvriers reviennent à la ferme, sauf trois qui demeurent sur les lieux : Roulier, Trudeau et Langevin. Non loin d'eux, un individu du nom de Soldat, qui exerce la fonction de sentinelle, rêvasse dans la redoute. Soudain, les Iroquois qui ont passé la journée dans les « fardoches », s'avancent doucement pour capturer les ouvriers. L'un d'eux lève la tête et il les aperçoit. Il crie : « Aux armes, voici les ennemis sur nous » ; il s'arme aussitôt de même que ses compagnons. Tous courent à la redoute, essuyant en chemin une décharge générale à courte portée qui aurait pu être fatale. Grand, fort et résolu, Trudeau rejette dans la redoute la sentinelle qui s'enfuyait. L'attaque est vive, mais la défense est courageuse. Les Iroquois tirent de deux à trois cents coups de fusil sur la redoute ; le seul dommage qu'ils infligent est de couper en deux le fusil de Roulier. Pendant ce temps, M. de Belestre, qui est à la ferme Saint-Gabriel, rassemble les hommes disponibles et part avec eux pour le lieu du combat. Il rencontre en route les premiers ouvriers qui avaient quitté les champs ; quelques-uns fuyaient, les autres se préparaient à secourir leurs camarades. M. de Belestre les intègre à sa troupe ; il arrive avec eux à la redoute où ils grossissent le nombre des défenseurs. Les Iroquois ont alors à qui parler. Protégés par les fortifications, les Français tirent maintenant sur l'ennemi et ils sont très adroits. Ils entreprennent même d'encercler le parti ennemi, mais celui-ci découvre le mouvement et se retire avec ses blessés dont l'un meurt peu après. La population de Ville-Marie qui a entendu la fusillade organise un détachement qui arrive au moment de la victoire.

fardoches = broussailles

Ces continuels combats empêchent la population de Ville-Marie d'exploiter le sol. Une disette s'annonce. Le 2 juin, le père Chaumonot part de Québec pour Montréal dans la chaloupe d'un dénommé Toupin avec cent minots de blé, de la farine et de la galette. Quatre soldats protègent l'embarcation. Les Jésuites et monseigneur de Laval ont fourni ces vivres.

Dans la nuit du 23 au 24 juin, Michel Louvart, dit Desjardins sort de sa maison. Il est tué sur le seuil, mais par un Indien ami en état d'ivresse. Le 26 juin, deux autres Montréalistes, Guillaume Pinçon, natif de Rouen, âgé de quarante ans, et Jean Hasté, de Paris, âgé de vingt-cinq ans, périssent sous les coups des Iroquois dans des circonstances inconnues.

Du début de l'année 1661 jusqu'au milieu de l'année 1662, Ville-Marie subit ainsi une espèce de siège, irrégulier et capricieux, mais cependant continuel, tenace et meurtrier. Des partis iroquois sont presque tout le temps en embuscade. Tous les historiens disent qu'ils n'ont noté qu'une partie des actions qui ont eu lieu. Dollier de Casson emploiera, par exemple, la formule suivante : « ...Il y a bien eu d'autres attaques au Montréal pendant ce temps-

Marie Morin, hospitalière de Saint-Joseph (1649-1730). Elle a rédigé les Annales de l'Hôtel-Dieu.

là... » Sœur Morin parlera de cette période avec une sensibilité frémissante ; elle indiquera « la peur continuelle où l'on était, d'être pris par les Iroquois...Toutes les fois qu'on sonnait le tocsin pour avertir les habitants de secourir ceux que les ennemis avaient attaqués et ceux qui étaient en des lieux dangereux à travailler de s'en retirer. Ce qu'on faisait aussitôt au signal de la cloche. Ma Sr Maillet tombait dès lors en faiblesse par l'excès de la peur et ma Sr Macé demeurait sans paroles et dans un état à faire pitié tout le temps que

Judith Moreau de Brésoles (1620-1687). Fondatrice et première supérieure du couvent des Hospitalières

durait l'alarme... Ma sœur de Brésoles montait avec moi au clocher quand nous avions le temps pour y sonner le tocsin, afin de ne pas occuper un homme qui allait courir sus l'ennemi. En ce cas, de ce lieu élevé, vous voyons quelquefois le combat qui était fort proche, ce qui nous causait beaucoup de peur, et nous faisait redescendre au plus tôt en tremblant, craignant d'être à son dernier jour. D'autres fois, quand les ennemis étaient plus éloignés et nos gens les plus forts, c'était un plaisir d'être là... voir tout le monde courir au secours de leurs frères et exposer leur vie... Les femmes même comme des amazones y couraient armées comme les hommes. Je l'ai vu plusieurs fois. Messieurs

« confesser les moribonds qui très souvent n'avaient de vie que pour cela... »

les prêtres ne manquaient point d'y courir aussi un ou deux pour confesser les moribonds qui très souvent n'avaient de vie que pour cela et mouraient après l'avoir fait sur la place. » Aussi les premiers habitants de Montréal « méritèrent par leur valeur de passer tous unanimement pour bons soldats par les coups généreux qu'ils firent contre les ennemis, qui de leur part leur en voulaient aussi, plus qu'aux autres terres habitées du Canada, à cause, disaient-ils, que celle-ci leur appartient et que leurs ancêtres y ont toujours demeuré comme en leur habitation de choix et d'élection ».

La sœur Morin décrit très bien la faiblesse de Ville-Marie : les maisons en bois où l'on peut facilement mettre le feu ; des Iroquois en embuscade la nuit autour de l'hôpital ou de l'école de Marguerite Bourgeoys ; elle raconte aussi la pauvreté, la misère, les suppliciés revenant avec les membres mutilés, les récits des tortures, enfin toute l'humble histoire d'un avant-poste toujours attaqué et toujours défendu.

Les combats livrés aux Trois-Rivières sont aussi loin d'être tous connus. Nombre de faits l'indiquent assez. Pierre Boucher pensera sans doute à cet humble détail lorsqu'il écrira un peu plus tard ce qui suit : « ...Les Iroquois nos Ennemis qui nous tiennent resserrés de si près, qu'ils nous empêchent de jouir des commodités du pays : on ne peut aller à la chasse, ni à la pêche, qu'en crainte d'être tué, ou pris de ces coquins-là ; et même on ne peut labourer les champs, et encore bien moins faire les foins, qu'en continuel risque, car ils dressent des embuscades de tous côtés, et il ne faut qu'un petit buisson, pour mettre six ou sept de ces barbares à l'abri... qui se jettent sur vous à l'improviste...Ils n'attaquent jamais qu'ils ne soient les plus forts ; s'ils sont les plus faibles, ils ne disent mot ; si par, hasard ils sont découverts, ils quittent tout et s'enfuient ; et comme ils vont bien à pied, il est malaisé de les attraper. Une femme est toujours dans l'inquiétude que son mari, qui est parti le matin pour son travail, ne soit tué ou pris et que jamais elle ne le revoie... ».

Cette époque est aussi fertile en évasions de prisonniers français. Autrefois, c'était des Hurons, des Huronnes, des Algonquins que l'on voyait arriver par la forêt, affamés, hirsutes, la peau sur les os, lacérés par les épines des halliers. Aujourd'hui, ce sont des Français. Les *Relations* ont des chapitres intitulés de la façon suivante : « Fuite merveilleuse d'un Français, échappé des mains des Iroquois » ; ou « Autres accidents arrivés à quelques Français et Sauvages captifs ». Dans ces pages sont racontées de façon détaillée les misères que les malheureux ont endurées. Ainsi un prisonnier est capturé à Montréal vers la fin de l'hiver de 1661. Il est presque complètement dépouillé de ses vêtements. Pour qu'il ne s'échappe pas la nuit, ses geôliers fendent de grosses branches d'arbre, insèrent dans les fentes les pieds et les mains du prisonnier qui ainsi immobilisé, doit passer la nuit sur un lit de neige, dans le froid. Le jour, on le charge comme bête de somme. Cela dure des jours et des jours, au hasard des chasses. Une nuit, en arrivant à Anniégé, un guerrier se dégage quand même, et il « s'enfonça dans le bois, et courut à perte d'haleine par les broussailles et par les halliers ». Il tourne en rond et se retrouve à son point de départ ; il s'élance dans une autre direction et, dans les fondrières, la neige fondue, les marécages, se heurtant aux arbres, il fait un long chemin. Au petit jour, il constate qu'il est revenu à son point de départ. Tout espoir perdu, il monte dans un arbre d'où il peut voir le campement. Les Iroquois s'éveillent, ils le cherchent ; ils se perdent dans ce lacis de pistes enchevêtrées et ils ne savent à la fin de quel côté le poursuivre. Lui, exposé au froid, claque des dents pendant toute la journée. Il reste dans son arbre toute la nuit, et ce n'est que le lendemain, les Iroquois partis, qu'il descend et choisit une route opposée. Pour son malheur, il tombe peu après aux mains d'une autre bande iroquoise qui le garrotte avec soin. Toutefois, le goût de la liberté le tient bien et,

Commentaire de Pierre Boucher sur les Iroquois

« Ils n'attaquent jamais qu'ils ne soient les plus forts. »

Quelques évasions de prisonniers français

halliers = buissons fort épais

De l'utilité parfois de tourner en rond.

une seconde fois, il se libère de ses liens et s'enfuit ; cette fois, avec la résolution d'être extrêmement prudent : « Il se veut perdre, de peur d'être trouvé par une autre escouade de ces barbares... ; le moindre souffle des vents lui faisait peur... ; sa crainte trop ingénieuse lui changeait quelquefois les arbres en hommes... ». Il dépérit ; la faim le tenaille. Avec persévérance, peu à peu, cependant, il s'avance vers Montréal et cette pensée entretient son courage. Il rencontre une petite colline sur sa route ; il la gravit péniblement et au sommet, il se trouve face à un autre parti iroquois qui revient de Montréal avec des prisonniers ; malgré « ses forces... épuisées, son visage déterré, sa couleur de cendre et de mort », il est de nouveau solidement lié. Ce fantôme simule la maladie, les convulsions, la folie furieuse pour que l'on relâche un peu ses *Omniprésence* liens. Ayant obtenu ce qu'il désire, il se libère pour la troisième fois et il *des Iroquois* s'échappe encore. Cette fois, il atteint Montréal.

Un autre Français est conduit dans la bourgade des Onneyouts. Un enfant de cinq ans lui apprend qu'il est condamné à mort. Il prend immédiatement la fuite dans le but de se rendre à Onnontaé, auprès d'Ondessonk. Il s'élance par le premier sentier qu'il rencontre et qui est probablement la grande piste qui traverse toute l'Iroquoisie. Voyant au loin des Onneyouts qui viennent en sens inverse, il se glisse adroitement dans la forêt et laisse passer les ennemis qui ne l'ont pas aperçu ; il choisit un autre sentier, rencontre un autre groupe d'Onneyouts et se dérobe de la même façon. Ayant atteint la capitale, il entre hardiment dans la bourgade et se présente à une cabane. Les Onnontagués qui l'habitent sont des partisans de Garakonthié, ils lui jettent une couverture sur les épaules pour le cacher, lui donnent à manger et avertissent immédiatement le père Le Moyne pour que celui-ci le rachète en donnant les présents habituels. Mais plus tard, quand il se rend auprès du missionnaire, des ivrognes le rencontrent, l'attaquent, et il perd connaissance. Aussitôt prévenu, Ondessonk court sur les lieux, le recueille, le conduit dans la cabane où il habite, le protège contre les Onneyouts présents dans la capitale, qui, sept fois de suite, reviennent à la charge pour le ramener avec eux. Enfin, le missionnaire le rachète de la façon exigée. Cet épisode montre bien les divergences d'opinions qui règnent en Iroquoisie au sujet de la Nouvelle-France.

Un autre prisonnier échoue dans une cabane où il a affaire à deux maîtresses d'humeur différente ; l'une exige qu'il sorte, l'autre qu'il demeure ; l'une le chasse et l'autre le retient. Les deux mégères s'entendent sur un point : le faire assassiner par des jeunes gens. Par l'entremise de ses amis iroquois, Ondessonk favorise son évasion. Les deux commères mettent alors toutes les influences en jeu pour le rattraper. Ainsi menacé, le Français s'échappe et se cache dans un îlet, tout près de la capitale. Formant deux groupes distincts, amis et ennemis le cherchent partout ; ils rentrent bredouilles et tous conviennent de donner le captif à Ondessonk si on le retrouve. La faim chasse le malheureux de son repaire et il est enfin sauvé.

Les *Relations* contiennent ainsi toute une série de récits se rapportant aux Français prisonniers. Les objets ont eux aussi leur histoire. Ainsi, il ne faudrait pas oublier celle du crucifix d'Argentenay, île d'Orléans, de deux pieds de long, dont les Agniers se sont emparés lors de leur passage sanglant de 1662 ; ils l'ont apporté dans leur pays. C'est là que Garkonthié le découvre au cours d'un voyage ; il n'a pas de cesse qu'il en ait négocié le rachat. Il le transporte avec soin sur la grand-route de l'Iroquoisie ; ayant atteint Onnontaé, il l'installe dans la cabane où Ondessonk dit la messe et où les Français et les catholiques se rassemblent pour la prière.

Garakonthié rachète le crucifix d'Argentenay.

Chapitre 96

1662

L'été commence, l'été se poursuit, aucune nouvelle attaque ne se produit. De quelque tribu qu'ils soient, les Iroquois ont cessé de paraître. C'est autour des postes une tranquillité imprévue, inquiétante, incertaine, dont on ne connaît pas la cause. Les travaux agricoles s'accomplissent, et de ces forêts profondes, autrefois si redoutables, ne sortent plus à l'improviste des guerriers dangereux.

Juillet et août passent. Le 31 août, des canots iroquois apparaissent soudain au bas des rapides de Lachine. L'un d'eux porte « une enseigne pour se faire connaître comme ami ». Tous s'approchent de la rive et les occupants « font une décharge de tous leurs fusils... Publiant la paix par la bouche de la guerre même... ». C'est Ondessonk qui revient avec le second contingent de *Le retour de* neuf prisonniers et une vingtaine d'Onnontagués qui les escortent. Ville-Marie *quelques* tressaille à l'arrivée de tous ses enfants perdus et retrouvés ; les habitants ac- *prisonniers* courent et poussent des acclamations ; c'est du délire. Tous courent à la chapelle pour remercier la Providence. Et il suit toutes ces scènes, celui qui en est l'artisan, le puissant sachem, Garakonthié, le chef des « amis des Français », cet allié que la Nouvelle-France a soudain trouvé. Les rescapés racontent leur joie au sortir d'Onnontaé. Et ensuite « ils ne pouvaient sur les chemins se détacher de leur cher libérateur, qu'ils environnaient sans cesse, couronnant ses pas d'un noble diadème... ». Ondessonk est là, lui aussi. Il s'est largement exposé. Missionnaire, il a placé en premier ses obligations religieuses, baptisant les enfants, soignant les malades, les convertissant, administrant les sacrements aux vieilles Huronnes captives qui accouraient de toutes les parties de l'Iroquoisie. Il a bravé avec simplicité les plus grands dangers. Jamais « il n'épargnait aucun de ses soins, pour le bien commun de tous les Français ».

Deux héros : D'ailleurs, les *Relations* reconnaissent les très bons résultats de la mission *Garakonthié et* d'Ondessonk qui a duré un an : « C'est lui qui a détourné la hache des trois *Ondessonk* nations supérieures, de dessus nos têtes ; il a écarté les meurtres qui ont ensanglanté tous les ans nos terres et nos maisons ; nous ne nous souvenons que trop des malheurs de l'an passé, qui nous font encore gémir à présent, n'ayant pas cessé de donner nos larmes sur nôtre sang, qui a coulé depuis Montréal jusqu'à Tadoussac... De plus, il nous a fait respirer cet été un air que nous n'avions point respiré depuis un assez long temps, un air de quelque paix et de quelque repos, et nous a procuré la commodité de faire nos semences sans trouble, et nos moissons, qui sont assez abondantes, sans être teintes de notre sang. Enfin, quelques-uns croient qu'il a si bien fait, que nous n'avons plus que deux nations d'Iroquois sur nos bras : celle d'Onneyout et celle d'Agnier. Ces deux nations sont, à la vérité, les plus cruelles, mais les moins nombreuses et les plus voisines. Pour les trois autres plus éloignées, elles se disent bien de nos amies et de nos alliées... »

Naturellement, il ne faut pas oublier la part de Garakonthié dans ces résultats. Plus que quiconque, le sachem est en mesure d'influencer la politique des Senèkes. Ondessonk a eu le courage de jouer le rôle qu'on attendait de lui. Avec son bonheur coutumier fait d'optimisme, d'une grande pratique des tribus iroquoises, d'une compréhension sûre de leurs instincts et de leur volonté, il a réussi dans sa tâche. Les *Relations* ne se méprennent pas sur la portée de la victoire du parti francophile chez les Iroquois de l'Ouest, ni sur sa durée : « ...Il ne faut prendre autre mesure avec les Sauvages, que celles de leur intérêt. » On se demande aujourd'hui si cette mesure n'est pas celle de toute nation, même la plus civilisée. Les tribus converties s'attachent aux Français dans l'intérêt de leur salut ; celles qui demeurent indifférentes à la foi n'ont pas d'attachement pour la France : « Pour les autres, qui ne l'ont pas reçu, il n'y a que la frayeur et crainte de nos armes, ou l'espérance de quelque grand profit dans leur trafic, ou le secours qu'elles peuvent tirer de nous contre leurs ennemis, qui les puissent arrêter, et encore cela n'empêchera-t-il pas que quelques-uns ne se débandent et ne nous viennent tuer à la dérobée, si bien qu'il n'y a que la seule puissance présente et effective qui leur puisse fortement lier les mains. » Qui peut nier à l'Iroquoisie et à toute tribu indienne le droit de suivre ses intérêts ? Pour être respectée, la Nouvelle-France doit être forte ; c'est une loi de l'Ancien aussi bien que du Nouveau Monde. Et sa faiblesse insigne et indigne après de nombreuses années d'existence invite aux attaques, surtout parce qu'elle contrôle toujours le plus beau commerce de pelleteries qui fut jamais. Le 10 août 1662, Marie de l'Incarnation écrit ce qui suit : « Nous n'avons pas été trop inquiétés dans ces quartiers de Québec par ces barbares, toute leur attention étant à Montréal et à guetter les Outaouais. »

« Ne prendre autre mesure avec les Sauvages, que celles de leur intérêt. » N'est-ce pas vrai pour toute nation, même la plus civilisée ?

débander = se séparer d'un groupe.

CHAPITRE 97

1662

Maintenant que la petite guerre iroquoise s'est calmée, les Français vont aux renseignements. Pourquoi les Agniers et les Onneyouts sont-ils inactifs ? Les Hollandais disent que le 31 avril, deux cent soixante guerriers se sont rendus à Penobscot pour venger le massacre d'une centaine de leurs compatriotes commis l'année précédente. Ils y capturent une centaine d'Abénaquis. Les *Relations* présentent une autre version. « Des Iroquois, disent-elles, ont fait route vers le Levant, c'est-à-dire du côté de la Nouvelle-Angleterre, pour y livrer bataille aux Abénaquis qui habitent sur les rives du Kennebec. Plusieurs fois déjà, les missionnaires ont visité ces Indiens, ils ont pu, dans une certaine mesure les instruire. Un conflit latent existe entre eux et les Agniers. Pourquoi ? Trente Agniers sont venus chez les Abénaquis pour exiger quelque sorte de tribut de ces peuples... » Révoltés par cette audace, les Abénaquis massacrèrent vingt-neuf de ces ambassadeurs ; au trentième, ils coupèrent la lèvre supérieure, le scalpèrent à demi et le renvoyèrent en Iroquoisie « pour porter la nouvelle de ce qui s'était passé... avec ordre de leur dire qu'ils les destinaient à une semblable ignominie, s'ils entreprenaient une pareille vexation ». C'était répondre à l'iroquoise aux Iroquois eux-mêmes.

Leur colère excitée jusqu'au dernier point, les Agniers se mettent alors en campagne, abandonnent à elle-même la Nouvelle-France qui n'en peut plus. « Nous avons appris depuis peu, disent les *Relations*, qu'ils ont déjà bien commencé, ayant surpris une bourgade entière, lorsque tous ses habitants étaient ivres par les boissons que les Hollandais leur traitent ; de sorte qu'ayant bien pris leur temps, ils s'emparèrent du bourg qui n'était plus qu'un grand cabaret rempli d'ivrognes. » Ils tuent les hommes, brûlent les femmes, n'épargnant qu'un vieillard qui, plus tard, au pays des Agniers, serait torturé à mort. Mais ces Abénaquis étant les pourvoyeurs de fourrures de quelques postes anglais, les Agniers se trouvent en difficulté avec les Anglais qui leur opposent un front solide, exigent non seulement qu'ils cessent ces attaques contre leurs Indiens, mais demandent une importante compensation. Trop orgueilleux pour céder immédiatement, les Agniers résistent, la guerre menace pendant l'été de 1662 avant que l'affaire ne se règle.

Mais pendant ces périodes de guerre, les Iroquois peuvent difficilement aller à la chasse au lac Ontario ; ils ne peuvent abandonner leurs bourgades sans défense. Que les Agniers soient menacés par les Abénaquis ou d'autres tribus dans l'est, que les Senèkes soient menacés par les Andastes au sud, ou par les Français au nord-est, ils sont tous réduits à se cantonner chez eux ou à conduire des raids chez les peuples qui amassent beaucoup de pelleteries. Car c'est en temps de guerre qu'ils ont surtout besoin de fourrures pour obtenir des armes et des munitions. C'est sans doute à ce besoin qu'il faut rattacher une expédition que Perrot raconte dans ses Mémoires.

« Le parti qui l'a conduit aurait compté une centaine d'Agniers et d'Onneyouts. » Beaucoup mieux armés que les tribus de l'intérieur, ces guerriers, comptant sur la terreur que leur nom inspire, se seraient avancés rapidement dans le Nord-Ouest. Après avoir franchi les rapides du Sault-Sainte-Marie, ils aurait établi leur campement à cinq lieues en amont, sur l'une des rives. Apercevant des feux au nord sur les collines, ils envoient des éclaireurs. Ceux qui sont groupés autour de ces feux sont des Saulteux, des Outaouais, des Népissinges, des Amikoués qui sont en marche pour chasser l'orignal au Sault ou bien pêcher dans les rapides. Ceux-ci découvrent aussi les feux du camp iroquois, ils s'avertissent, se rallient, forment une troupe d'une centaine d'hommes. Ils élisent un chef, parmi les Saulteux, un homme plein d'énergie et de caractère. Ils envoient un canot en exploration ; les Iroquois le voient mais imaginant que personne ne les a aperçus, ils ne donnent aucun signe de vie. Leurs adversaires mettent pied à terre, ils s'avancent prudemment au milieu d'une forêt épaisse, ils comptent les Agniers et les Onneyouts. Oui, ce sont bien des Iroquois qui viennent détruire leurs villages et piller leurs vivres. Les éclaireurs une fois revenus, les guerriers algonquins s'embarquent dans leurs canots, dépassent l'emplacement du camp ennemi, dans le brouillard, et atterrissent dans une anse. Pendant que la nuit s'écoule, ils se glissent tous sous bois, atteignent une butte qui domine le camp ennemi, lancent des morceaux de viande aux chiens qui veulent aboyer. Au petit jour, poussant leurs clameurs de guerre, ils se jettent à l'attaque ; ils percent de leurs flèches les Iroquois qui courent à leurs armes ; puis, descendant la butte au pas de course, le casse-tête à la main, ils se lancent à l'assaut. Les jeunes guerriers Saulteux faiblissent et fuient ; mais les plus vieux tiennent bon, ils infligent des pertes à l'ennemi et poursuivent ceux qui fuient vers la grève. Les jeunes reviennent alors et ils chargent tous avec tant de furie « qu'ils achevèrent de défaire sans qu'il en échappât aucun ». Seuls les éclaireurs iroquois qui n'étaient pas revenus en réchappent.

Les Iroquois s'en prennent aux Saulteux.

Les *Relations* parlent encore d'autres expéditions iroquoises. D'une façon si vague, cependant, qu'il est à peu près impossible de bien les localiser. L'une se dirigerait vers l'occident, parcourrait quatre cents lieues, atteindrait des bourgades situées le long du Mississippi. Ce sont des Onnontagués qui composeraient celle-là pour apaiser « les âmes de ceux des leurs qui ont été tués il y a huit ans... », et qui ne trouveraient point de repos si des captifs n'étaient pas brûlés en leur honneur. Déjà, l'hiver précédent, des femmes et des enfants de cette tribu lointaine auraient subi le supplice du feu. La description générale du pays et l'orientation semblent indiquer le pays des Illinois.

Radisson a pris part à une battue dans la même région à l'époque où il était prisonnier.

Deux autres expéditions sont indiquées dans les lignes suivantes : « Un autre parti Iroquois commence une guerre de deux ans contre la Nation qu'on nomme du Bœuf ; un autre tourne sa marche contre la Nation du Pétun du côté des Nez-Percés ». Cette dernière peut n'en faire qu'une avec l'expédition du saut Sainte-Marie décrite par Perrot. Les Outaouais sont à cette époque-là revenus du pays des Sioux où ils ont fait un court séjour, pour habiter une presqu'île de la rive sud-ouest du lac Supérieur. Enfin, une autre expédition iroquoise aurait pénétré en Virginie et une dernière, s'étant engagée dans ces pays inconnus, serait morte de faim.

Les Iroquois portent la guerre toujours plus loin.

Il faut rappeler que le père Ménard est parti en 1660 pour le Sault-Sainte-Marie en compagnie de sept trafiquants de pelleterie, comme l'ont fait Radisson et Des Groselliers. Fidèles à leur politique traditionnelle qui consiste à détruire ou à s'emparer partout du commerce des fourrures de la Nouvelle-France, les Iroquois se dirigent en bonne partie vers les tribus indiennes qui l'alimentent. Il n'est pas plus surprenant de les rencontrer à Nekouba qu'au lac Supérieur. Justement cette année, un convoi doit descendre de ces derniers quartiers ; parlant du père Ménard, voici ce que dit Marie de l'Incarnation : « ...Il devait faire un tour cette année en ces quartiers... » Les Outaouais auraient dû revenir avec lui : « Les Iroquois, qui en ont eu vent, se sont cantonnés par toutes les avenues, afin de les enlever avec toutes leurs pelleteries. On dit qu'ils devaient venir trois ou quatre cents de compagnie. » Pour s'emparer du convoi, les Iroquois ont sans doute fait le blocus de l'Outaouais ; ils ont peut-être conduit dans le même but leur expédition du Sault-Sainte-Marie.

Les Iroquois en quête de pelleteries

Une lutte acharnée est déjà engagée dans les territoires situés à l'ouest, au lac Michigan. C'est de là que peuvent maintenant sortir les pelleteries en énormes quantités. Les Français marchent-ils sur les brisées des Iroquois ou les Iroquois sur celles des Français ? Question à laquelle il est difficile de répondre. Des tribus iroquoises tirent probablement de gros lots de fourrures depuis quelques années des régions situées directement à l'ouest de leur pays. Mènent-ils là des raids, tout simplement comme ils en conduisent sur le Saint-Laurent, l'Outaouais, le Saint-Maurice ou le Saguenay ? Il semble bien que oui. Leurs méthodes ne varieraient pas en fonction des points cardinaux. Il semble aussi que les Tsonnontouans s'y appliquent en particulier, mais que ni les uns ni les autres n'ont le souci d'organiser un commerce d'échange régulier et pacifique comme les Hurons et les Français le font. Peut-être ne le peuvent-ils pas non plus, n'ayant pas à offrir les marchandises dont ces peuples ont besoin. Maintenant, leurs guerriers remontent au nord-ouest pour atteindre la région du lac Supérieur d'où viennent les convois français. Quelques combats mal connus auront lieu dans ces parages. On en trouve ici et là quelques échos mais il est à peu près impossible de les situer et de les raconter.

Quand cette période se terminera, de nombreuses tribus du Wisconsin actuel désireront se venger des Iroquois à cause des coups reçus. Plutôt que d'exploiter leurs immenses territoires de chasse autour des lacs Ontario et Érié, les cinq Nations étendent plus loin leurs raids sanglants et fructueux. Toutefois, l'histoire ne pourra probablement jamais se prononcer sur ces points avec une certitude absolue.

Chapitre 98

1662

La guerre est davantage assoupie qu'arrêtée par un bon traité de paix. Agniers et Onneyouts n'ont entamé aucune négociation. Quant aux Senèkes, l'éloignement et l'influence de Garakonthié les tiennent presque complètement en dehors du conflit. Ainsi, au mois de septembre, de nouveaux incidents se produisent. Le 10 et le 11 paraissent sept canots iroquois « qui firent 4 cris vers l'île d'Orléans ». Ils y massacrent deux hommes, Jean Le Blanc, et un autre individu dont on ne connaît rien d'autre que le nom : Gabriel. Ce parti demeure-t-il sur les lieux ? C'est possible ; on croit que c'est lui qui capture le 30 septembre, dans l'île d'Orléans, une famille huronne composée du mari, de la femme et de leur fille. Le 5 octobre, on apprend aussi à Québec que des Iroquois se sont rendus à Tadoussac et y ont tué « un autre fils de Mons. Couillar, nommé Deschênes... avec un autre Français » ; le 6 octobre, des Iroquois « prirent dans les champs hurons de l'autre bord un homme et une femme, et poursuivirent les autres jusques à tirer sur leurs canots, lorsqu'ils se sauvaient vis-à-vis du fort de Québec ». Une expédition s'organise pour se livrer à des représailles. « Environ ce temps, dit encore le *Journal des Jésuites*, partirent 30 habitants pour la guerre, *id est,* pour faire coup sur les Iroquois... » Où vont-ils ? Jusqu'où se rendent-ils ? On n'en sait rien. Ils reviennent à la Toussaint sans avoir rencontré d'ennemis.

De nouveaux incidents à l'île d'Orléans

Le 27 octobre, arrive enfin le secours que l'on a attendu tout l'été. C'est le premier résultat de la campagne énergique que les Canadiens conduisent depuis l'automne de 1659. Il est peu important. La biscayenne qui se présente devant la capitale avec les passagers des navires de Tadoussac, ramène Pierre Boucher qui a accompli sa mission et un gentilhomme nommé Dumons, que le Roi envoie « pour commander 100 soldats ». C'est la première vague des secours militaires attendus ; Il y a aussi deux cents passagers, dont cent personnes que Pierre Boucher a lui-même engagées, avec ses propres fonds. Il en attendra le remboursement pendant un certain temps. Enfin, il ne faut pas oublier M. de Monts, qui vient faire pour le roi une enquête rapide sur la Nouvelle-France. Marie de l'Incarnation parle plus longuement de cette assistance dans une lettre du 6 novembre. « Le capitaine, écrit-elle, a refusé énergiquement de conduire les navires jusqu'à Québec dans cette saison avancée. Il a même refusé d'obéir à un ordre du Roi. C'est qu'il craignait d'être châtié de sa mauvaise conduite dans la capitale. Pendant la traversée, il a fort maltraité M. du Monts, comme aussi M. Boucher qui était le porteur des lettres du roi,

biscayenne = embarcation destinée à aller à la voile ou à l'aviron.
Le retour de Pierre Boucher

L'arrogance d'un capitaine

et enfin tous les passagers qu'il a presque fait périr de faim et de soif, comme en effet il en est mort près de quarante. Il n'avait des vivres que pour deux mois, et il en a été quatre en chemin. » À Québec, M. de Monts doit organiser le transport des survivants qui sont encore à Tadoussac de même que celui des vivres ; il réquisitionne toutes les chaloupes et toutes les barques qui partent en flottille pour l'embouchure du Saguenay. Puis il se met immédiatement au travail, car il est en Nouvelle-France en qualité de commissaire ou d'enquêteur ; il est chargé de mission. C'est le roi qui l'a envoyé, voulant s'assurer, comme un bon constructeur, de la nature du sol sur lequel il veut bâtir. M. de Monts examine les ports ; il étudie la région de Québec. Comme un bon vent souffle du nord-est, il se rend jusqu'aux Trois-Rivières « où il a établi pour gouverneur M. Boucher, qui avait déjà commandé en ce lieu ». Il ne peut malheureusement pas aller jusqu'à Montréal. Ce qu'il voit confirme point par point les affirmations de Pierre Boucher : « Après que ce gentilhomme eût examiné toutes choses, il est tombé d'accord sur tout ce que M. le gouverneur avait mandé au roi, et que M. Boucher lui avait confirmé de bouche, que l'on peut faire en ce pays un royaume plus grand et plus beau que celui de France. » D'autre part, le roi a déjà pris sa décision, semble-t-il, puisqu'il a promis « d'envoyer ici un régiment l'année prochaine, avec de petits bateaux pour voguer sur la rivière des Iroquois Agniers, que Sa Majesté veut détruire afin de se rendre le maître de tout le pays. Nous estimons que c'est pour cela que Sa Majesté a envoyé M. de Monts en commission pour faire la visite du pays ».

M. de Monts repart en novembre. Présente-t-il au roi un rapport verbal ou écrit ? On n'en sait rien. De graves décisions seront prises tout de suite après son retour. Toutes les réformes importantes qui modifieront l'avenir et le sort de la Nouvelle-France datent des premières semaines de l'année 1663.

Visite éclair du sieur de Monts, commissaire royal

« On peut faire en ce pays un royaume plus grand et plus beau que celui de France. »

CHAPITRE 99

1663

Puis s'ouvre au Canada l'année du grand tremblement de terre. Celui-ci éclate le 25 février comme un véritable cataclysme cosmique ; il durera six mois. Les commotions, les secousses nombreuses, incessantes, violentes, atteindront à plusieurs reprises une intensité inouïe. La population, tant française qu'indienne, sera plusieurs fois prise de panique.

Des inquiétudes d'un autre genre se mêlent aux frayeurs. Les Montréalistes apprennent que les Iroquois ont décidé d'attaquer leur poste, de s'en emparer, de s'établir sur les lieux parce qu'ils sont les plus importants de la colonie.

Pour parer à cette attaque, Maisonneuve fonde, le 27 janvier, la Milice de la Sainte Famille de Jésus, de Marie et de Joseph. Que les hommes qui le désirent se forment en escouades de sept soldats, qu'ils élisent un caporal et qu'ils viennent ensuite chez lui : voilà l'invitation qui est lue à la fin de la messe du 28 janvier et qui est ensuite affichée. Le 1er février, le gouverneur est assuré de vingt escouades de colons ; il a ainsi sous la main un corps de valeureux combattants et un camp volant prêt à courir en tout temps pour combattre.

Maisonneuve ordonne de garder en bon ordre les redoutes construites autour du poste et que des hommes armés défendent nuit et jour. Il donne plus tard la propriété de ces ouvrages à des hommes bien connus par leur valeur et qui vont y résider : ce sont Urbain Tessier, dit Lavigne, et François Bailly. Les maisons des colons sont construites avec d'épais madriers et peuvent résister aux assauts.

Le 24 février 1663, la Companie des Cent-Associés renonce à la Nouvelle-France. Dans l'acte, il est spécifié que « le nombre des habitants est fort petit, mais même qu'ils sont tous les jours en danger d'en être chassés par les Iroquois ». Le pays retombe sous la juridiction directe du roi comme un bien longtemps aliéné. Le 9 mars 1663, la Société Notre-Dame de Montréal cède aussi ses droits à Saint-Sulpice. Ainsi disparaissent des organismes trop faibles qui, à l'épreuve, n'avaient pu procurer à la colonie la protection dont elle avait besoin ou le développement dont elle était capable.

Divers documents indiquent que la France s'occupe activement à régler le problème canadien. L'un d'eux, daté du 25 janvier à La Rochelle, porte le titre suivant : « Mémoire de ce qui est à faire en Canada, dressé sur le rapport des vaisseaux revenus de Plaisance et de la rivière Saint-Laurent » ; ces navires sont sans aucun doute ceux qui ont porté M. de Monts et sa compagnie. L'auteur explique l'obligation de faire la guerre aux Iroquois et de les détruire parce qu'ils empêchent les tribus indiennes de l'Ouest de venir en Nouvelle-France pour la traite ; parce qu'ils sont un obstacle insurmontable aux défrichements et à la colonisation. Il estime à huit cents le nombre d'hommes qu'il faudrait envoyer de France pour cette entreprise et à deux cents le nombre des recrues qu'il faudrait lever dans la colonie. Ce détachement de mille hommes pourrait s'embarquer à Montréal dans des canots construits à cet effet et atteindre ensuite Onnontaé, la capitale de l'Iroquoisie. Le mémoire exige la destruction complète de la nation iroquoise ; il contient une liste des choses nécessaires aux soldats pour une expédition de ce genre. « Comme il n'y a pas de temps à perdre », il faut préparer immédiatement les navires, les munitions, les vivres ; il faut aussi choisir le régiment.

La traite, cause des guerres

Ce mémoire indique encore qu'au moment du départ des vaisseaux, « les Iroquois avaient envoyé des députés à M. d'Avaugour pour lui demander la paix, et du secours contre les Iroquois qui sont au sud avec lesquels ils avaient la guerre, ils offraient de nous donner une habitation parmi eux et de nous admettre dans leur pays, prétendant par là se rendre plus forts et se pouvoir mieux maintenir contre leurs ennemis ». Ondessonk est revenu d'Onnontaé avec les prisonniers français et Garakonthié à la fin du mois d'août 1662 ; ni le *Journal des Jésuites* ni les *Relations* ne révèlent les négociations que le chef onnontagué a probablement poursuivies au nom des Senèkes ; il semble que le mémoire précédent supplée à cette lacune et qu'il contient un sommaire des propositions soumises à M. d'Avaugour vers le début du mois de septembre ; le gouverneur aurait reproché aux Senèkes leur manque de fidélité ; il ne pourrait pas conclure de paix avec eux à moins de détenir des otages faciles à garder, soit des vieillards, soit des femmes, soit des enfants. Les ambassadeurs seraient alors retournés dans leur pays pour soumettre ces propositions à leurs conseils. Lors du départ des navires, on n'avait d'eux aucune nouvelle. Le document mentionne les Iroquois en général ; il n'apparaît nulle part, qu'en plus des Senèkes, d'autres tribus aient envoyé des députés.

Pendant qu'en France s'organisent les expéditions qui doivent détruire l'Iroquoisie, les Iroquois dans le Nouveau Monde font de moins en moins d'actions contre la Nouvelle-France. En 1661, les Agniers et les Onneyouts ont subi des échecs face aux Abénaquis, et ensuite au Sault-Sainte-Marie, face aux Saulteux, Amikoués et autres tribus.

Difficultés rencontrées par les Agniers et les Onneyouts

En 1663, ce sont les Senèkes qui subissent une grande défaite. Ils forment un grand détachement de huit cents hommes ; au début du mois d'avril, les guerriers s'embarquent dans leurs canots et descendent vers le sud. Ils arrivent après un long trajet fluvial à Andastogué, la capitale de leurs ennemis. De prime abord, ils se saisissent des postes les plus avantageux autour de la place « et se préparent à un assaut général, pensant à leur ordinaire enlever tout le bourg, et retourner au plus tôt chargés de gloire et de captifs ». Toutefois, avant de se lancer dans cette attaque, ils examinent davantage ce village indien ;

Andastogué ? Sur la rivière Susquehannah ?

ils découvrent alors que le fleuve le défend d'un côté et que de l'autre, leurs ennemis ont construit « une double courtine de gros arbres, flanquée de deux bastions dressés à l'Européenne, et même garnis de quelques pièces d'artillerie ». Les Andastes ont eux aussi des amis européens avec lesquels ils font la traite des fourrures et qui les protègent en cas de danger. Les Senèkes ne connaissent pas l'art des sièges et placés devant des courtines et des bastions, ils se reconnaissent rapidement impuissants. Alors ils abandonnent vite l'idée d'assaillir la place et, après quelques escarmouches, ils recourent à la ruse. Ils offrent d'envoyer dans le fort vingt-cinq députés qui négocieront un traité et qui achèteront ensuite des vivres pour le retour.

Les Onnontagués ne remportent pas la victoire escomptée.

Les Andastes acceptent l'offre. Ils laissent entrer vingt-cinq guerriers ennemis. Mais ils se saisissent d'eux tout de suite, les obligent à monter sur des échafauds bien en vue de l'armée assiégeante et les brûlent vifs. Ils déclarent aux Iroquois « que ce n'était là que le prélude de ce qu'ils allaient faire chez eux, et qu'ils n'avaient qu'à s'en retourner au plus tôt se préparer à un siège, ou du moins à voir leurs campagnes désolées ». Impuissants, les Senèkes doivent encaisser l'affront, et leur superbe dégonflée, rentrer humiliés dans leurs bourgades.

petite vérole = variole

Un autre malheur les frappe. Une maladie contagieuse, la petite vérole, éclate parmi eux et emporte un bon nombre de victimes.

Au milieu de ces calamités, les Senèkes pensent alors aux Français « qui seuls peuvent les conserver, fortifiant leurs Bourgs et les flanquant de Bastions ». Ils pourraient alors opposer à une armée andaste le même système de fortifications et les canons qui les ont tenus en échec devant Andastogué. Ils ne sont pas si puissants que le moindre échec, comme au temps des Ériés, les affole. Toutefois, il faut noter qu'ils ne se précipitent pas chez les Hollandais, comme l'auraient fait les Agniers, mais bien chez les Français. Est-ce parce qu'ils n'ont pas plus confiance aujourd'hui qu'hier dans la force militaire de la Nouvelle-Hollande ? N'est-ce pas plutôt parce qu'entre eux et les Hollandais s'interposent toujours les Agniers avec lesquels ils sont en mauvais termes ? Parce que Nouvelle-France et Iroquoisie supérieure peuvent communiquer facilement par un réseau fluvial important ? Ils organisent une ambassade de grande classe, ils choisissent de beaux présents « pour nous venir inviter... d'aller de nouveau habiter leurs terres, avec dessein de nous faire espérer de leurs petites filles en otage, comme nous leur en avons demandé souvent, pour les mettre chez les Mères Ursulines... ». Au moment même où ils mettent les canots à l'eau, survient un Huron iroquoisé qui s'est évadé des Trois-Rivières et qui leur raconte tout une histoire.

Les Onnontagués préparent une ambassade pour la Nouvelle-France.

Par peur d'être massacrés, les Onnontagués annulent l'ambassade.

Celle-ci n'est pas complètement fausse, mais elle est déformée et modifie des faits réels. À Québec, dit-il, on se prépare à livrer une guerre cruelle aux Iroquois : des milliers de soldats ont franchi la mer pour assiéger leurs bourgades ; leurs députés seront massacrés s'ils se rendent en Nouvelle-France.

Une fois de plus, un Huron fait échouer des négociations de paix car, saisis de crainte, les ambassadeurs ne partent pas. L'un d'eux seulement passe outre et il arrive indemne à Québec : « Nous l'avons reçu comme ami ; mais nous l'avons regardé comme espion, car nous n'avons pu voir clair dans ses discours, tant ces peuples sont couverts et rompus à la dissimulation. » Il faut bien penser qu'à partir de l'automne, les Iroquois, ceux de l'Est comme ceux de l'Ouest, sont au courant des secours militaires qui arrivent par navires ou qui doivent arriver. Les nouvelles voyagent vite par les Hollandais ou par les Indiens. Le 7 août 1663, les phrases suivantes peuvent se lire dans la correspondance de Jeremias van Rensselaer : « ... Le commerce a cessé si soudainement que l'on voit à peine un Indien de temps à autre, et ceci parce que la piste n'est pas sûre pour les Indiens ; car l'un dit que les Indiens français arrivent, et un autre que les Anglais viennent avec les Indiens ; de sorte que les Agniers sont dans un dilemme. Les Tsonnontouans sont en pleine guerre avec les Andastes de sorte qu'ils ne viennent pas sauf en groupes. »

Cependant, les Agniers ne désarment pas complètement. Quelques Hurons se sont échappés de l'Iroquoisie ; ils se sont réfugiés à Montréal où ils mènent une existence chrétienne et tranquille. Au mois de mai, sept Agniers paraissent sur les coteaux de la ville et demandent à parler à Maisonneuve. Celui-ci les écoute et ils proposent une grande ambassade qui réglerait le problème de la paix entre les Français et les Iroquois. Le gouverneur leur donne trois présents, il leur affirme que leurs députés recevront une réception amicale s'ils ramènent avec eux leurs prisonniers français. Les Agniers sont d'accord. Quatre d'entre eux resteront à Ville-Marie en tant qu'otages ; les autres retourneront à Anniégé, rassembleront les sachems et hâteront le départ des négociateurs. Un peu plus tard, les Montréalistes conduisent les quatre otages dans la cabane des Hurons. Là, des festins et des danses ont lieu ; Agniers et Hurons s'offrent réciproquement des présents ; le soir, au son de la cloche, les uns et les autres se rendent ensemble aux prières ; puis, la soirée s'écoule en divertissements. Enfin chacun se met au lit. À minuit, les Agniers se lèvent, ils égorgent un Huron et deux Huronnes. Un jeune garçon s'échappe. Trois filles sont capturées et emmenées en captivité. Par bonheur, les autres Hurons étaient partis pour la chasse et échappent ainsi au massacre. Quand les Français se présentent, les ennemis sont en fuite. Une femme conserve un souffle de vie ; autrefois prisonnière en Iroquoisie, elle a joué le rôle du bon samaritain et assisté les suppliciés. Les Hurons n'ont qu'une idée, se venger. Le 2 mai, se présente à Montréal un canot monté par cinq Onnontagués ; l'un d'eux est malade et il demande à être admis à l'hôpital. Les religieuses le soignent bien et au bout de huit jours il est guéri. Les Hurons le laissent partir ; puis ils vont se poster au bout d'une pointe de terre que l'embarcation doit frôler au passage. Elle arrive bientôt occupée par tous les Onnontagués. Alors les Hurons ouvrent le feu. Ils en tuent un qu'ils scalpent et blessent gravement les autres. Les Français réussissent à arracher les derniers des mains de leurs ennemis.

Quelques Agniers assouvissent une vieille vengeance.

L'un d'eux se convertira. Et c'est ainsi que des incidents continuels viennent troubler les relations et les négociations entre les Senèkes et les Français.

Une quarantaine d'Agniers et d'Onneyouts se présentent à Ville-Marie le samedi 12 mai, veille de la Pentecôte. Ils se mettent à l'affût dans les champs de broussailles (que Maisonneuve fera abattre un peu plus tard). Soudain, ils poussent leurs clameurs de guerre et ils attaquent des colons occupés aux semailles. Après une décharge générale de leurs mousquets, ils se précipitent sur deux Français qu'ils réussissent à capturer et à garrotter. Satisfaits de cette prise, ils retournent dans leur pays. L'un des captifs échoit aux Onneyouts ; le second aux Agniers qui descendent le fleuve pour remonter chez eux par le Richelieu.

Les Iroquois font encore deux prisonniers.

À Québec, les Algonquins ont quitté Sillery et ils se sont réfugiés dans un fort que M. d'Ailleboust a construit au cœur de la ville. Et maintenant, au début du mois de mai, ils forment, eux aussi, un parti de quarante guerriers qui quitte la capitale pour se livrer à la « petite guerre » ; un Français en fait partie. Ils remontent le Saint-Laurent, le Richelieu et viennent se mettre à l'affût au lac Champlain. Arrivent les Agniers qui ont réalisé leur méfait à Montréal et qui ramènent leur prisonnier. Les deux troupes se suivent à peu de distance, les Algonquins à l'avant. Ils ne révèlent pas leur présence. Ils laissent leurs ennemis passer devant. Puis, la nuit, deux Algonquins vont reconnaître le campement de leurs adversaires et ils reviennent avec des informations précises. Alors, leurs compagnons les suivent et tous vont se poster autour de leurs ennemis. Ils attendent l'aube. L'un des guerriers les plus célèbres de l'Iroquoisie, Geristersia, est à la tête des Agniers. Il s'éveille tout à coup et donne l'alarme ; en un instant, tous sont prêts à combattre. Les Algonquins déchargent alors leurs mousquets sur eux, puis ils troquent cette arme pour la hache et l'épée. Presque nus, ils attaquent leurs ennemis, ils frappent et ils hurlent. Le combat se livre dans une obscurité presque totale, au milieu des clameurs des deux groupes. Gahronho, chef des Algonquins, attaque lui-même Geristersia, ou Le Fer. Bientôt, les deux adversaires se tiennent solidement aux cheveux ; Le Fer refuse de se rendre. Puis il reçoit un coup de hache à la tête, il tombe et est frappé à mort. Ses compagnons ne pensent plus qu'à la fuite. L'un d'eux court encore à toute vitesse le corps transpercé d'une épée. Immobilisé, lié sur le sol, le prisonnier de Montréal le voit passer ; il suit les péripéties du combat. Au moment où lui aussi va recevoir un coup mortel, il s'écrie : « Je suis Français! ». Les Algonquins le reconnaissent, tentent de le libérer mais avec tant de précipitation qu'ils manquent lui couper une jambe. Le combat n'a duré qu'un moment mais il a été radical et dur ; en quelques minutes, les Algonquins ont tué dix Agniers, fait trois prisonniers et blessé quelques autres guerriers qui ont eu la force de fuir.

Dur combat entre Algonquins et Agniers

Trois semaines plus tard, les Algonquins sont de retour à Québec avec leurs scalps et leurs captifs. Ceux-ci ne subissent pas le supplice. Des missionnaires les instruisent, les convertissent, puis deux d'entre eux sont fusillés. Le troisième a la vie sauve car il est le propre fils d'un Huron de Québec. Enlevé par les Iroquois, il a été élevé parmi eux. On le rend maintenant à son père.

Trente-cinq Français, dont une moitié sont des habitants et l'autre moitié des soldats, organisent ensuite une expédition de guerre. Le 8 juin, ils partent dans neuf canots sous la direction de M. Le Chevalier. Ils cherchent vainement l'ennemi et reviennent bredouilles. Des Agniers errent encore dans la Nouvelle-France, car le 11 juin Ville-Marie perd Léger Haguenier, âgé de 59 ans, tué par les Iroquois ; il sera inhumé le 12. Les Onneyouts capturent également Simon des Prés, dit Berry, qui sera d'abord torturé, puis brûlé vif. Et le 14 juin, Maisonneuve publie une ordonnance portant que Bénigne Basset arpenterait les fermes des particuliers, afin que chaque Montréaliste, connaissant bien les bornes de son bien, abatte les broussailles où les ennemis se cachent souvent.

Maisonneuve prend de nouvelles mesures.

Comme le précédent, l'été se déroule ensuite dans une tranquillité inquiète. Le gouverneur, M. d'Avaugour, s'est engagé dans une impasse au sujet de la vente de l'eau-de-vie aux Indiens. Le 23 juillet, il quitte Québec pour retourner en France. Comme tous les gouverneurs canadiens, l'insoluble problème iroquois le hante. Le 7 juillet, il a appris par un navire que le roi n'enverrait pas encore cette année les deux mille soldats qu'il avait promis ; qu'il avait modifié ses plans et que la Nouvelle-France ne recevrait que des ouvriers et des femmes. Un peu plus tard, le 4 août, le gouverneur écrit une longue dépêche qui résume ses observations et les idées qu'il a formées durant son séjour.

À son avis, la France peut établir sur le Saint-Laurent le plus beau et le plus grand empire du monde. Les guerres européennes ne se livrent que pour des parcelles de terre, elles durent longtemps, elles coûtent cher en hommes et en argent. Celle qui se livrerait en Nouvelle-France aurait pour enjeu des territoires sans limites. Après ce préambule, M. d'Avaugour présente deux plans : l'un pour la défense contre les Iroquois, l'autre pour l'attaque. Le premier exigerait la construction de nombreux forts. En face de Québec, sur l'autre rive, il faudrait une redoute ou un fortin ; il en faudrait deux, un sur chaque rive du fleuve, avec un peu d'artillerie, à douze lieues au-dessus de Québec. Le poste des Trois-Rivières aurait besoin, pour se défendre facilement, d'un autre fortin sur la rive droite du Saint-Laurent, en face, et d'un deuxième trois lieues plus haut, sur le fleuve, car les « Iroquois...viennent fondre plus en cet endroit qu'en aucun autre » ; l'un pourrait s'ériger à Pointe du Lac et l'autre à Nicolet. Un peu plus en amont, le fort Richelieu pourrait être reconstruit, mais beaucoup plus grand et plus puissant. Montréal a les mêmes besoins. Enfin, des garnisons et des détachements patrouillant tout le pays d'un fort à l'autre, pourraient assurer la sécurité à la Nouvelle-France. M. d'Avaugour ajoute : « Voilà l'unique moyen, ne voulant ou ne pouvant pas aller dans le pays des

La France peut établir sur le Saint-Laurent le plus beau et le plus grand empire du monde.

Les guerres européennes, dont l'enjeu est des parcelles de terre, coûtent cher en hommes et en argent.

Iroquois, de nous mettre à couvert de leurs insultes... » ; et ces ouvrages suffiraient « avec les quinze cents hommes que le Roi fait état d'y envoyer... »

M. d'Avaugour parle ensuite d'une attaque contre l'Iroquoisie. Il ne met aucune confiance dans le plan qui sera adopté en 1665 : l'invasion du pays ennemi en partant de bases placées en Nouvelle-France. Le trajet que les troupes devraient emprunter lui semble trop difficile pour une armée. Les soldats devraient parcourir deux cents lieues en pleine forêt et sur des cours d'eau parsemés de chutes et de rapides. Le roi pourrait peut-être obtenir pour elles un droit de passage sur l'Hudson. L'entreprise alors deviendrait facile ; du lieu où cesse la navigation sur ce fleuve jusqu'aux premières bourgades des Iroquois, la distance n'est que de douze lieues.

Atteindre les Iroquois par l'Hudson plutôt que par le Richelieu.

douze lieues = environ 60 kilomètres

Puis les événements obligent M. d'Avaugour, tout comme Champlain ou le père Le Jeune avant lui, à demander à son tour la conquête de la Nouvelle-Hollande. On en revient toujours là. C'est la solution idéale au problème iroquois. En s'emparant de l'État de New York actuel, la France se placerait aux portes mêmes de l'Iroquoisie. Et ainsi, l'Iroquoisie devrait se soumettre immédiatement, ou bien elle serait vite et facilement détruite ou domptée. La distance qui est, en effet, un obstacle insurmontable pour les Français dans les lieux où ils sont actuellement placés, n'en constitue pas un pour les Iroquois habitués à circuler sur les cours d'eau et dans les forêts du Nouveau Monde ; cette distance serait réduite à peu de chose si les Français dressaient leur pavillon sur la ville de New York. Alors M. d'Avaugour montre au roi qu'avec une petite armée de trois mille soldats seulement, il pourrait se rendre maître de la Nouvelle-Hollande, et ainsi de toute la canaille iroquoise, et même de toute l'Amérique du Nord. Les colonies pourraient alors communiquer avec la France pendant les douze mois de l'année ; les glaces ne viendraient plus interrompre les communications par mer, comme elles le font dans le Saint-Laurent. Par cette action d'éclat, le Roi placerait son pays au-dessus de l'Angleterre et de la Hollande.

Enfin, en désespoir de cause, M. d'Avaugour ajoute ce qui suit : « Le major de Boston, la principale ville des Anglais en ce pays, dont le nom est le major Québin, a autrefois proposé d'entreprendre la destruction entière des Iroquois pour la somme de 20 000 francs seulement. » Il faudrait faire enquête sur cette proposition et savoir si les Anglais sont de cet avis ; il y aurait même lieu d'offrir un prix plus élevé si la proposition est sérieuse.

M. d'Avaugour propose aussi d'établir des soldats en Nouvelle-France en leur assurant leur subsistance pendant trois années.

La Nouvelle-Hollande est aussi faible qu'elle l'était autrefois et la conquérir serait facile pour une petite flotte royale française. Mais cette colonie est enserrée au nord et au sud par les colonies anglaises qui observent attentivement la progression de son affaiblissement ; elles ont déjà empiété sur son territoire ; elles sont nombreuses ; elles convoitent le commerce de peaux de castors qui se fait par l'Hudson et dont les intermédiaires sont les Iroquois ; des groupes de colons anglais habitent déjà la faible colonie voisine. Qui des deux, la France ou l'Angleterre, aura la première l'audace de saisir cette précieuse proie ? M. d'Avaugour présente ainsi à son roi de larges considérations fondées sur les observations de son séjour en Amérique. Il voit grand, comme tant de coloniaux ; il a compris qu'avec une mise de fonds minime, avec un nombre d'hommes ridiculement petit, la France d'outre-mer peut à ce moment fonder en Amérique une seconde France qui serait immensément plus grande et plus riche qu'elle-même.

Au départ, le gouverneur sait que les troupes promises ne viendront pas cette année. Marie de l'Incarnation confirme cette nouvelle : « Le roi, dit-elle, ne nous a pas envoyé des troupes, comme il l'avait fait espérer, pour détruire les Iroquois. On nous mande que les démêlés qu'il a dans l'Italie en sont la cause. Mais il a envoyé en la place cent familles qui sont cinq cents personnes. Il les défraie pour un an, afin qu'elles puissent facilement s'établir et subsister ensuite sans incommodité. » Les archives conservent les dépenses qui doivent être faites pour radouber *L'Aigle d'or* et le *Jardin de Hollande* devant transporter ces familles et leurs provisions. Le moyen sûr de mettre fin aux guerres iroquoises est certainement de verser dans la Nouvelle-France des milliers de nouveaux colons. Huit ou neuf cents personnes en deux ans forment un précieux renfort.

Retard dans l'envoi des troupes

Le gouvernement français n'est certainement pas satisfait à cette époque des données qu'il possède sur la guerre à livrer aux Iroquois et il veut en savoir davantage. C'est pourquoi les Canadiens voient arriver cette année sur les navires, Louis Gaudais, sieur Du Pont, qui, tout comme de Monts, est un commissaire dont la mission semble importante. Il porte des instructions datées du 1er mai 1663. Il doit « examiner le pays de la Nouvelle-France », car le Roi désire connaître exactement « l'état actuel auquel sont à présent les colonies de ses sujets qui se sont formées en Canada », de même que les moyens de « les augmenter considérablement ». C'est pourquoi une partie de la mission de Louis Gaudais se rapporte à l'histoire générale de la Nouvelle-France. Car la Cour veut se mettre en particulier au courant du climat et de la situation du pays, de la nature et de la fertilité du sol, de l'étendue des territoires habités et cultivés, du nombre des habitants, de la superficie des emblavures, de la moyenne des récoltes, des mines, des dépenses nécessaires. Toutefois, une partie des instructions a trait au problème iroquois qui domine à l'heure actuelle, le progrès et le développement du pays, qui est même devenu une question fondamentale, sous toutes ses formes et dans tous les domaines. Ainsi le sieur Gaudais doit étudier la possibilité de rassembler des colons dans les hameaux et de défricher de proche en proche, sans laisser de blocs de forêt entre les fermes. Serait-il facile d'empêcher les établissements trop éloignés les uns des autres ? Un gouverneur précédent, M. Jean de Lauson, avait signalé ce point : il avait parlé des « irruptions continuelles des Iroquois qui

Louis Gaudais-Dupont, commissaire royal en Nouvelle-France (1663)

emblavure = champ ensemencé de blé

viennent dans les habitations des français les surprendre sans que leurs voisins puissent les secourir pour être trop éloignés les uns des autres » ; invitant les colons à s'unir, il avait donné une terre nommée La Grange, près de Québec, pour être distribuée « à ceux qui se viendront de nouveau habiter à Québec pour y faire corps ». Et maintenant Louis XIV veut « faire en sorte que tous les habitants soient unis dans leurs demeures, et qu'ils ne soient pas éloignés les uns des autres d'une grande distance, sans quoi ils ...sont exposés aux insultes des sauvages et particulièrement des Iroquois, lesquels par le moyen de cette séparation, peuvent venir presque à couvert dans les bois jusqu'aux habitations des dits Français, les surprennent facilement, et, parce qu'ils ne peuvent être secourus, les massacrent... Il n'y a rien de si grande conséquence que de travailler à réunir lesdits habitants en des corps de paroisses, ou bourgades et de les obliger à défricher leurs terres de proche en proche, afin de s'entre-secourir au besoin. » Louis Gaudais doit examiner les concessions de terre qui sont trop importantes, à demi cultivées ou pas cultivées du tout, et qui « ont donné grande facilité aux Iroquois à couper la gorge, massacrer et

Que le défrichement se fasse de proche en proche.

déserter presque toutes les dites habitations... » Le roi demande avec insistance que le défrichement se fasse de proche en proche, sans laisser d'îlot forestier en arrière ; il croit qu'il faudra exiger la remise des terres incultes. Les habitants doivent tenir compte de cette décision, car il est « d'une nécessité absolue pour leur conservation ». D'ailleurs, ces projets sont à l'étude depuis un certain temps et le commissaire apporte un arrêt tout prêt pour les exécuter.

Résistance des seigneurs

Cette politique, naturellement, se heurtera à des obstacles. Les propriétaires de seigneuries ne vont pas se laisser dépouiller du jour au lendemain ; la création de bourgades palissadées contrarie le développement normal de la colonisation. Toutefois, les forces gouvernementales qui commencent à agir fortement dans cette direction ne se lasseront pas facilement et la guerre les aidera.

Louis XIV promet d'envoyer des troupes.

Louis XIV révèle ensuite ses intentions militaires : « Le principal préjudice que les habitants du pays reçoivent, venant des Iroquois, lesquels à tous moments attaquent les Français à dépourvu et les massacrent cruellement, sans qu'il y ait d'autres moyens de remédier à leurs surprises qu'en les allant attaquer dans leurs foyers et de les exterminer chez eux, le roi a résolu, en cas qu'on l'estime nécessaire, d'envoyer l'année prochaine des troupes réglées au dit pays, pour entreprendre cette guerre et mettre ses sujets de ces quartiers-là à couvert, une fois pour toutes, des violences et des inhumanités de ces peuples barbares ; c'est le sujet pour lequel il faudra que ledit sieur Gaudais examine avec grand soin et avec grande application le nombre d'hommes qu'il sera à propos d'y faire passer, les munitions de guerre et de bouche qu'il sera besoin d'avoir et les assistances que le pays pourra fournir de lui-même, à quoi à l'avance il sera bon de disposer, afin que quand les troupes de sa Majesté arriveront sur les lieux, elles trouvent les choses prêtes pour agir et ne perdent point de temps dans l'attente des préparatifs nécessaires pour cette guerre. »

Enfin, le sieur Gaudais étudiera s'il n'est pas possible de brûler en hiver de grands pans de forêt afin de détruire la végétation qui permet aux partis iroquois de s'approcher à la dérobée des habitations.

Le commissaire doit rentrer sur les vaisseaux mêmes qui l'ont amené en Nouvelle-France. Son séjour sera à peine d'un mois ou de six semaines. En plus de l'enquête précédente qu'il doit établir, il se renseignera sur le commerce des pelleteries, il prendra possession de la Nouvelle-France au nom du roi, il examinera les différends entre les autorités, etc.

Le 24 février 1663, la Compagnie des Cents-Associés a renoncé à la Nouvelle-France.

Les missions du sieur de Monts et de Louis Gaudais, sieur du Pont, sont à l'origine des expéditions de M. de Tracy et de la politique militaire, agricole et économique de Louis XIV et de ses ministres. Plusieurs des principes énoncés dans les documents cités plus haut reviendront sans cesse, et souvent avec les mêmes expressions, dans les dépêches de la Cour. Un certain nombre de personnages puissants ont déjà assimilé la correspondance des gouverneurs précédents et des envoyés spéciaux ; ils en ont tiré certaines conclusions qu'ils expriment maintenant avec force.

Alexandre de Prouville de Tracy reçoit sa commission de lieutenant général de l'Amérique le 19 novembre 1663.

Pendant qu'un orage foudroyant se forme ainsi au-dessus de l'Iroquoisie, que la guerre se prépare à fond pour la punition des méfaits passés, les attaques des Iroquois contre la Nouvelle-France cessent presque complètement. Dans le *Journal des Jésuites*, à la fin du mois de juillet, on trouve l'entrée suivante : « Le 31 partit le P. le Moyne pour Montréal, et en tous cas pour Sonontôan ». Ce voyage a-t-il vraiment lieu ? Dans quelles circonstances et avec quels résultats ? On n'en sait rien. Bien plus, une flottille de trente-cinq canots montée par cent cinquante hommes, bien chargée de pelleteries, est arrivée à Montréal le 25 juillet ; il ne paraît pas que les Outaouais, ou plutôt les tribus que l'on nomme ainsi, aient été attaqués en cours de route. Sept des neuf Français qui étaient dans le Nord-Ouest sont revenus en même temps ; les deux autres, le père Ménard et un donné des Jésuites, Jean Guérin, sont morts là-bas.

C'est, semble-t-il, la paix complète. Une personne renommée remonte le fleuve durant l'été de 1663 ; elle décrit les spectacles qui se présentent et son récit paraît dans les *Relations des Jésuites*. Elle mentionne un séjour aux Trois-Rivières, puis elle ajoute ce qui suit : « ...Nous remontons dans notre barque, sans crainte des Iroquois qui battaient la campagne, ou plutôt les Forêts voisines, les rivières et les lacs, pour surprendre ceux qu'ils trouveraient écartés. » Elle atteint ensuite Montréal, « le lieu le plus exposé aux Iroquois, et où, par conséquent, les habitants sont des plus aguerris ». Ces derniers sont si charitables « que quand quelqu'un est pris par les Iroquois, ils cultivent ses champs pour faire subsister sa famille ». Enfin, voici quelques phrases de grand intérêt : « C'est aux environs de ce lieu que nous surprîmes le Capitaine Général des

Paix complète ou accalmie ?

Iroquois, surnommé par nos Français ...Néron, à cause de son insigne cruauté... ». Est-ce l'escorte même qui accompagne ce puissant personnage, qui capture le célèbre Néron ? Il semble bien que oui. Cet Iroquois est de belle apparence et montre une grande présence d'esprit : « ... Se voyant environné de gens armés, il n'en témoigna pas plus d'étonnement que s'il eût été seul. Interrogé s'il ne voulait pas bien venir avec nous à Québec, il se contenta de répondre froidement, que ce n'était pas une demande à lui faire, puisqu'il était entre nos mains. » Il monte dans la barque. Néron est un potentat ; il emmène neuf prisonniers avec lui, cinq garçons et quatre filles. Sa cruauté est extrême. Ayant perdu autrefois un frère à la guerre, il a immolé quatre-vingts hommes à ses mânes en les brûlant à petit feu et, de sa propre main, il en a tué soixante autres « dont il porte les marques imprimées sur sa cuisse, qui, pour ce sujet, paraît couverte de caractères noirs ». Est-il Agnier ? On ne le sait pas. Dans la barque, il cause avec un Algonquin « qui portait la chevelure d'un Iroquois qu'il avait tué tout fraîchement en guerre ». Ces deux ennemis invétérés dissimulent leurs sentiments et se conduisent comme des amis pendant tout le voyage. « Je descendis avec ce prisonnier à Québec, aussi heureusement que j'étais monté », dit à la fin le narrateur.

La capture de Néron, le capitaine général des Iroquois

mânes = autrefois, âmes des morts

Conseil à Fort Orange

Le 27 septembre, un conseil a lieu à Fort Orange. Les chefs agniers sont présents. Les Hollandais lisent une lettre du colonel Temple disant que durant l'été de 1662, un parti agnier a attaqué des Indiens des colonies anglaises. Puis ils conseillent vivement aux sachems de négocier une paix permanente, car ces Indiens du Nord et les Anglais peuvent les attaquer. Les sachems sont récalcitrants. Que le colonel Temple ne s'occupe pas d'eux ni de leurs guerres avec les Indiens du Kennebec : « ...Ils se plaignent qu'ils ne peuvent voyager sans crainte sur leurs pistes, et qu'ils doivent se procurer des armes, car les sauvages des régions anglaises sont sur leurs chemins et sur leurs sentiers, et ils les attaquent, et ils ont déjà battu certains d'entre eux... »

Au cours de leur guerre avec les Indiens d'Esopus, les Hollandais ont perdu un homme et quarante-cinq femmes et enfants qui ont été faits prisonniers. Ils écrivent à Fort Orange afin d'obtenir la libération des captifs par l'entremise des Agniers. Mais le 23 juin, La Montagne et Rensselaer répondent que ce projet ne se fera probablement pas « parce que l'on dit que les Agniers sont actuellement serrés de près et entourés par leurs ennemis ».

Des partis agniers trouvent pourtant le moyen de se rendre en Nouvelle-France. À l'automne, deux soldats de la garnison des Trois-Rivières se rendent aux îles du lac Saint-Pierre pour chasser ; ils se trouvent entourés soudain de guerriers et ils sont capturés. « Après divers incidents, un Onnontagué les rachètera tous deux dans le dessein de les utiliser pour un accommodement avec les Français. »

Le 8 octobre 1663, Pierre Boucher signe la préface de son livre.

Enfin, le 8 octobre, Pierre Boucher signe la préface de son livre. Le 19 novembre, M. de Tracy est nommé lieutenant-général de l'Amérique. La nomination de ce dernier indique la volonté du roi de mettre fin aux guerres iroquoises.

Chapitre 100

1664

Les deux raisons du simulacre de paix qui règne à ce moment sont les suivantes :
d'abord l'arrivée en Nouvelle-France, deux années de suite, de contingents
d'hommes et de femmes, arrivée que les Iroquois n'ont pas pu ignorer ; ensuite
l'entrée en guerre contre l'Iroquoisie des tribus qui l'entourent. L'époque des
victoires faciles est passée. Les Indiens de l'Est possèdent eux aussi des armes
à feu, les peuples européens les soutiennent, la lutte devient donc égale.

Une autre guerre se réveille maintenant après des années d'assoupisse-
ment. Les Loups, les Indiens de l'Hudson, ou plutôt les Mohicans, comme on
les appelle d'ordinaire, reprennent les armes contre les Agniers. Ces deux ennemis acharnés ont tour à tour remporté des victoires et subi des défaites ; ils
ont conclu des traités de paix qui ont duré plus ou moins longtemps, mais ils
n'ont pu se détruire et restent toujours dressés les uns en face des autres. En
1663 les hostilités recommencent. Pendant l'hiver de 1664, on ne sait exactement à quelle date, les Iroquois lèvent un fort parti de six cents guerriers.
Presque tous sont des Agniers ; leur objectif est un bourg des Mohicans qu'ils
veulent prendre d'assaut. Le détachement se met en marche, mais l'ennemi a
vent de son départ et de sa venue.

Une centaine de Mohicans décident de l'attaquer à l'improviste à une
certaine distance de la bourgade. Le combat se livre en fait à deux lieues des
palissades. Les Mohicans engagent si durement le combat et se lancent à l'assaut
avec tant de vigueur que, malgré la différence énorme des forces en présence,
la victoire est longtemps indécise. À la fin, ils doivent se replier sur leur village
après avoir subi de lourdes pertes.

Combat entre Mohicans et Agniers.

Les Agniers ont été fort malmenés. Ils songent tout d'abord à battre en
retraite. Toutefois, la rage les submerge lorsqu'ils recueillent leurs morts et les
examinent. Ils décident de poursuivre leur campagne. Le soir même, ils se
mettent en marche et atteignent la bourgade. À l'aube, ils donnent l'assaut. Ils
y mettent toute la furie qui fait leur renommée. Leurs clameurs sont formidables. Mais les Mohicans sont sur leurs gardes et la résistance est vive. Igno-
rants dans l'art des sièges, les Agniers attaquent à découvert et ils subissent le
feu d'ennemis bien à l'abri derrière leurs palissades. Ils tombent alors les uns
après les autres. Finalement, ils doivent abandonner cet assaut qui leur coûte
trop cher. Ils battent en retraite, laissant de nombreux morts sur la place.

La date précise de cet engagement se trouve peut-être dans des documents hollandais. Les 11 et 12 décembre 1663, des détachements d'Agniers, de Tsonnontouans et d'Onnontagués passent à Fort Orange, revenant d'une campagne dans le Nord. On dit qu'il y a vingt blessés du côté des Iroquois et trente à quarante du côté des Sauvages du Nord ; que les Iroquois ont attaqué une bourgade forte et bien défendue et qu'ils ont été repoussés. Le 21 janvier, Stuyvesant, le gouverneur, écrira aux magistrats de Fort Orange que les Iroquois « ont perdu plus d'hommes qu'ils ne le disent, ou qu'ils tentent de le faire croire à Vos Honneurs ; la rumeur qui a circulé ici était à l'effet que les Agniers et les Senèkes avaient perdu de deux à trois cents hommes ». Le 26 avril 1664, Stuyvesant parlera encore du marasme qui règne dans le commerce des pelleteries et des pertes dues « aux guerres que les Agniers et les Tribus supérieures livrent aux Indiens du Nord et aux Indiens du Canada ».

Un rapport hollandais dénombre plus de deux cents morts.

Plus tard, en mai 1664, les Agniers demandent aux Hollandais de négocier la libération de trois de leurs compatriotes qui sont prisonniers chez les Indiens du Nord. Ils désirent également que des ambassadeurs bénévoles négocient leur paix avec ces tribus « car la guerre ne fait pas maintenant leur affaire et ils préfèrent vivre en paix ». Deux Hollandais partent donc avec trois Mohicans et trois Agniers pour négocier la paix entre les Agniers et les Abénaquis ou Indiens du Nord. Ces renseignements ne cadrent pas avec les documents français. Ils indiqueraient plutôt que c'est toujours contre les Abénaquis que luttent les Agniers, et que c'est entre ces deux tribus qu'ont eu lieu les combats dont on trouve le récit dans les *Relations*.

D'autres événements demeurent plus mystérieux encore. Le *Journal des Jésuites* a enregistré le départ d'Ondessonk au mois de juillet 1663 ; il devait se rendre à Montréal et ensuite chez les Tsonnontouans. Au mois d'avril 1664, le même volume contient une seconde entrée qui correspond à la première : « Le 25 arriva le P. Le Moyne de Montréal, qui apporta les nouvelles des pourparlers des Iroquois, en suite de quoi il fut résolu de retourner à Onontaé. » Il est donc probable qu'Ondessonk a passé l'hiver en Iroquoisie, chez les Senèkes, probablement dans la capitale, et qu'il se répare à y retourner. Car le mot « retourner », inséré dans le *Journal*, ne saurait tromper. Pourtant, cet événement qui semblerait être très important passe inaperçu ; on ne trouve nulle part d'explications, de récits ou de commentaires. Les deux inscriptions prouvent toutefois que les négociations se poursuivent. Il ne saurait en être autrement. Depuis la fin de l'été de l'année 1661, l'Iroquoisie est fortement assaillie chez elle par d'autres peuples indiens et elle se défend difficilement ; ces peuples s'engagent-ils dans cette lutte à la suite d'intrigues françaises ou européennes ? On l'ignore. Si les Français les craignent, les Anglais de même que les Hollandais les redoutent ; les uns comme les autres ont intérêt à humilier cette nation superbe, les Agniers surtout. De plus, il semble qu'après avoir prêché une croisade contre l'Iroquoisie, les Français n'insistent pas trop sur la

Le père Le Moyne retourne en Iroquoisie.

tranquillité présente ou sur les négociations en cours quand les secours militaires qu'ils ont demandés sont en route et que tous les préparatifs sont faits.

Car de grandes négociations sont en cours. Le père Le Moyne arrive le 25 mai à Québec ; à peu près en même temps se présentent à Montréal des députés qui précèdent une grande ambassade ; l'ambassade elle-même arrive quelques jours plus tard. Elle ne demande pas simplement la paix au nom des Senèkes, mais au nom de toutes les tribus iroquoises. Cette grande décision, semble-t-il, s'est prise durant l'hiver, probablement durant un séjour du père Le Moyne dans la capitale iroquoise.

Au nom de toutes les tribus iroquoises

Il faut se représenter avec exactitude le climat de l'époque. D'un côté se trouve la France, déterminée maintenant à entreprendre des expéditions contre l'Iroquoisie et à l'humilier. Déjà, elle a envoyé de nombreux contingents de colons et d'ouvriers. Le voyage de M. de Tracy se prépare rapidement, l'escadre est prête ; les bureaux fonctionnent et les plans se parachèvent. La Nouvelle-France a désiré cette heure pendant des années d'angoisse et de tourment ; elle l'a appelée par une propagande habile et intense, des rapports, des lettres, l'envoi de personnages éminents. Elle a peint l'Iroquois sous les couleurs les plus sombres, les plus crues ; elle a dépeint les supplices, les tortures et maintenant elle croit que le jour de la libération est venu.

Que les Iroquois soient au courant de ces plans généraux, il ne faut pas en douter. Les Français eux-mêmes et les Indiens du Canada leur ont probablement communiqué cette nouvelle pour qu'ils mettent fin à leurs hostilités ; à leur décharge, les services d'espionnage hollandais, anglais ont probablement agi et ils ne manquaient pas plus d'astuce dans ce temps-là qu'aujourd'hui. Alors, pour les Iroquois, c'est une offensive de grande envergure qui se trame dans les pays du Nord, au moment où ils sont déjà attaqués par les Andastes, les Abénaquis et bientôt probablement, par les Mohicans. Avec sa fine intelligence, Garakonthié a sans doute compris le premier qu'il fallait négocier la paix avec la Nouvelle-France. Les Sénèkes l'ont admis assez tôt. Maintenant, les Agniers se joignent à eux, mais avec moins de sincérité et sous la pression des événements.

Attaqués de toute part, les Iroquois doivent négocier la paix avec les Français.

Les renseignements manquent absolument sur les circonstances entourant cette décision et la formation de cette ambassade, mais d'après les *Relations*, voici ce à quoi les Iroquois étaient résolus : « Ils publient qu'ils veulent réunir toute la terre, et jeter la hache si avant dans le fond des abîmes, qu'elle ne paraisse désormais ; qu'ils veulent attacher au Ciel un Soleil tout nouveau, qui ne soit plus jamais obscurci d'un nuage ; qu'ils veulent aplanir toutes les montagnes, et ôter tous les saults des rivières ; en un mot, qu'ils veulent la paix ; et pour marque de la sincérité de leurs intentions, qu'ils viennent femmes et enfants, et vieillards, se livrer entre les mains des Français ; non pas tant pour otages de leur fidélité, que pour commencer à ne faire plus qu'une Terre, et une Nation d'eux avec nous. » La Nouvelle-France pense que ces

« Commencer à ne faire plus qu'une Nation d'eux avec nous. »

protestations sont pour le moins exagérées. L'Iroquois, croit-elle encore, « est d'un esprit rusé, adroit, dissimulé et superbe, qui n'en viendra jamais à cette bassesse de nous rechercher les premiers de paix, qu'il n'aie un grand dessein en tête, ou qu'il n'y soit poussé pour quelque raison bien pressante ».

Toutefois, les Français ne mettent pas toutes les tribus sur le même pied. Ils examinent tout d'abord le cas des Agniers, de cette nation qui est « la plus arrogante et la plus cruelle ». Ceux-ci en seraient réduits à implorer la paix par les famines et par les maladies qui ont diminué leur nombre, de même que *Les Français* « par les pertes qu'ils ont faites depuis deux ou trois ans, de tous les côtés où *analysent la* ils ont porté leurs armes ». Ils ne seraient plus en « état de faire la guerre » ; *situation.* les défaites qu'ils ont éprouvées aux mains des Mohicans, Abénaquis, Saulteux et Amikoués du lac Supérieur, « avec quelques autres arrivés en même temps, les a ...réduits bien bas, et l'on croit que c'est là ce qui les a obligés à nous venir demander la paix ». Quant aux Tsonnontouans, qui peuvent probablement aligner autant de guerriers à eux seuls que les quatre autres tribus, ils seraient moins cruels que leurs congénères ; de plus, ils désirent la paix pour concentrer leurs forces, au sud, contre les Andastes, « belliqueux et plus capables qu'aucun autre d'exterminer l'Iroquois ». Un traité ne les satisfait pas. Comme au temps de la guerre avec les redoutables Ériés, ils demandent aux Français de s'établir en leur pays « en bon nombre, pour environner leurs Bourgs de palissades flanquées, leur fournir des munitions de guerre, qu'ils n'osent presque plus aller chercher chez les Hollandais, à cause des Mahingans *Fondation d'une* qui en rendent les chemins très dangereux ». Les Andastes obtenant l'assis- *Nouvelle-Suède* tance des habitants de la Nouvelle-Suède qui leur tracent des forts, leur four- *sur la rivière* nissent armes, munitions et même artillerie, les Tsonnontouans demandent *Delaware* aux Français de leur procurer les mêmes avantages. Ils requièrent la protection de la Nouvelle-France. Enfin ils souhaitent des missionnaires pour les Hurons qui forment un village en leur pays. Pour leur part, les Onnontagués, qui occupent l'Iroquoisie centrale, sont un mystère pour les Français : « ...Quelques-uns estiment qu'ils veulent la paix, d'autres croient qu'ils en sont fort éloignés... » Le rédacteur de la *Relation* croit que les uns et les autres ont raison : la nation est divisée comme dans toute démocratie digne de ce nom : « ...Garakonthié, ce fameux libérateur des captifs français, a trop fait, pour ne pas vouloir la paix... » ; malheureusement, « il y a d'autres familles qui sont trop envieuses, et lui sont trop opposées, pour souffrir qu'il ait la gloire d'avoir fait la paix générale avec les Français ». Cette envie est également fort normale et explique bien des mouvements opposés. Enfin, les *Relations* affir- *déliés = habiles* ment que « les Iroquois sont déliés plus qu'on ne s'imagine » et qu'il faut se défier des uns et des autres. Il faut ajouter cette dernière explication : les Iroquois savent que la France arme contre eux et ils veulent prévenir la tempête.

C'est pendant l'hiver de 1663-1664 que les Iroquois organisent l'ambassade qui arrive actuellement en Nouvelle-France. Les Onnontagués en sont les « premiers auteurs » ; leurs démarches remportent un tel succès que jamais on n'aura vu de mission plus solennelle, plus considérable, « soit pour le nombre et la qualité des députés, soit pour la beauté et la multitude des présents. Cependant l'Iroquoisie ne veut pas exposer imprudemment ses personnages les plus influents. Elle envoie en avant « pour sonder le gué », quelques émissaires qui paraissent devant Ville-Marie avec pavillon blanc à l'avant de leurs canots. Ils arrivent au poste où ils offrent « quelques présents pour déclarer que toutes les nations Iroquoises, excepté celle d'Onneioute, demandaient la paix ; que les Agniers même étaient dans ce dessein... ». Ils sont en même temps porteurs d'une lettre d'un personnage influent de la Nouvelle-Hollande qui est adressée à M. de Mesy et qui confirme la sincérité des Iroquois. Les Français acceptent ces propositions avec autant de joie que de défiance ; les ambassadeurs peuvent venir, ils seront en sécurité au Canada. Les émissaires retournent en leur pays avec cette nouvelle mais quelques-uns, semble-t-il, demeurent à Montréal.

Augustin de Soffray de Mézy (Mésy), gouverneur de 1663 à 1665. Il était arrivé dans la colonie en septembre 1663.

Alors l'ambassade s'ébranle. Elle part probablement d'Onontaé. Garakonthié, « qui était comme l'âme de cette entreprise » s'y joint avec les principaux sachems de sa tribu, car les Onnontagués ont donné à fond dans le mouvement ; les Tsonnontouans sont également présents, ils ont fait « un prodigieux amas de porcelaine, qui est l'or du pays, afin de nous faire les plus beaux présents, qui nous aient jamais été faits » ; ils ont préparé une centaine de colliers « dont quelques avaient plus d'un pied de largeur ». Trente-trois députés partent en groupe pour la Nouvelle-France ; ils ramènent avec eux les deux soldats des Trois-Rivières que des Iroquois avaient capturés l'automne précédent dans les îles du lac Saint-Pierre.

L'ambassade de Garakonthié

À cette ambassade extraordinaire, les Français veulent répondre par une réception extraordinaire. Ondessonk arrive le 25 avril à Québec. Le même jour, monseigneur de Laval était parti pour Ville-Marie ; le 29 avril Ondessonk repartira pour le même poste avec le gouverneur général. Autorités religieuses, civiles et militaires veulent être présentes à ce grand événement.

Il serait surprenant que tous les Iroquois soient en ce moment du même avis ; de plus, les Onneyouts sont dissidents. C'est probablement ce fait qui explique des événements sanglants, regrettables, qui se produisent pendant que l'ambassade descend le Saint-Laurent et que les Français le remontent pour se rencontrer à Montréal. L'un d'eux se produit même dans les alentours de ce dernier poste. C'est le 4 mai. Un officier du nom de Raguideau part pour la chasse « avec plusieurs personnes dont il avait le commandement », dit Dollier de Casson. À peu près dans le même temps, M. de Belestre avait quitté le fort pour la même fin. Ces chasseurs se rejoignent dans les îles de Sainte-Thérèse. Ils tuent du gros gibier, ils en chargent un canot qui part en avant d'eux pour l'habitation. L'embarcation s'éloigne, le courant devient fort, et bientôt elle doit serrer le rivage de près. Soudain, des coups de feu éclatent. Des Iroquois sont en embuscade et ils tuent ou blessent trois ou quatre hommes ;

Nouveaux événements sanglants

puis l'un d'eux accourt sur la rive et tente de saisir le canot et de l'échouer. L'un des canotiers se lève et l'abat d'un coup de mousquet, puis il repousse l'embarcation au large ; d'autres Iroquois se présentent à leur tour pour capturer ces Français blessés ; mais soudain ils voient accourir M. de Belestre, Saint-Georges, leurs compagnons, et ils s'enfuient rapidement. À la suite de cette échauffourée on inscrit dans les registres de la paroisse de Montréal : « 4 mai — Michel Théodore, dit Gilles, tué à la Longue Pointe ». Un second incident a lieu à Québec. « ...Au même temps que l'ambassade iroquoise s'approche, dit Marie de l'Incarnation, une troupe d'ennemis paraît dans le district de Québec lorsque les Français s'y attendent le moins, et elle enlève deux grandes filles françaises avec quelques Français et sauvages, puis en ayant tué quelques-uns, ils ont pris la fuite selon leur coutume. »

Des événements de ce genre arrivent régulièrement toutes les fois que les Iroquois et les Français viennent de conclure la paix ou sont sur le point de la négocier. Sont-ils inspirés par les Hollandais ou les marchands pelletiers qui redoutent les conséquences d'un accord sur leur commerce ?

Une catastrophe sanglante aux portes de Montréal

Les chefs de la colonie attendent donc les députés iroquois quand une catastrophe sanglante vient faucher toutes les espérances. Des Algonquins sont allés à la chasse au-dessus de Montréal ; d'après le *Journal des Jésuites*, ils sont une centaine. Les *Relations* disent qu'ils découvrent les traces des ambassadeurs et leur dressent « une embuscade au-dessous du grand saut... » Toutefois, selon Marie de l'Incarnation, les Algonquins savent qu'une ambassade iroquoise s'approche ; ils « en eurent vent, dit-elle, les allèrent attendre au passage... ». Les deux versions sont donc fort différentes car, dans un cas, ces Indiens, alliés de la France, agissent on toute connaissance de cause, tandis que dans l'autre, ils ne savent pour ainsi dire pas ce qu'ils font. Quoi qu'il

Des Algonquins tendent une embuscade à des députés iroquois.

en soit, ils se mettent à l'affût au bas des rapides, c'est-à-dire aux portes de Montréal même, et ils attendent l'ambassade ; quand celle-ci paraît, au moment propice ils lancent contre elle une attaque brusquée : « ...Les uns sont tués sur la place, les autres sont faits prisonniers, et les autres prennent la fuite... » Abandonnant le mousquet pour la hache, les Algonquins « frappaient à droite et à gauche, sans considérer sur qui les coups tombaient ». Les deux Français qui accompagnaient les députés échappent difficilement à cette mêlée sanglante, car les assaillants ne les reconnaissent pas.

Voici maintenant la version de Marie de l'Incarnation : « ...Plusieurs des principaux des nations iroquoises approchaient de Montréal pour demander la paix aux Français, et du secours contre leurs ennemis. Ils étaient chargés de grands et riches présents pour des sauvages, car on tient qu'il y en avait pour huit ou dix milles livres. Mgr nôtre Evêque et M. le gouverneur étaient allés pour les recevoir et pour entendre leurs propositions. Cependant les Algonquins, qui en eurent le vent, les allèrent attendre au passage, et dressèrent si bien leur embuscade qu'ils tombèrent dedans. Les Iroquois firent des clameurs étranges, disant qu'ils venaient faire la paix avec eux aussi bien qu'avec les

Français. Les Algonquins, qui sont leurs ennemis mortels, s'en moquèrent, après avoir tant de fois expérimenté leur perfidie et mauvaise foi. Ainsi, sans les écouter, ils en taillèrent en pièces autant qu'ils purent, lièrent les autres, et enlevèrent tout le butin. On eut bien de la peine à sauver ceux qui avaient pris le devant à Montréal, et il fut nécessaire que les Français leur fissent escorte assez loin, et jusqu'à ce qu'ils fussent hors de l'incursion des Algonquins. Les uns disent qu'ils voulaient la paix tout de bon, et les autres qu'ils venaient pour tromper comme par le passé : Dieu seul sait ce qui en est. »

La paix pour de bon [...] ou pour tromper comme par le passé.

Cette aventure contient de nombreuses circonstances qui incriminent les Français. En effet, des émissaires iroquois sont venus en Nouvelle-France pour savoir si une ambassade recevrait une bonne réception ; ils sont ensuite retournés dans leur pays et ils ont pressé le départ des députés. La venue de représentants de l'Iroquoisie était en mai un fait connu de tout le monde, et certainement aussi des Algonquins intéressés au premier chef dans toutes ces négociations de paix. En second lieu, les Algonquins et les Montagnais sont depuis longtemps dans la dépendance des Français ; ils vivent à Sillery pour la plupart, ils sont catholiques, ils consultent leurs protecteurs dans tous les cas graves, ils leur obéissent assez bien. Ce sont dans une bonne mesure des outils, des instruments. De plus, les Français connaissent assez bien d'ordinaire tout ce qui se passe chez les Algonquins ; peu d'intrigues importantes leur échappent et l'on conçoit difficilement qu'un parti de guerre ou de chasse digne de mention ait pu se former sans qu'ils en aient eu connaissance. Enfin, l'attaque se produit dans les alentours immédiats du poste de Montréal. Aussi la question s'est posée tout de suite dans le temps comme elle se pose aujourd'hui : y a-t-il eu collusion entre les Français et les Algonquins ?

Collusion entre Français et Algonquins ?

Marie de l'Incarnation donne sa version : « Encore, dit-elle, que les Français n'aient nullement trempé dans cette affaire, tous les Iroquois néanmoins croiront que ce sont eux qui ont fait jouer ce ressort pour les détruire, et il ne faut point douter qu'ils ne fassent leur possible pour s'en venger sur nos habitations, si ce n'est que la crainte qu'ils ont des Français, qu'on leur a dit qu'ils se disposent à leur aller faire la guerre, ne les retienne, ou plutôt que la protection de Dieu sur nous ne les empêche. » Le *Journal des Jésuites* ne contient que cinq lignes au sujet de cette affaire : « Pendant le séjour de Monsieur le gouverneur à Montréal, arriva la défaite des ambassadeurs des Iroquois supérieurs Garakonthié et autres au nombre de 33, par les Algonquins et Montagnais et environ le nombre de cent, *historia longa*. » Ces derniers mots indiqueraient qu'il y a une explication, mais trop longue à donner. Pour leur part, les *Relations* s'en tiennent à leur version : « ...Nos Algonquins qui étaient en guerre de ce côté-là, ayant aperçu les traces de ces Ambassadeurs, leur dressèrent une embuscade au dessous du grand saut... »

Marie de l'Incarnation et les Jésuites réfutent la thèse du complot.

C'est ainsi que « le grand dessein de cette Ambassade s'évanouit en fumée ; et au lieu de la paix qu'elle nous apportait, nous avons sur les bras une guerre plus cruelle qu'auparavant... ». Les Iroquois sont vindicatifs, ils voudront venger leurs ambassadeurs même s'ils dissimulent temporairement, par politique. Oui, mais faut-il s'en étonner ? Qu'auraient pensé les Français du massacre d'une trentaine des leurs en Iroquoisie si d'abord on leur avait promis une sécurité absolue pendant le voyage, si ensuite ils avaient envoyé leurs personnages les plus notables, si enfin l'attaque avait eu lieu aux portes d'Onontaé ? Si, de plus, ces personnages avaient rempli le rôle d'ambassadeurs ? On imagine d'avance leurs clameurs et leurs protestations. Les Iroquois sont des hommes comme les autres et nul doute que cette attaque étrange produise sur eux l'impression qu'elle doit produire sur tout esprit civilisé.

Les Iroquois sont des hommes comme les autres...

La colonie pèse les conséquences de cette affaire. Elle tente de s'en consoler : « Il y a bien à dire pour et contre. En général nous pouvons assurer que le gros des Iroquois ne nous aime point, et qu'ils haïssent à mort nos Algonquins ; de sorte que quand nous voyons qu'ils pressent si extraordinairement pour faire la paix avec nous, nous ne doutons point qu'ils n'aient peur des armes victorieuses de nôtre triomphant Monarque, et qu'ils ne craignent à ce coup, le dessein qu'il a pris de les exterminer, en ayant eu connaissance partie par la Nouvelle-Hollande, partie par quelques Français captifs. »

La colonie s'interroge sur les conséquences du massacre des ambassadeurs iroquois.

Se voyant donc sur le penchant de la ruine, les Iroquois « font semblant de vouloir la paix, ou même la nécessité les oblige à la vouloir. Mais c'est pour laisser passer l'orage, et renouveler la guerre plus rude que jamais, après qu'ils auront échappé ce coup, et qu'ils se seront relevés de l'extrémité, où la divine Providence les a réduits. »

« Les Iroquois font semblant de vouloir la paix [...], c'est pour laisser passer l'orage. »

Et ces pensées donnent lieu à nombre de réflexions. Une fois de plus, les Français ne font pas la distinction nécessaire entre les Agniers et les Senèkes, entre les Iroquois qui leur sont résolument opposés et les Iroquois qui, depuis déjà onze ans, envoient régulièrement des ambassades pour établir un contact permanent ; ils s'imaginent que les Iroquois sont plus faciles à détruire ou à battre qu'ils ne le sont réellement. Ils ne se rendent pas compte que toutes les paix, tous les accords internations, sont toujours fondés sur des sentiments bas, l'intérêt, la crainte, la nécessité, plutôt que sur des sentiments nobles, l'amitié, le désintéressement, et que les traités qu'ils peuvent conclure aujourd'hui sont aussi bons que tous ceux qu'ils pourront conclure plus tard. Enfin, ils infligent au parti iroquois francophile un coup grave qui diminue son prestige et sa force. Garakonthié, heureusement, n'a pas été tué dans cette sotte aventure. Il continuera à exercer son influence pour la France ; mais s'il est un moment où il est en droit de se décourager parce qu'il ne reçoit pas de la Nouvelle-France la collaboration et la coopération qu'il est en droit d'attendre, c'est bien le moment présent. N'est-ce pas lui, en effet, qui à la suite d'efforts répétés et persistants a organisé cette grande ambassade qui, à quelques pieds de Montréal, vient tomber sous les coups des amis des Français ? Ce coup n'est-il pas de nature à nuire à son prestige et à celui de ses amis, à contrecarrer leurs efforts ?

Garakonthié est sauf, mais quelle influence lui reste-t-il ?

Il faut donc déplorer cet événement malheureux. S'il ne s'était pas produit, la Nouvelle-France aurait probablement joui de la paix deux ans plus tôt, bien du sang n'aurait pas été versé, bien des misères n'auraient pas été endurées. Au lieu de dépenser des sommes considérables dans des expéditions plus ou moins heureuses, la France aurait pu les employer à la colonisation, et surtout à l'immigration, les deux seuls moyens sûrs de mettre vraiment fin pour toujours aux attaques des Iroquois. Une Nouvelle-France peuplée de cinquante, de cent mille habitants, au lieu d'en compter à peine deux mille, se serait ri de toute l'Iroquoisie dont elle n'aurait jamais eu rien à souffrir. C'est là qu'est le salut. Et tant que ces chiffres ne seront pas atteints, les victoires militaires ne seront jamais utiles longtemps.

Le salut de la Nouvelle-France : l'immigration

Chapitre 101

1664

Après le massacre des ambassadeurs iroquois, un calme relatif règne en Nouvelle-France. Les mois de mai, juin et juillet s'écoulent dans les travaux agricoles. Des navires arrivent de France au début de l'été. Deux cent vingt Indiens du lac Supérieur descendent dans leur flottille des fourrures dans les tout premiers jours du mois de juillet.

Le mois d'août ramène d'autres actions de petite guerre. Le 9, deux Français de Ville-Marie tombent sous les coups de guerriers inconnus. Ce sont Jacques Dufresne, âgé de 30 ans et Pierre Maignan, âgé de 21 ans. Ils sont tués sans avoir aperçu l'ennemi alors qu'ils étaient en canot tout près du rivage de l'île Sainte-Hélène. Le 30, la nouvelle d'un autre combat parvient à Québec : « Le même jour, dit en effet le *Journal des Jésuites*, nouvelle des ennemis tués qui avaient tué Aontarisati, et de quelques Hurons réfugiés. » Les Hurons et les Iroquois comptent donc des morts dans cette affaire. Enfin, une fillette de dix ou douze ans est capturée aux Trois-Rivières.

Malgré tout, nouvel optimisme chez les Français

Les Français sont quand même optimistes, car les nouvelles qui leur viennent de France sont excellentes. La politique d'immigration se poursuit. Le roi a envoyé « trois cents hommes, tous défrayés pour le passage, à condition qu'ils serviront les habitants qui leur paieront leurs gages, et après trois ans de service, ils seront en droit de se faire habitants » ; et ce n'est qu'un commencement. D'après un projet mis à jour durant l'hiver de 1663-1664, le roi ne veut envoyer que des hommes choisis avec soin, bons villageois comme on dit, bons travailleurs, qui pourraient à l'occasion former une troupe militaire, dresser des embuscades contre les Iroquois et pousser même au besoin jusqu'en Iroquoisie. Malheureusement, pendant la traversée, des maladies infectieuses se sont déclarées : « Il mourut bien cent personnes du débarquement ; mais il n'y eut point d'autres malades, sinon quelque peu de personnes qui prirent ce mauvais air, et surtout les Mères Hospitalières qui, s'étant rendues infatigables à servir ces nouveaux venus, ont été extrêmement incommodées ; aucune néanmoins n'en est morte. » Ces complications sont de nature à entraver les mouvements de population.

La nomination de M. de Tracy. La rumeur lui attribue le titre de vice-roi.

Bien avant la mi-août, la commission de M. de Tracy circule dans la Nouvelle-France. Les Canadiens apprennent l'étendue des pouvoirs que le roi lui a donnés : « Ils nous étonnent, dit Marie de l'Incarnation, parce qu'ils ne peuvent être plus grands ni plus étendus, à moins d'être roi lui-même et absolu. » On sait aussi que M. de Tracy doit se rendre aux Antilles avant de venir au Canada : « Il a commandé par avance qu'on fît les préparatifs nécessaires pour aller faire la guerre aux Iroquois ; c'est ce que l'on fait à présent. » Le vice-roi a l'intention de venir passer l'hiver au pays, « mais ceux qui savent la navigation disent que cela lui est impossible, c'est pourquoi on ne l'attend qu'au printemps ». Le père Jérôme Lalemant est lui aussi optimiste : « Le secours que le Roi nous a fait espérer pour le prochain embarquement, mettra fin, Dieu aidant, à ce grand mal de la Nouvelle-France... que sont les guerres iroquoises. » Pour cet avenir prochain, il demande des missionnaires ; il en veut « un nombre extraordinaire... pour avancer la Foi dans les peuples éloignés qui nous attendent, et que Dieu nous présente... C'est de la bonté du Roi que toutes ces contrées de la Nouvelle-France attendent le secours des soldats qui mettent ici la Foi en liberté... » Les catholiques attendent les prochaines expéditions pour évangéliser enfin d'innombrables tribus d'Indiens. Ils brûlent de partir pour les terres qui s'étendent à l'ouest et au sud du lac Michigan, au nord du lac Supérieur et le long des rives du Mississippi.

Mais pendant que M. de Tracy remet de l'ordre dans les îles françaises des Antilles et qu'en France c'est déjà le branle-bas avant l'attaque contre l'Iroquoisie, se produit, presque insensiblement, en Amérique, un événement d'une grande importance. Depuis 1659, la Nouvelle-Hollande, c'est-à-dire l'État de New York actuel, se débat dans le filet inextricable qu'est la guerre contre les Indiens d'Esopus. Celle-ci s'apaise puis s'interrompt pour exploser un peu plus tard avec une violence accrue. Les traités ne durent pas ; les massacres se suivent. Les expéditions punitives n'ont pas l'ampleur ou l'acharnement nécessaire. De leur côté, les Iroquois, qui sont des Indiens fidèles aux Hollandais, ne peuvent plus faire face à tous leurs ennemis. Au mois de juillet 1664, les rumeurs qui circulent annoncent que les colonies anglaises ou plutôt les Anglais attaqueront la Nouvelle-Hollande et l'Iroquoisie. Depuis de longues années déjà, les colonies anglaises grignotent les terres de la Nouvelle-Hollande ; elles n'acceptent aucun tracé de frontière qu'un traité déterminerait comme définitive et sacrée ; elles tiennent la porte ouverte à de nouvelles réclamations et à de nouvelles annexions. Et Dieu sait qu'en ces matières, on trouve toujours des documents, des chartes, des expressions qui peuvent servir de fondement à des demandes. Le gouverneur de la Nouvelle-Hollande sent le terrain lui manquer sous les pieds. Il réclame des munitions et des soldats ; la colonie qu'il gouverne est dans un état d'impuissance complète, elle est ouverte à tout venant, les ennemis se préparent pour l'attaque. Toutefois, pendant que la Nouvelle-France, sur le bord de la ruine, obtient enfin du roi les secours militaires qui la sauveront, la Nouvelle-Hollande ne réussit pas à susciter dans sa mère patrie la même réaction puissante qui la mettrait à l'abri du danger.

La Nouvelle-Hollande vit ses derniers jours.

Le 26 août 1664, une frégate anglaise paraît dans la baie de New York ; trois autres la suivent bientôt. Le lendemain, Stuyvesant, le gouverneur, envoie un député à bord pour demander de quel droit ces navires pénètrent ainsi

*Richard Nicolls a
des ordres stricts.*

*Peter Stuyvesant
capitule le 7 ou le
8 septembre.*

*La Nouvelle-
Hollande devient
une colonie
anglaise.*

*La côte atlantique
est anglaise depuis
la Nouvelle-Écosse
jusqu'au golfe du
Mexique.*

*Les Anglais ont
réalisé le projet
caressé par
plusieurs Français.*

*La Nouvelle-
Hollande devient
la Nouvelle-York,
en l'honneur du
duc d'York.*

dans les eaux coloniales. Trois jours plus tard, le chef de l'escadrille, le colonel Nicolls, lui donne la réponse inévitable : les terres de la Nouvelle-Hollande, dit-il, appartiennent au roi d'Angleterre ; Stuyvesant doit en conséquence lui remettre les forts et les places fortifiées. Il sauvegardera la liberté, les biens et l'existence des colons hollandais. L'éternel débat sur les frontières reprend ainsi sous les canons de l'escadre. Dans sa réponse donnée le 2 septembre, Stuyvesant nie que la Nouvelle-Hollande, découverte et colonisée par sa patrie, soit pays anglais. Les Hollandais sont venus s'y établir en 1614-1615, de façon permanente, « près de Fort Orange, où ils ont bâti un fortin pour empêcher les invasions et les massacres commis à l'ordinaire par les sauvages ». Mais à quoi peuvent servir des arguments que les diplomates échangent depuis des décades, que tous connaissent, et qui n'ont jamais rien réglé. Après avoir reçu ce mémoire, Nicolls se prépare à attaquer la place. Deux jours plus tard, le 4 septembre, Stuyvesant écrit une seconde lettre au colonel. Il lui demande de soumettre la question en litige aux deux gouvernements et d'attendre leur décision. Pourquoi ne pas mettre fin aux hostilités et éviter une effusion de sang. Mais si le colonel est là, c'est évidemment parce que l'un des deux pays a pris sa décision ; il demande de nouveau la reddition des places fortes. Le 8 septembre, le gouverneur cède et, sans tirer un coup de feu, il accepte de capituler.

La Nouvelle-Hollande devient donc une colonie anglaise parmi les autres colonies anglaises. Elles s'échelonnent toutes de la Nouvelle-Écosse au golfe du Mexique, sur la rive de l'Atlantique, formant une barrière ininterrompue ; la brèche que formait la Nouvelle-Hollande est bouchée. Bien plus, par cette conquête, les Anglais deviennent les voisins des Iroquois ; ils se substituent aux Hollandais dans le commerce des pelleteries et les négociations continuelles avec l'Iroquoisie, la fourniture des articles de traite, le renouvellement des traités de paix et les influences européennes qui s'exercent sur les tribus sauvages. Ils laisseront à Fort Orange les Hollandais spécialistes de ces affaires, ce sont les Anglais qui dirigeront, et peu s'intégreront à eux.

Ainsi, sans perte d'une seule vie, sans un coup de canon et par l'effet de la seule présence de quatre frégates bien armées, l'Angleterre met la main sur une colonie d'une grande importance stratégique et dont les coloniaux français avaient à plusieurs reprises proposé la conquête au Roi de France. Champlain, le père Paul Le Jeune, d'Avaugour avaient bien dit que, sans la possession de la Nouvelle-Hollande, il serait presque impossible à la Nouvelle-France de terminer les guerres iroquoises. C'était pour eux le point vital ; c'est par l'Hudson que l'on pouvait maîtriser l'Iroquoisie et la diriger ; en s'installant à proximité, les Français pouvaient tenir les Iroquois en laisse. Toute nation européenne pouvant s'emparer de la Nouvelle-Hollande pourrait utiliser les Iroquois contre la Nouvelle-France qui souffrirait indéfiniment, car du Saint-Laurent il est à peu près impossible de détruire ou de maîtriser des tribus protégées autant par la distance et la forêt que par un pays d'Europe. Les coloniaux de l'époque, malgré les apparences, n'ont jamais douté du fait que les Hollandais inspiraient les attaques iroquoises contre la Nouvelle-France et contre le commerce canadien des pelleteries.

Personne ne les avait écoutés. Maintenant une autre puissance maritime, plus dangereuse que la Hollande, l'Angleterre, prend la direction de l'Iroquoisie. Et cela, pendant que Louis XIV, au lieu de frapper le coup direct sur New York, comme d'Avaugour le lui a conseillé, entreprend d'organiser des expéditions plus coûteuses et plus difficiles qui conduiront tout un régiment du Saint-Laurent à la rivière des Agniers. Évidemment, s'installer en Nouvelle-Hollande était plus facile que d'y rester. Une colonie française coincée à New York entre des colonies anglaises jeunes et agressives, aurait demandé bien de l'attention et bien du soin. Mais l'enjeu était important : c'était un grand port de mer dans une région tempérée, une porte ouverte sur l'Amérique dans des régions plus chaudes que les territoires canadiens, là où le sol de même que le climat étaient plus engageants pour des colons.

L'Angleterre prend la direction de l'Iroquoisie.

Qui avait inspiré aux Anglais ce coup d'audace ? Marie de l'Incarnation soulèvera cette question en 1665 : « Cette conquête, dira-t-elle, s'est faite par ceux de la Nouvelle-Angleterre, qui sont devenus si forts, qu'on dit qu'ils sont plus de quarante mille... Un habitant d'ici, mais qui n'y était pas bien vu, parce que c'était un esprit de contradiction et de mauvaise humeur, se retira chez les Anglais il y a environ deux ans, et leur donna, à ce que l'on croit, la connaissance de beaucoup de choses du pays des Iroquois, et du grand profit qu'ils en pourraient tirer pour la traite, s'ils en étaient les maîtres. On croit que ce peut être la raison qui les a portés à attaquer la Nouvelle-Hollande. » On peut ajouter que dans le cas de la Nouvelle-Hollande comme dans celui de la Nouvelle-France, une trop grande faiblesse invite et provoque des attaques.

Un Canadien aurait suggéré aux Anglais ce coup d'audace.

L'événement est vite connu en Europe. Le duc d'Estrades propose maintenant de négocier avec les Anglais pour détruire les Iroquois. Mais les Anglais seront-ils plus portés que les Hollandais à laisser détruire ceux qui, du jour au lendemain, sont devenus leurs pourvoyeurs de fourrures ? Cette conquête ne saurait plaire aux Iroquois, et plus particulièrement aux Agniers qui, à l'époque, sont en mauvais termes avec les Anglais. Juste un mois avant qu'elle ne se produise, Stuyvesant expliquait aux directeurs de la Compagnie combien l'Iroquoisie était mal engagée ; le 4 août, il parle en effet « des guerres dangereuses, et non moins dommageables pour nous, entre les Agniers et les Indiens du Nord ». Les Agniers racontent « que les Anglais du Nord sont la cause du massacre de leurs messagers et ainsi des guerres présentes, implacables et pernicieuses ». Il revient encore sur le sujet en insistant sur les « guerres dangereuses et très pernicieuses entre les Agniers et les Indiens du Nord... »

L'ambassadeur de France en Angleterre

Nouveaux maîtres ou nouveaux alliés pour les Agniers ?

Des phrases de ce genre aident à comprendre pourquoi des ambassadeurs goyogouins sont à Québec le 18 septembre. Le nombre n'est pas mentionné. Toutefois « le Chef est un de nos anciens amis, qui était l'hôte du Père René Ménard, lorsqu'il était en mission parmi les Iroquois ». Ils apportent avec eux

L'étau se resserre sur les Iroquois.

une vingtaine de présents. Six des plus beaux sont offerts à l'évêque, aux Jésuites, aux religieuses « dont ils espèrent les charités, quand ils seront malades ici, et lors qu'ils y amèneront leurs filles pour y recevoir instruction ». Ils présentent six autres colliers à leurs ennemis invétérés, les Algonquins, avec lesquels ils veulent maintenant lier une éternelle amitié. Cette délégation, comme celle du printemps, représente toutes les tribus iroquoises, sauf les Onneyouts. Les documents ne contiennent que bien peu de renseignements sur la seconde ambassade de l'année 1664 ; ils ne résument pas les propositions des Iroquois ni les réponses des Français. La réception qu'on lui a faite, malgré ses excuses pour l'action des Algonquins au printemps, semble avoir été très froide. Le *Journal des Jésuites* dit en effet que ces députés voulaient faire « une paix semblable aux autres, savoir une paix fourrée ; on les reçut toutefois ». Les *Relations* ne sont pas plus sympathiques : « Si nous n'avions pas été souvent trompés par de telles Ambassades, qui ont caché des trahisons funestes sous ces apparences de paix, nous pourrions y être trompés ; mais nos expériences nous font défier de ces barbares infidèles lors même qu'ils se fient plus à nous. »

Le vent tourne. Les Français sont tantôt sceptiques, tantôt cyniques. Ils se méfient « d'une paix fourrée ».

La Nouvelle-France oppose donc à l'Iroquoisie une fin de non-recevoir. Cette dernière fait sa proposition avant les expéditions de M. de Tracy, mais la Nouvelle-France ne la reçoit pas. Celle-ci juge que l'Iroquoisie a besoin d'une leçon, elle ne fait pas de distinction entre les tribus ; elle sait même que l'ennemi est presque aux abois, d'autres peuples attaquent les Iroquois : « Derrière eux plus vers le midi, ils ont des Sauvages Ennemis, qui depuis peu leur font une rude guerre. La Nation des Loups [Mohicans], les Abénaquis alliés à la Nouvelle-Angleterre, et les Andastes alliés à la Nouvelle Suède. Ainsi se voyant attaqués de part et d'autre, ils craignent les armes de la France, et ont sujet de craindre. »

Les Français impitoyables ?

Rebuter les Iroquois à ce moment psychologique, les attaquer, n'est-ce pas les pousser dans les bras des Anglais qui sont déjà leurs maîtres, bien que les députés ne le savent probablement pas encore ? Les Agniers seraient tombés un jour ou l'autre sous leur influence. Mais les Senèkes ? La politique la plus habile aujourd'hui comme demain n'est-elle pas de profiter de toute occasion pour les amadouer ?

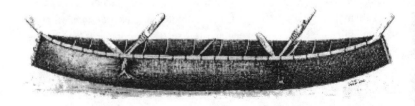

CHAPITRE 102

1665

Pendant l'hiver de 1664-1665, un détachement d'une centaine de guerriers quitte l'Iroquoisie. Ce sont probablement des Agniers qui se divisent en trois bandes et se dirigent toutes vers l'hinterland québécois. Ils doivent remonter jusqu'au pays des Mistassinis. On ne connaît malheureusement que les aventures de l'une d'entre elles qui vient opérer dans les bassins du Saint-Maurice, du lac Saint-Jean et du Saguenay. Deux chefs la commandent. À deux endroits différents, elle massacre cinq hommes et capture une femme. Celle-ci révèle le lieu où chasse sa tribu et donne même du pays une description si juste que les Iroquois peuvent s'y rendre ; ensuite on l'assomme d'un coup de hache.

Les Iroquois avancent dans la direction indiquée et ils découvrent bientôt des postes. La tribu a construit un fortin de pieux où vivent quarante-cinq personnes. Un jeune homme qui s'est éloigné pour la chasse tombe aux mains de l'ennemi ; un autre découvre des traces et vient donner l'alarme au fort. Quatorze des plus braves sortent alors pour reconnaître la position des Iroquois. Mais ils sont rapidement repérés et entourés par l'ennemi. Le combat s'engage. Les Iroquois tuent tout d'abord quatre Montagnais puis ils en capturent trois. Les survivants se défendent bien, ils tuent deux ennemis, en blessent d'autres. Mais ils doivent bientôt battre en retraite et réussissent à rentrer dans le fortin. Là, ils ne songent avec les autres qu'à bien se protéger. Toutefois, les Iroquois n'ont pas l'intention de donner l'assaut. Ils prennent la route du retour avec leurs captifs. Pendant deux jours, ils s'éloignent ainsi, faisant route de nuit en torturant leurs prisonniers, dont l'un réussit à s'échapper. Il revient au fortin, il encourage ses compatriotes et propose de les conduire pour qu'ils se lancent tous à la poursuite des pillards. En quatre jours, ils atteignent la bande iroquoise qui s'est retranchée en forêt. Ils dissimulent leur présence et ils attaquent à l'aube par surprise un adversaire qui ne prenait plus de précautions. L'assaut est vivement mené ; les Iroquois s'apprêtent à tuer leurs prisonniers et alors que trois d'entre eux lèvent sur eux leur hache, ils reçoivent des balles et des flèches. Les Montagnais se battent avec tant de furie et d'élan que dix-huit Iroquois sont tués et deux Iroquoises capturées. Un seul guerrier ennemi réussit à prendre la fuite dès le début. Les Montagnais perdent encore deux hommes au combat. Cette bataille montre que les incursions iroquoises sont sur le point d'aguerrir les tribus les plus timides et les moins belliqueuses qui soient. L'époque des succès faciles est maintenant révolue dans l'est du pays.

Des combats opposent Iroquois et Montagnais.

Dès le printemps, des petits partis iroquois commencent à rôder dans la Nouvelle-France. Des nouvelles des Trois-Rivières parviennent à Québec au début du mois d'avril ; on apprend « qu'un français y était arrivé de Montréal, qui disait s'être échappé des Iroquois qui l'avaient pris ».

De nouveaux massacres à Montréal

Le 24 avril, quatre hommes sont au travail sur les terres des Hospitalières à Ville-Marie ; ce sont Basile Rollin, Guillaume Jérôme, Jacques Petit et un individu du nom de Montor qui a été soldat. Un vieux Montréaliste, Mathurin Jouaneaux, prépare un repas dans une grange voisine. Soudain, une troupe iroquoise sort de la forêt toute proche. Après avoir tiré des coups de mousquet et poussé sa clameur de guerre, elle se lance à l'attaque. Elle tue Rollin sur place, blesse mortellement Jérôme, puis capture Petit et Montor. Jouaneaux n'a pas d'autre alternative que de se barricader dans son abri et de se mettre en posture de se défendre. Mais la fusillade a alerté les habitants de Ville-Marie, on sonne le tocsin et ils accourent. Les ennemis s'enfuient et Jouaneaux est sauvé. C'est probablement en parlant de cet événement, que le *Journal des Jésuites* contient la phrase suivante à la date du 5 mai : « On apprit en même temps plusieurs massacres faits à Montréal. »

Le 7 mai, cent cinquante Algonquins partent aussi pour la petite guerre. On ne sait pas ce qu'a fait ce détachement : son retour n'est pas noté. Et le 29 mai, à Ville-Marie, une Indienne de la nation des Loups meurt de blessures qu'elle a reçues aux mains des Iroquois.

Le périple de M. de Tracy

Pendant ce temps, M. de Tracy a accompli son long périple. Quatre compagnies d'infanterie l'ont accompagné dans le *Brésé* et le *Teron* ; d'autres navires suivaient chargés de vivres et de munitions. Il a touché à Madère, au Cap Vert, a repris possession de Cayenne, a fait escale à la Martinique et à la Guadeloupe, il a séjourné à Saint-Domingue et enfin aux Caïques d'où il a mis le cap droit sur le Canada. Il a exécuté un peu partout le travail dont il est chargé pour la Nouvelle-France, c'est-à-dire remettre au point les mécanismes administratifs, la justice et l'armée. Maintenant que l'escadrille remonte vers le nord, le vice-roi peut penser plus librement à la dernière tâche qu'il doit accomplir avant de retourner en France. Talon la définira plus longuement dans un mémoire de l'année 1673. Le roi veut augmenter ses possessions et son royaume, répandre le christianisme chez les Indiens en ouvrant de vastes champs aux missionnaires, soumettre ces Indiens, former sur les rives du Saint-Laurent une colonie puissante, robuste et capable de se défendre elle-même ; protéger les colons contre les incursions des Iroquois, multiplier ses navires avec les ressources des forêts canadiennes, trouver de nouveaux domaines

La mission du vice-roi

aux colons. M. de Tracy n'est pas uniquement chargé de la guerre contre les Iroquois ; par son entremise, c'est un grand roi, des ministres avisés qui, d'une colonie composée d'à peine trois factoreries où s'échangent des fourrures qui vont tenter de former par une série de mesures, un pays enfin viable et prospère où l'industrie, le commerce et l'agriculture prendront enfin racine. Naturellement, dans la mesure où la Nouvelle-France deviendra plus forte, le danger des guerres iroquoises diminuera et toutes les dispositions que l'on prendra auront des répercussions sur l'ancien conflit. La suppression de la menace iroquoise faciliterait aussi le développement de la Nouvelle-France qu'une équipe spéciale d'hommes est chargée de faire.

L'escadre qui vient des Antilles mouille dans le décor vraiment royal de l'île Percée. Se glissant parmi les morutiers, elle vient s'approvisionner au rivage en bois et en eau. Le lendemain se présentent deux autres vaisseaux qui « portaient les premières compagnies du Régiment, que le Roi envoyait contre les Iroquois ». Les vents ne sont pas favorables. M. de Tracy décide d'abandonner le *Brésé* qu'il ne veut pas risquer sur le Saint-Laurent, il réquisitionne pour le remplacer deux navires plus légers. Il se met en route, la navigation est difficile et lente. Le 30 juin, il est à Québec avec quatre compagnies de soldats ; quatre compagnies du Régiment de Carignan l'avaient précédé et étaient arrivées le 19 juin ; quatre nouvelles compagnies se présenteront le 23 juillet ; enfin, les 19 et 20 août, huit nouvelles compagnies débarqueront en Nouvelle-France avec le colonel Salières. Et ce n'est que le 12 septembre, que le nouveau gouverneur, M. de Courcelles et le nouvel intendant, Talon, descendront des navires. Sept vaisseaux ont transporté les vingt compagnies ; et deux transports les ont suivis avec des colons, des vivres, des munitions, des marchandises, etc.

À l'arrivée, M. de Tracy est fiévreux et faible ; il descend tout de suite, écoute les acclamations de joie, se rend à l'église après avoir refusé d'autres cérémonies ; là, il refuse un prie-dieu et il s'agenouille sur le parquet. Le *Te Deum* retentit sous les voûtes. Comme M. de Mesy est mort quelques semaines plus tôt, le vice-roi a entre les mains tous les pouvoirs pour plus de deux mois. Et dans le pauvre bourg de Québec se déroule tout un cérémonial : lorsque M. de Tracy sort du château, il est précédé de vingt-quatre gardes qui portent les couleurs royales et de quatre pages ; six laquais le suivent ; au moins un gentilhomme et parfois plusieurs officiers l'accompagnent.

La traversée n'a pas été trop dure pour les premières compagnies ; elle sera terrible pour celles qui arriveront à la fin de l'été par le *Saint-Sébastien*, le *Jardin de Hollande* et la *Justice*. D'effroyables tempêtes les avaient retardés, le voyage avait duré quatre mois. À Tadoussac, des maladies se déclarent à bord ; vingt personnes meurent et cent trente entrent à l'hôpital à Québec. Parmi elles, se trouvent plusieurs gentilhommes volontaires. La salle de l'hôpital est bientôt remplie, il faut utiliser l'église qui est bientôt pleine elle aussi ; on a recours ensuite aux maisons du voisinage. Les religieuses se surmènent tellement qu'elles tombent malades à leur tour.

Les autorités militaires ont adopté un plan de campagne. Tout d'abord, elles ont décidé d'attaquer les Agniers : « Ceux-ci, comme disent les *Relations*, nous ont toujours fait la guerre, quoiqu'ils aient quelquefois fait semblant de demander la paix. » La première expédition doit donc suivre la rivière Richelieu, le lac Champlain, le lac Saint-Sacrement, et atteindre la rivière des Agniers. C'est une distance de trois cents milles en pleine forêt. Tout d'abord,

Arrivée des troupes du régiment de Carignan

Henri de Chastelard, marquis de Salières

Daniel Rémy de Courcelle (Courcelles), gouverneur de la Nouvelle-France de 1665 à 1672

M. de Mézy est décédé à Québec dans la nuit du 5 au 6 mai 1665.

Le plan de campagne est arrêté. Première cible : les Agniers

les troupes s'empareront solidement de tout le Richelieu en y construisant des fortins qui formeront des bases d'opération. M. de Tracy monte donc un premier corps composé des quatre compagnies qui étaient arrivées les premières. Il leur adjoint un détachement composé de cent volontaires canadiens commandé par M. de Repentigny. Un parti d'Algonquins les accompagne. Le groupe s'embarque à Québec le 23 juillet sur des petits bateaux plats construits à l'avance et il remonte lentement le fleuve.

Jean-Baptiste Legardeur de Repentigny commande un premier détachement. Il est arrivé au Canada en 1636, à l'âge de 4 ans.

Pendant que se produit le premier branle-bas, les Iroquois ne restent pas complètement inactifs. Marie de l'Incarnation signale quelques-uns de leurs méfaits dans une lettre du 26 juillet. Tout d'abord, elle écrit que « les Iroquois ont fait, l'hiver et au printemps, plusieurs meurtres sur les Français et sur les sauvages, tant à Montréal que dans les bois ». Elle raconte ensuite que vingt-cinq canots montés par des Népissingues ont eu maille à partir avec l'ennemi. Ils descendaient pour la traite lorsqu'ils se heurtèrent à un parti. La bataille semble avoir été assez rude. Des Népissingues sont capturés et conduits en Iroquoisie ; ils s'échappent et racontent ensuite que les Iroquois — il s'agit probablement des Agniers — ont transporté leur village principal de l'autre côté d'un cours d'eau et que des pelotons de guerriers protègent constamment les femmes qui accomplissent les travaux des champs.

Puis c'est Ville-Marie qui est plongée dans le deuil. Au cours du mois de juillet, Charles Le Moyne décide de se rendre à la chasse. Des amis lui disent qu'il serait plus prudent de s'abstenir, que des ennemis rôdent probablement dans les alentours. M. Le Moyne ne craint rien, obtient la permission de Maisonneuve et part avec quelques Mohicans. Les chasseurs abordent dans l'île Sainte-Thérèse et se dispersent dans le bois. Soudain Charles Le Moyne se voit entouré d'Iroquois qui lui crient de se rendre. Il refuse, il couche en joue ses ennemis, ceux-ci avancent, il recule peu à peu mais le cercle se resserre, il se voit perdu et il tire un coup de mousquet sur l'adversaire le plus proche ; la balle, au lieu de le frapper, se perd dans les feuillages, car au moment où il tirait, Charles Le Moyne s'est pris les pieds dans un arbre mort et il est tombé à la renverse. Il se relève rapidement et fuit ; mais ses ennemis le rattrapent tout de suite et le capturent. À l'annonce de cette nouvelle, les habitants de Ville-Marie se lancent à la poursuite du parti ennemi composé d'Onnontagués ; ils ne le repèrent pas et reviennent bredouilles. Toute la population de Montréal croit que Le Moyne est perdu et qu'il subira le supplice du feu, car il a guerroyé toute sa vie contre les partis iroquois ; il a été l'un des plus courageux et des plus habiles défenseurs de Ville-Marie. Les ennemis « avaient fait tous leurs efforts tant par trahisons que par force ouverte afin de l'attraper et de satisfaire par là à la dévotion de leurs vieillards qui, depuis plusieurs années, amassaient de temps en temps du bois pour le brûler, faisant toutes ces sottises devant eux afin de les animer à en faire capture... ».

Capture de Charles Le Moyne par des Iroquois

Le 3 août, monté par quatre cents Indiens de l'Ouest, un convoi de fourrures arrive aux Trois-Rivières. Des partis iroquois l'ont attendu et attaqué à deux points distincts de l'immense trajet ; ils lui ont dressé des « embuscades aux endroits les plus dangereux par où ils doivent passer pour venir ici faire leur trafic et leur commerce avec nos Français ». Ces Algonquins de l'Ouest canadien sont assez peu belliqueux, ils ont beaucoup de pelleteries mais par contre peu d'armes et de munitions et tentent toujours d'éviter la bataille. Après leur départ, ils trouvent une trentaine d'Iroquois qui se sont renfermés dans un mauvais fortin de pieux ; ils s'arrêtent et mettent le siège devant la place empêchant les guerriers ennemis de sortir ; mais ils ne lancent pas l'assaut. Les Iroquois manquent très rapidement d'eau ; ils invitent les assiégeants à les attaquer, les provoquant, leur promettant une chaude réception malgré l'inégalité du nombre : vous vaincrez, disent-ils, mais ce ne sera pas sans de nombreuses pertes de vies. C'est une provocation. Les Algonquins acceptent les colliers qu'on leur tend et permettent de puiser de l'eau dans la rivière. Puis les Iroquois manquent de vivres ; ils lancent de nouveaux défis que personne ne relève. Alors ils proposent aux assiégeants de poursuivre leur route, de terminer le siège ; eux, ils ne les attaqueront pas plus tard sur la route et ils leur offrent des colliers. C'est justement ce que veulent ces Indiens alliés qui acceptent les propositions et qui continuent leur chemin en paix. Toutefois, de brèves escarmouches ont eu lieu et quelques victimes sont tombées. Le convoi des pelleteries subit une seconde attaque au Cap du Massacre, tout près de l'embouchure du Richelieu, là où Champlain a remporté sa seconde victoire. Les canots serrent alors le rivage de près ; des Agniers probablement sont cachés parmi les arbres de la rivière et ils tirent sur les occupants des dernières embarcations ; ils disparaissent ensuite dans la forêt, craignant d'être attaqués par un trop grand nombre d'ennemis.

Un convoi de fourrures arrive aux Trois-Rivières.

Les Indiens alliés arrivent bientôt aux Trois-Rivières. Le père Allouez remontera avec eux dans les régions lointaines du Sault-Sainte-Marie. M. de Tracy profite de l'occasion pour leur offrir trois présents par son entremise. Par le premier, il leur dit « qu'enfin le Roi allait ranger à la raison l'Iroquois, et par conséquent soutenir toute leur terre, qui était en son penchant ». Les Algonquins craignent d'autres attaques au retour, alors qu'ils seront chargés d'articles de traite, d'armes et de munitions ; pour ne pas laisser aux Iroquois le temps de se rassembler, ils repartent le 7 août alors qu'ils n'étaient arrivés que le 3.

Claude Allouez, (1622-1689) Jésuite, missionnaire et explorateur

Le 28 août, le sergent Pierre Raguideau est tué par les Iroquois tout près de Ville-Marie. Il était âgé de 33 ans.

Les troupes, qui sont parties de Québec le 23 juillet, quittent les Trois-Rivières en même temps que le convoi de fourrures. Pendant leur court séjour, elles auraient chassé des Iroquois qui erraient autour du poste depuis un certain temps et qui auraient tué quelques hommes et en auraient capturé quelques autres. Ce premier détachement arrive bientôt à l'embouchure du Richelieu et il commence la construction d'un fort. Puis dix-sept lieues plus haut, les soldats commencent le 25 août, sous la direction de M. de Chambly, la

Construction de forts le long du Richelieu

construction du fort qui portera bientôt son nom mais qui se nomme tout d'abord le fort Saint-Louis ; il sera situé à droite du bassin qui « est comme un petit lac, d'une lieue et demie de tour, profond de six et huit pieds, où la pêche est très abondante presque en toutes les saisons ». Plus haut, des rapides s'étagent sur une distance de trois lieues ; c'est là que s'élèvera le fort Sainte-Thérèse. M. de Salières, colonel du régiment en dirigera la construction. Il ne sera terminé qu'à la fête de sainte Thérèse, au mois d'octobre. M. de Salières aura mis lui-même la main au travail et encouragé les soldats par son exemple.

Empêcher les partis ennemis de courir en Nouvelle-France, les intercepter au passage, devenir des dépôts de vivres et de munitions, de même que des bases d'où pourront partir les expéditions militaires, voilà à quoi serviront ces fortins qui se dressent maintenant en pleine forêt. Au-dessus, la navigation est libre sur le large Richelieu, aux rives si basses, si unies, si trempées d'eau comme sur le lac Champlain et le lac Saint-Sacrement qui tels des pointes d'acier s'enfoncent dans les flancs d'Anniégé, le pays des Agniers. En ce moment, les autorités militaires ont le but d'exécuter entièrement le plan de Champlain et de s'emparer par la force des territoires situés en arrière des colonies anglaises de la côte, en construisant d'autres fortifications en Iroquoisie même, au-delà des deux lacs étroits et longs. Parlant des ouvrages du Riche-

lieu, Talon écrira à Colbert le 10 octobre, qu'ils « facilitent les moyens d'en faire au-dessus de ce lac pour être au printemps prochain plus près de nos Ennemis et ôter l'envie aux Anglais de s'y venir établir, pour se faire un droit sur cette rivière qui coule dans le fleuve Saint-Laurent ». Les *Relations* parlent des territoires des Agniers et elles ajoutent : « C'est là que l'on a dessein de bâtir encore dès le printemps prochain, un quatrième fort, qui dominera toutes ces contrées, et d'où l'on pourra faire des sorties continuelles sur les ennemis, s'ils ne se rendent à la raison. » Ces projets sont, semble-t-il, vite abandonnés. Pour être viables, il aurait fallu que cet endroit en territoire ennemi soit habité par une garnison de mille cinq cents à deux mille hommes, bien ravitaillée, habituée aux difficultés de la vie en forêt, aux guerres de surprises, capable de voyager et de combattre à l'indienne. L'abandon du projet qui aurait frustré l'Angleterre des grands bénéfices de la conquête de New York en ne lui laissant que le littoral, sera fatal à la France et à la Nouvelle-France qui n'assureront pas ainsi leur emprise sur l'Iroquoisie. Avec le temps, les Anglais tendront la main aux Iroquois pour recommencer la lutte.

Après son arrivée en compagnie de Jean Talon, le 12 septembre, M. de Courcelles qui est non seulement gouverneur, mais aussi lieutenant général, visite les premiers forts et il encourage les soldats. Il est de retour le 31 octobre. M. de Salières revient en même temps que lui. Les deux hommes ont quelques démêlés. M. de Courcelles assigne aux troupes leurs quartiers d'hiver. M. de Salières reçoit l'ordre d'hiverner à Ville-Marie, il part le 4 novembre. Sorel, Chambly, Sainte-Thérèse, Montréal, Trois-Rivières et Québec hébergeront les soldats. Vivres et munitions sont entassés dans ces villes. Les

Montréalistes reçoivent des munitions, mais ils devront fournir du blé et des légumes aux compagnies de même que de grandes peaux d'orignal qui feront, croit-on, de meilleurs canots que l'écorce de bouleau.

L'organisation des expéditions canadiennes pose évidemment des problèmes aux chefs militaires qui connaissent mal le pays et qui doivent, dans une certaine mesure, improviser sur place et élaborer des plans nouveaux. Tout est à créer. Les distances énormes du Nouveau Monde, les rapides des rivières, l'épaisse forêt, la solitude sont des obstacles difficiles à surmonter. L'idée de Louis XIV est claire et nette ; il l'a exprimée, par exemple, dans un mémoire adressé à Talon le 27 mars 1665 : « Les Iroquois, qui sont tous ennemis perpétuels et irréconciliables de la Colonie, ayant, par le massacre de quantité de Français et par les inhumanités qu'ils exercent contre ceux qui tombent en leur pouvoir, empêché que le pays ne se soit pas peuplé plus qu'il l'est à présent, et par leurs surprises et courses inopinées tenant toujours le pays en échec, le Roi... a résolu de leur porter la guerre jusques dans leurs foyers pour les exterminer entièrement, n'y ayant aucune sûreté dans leurs paroles... » Examinons les termes de ce passage. Par exemple, le mot « exterminer » n'est pas employé à la légère et il ne faut pas en édulcorer le sens et la force. Toutefois, dès le début, les exécutants canadiens constatent que la partie est difficile. Talon donnera des nouvelles au roi tout de suite après son arrivée ; les vingt compagnies qui sont venues directement de France, dit-il, comptaient plus de soldats que le chiffre réglementaire, soit un total de mille cent hommes ; les quatre compagnies qui ont suivi M. de Tracy ne comptent pas les deux cents hommes qu'elles auraient dû avoir. Depuis leur arrivée, les chefs mobilisent leur énergie pour construire des fortins, y placer des troupes, leur donner les moyens de se défendre et de subsister. Il ajoute ensuite les phrases suivantes : « Comme nous ne sommes arrivés ici, de Courcelles et moi que le 12è du mois passé, il ne restait pas assez de belle saison pour entreprendre l'expédition contre les Iroquois, cela a fait prendre résolution à Mons. de Tracy de passer une partie des troupes dans la rivière de Richelieu, qui conduit par le lac Champlain aux premières habitations de ces Ennemis, et d'y faire construire des forts... Pour être au printemps prochain plus près de nos Ennemis.... Au printemps prochain, elles se rassembleront pour porter la guerre jusqu'aux habitations des Iroquois. » La première expédition semble alors remise au printemps de 1666.

Le roi a décidé d'exterminer entièrement les Iroquois.

Au mois d'octobre, des Algonquins chrétiens s'établissent autour des postes du Richelieu ; vers la fin du même mois, ils ont déjà fait d'abondantes chasses pour les garnisons.

Les soldats ne forment qu'une partie des immigrants que la Nouvelle-France a reçus. Marie de l'Incarnation dit qu'il est arrivé environ deux mille hommes. Elle parle tout d'abord de deux cents hommes de peine et de cent jeunes filles qui ont immédiatement trouvé mari ; plus loin, elle parle de cinq cents hommes à part les soldats. Ces derniers s'habituent bien au pays ; les officiers obtiennent immédiatement de petites concessions et y font travailler.

CHAPITRE 103

1665

Pendant que les troupes commencent leur hivernement, les Iroquois, des Agniers très probablement, ne désarment pas. Le 28 octobre arrive en effet à Québec, après leur défaite à la Petite Nation sur l'Outaouais, vingt Népissingues accompagnés de leurs femmes et de leurs enfants. Les survivants racontent que sept de leurs compatriotes ont été tués, que douze ont été faits prisonniers et qu'il y a des prisonnières. L'un des captifs s'est échappé.

Puis à Ville-Marie, Michel Guibert, âgé de 18 ans, est capturé et sera brûlé l'année suivante, le 29 juin 1666.

Que les Iroquois soient tous au courant de l'arrivée des troupes françaises et des préparatifs qui se font dans la Nouvelle-France, « pour porter le fer et le feu chez eux », il n'en faut pas douter. Des individus, des partis errent dans la colonie pendant que les soldats débarquent et construisent les forts. Les Agniers ne semblent pas trop effrayés et les Senèkes n'abandonnent pas leur ancienne politique d'union avec la Nouvelle-France. Les événements qui se déroulent sont pour eux une forte raison de s'y tenir, ou d'y revenir s'ils l'ont abandonnée après le massacre de leurs ambassadeurs aux portes de Montréal. Garakonthié organise lui-même une nouvelle ambasse ; six Onnontagués, ses compatriotes, acceptent d'en faire partie. Un Onneyout veut bien les accompagner ; c'est le chef d'un parti de vingt-cinq guerriers qui gênait en Nouvelle-France, que Garakonthié a rencontré et qu'il a persuadé de se joindre à lui. Cette délégation arrive à Québec le 2 décembre. Et, joie profonde pour *Retour de Charles* la colonie, elle ramène Charles Le Moyne vivant. Celui-ci a failli passer par le *Le Moyne* supplice du feu ; le massacre des ambassadeurs par les Algonquins ayant porté à son comble la rage des Onnontagués. Charles le Moyne, qui connaît la langue de l'ennemi, s'est vaillamment défendu en paroles. Au moment où la tribu parle de le brûler, il la menace : « ...Ma mort sera bien vengée, je t'ai souvent menacé qu'il viendrait ici quantité de soldats français lesquels iraient chez toi te brûler en tes villages, ils arrivent maintenant à Québec, j'en ai des nouvelles assurées. » Ces nouvelles, bientôt confirmées, font peur aux Onnontagués qui jugent plus prudent de ménager cet important prisonnier « afin de moyenner leur accommodement ». Ils le ramènent aujourd'hui pour le libérer officielle-*Le Moyne devient* ment. Les Français croient au miracle, car certains Iroquois lui vouent une *l'ami et le* profonde haine. Ils seront encore plus surpris, car si Charles Le Moyne est un *conseiller des* ennemi loyal, il est aussi capable d'être un ami fidèle. Il n'oubliera pas le beau *Onnontagués.* geste que les Onnontagués ont eu à son endroit ; il devient leur conseiller en affaires françaises. Ayant leur confiance, il sera pour le reste de sa vie l'inspi-rateur des Senèkes, celui aussi à qui ils s'adresseront dans les moments diffi-ciles, à qui ils confieront le soin de leurs intérêts, car ils savent que cet homme ne les trompera pas.

En arrivant dans la Nouvelle-France, les ambassadeurs apprennent la mort de leur grand ami, Ondessonk. Le père Simon Le Moyne s'est éteint au Cap de la Madeleine, le 24 novembre, à l'âge de 61 ans. Ils avaient vu arriver à maintes reprises ce missionnaire audacieux qui avait travaillé inlassablement à tisser entre les deux pays des liens d'amitié. Aucun de ses compatriotes n'avait couru plus de risques que lui avec ces ennemis dangereux et cruels ; il s'était toujours tiré indemne de tous les dangers. Quel était le secret de son succès ? La bonté peut-être, ou bien une meilleure compréhension du carac-tère des Amérindiens ; ou bien la sincérité avec laquelle il avait voulu une entente entre les deux pays. Son décès afflige fort l'ennemi. Garakonthié trou-vera des paroles émouvantes pour le pleurer à Québec devant M. de Tracy et tous les Français assemblés pour l'entendre : « Ondessonk, entends-tu du pays des morts, où tu es passé si vite ? C'est toi qui as porté tant de fois la tête sur les échafauds des Agniers ; c'est toi qui as été courageusement jusque dans leurs feux, en arracher tant de Français ; c'est toi qui as mené la paix et la tranquillité partout où tu passais, et qui as fait des fidèles partout où tu demeu-rais. Nous t'avons vu sur nos nattes de conseil décider de la paix et de la guerre ; nos cabanes se sont trouvées trop petites quand tu y es entré, et nos villages mêmes étaient trop étroits quand tu t'y trouvais, tant la foule du peu-ple que tu y attirais par tes paroles était grande... Nous te pleurons parce qu'en te perdant nous avons perdu nôtre père et nôtre protecteur. » Ondessonk et Garakonthié se sont probablement connus en 1654 lors du voyage du premier dans la capitale iroquoise ; ils se sont compris et ont travaillé ensemble au rapprochement des deux pays. C'est probablement le missionnaire qui sema dans l'âme du sachem les germes de la foi qui s'épanouiront bientôt ; c'est lui sans doute qui lui inspira cette politique française et cet amour de la France dont il a fait preuve à maintes reprises. Ondessonk avait travaillé longuement et péniblement à un accord ; il disparaît au moment même où la France a recours aux armes.

Décès du père
Simon Le Moyne

Garakonthié fait
l'éloge funèbre
d'Ondessonk.

M. de Tracy offre aux députés les trois présents préliminaires qui es-suient les yeux, ouvrent la bouche, nettoient la gorge, rendent le cœur coura-geux. Puis le premier grand conseil a lieu le 4 décembre. Garakonthié est l'orateur de l'ambassade. Il parle non seulement au nom des Onnontagués, mais aussi au nom des Goyogouins et des Tsonnontouans ; il présente leurs colliers. Après avoir brièvement abordé la libération de Charles Le Moyne, il déclare que d'autres Français prisonniers reçoivent ses bons soins. Il demande à ses auditeurs d'enterrer le passé, de l'oublier complètement ; il faut ensevel-lir le souvenir des morts, des dommages subis, des attaques, ne conserver aucun ressentiment. Les députés des Senèkes ne demandent pas maintenant

Garakonthié
réclame la paix.

l'élaboration et la signature d'un nouveau traité de paix, mais plutôt la confirmation de l'ancien. Les trois tribus supérieures sont favorables à cet accord.

Plaidoyer des ambassadeurs indiens

Elles invitent un missionnaire à se rendre chez elles, désireraient aussi un armurier et un chirurgien et se proposent de ressusciter Ondessonk en lui donnant pour successeur Charles Le Moyne ; ce personnage sera leur protecteur chez les Français. Garakonthié demande avec insistance la libération d'une captive iroquoise et d'un enfant que les Loups ont capturés ; car il veut montrer à ses compatriotes la bonne foi et la gratitude des Français. Les Iroquois n'ont pas, eux, épargné la vie de nombreux Français et ne les ont-ils pas libérés ? Ses compatriotes lui ont dit que les Français n'ont pas de reconnaissance et il perdrait toute influence en Iroquoisie s'il ne revenait pas avec des prisonniers libérés. Il plaide aussi pour la libération d'une Huronne qui fait partie d'une famille domiciliée en Iroquoisie, que les Algonquins ont capturée et qui est maintenant emprisonnée dans le fort indien de Québec. Et Garakonthié répète de nouveau qu'il a bien traité les prisonniers français d'Iroquoisie, qu'il en a fait libérer plusieurs, et que si les Français ne lui accordent pas les faveurs qu'il demande, il sera la risée des siens.

La paix que le sachem réclame ensuite pour les Senèkes n'est pas « une paix à se tenir par les franges du manteau, mais à se tenir à pleine taille » ; chez les trois tribus de l'Ouest, jeunes et vieux l'observeront ; si la jeunesse ou le parti guerrier l'a rompue dans le passé, c'est en contrevenant aux désirs des sachems : il faut que les Français prennent garde que les Algonquins et les

Garakonthié se porte garant des Onneyouts.

Hurons ne la troublent pas. Poursuivant son sujet, Garakonthié déclare que les Onneyouts ne sont pas officiellement au fait de l'ambassade ; l'Onneyout qui l'accompagne n'en fait partie que par accident. Toutefois tous les députés présents se portent garants que cette tribu observera la paix et qu'elle ne formera pas de partis de guerre, elle mérite donc les mêmes traitements que les trois tribus représentées.

Il plaide aussi en faveur des Agniers.

Garakonthié intercède en faveur des Agniers. Il demande aux Français de suspendre les hostilités engagées contre eux. Ceux-ci, affirme-t-il, ne connaissent pas encore l'arrivée d'une armée française dont la mission est de les détruire ; c'est pour cette raison qu'ils n'ont pas envoyé d'ambassade, mais ils le feront aussitôt qu'ils apprendront ce fait. Garakonthié voudrait même obtenir un délai suffisant pour se rendre chez eux afin de leur offrir ses conseils ; il est prêt à se mettre immédiatement en route. Si les Agniers refusent de prendre part au traité, les tribus supérieures les abandonneront à leur sort et les Français pourront les supprimer.

La Relation *de 1666 admet le bon sens, au-delà de l'éloquence de Garakonthié.*

La *Relation* de 1666 parlera assez longuement de cette ambassade. Elle dira que Garakonthié « fit une harangue pleine de bon sens, et d'une éloquence qui n'avait rien de Barbare ; elle ne contenait que des civilités et des offres de service et d'amitié de la part de toute sa nation, des vœux pour une nouvelle Mission de Jésuites... » Elle ajoute que M. de Tracy accueillit avec bonté toutes les demandes de l'orateur ; qu'il lui accorda la libération des trois prisonniers demandés « et lui promit la paix et la protection du Roi pour sa Nation ; mais il lui fit même espérer la même grâce pour les autres Nations Iroquoises, si elles aimaient mieux se porter d'elles-mêmes à leur devoir que de s'y laisser contraindre par la force des armes ».

Quelques Français se mettent au travail avec les députés iroquois et ils élaborent un grand traité de paix qui est rédigé officiellement et qui sera signé le 13 décembre 1665 puis transmis au roi et imprimé plus tard. Il servira de modèle aux traités subséquents que les autorités coloniales concluront avec les Onneyouts, les Tsonnontouans et les Agniers. Enfin, M. de Tracy traite chacune des tribus iroquoises comme une grande puissance européenne.

Le traité de 1665

Comme une grande puissance européenne

Ce traité est composé d'un préambule et de neuf articles. Il spécifie tout d'abord que six ambassadeurs Onnontagués ayant à leur tête Garakonthié, de même qu'un Onneyout du nom d'Achinnhara, sont présents. Louis XIV est représenté par M. de Tracy assisté de M. de Courcelles et de Jean Talon. Il raconte que les rois de France ont envoyé quelques-uns de leurs sujets pour découvrir des pays ; que ceux-ci n'avaient pas pénétré plus loin que l'île de Montréal avant l'arrivée du roi actuel ; qu'ensuite, ils ont pénétré jusqu'aux régions qui bordent le lac Ontario et sont entrés chez les Iroquois supérieurs qu'ils ont assujettis à la domination des Français ; que les députés nommés plus haut et qui viennent de cette région ne sont pas venus demander un nouveaux traité de paix, qu'ils n'ont pas prétendu que l'alliance ancienne s'était brisée ; ils supplient simplement les Français de confirmer l'accord antérieur, ils demandent à nouveau la protection qu'ils ont reçue autrefois des Français vivant à Onnontaé. Alors, vu les considérations précédentes, les deux parties conviennent des stipulations suivantes ; ou plutôt le roi accorde aux suppliants les articles du traité.

L'Onneyout Achinnhara

Le premier expose que les Onnontagués, Goyogouins, Tsonnontouans et Onneyouts supplient le roi d'oublier les massacres de Français, les attaques, violences et les torts commis contre ses sujets ; ils regrettent ces actions et donnent comme excuse que leur but était de punir les Algonquins et les Hurons protégés par les armes françaises. Plus enclin à la clémence qu'à la rigueur, le roi oublie ces actions. De leur côté, les Iroquois pardonnent aussi et oublient les violences commises contre eux par les Algonquins et les Hurons qui vivent sous la protection du roi ; ils oublient le massacre de leurs ambassadeur et le fait qu'on a retenu leurs présents sans en offrir de réciproques.

Les neuf articles du traité de paix

Article 1 : chacun oublie les massacres.

L'article deux stipule que les Hurons et les Algonquins qui habitent au nord du Saint-Laurent jusqu'au lac Huron et au nord du lac Ontario ne seront plus à l'avenir troublés dans leurs chasses par les quatre tribus iroquoises ; celles-ci ne mettront pas d'obstacle à leurs relations commerciales, les laissant venir librement à Montréal, aux Trois-Rivières et à Québec, par terre ou par eau, sous quelque prétexte que ce soit. Le roi tient sous sa protection ces

Article 2 : les Iroquois n'attaqueront plus les Hurons et les Algonquins.

Indiens alliés qui sont ses sujets ; les Iroquois les assisteront selon leurs besoins, à la chasse ou à la guerre ; l'inimitié ancienne qui régnait entre ces peuples cessera dorénavant ; lui succédera un règne d'amitié et d'assistance mutuelle car les uns et les autres vivent fraternellement désormais sous la protection du roi.

Article 3 : libération des captifs

Par l'article trois, Garakonthié obtient la libération des captifs qu'il avait demandée. Le vice-roi la lui accorde par reconnaissance pour avoir ramené Charles Le Moyne et un autre Français captif.

Article 4 : envoi de missionnaires, d'un armurier et d'un chirurgien

Quant à l'article quatre, il a trait aux missionnaires. M. de Tracy en accorde deux aux tribus supérieures ; l'un remplacera Ondessonk, il recevra le même respect et la même amitié que lui. Au printemps prochain, un armurier et un chirurgien se rendront aussi en Iroquoisie.

Articles 5 et 6 : des familles françaises en Iroquoisie et des familles iroquoises en Nouvelle-France

Les articles cinq et six ont trait à l'établissement de familles françaises en Iroquoisie et de familles iroquoises en Nouvelle-France. Les Iroquois l'ont demandé après avoir constaté les avantages qu'ils retiraient de la présence de Français à Sainte-Marie de Gannentaa ; comme ils offrent de les assister dans leur établissement, de leur céder des parcelles de terres pour l'habitation et les cultures, de leur permettre la chasse, la pêche et les échanges commerciaux de même qu'une assistance fraternelle, le roi enverra au printemps des familles françaises qui s'établiront parmi les Senèkes. Toutefois, pour rendre plus profonde l'alliance et la paix plus ferme, chacune des quatre tribus iroquoises supérieures enverra deux familles iroquoises d'importance à Ville-Marie, aux Trois-Rivières ou à Québec ; elles y vivront avec les Français qui leur accorderont les mêmes privilèges que les familles françaises reçoivent en Iroquoisie.

Article 7 : Algonquins et Hurons feront la paix avec les Senèkes.

Par l'article sept, les Algonquins et les Hurons cesseront d'attaquer les Senèkes tout comme ceux-ci promettent de ne plus faire preuve d'hostilité ; leur hache restera suspendue jusqu'au retour des ambassadeurs qui rapporteront la ratification du présent traité, et ensuite elle sera enfouie en terre. Pourtant, comme il y a présentement des partis d'Agniers et d'Onneyouts en campagne, ceux-ci auront le droit de les repousser par la force s'ils sont attaqués et cette défense ne sera pas une infraction au présent traité.

Article 8 : les Agniers sont exclus du traité... pour le moment.

L'article huit est relatif aux Agniers. Les Français n'acceptent pas à leur sujet le plaidoyer de Garakonthié. Les Agniers ne peuvent ignorer l'arrivée des soldats français. La construction des forts français sur le Richelieu, dans une région qui borde leur pays n'a pas pu passer inaperçue. Ils ne peuvent offrir aucune excuse valable pour n'avoir pas envoyé de députés qui auraient demandé la paix. En conséquence, cette tribu est exclue du traité pour le moment. Mais le roi se réserve le droit de l'y inclure s'il le juge bon quand elle enverra des ambassadeurs pour lui demander la paix et sa protection.

Article 9 : signature du traité

L'article neuf indique que les députés des quatre tribus supérieures ont signé le traité, que les conseils de chacune des tribus devront le ratifier dans l'espace de « quatre lunes », et que ces mêmes ambassadeurs devront en

apporter la ratification. Les tribus apposent au document leurs marques particulières, et les pères François Le Mercier et Joseph Chaumonot, de même que
Charles Le Moyne signent comme représentants du roi.

Telle est la teneur du premier traité de paix qui servira de fondement à
une paix qui durera dix-huit ans. Il est le couronnement d'une amitié peu vive
peut-être, mais d'une amitié tout de même, développée depuis 1653 entre les
Français et les Senèkes. Celle-ci avait empêché les Iroquois d'entreprendre,
avec toutes leurs forces militaires, une guerre contre la Nouvelle-France. Ils
n'y paraissent qu'occasionnellement. C'est une abstention dont les Français
ne comprennent pas encore l'ampleur et la portée ; plusieurs d'entre eux sont
même sous l'impression que de 1640 à 1665, ils ont combattu toute l'Iroquoisie
tandis qu'en réalité, ils n'avaient affaire qu'aux Agniers. C'est ce qui apparaî-
tra au cours de la période qui s'ouvre, en 1689. Les cinq tribus s'uniront alors
pour attaquer la Nouvelle-France qui aura du mal à résister malgré une population cinq fois plus nombreuse qu'en 1665 et malgré deux mille soldats régu-
liers. C'est l'inaction presque totale des Senèkes avant les expéditions de M.
de Tracy qui sauve la colonie.

Une période de paix s'ouvre enfin.

En décembre 1665, leur proposition est dans la ligne de leur politique
profrançaise. Elle épargne à celle-ci une campagne difficile. Aurait-elle pu à
cette date monter une expédition contre les Iroquois supérieurs ? Remonter le
Saint-Laurent ? Oui, probablement, mais au prix de difficultés inouïes.

Ce traité indique également la modération des autorités françaises. On a
parlé d'extermination, de destruction des Iroquois. Mais au premier signe de
bonne volonté, M. de Tracy accorde l'alliance de la France. S'il ne pardonne
pas aux Agniers, c'est que ceux-ci bravent toujours les troupes et, ennemis
acharnés, ne veulent pas venir s'amender.

Après les menaces d'extermination, une attitude de réconciliation

Cet instrument diplomatique est l'occasion de diverses observations. Rédigé par des experts en politique européenne, prenant avantage des déclarations de Garakonthié, il pose les droits de la France sur la partie ouest de
l'Iroquoisie ; l'établissement d'une résidence à Onnontaé prend de vastes pro-
portions ; les Français auraient soumis les Senèkes, ils les auraient protégés,
ils auraient répandu chez eux le règne du Christ ; la paix conclue en 1653
entre les deux pays n'aurait jamais été brisée. Il faut souligner ensuite que si
ce traité inclut dans ses dispositions les Hurons, les Algonquins qui vivent au
nord du Saint-Laurent et du lac Ontario, il ne parle pas des Indiens alliés qui
vivent au nord du lac Huron, à l'ouest du lac Michigan, au nord du lac Supérieur et qui sont alors les plus grands pourvoyeurs de pelleteries de la Nouvelle-
France. À cette époque, les Français ne les connaissent pas bien, ils n'ont fait
que de rapides voyages dans ces régions où s'allumera demain un vaste conflit. Il aurait fallu aussi protéger ces Indiens.

Expansion de la Nouvelle-France

Tandis que les chefs reçoivent la proposition des Senèkes, ils n'oublient
pas leurs différentes obligations. Un autre poste s'élève sur l'emplacement

actuel de la ville de Saint-Jean. Une barque se construit au-dessus des rapides. Sous la haute direction de M. de Repentigny, et manœuvrée par dix-huit à vingt hommes, elle s'avance dans le lac Champlain en automne pour explorer le Richelieu supérieur ; elle cherche un endroit propice à l'édification d'un autre fort. Il est possible qu'à ce moment soit choisi le site du futur fort Sainte-Anne.

Le début d'un temps nouveau

Talon s'occupe immédiatement du plan de colonisation proposé par le Roi : « ...Tandis, dit-il, que les habitations ne se feront pas de proche en proche, le pays ne sera pas en état de se soutenir par lui-même contre les Iroquois... ; on apportera, autant qu'on le pourra, le remède au mal passé et on ne tombera pas dans cet inconvénient à l'avenir. Je projette une forme de défrichement pour bâtir une première bourgade ; quand elle sera tout à fait résolue je vous envoyerai le plan. »

Une nouvelle ère s'annonce.

Eleuation des Cabannes Sauvages

Cet index a été conçu de façon à faciliter la recherche. Ainsi, de nombreux renvois réfèrent le lecteur à un autre terme utilisé par l'auteur, principalement dans le cas des nations amérindiennes (ex. Chats. V. Ériés).

Le nom des personnages est entré sous celui utilisé par l'auteur, avec renvoi au nom retenu par le *Dictionnaire biographique du Canada* (ex. Montmagny. V. Huault de Montmagny). Dans d'autres cas, les variantes orthographiques sont placées entre parenthèses (ex. Garakonthié, Garakontié).

Les noms de lieu ont été indexés sous leurs toponymes actuels. Quant aux toponymes disparus, nous avons conservé l'orthographe utilisée par l'auteur en notant les variantes le cas échéant.

À titre indicatif, des thèmes ou sujets ont également été mentionnés dans l'index, en considération de leur importance historique. Cependant, des notions ou termes récurrents qui forment la base de cet ouvrage n'apparaissent pas dans l'index. C'est le cas de termes comme Nouvelle-France, Amérique, missionnaires, missions, jésuites, etc.

Source des illustrations

p. 25. Vue de Trois-Rivières à l'époque de Pierre Boucher, carte de Catalogne, 1709, Archives du Séminaire de Trois-Rivières ; **p. 32.** Député amérindien, Louis Nicolas, *Codex du Nord Amériquain*, 1701 ; **p. 37.** Grand conseil, P. F. J. Bressani, *Relation abrégée de quelques missions...*, 1653 ; **p. 46.** Cérémonie funéraire (détail), Henrion, *Histoire générale des missions catholiques*, 1847 ; **p. 55.** Fort Nouvelle-Amsterdam, XVIIᵉ siècle ; **p. 65.** Sasquehanok (sic) Indian Village, dans Arnoldus Montanus, *America*, 1671 ; **p. 86.** Running the Rapids, Dixon, *Picturesque Canada*, T. 1, 1882, p. 158 ; **p. 110.** Carte réalisée par Julie Benoit ; **p. 119.** New Amsterdam (extrait), carte dressée par van der Donck, 1656 ; **p. 129.** Sunrise on Lake Nipissing, R. Swain Gifford, *Picturesque Canada*, T. 1, 1882, p. 239 ; **p. 140.** Guerrier iroquois scalpant un blanc, d'après une gravure de Grasset Saint Sauveur ; **p. 143.** Tombeaux hurons, P. J. F. Bressani, *Relation abrégée...* 1653 ; **p. 150.** Enlèvement de la chevelure, idem ; **p. 177.** Carte de Trois-Rivières à Montréal, idem ; **p. 188.** Carte du Grand Sault Saint-Louis, dessinée par S. de Champlain, *Voyages du Sieur de Champlain*, 1613 ; **p. 193.** Chasseur, P. J. F. Bressani, *Relation abrégée...* 1653 ; **p. 202.** Scène de jongleur, P. F. J. Bressani, *Relation abrégée...*, 1653 ; **p. 223.** La bataille du Long-Sault entre dans la légende. Gravure de Louis-Charles Bombled, 1900 ; **p. 231.** Extrait de la carte du pays agnier, van der Donck, 1656 ; **p. 249.** Prisonniers attachés au sol. J.-F. Lafitau, *Mœurs des sauvages amériquains*, 1724 ; **p. 270.** Un village indien, dans Lahontan, *Nouveaux voyages*, 1703 ; **p. 273.** Page frontispice de Pierre Boucher, *Histoire véritable et naturelle...*, Paris, 1664 ; **p. 278.** Village indien, dessin de T. de Bry dans Hans Staden, *America tertia pars*, 1592 ; **p. 283.** Conseil de Hodenosaunee, J.-F. Lafitau, *Mœurs des sauvages amériquains...*, 1724 ; **p. 289.** A Forest Pathway, *Picturesque Canada*, T. 2, 1882, p. 521r ; **p. 311.** Plan de la situation du fort Richelieu, par Jean Talon, 1665.

Novae Franciae accurata delineatio 1657

Carte attribuée au père Francesco Giuseppe Bressani (1612-1677)
Cartothèque de l'Université Laval

Le père Bressani est moins connu que les Brébeuf, Lalemant, Ragueneau, Le Jeune et autres. Pourtant, ses huit années passées en Amérique ont été particulièrement dramatiques.

Il vint tout près d'être mis à mort lors de sa captivité. Bressani n'avait pas froid aux yeux. Racheté par les Hollandais, il revint en Nouvelle-France et quitta la colonie peu après la destruction de la Huronie.

En 1653, il écrivit en italien une *Relation abrégée des quelques missions des Pères de la Compagnie de Jésus dans la Nouvelle-France*. Elle fut traduite par le père F. Martin, jésuite, et publiée à Montréal en 1853 sur « les presses à vapeur de John Lovell ».

La carte de 1657 aurait été commandée par les autorités religieuses à G. F. Pesca. Destinée à la formation des missionnaires, elle fait état de plusieurs scènes typiques de la vie en Amérique du Nord : Indiens, animaux, habitations, canots. Dans l'angle supérieur gauche de la carte intégrale, on aperçoit une famille indienne en prière et dans l'angle inférieur droit, le martyre des pères Jean de Brébeuf et Gabriel Lalemant.

Très dépouillée, la carte dite de Bressani indique sur la côte atlantique : Virginia, Nova Suecia [Sueda], Novum Belgium, Nova Anglia. Les Iroquois [Hirochi] avec les emplacements de quelques-uns de leurs villages (Sonontoua, Onnondae, Onneiut) sont présents au sud du lac Ontario. Les rares noms inscrits ont été un peu malmenés par le typographe ou le graveur. Mais tout de même, la carte est instructive ; chasse paisible, pilage du maïs, poteau de torture, marche forcée de trois femmes donnent une idée de l'univers qui attend les missionnaires.

COMPOSÉ EN TIMES CORPS 10
SELON UNE MAQUETTE CONÇUE ET RÉALISÉE PAR DANIEL HUOT
CET OUVRAGE A ÉTÉ ACHEVÉ D'IMPRIMER EN AOÛT 1998
SUR LES PRESSES DE VEILLEUX IMPRESSION À BOUCHERVILLE
POUR LE COMPTE DE DENIS VAUGEOIS
ÉDITEUR À L'ENSEIGNE DU SEPTENTRION